Umweltbewertung und politische Praxis in der Bundesverkehrswegeplanung

Daniel Petry und Bernd Klauer

Ökologie und Wirtschaftsforschung

Band 61

Daniel Petry und Bernd Klauer

Umweltbewertung und politische Praxis in der Bundesverkehrswegeplanung

Eine Methodenkritik
illustriert am Beispiel des geplanten Ausbaus der Saale

Mit Beiträgen von
Thomas Döring und Felix Rauschmayer

Metropolis-Verlag
Marburg 2005

Mittellandkanal bei Magdeburg, Autor: André Künzelmann, UFZ

Bibliografische Information Der Deutschen Bibliothek

Die Deutsche Bibliothek verzeichnet diese Publikation in der Deutschen Nationalbibliografie; detaillierte bibliografische Daten sind im Internet über <http://dnb.ddb.de> abrufbar.

Metropolis-Verlag für Ökonomie, Gesellschaft und Politik GmbH
Bahnhofstr. 16a, D-35037 Marburg
Copyright: Metropolis-Verlag, Marburg 2005
http://www.metropolis-verlag.de
Alle Rechte vorbehalten

ISBN 3-89518-533-7

Vorwort

Angewandte Umweltforschung soll zur Lösung gesellschaftlich relevanter Probleme beitragen. Wissenschaftliche Politikberatung und Entscheidungsunterstützung stehen dabei vor der besonderen Herausforderung, Umweltprobleme nicht nur in ihren naturwissenschaftlich fassbaren Ursache-Wirkungszusammenhängen zu erkennen, sondern auch Vorschläge für gesellschaftlich-politischen Problemlösungen zu unterbreiten und komplexe Planungs- und Entscheidungsprozesse zu unterstützen. Vor diesem Hintergrund beschäftigt sich das vorliegende Buch mit der Bundesverkehrswegeplanung. Die Bundesverkehrswegeplanung steuert die Investitionen des Bundes in die Verkehrsinfrastruktur und verwendet dabei wissenschaftliche Bewertungsmethoden wie die Nutzen-Kosten-Analyse und die Umweltrisikoeinschätzung. Wir untersuchen im vorliegenden Buch die Bewertungsmethoden und Politikprozesse der Bundesverkehrswegeplanung insbesondere im Hinblick darauf wie Umweltaspekte in ihnen berücksichtigt werden. Wir möchten herausfinden wie sich wissenschaftliche Methoden und die mit ihnen erzielten Ergebnisse in Politikprozesse einordnen, um daraus auch Rückschlüsse für die Methodenentwicklung selbst ziehen zu können. Die konzeptionellen und methodischen Überlegungen sowie die Analyse der Politikprozesse werden am Beispiel des geplanten Ausbaus der Saale für die Schifffahrt vorgenommen und illustriert.

Mit dem geplanten Ausbau der Saale steht seit Anfang der 1990er Jahre ein lange vergessen geglaubtes Verkehrsprojekt wieder im Mittelpunkt öffentlichen Interesses: Die untere Saale zwischen der Staustufe Calbe und ihrer Mündung in die Elbe bei Barby soll ausgebaut und den Anforderungen der modernen Binnenschifffahrt angepasst werden. Auf nationaler, regionaler und lokaler Ebene ist eine kontroverse Diskussion um dieses Vorhaben entstanden. Sie ist entbrannt um die ökologischen Auswirkungen des Wasserstraßenausbaus auf eine ökologisch wertvolle Fluss- und Auenlandschaft einerseits und die regionalwirtschaftlichen Effekte dieser Verbesserung der Verkehrsinfrastruktur andererseits. Sowohl Ausbaugegner als auch Ausbaubefürworter führen ökonomische wie ökologische Gründe für ihre Sicht der Dinge ins Feld. Eine Vielzahl von Gutachten und Gegengutachten, von Prognosen über verkehrswirtschaftliche Potentiale und ökologische Risiken trägt auf den ersten Blick eher zur Verwirrung denn zur Klärung des Streites bei. Unterschiedlichste gesellschaftliche Akteure – Politiker und Behörden, Umwelt- und Wirtschaftsverbände, betroffene Bürger und Unternehmen – melden sich zu Wort und versuchen, ihre Interessen und Meinungen durchzusetzen. Auch der von der Bundesregierung verabschiedete Bundesverkehrswegeplan 2003 hat nicht zu einer endgültigen Entscheidung und einem Abklingen der Debatte um den Ausbau der Saale geführt.

Dabei ist der Ausbau der Saale nüchtern betrachtet nur eines unter vielen großen Verkehrsprojekten in Deutschland: Die Entscheidung für oder gegen den Ausbau ist Gegenstand eines langwierigen und entsprechend langjährigen Planungsprozesses, für dessen Ablauf es feste Regeln gibt. Bis zur Erteilung oder Versagung der Baugenehmigung werden auf verschiedenen Ebenen Kosten und Nutzen gegeneinander abgewogen, ökonomische und ökologische Kriterien berücksichtigt. Die erste und für die Umsetzung von Verkehrsprojekten oftmals wegweisende Planungs- und Entscheidungsebene ist die Bundesverkehrswegeplanung. Der Beschluss des aktuellen Bundesverkehrswegeplans 2003 zum Saaleausbau war und ist ebenfalls Gegenstand von Auseinandersetzungen, die jedoch nicht nur auf gesellschaftlicher, sondern auch auf fachpolitischer und wissenschaftlicher Ebene geführt werden. Der zentrale Streitpunkt der Fachdiskussion war die Frage, welche Methoden zur Abwägung und Bewertung der Planungsalternativen verwendet werden sollten.

Im ersten Teil der vorliegenden Studie werden die ökonomischen und ökologischen Bewertungsmethoden in der Bundesverkehrswegeplanung vor dem Hintergrund des aktuellen Forschungsstandes systematisch analysiert, deren Möglichkeiten und Grenzen diskutiert und Vorschläge für ihre Weiterentwicklung gemacht.

Im zweiten Teil wird die methodische Diskussion in den Kontext des politischen Diskussionsprozesses um den Saaleausbau gestellt. Angesichts verfahrener Debatten und verhärteter Fronten erscheint es der Sache dienlich, die Sachargumente für und wider die verschiedenen Ausbauvarianten darzustellen und zu reflektieren. Dabei ist es nicht unser Ziel, ein eigenes Gutachten mit einem Votum pro oder contra Ausbau zu erstellen. Vielmehr dient der Saaleausbau als markantes Beispiel, an dem deutlich wird, wie mit wissenschaftlichen Methoden generierte Bewertungen den politischen Prozess beeinflussen und welche Rolle dabei den Bewertungsmethoden zukommt. Unser Anliegen ist es, den politischen Prozess zu analysieren und durch Aufzeigen geeigneter Bewertungsmethoden und Vorgehensweisen die Entscheidungsfindung zu unterstützen, damit sich in deren Verlauf sachgerechte und möglichst alle Interessen befriedigende Lösungen herausbilden.

Insgesamt gesehen behandelt die Studie umfassend die Umweltaspekte der Bundesverkehrswegeplanung beginnend von der Erfassung einzelner Umweltwirkungen von Verkehrsinfrastrukturprojekten über deren ökologische und monetäre Bewertung bis zur Diskussion einer strategischen Umweltprüfung des gesamten Bundesverkehrswegeplans. Die Studie beschränkt sich aber nicht auf die Analyse der Wirkungen von Verkehr auf die Umwelt. Sie bilden den Ausgangspunkt für die Diskussion vieler weiterer, allgemeiner Aspekte der Bundesverkehrswegeplanung wie zum Beispiel der Umgang mit Unsicherheiten oder die Transparenz von Planungsentscheidungen.

Die Arbeiten zu diesem Buch sind in ein langfristig angelegtes Forschungsverbundprojekt des UFZ-Umweltforschungszentrum Leipzig-Halle eingebunden. Seit 2001 beschäftigen sich dort Natur- und Sozialwissenschaftler mit dem Thema „Integriertes Flusseinzugsgebietsmanagement am Beispiel der Saale". Ein zentrales Teilthema dieses Verbundprojektes ist die „Integrierte ökologische und ökonomische Umweltbewertung".

Bei den Vorbereitungen zu diesem Buch haben wir mit einer Vielzahl von Interessenvertretern und von Amts wegen mit der Bundesverkehrswegeplanung und dem Saaleausbau befassten Personen gesprochen. An dieser Stelle möchten wir uns herzlich für die uns entgegengebrachte Gesprächsbereitschaft, Offenheit und Aufrichtigkeit aller Gesprächspartner bedanken. Sie haben uns Informationen und Unterlagen bereitgestellt und bereitwillig auf unsere Fragen geantwortet.

Prof. Dr. Bernd Hansjürgens hat das Manuskript gelesen und uns sowohl stilistisch als auch inhaltlich wertvolle Hinweise gegeben. Hierfür möchten wir ihm besonderen Dank aussprechen. Darüber hinaus möchten wir uns bei Dipl. Ing. Mathias Scholz bedanken, der uns auf einer Exkursion die naturschutzfachlichen Besonderheiten der Saaleauen nahe gebracht hat, uns auch sonst mit seinem planungsfachlichen Rat beigestanden ist und Teile des Manuskriptes gelesen hat. Für Ratschläge und kritische Lektüre einiger Kapitel möchten wir daneben Dr. Isabel Augenstein und Dipl. Pol. Ralf Nordbeck unseren Dank aussprechen. Weitere wertvolle Hinweise gab PD Dr. Reiner Manstetten, wofür wir uns ebenfalls bedanken möchten.

Das vorliegende Buch ist ein Gemeinschaftswerk. Allerdings trug jeder der Autoren unterschiedliche Anteile zum Manuskript bei:

— Daniel Petry übernahm die Recherchen zur Bundesverkehrswegeplanung und zum Diskussionsprozess um den Saaleausbau und stellte die für die Projektbearbeitung notwendigen Materialien zusammen. Er bearbeitet hauptverantwortlich der Themenfelder Bundesverkehrswegeplanung (Kapitel 2) und ökologische Bewertung (Kapitel 4) im Teil 1 sowie Politikanalyse (Kapitel 8 und 9) im Teil 2.

— Bernd Klauer leitete das Projekt und war für Strukturierung und Edition des Gesamttextes verantwortlich. Außerdem hatte er die Federführung bei den Kapiteln 1, 6 und 7 sowie insbesondere bei Kapitel 5, in dem Vorschläge zur Weiterentwicklung der Methodik der Bundesverkehrswegeplanung unterbreitet werden.

— Beide verfassten gemeinsam die Kapitel 10 und 11 und ergänzten jeweils die Kapitel, bei denen sie nicht die Federführung übernommen haben.

— Thomas Döring ist Hauptautor des Kapitels 3, das sich mit der Darstellung der ökonomischen Bewertung befasst.

— Felix Rauschmayer leistete den wesentlichen Beitrag zu Abschnitt 5.1, in dem es um Vorschläge zur monetären Bewertung von Wirkungen auf Natur und Landschaft geht.

Daniel Petry, Bernd Klauer, Thomas Döring, Felix Rauschmayer

Leipzig und Kassel, Mai 2005

Inhaltsübersicht

Vorwort 5

Abkürzungsverzeichnis 17
Abbildungsverzeichnis 19
Tabellenverzeichnis 21

1 Einleitung 23

TEIL I: METHODIK DER ÖKONOMISCHEN UND ÖKOLOGISCHEN
BEWERTUNG IN DER BUNDESVERKEHRSWEGEPLANUNG 29

2 Grundzüge der Bundesverkehrswegeplanung 31
3 Ökonomische Bewertung in der Bundesverkehrswegeplanung – die Nutzen-Kosten-Analyse 55
4 Ökologische Bewertung in der Bundesverkehrswegeplanung – die Umweltrisikoeinschätzung 101
5 Möglichkeiten der Weiterentwicklung der Bewertung in der Bundesverkehrswegeplanung 135
6 Zusammenfassung – die Bewertung in der Bundesverkehrswegeplanung und Möglichkeiten zu ihrer Verbesserung 213

TEIL II: FALLSTUDIE: DER GEPLANTE AUSBAU DER SAALE FÜR
DIE SCHIFFFAHRT 219

7 Ziel und Vorgehensweise der Fallstudie 221

8	Vorgeschichte und Grundlinien des Konflikts um den Saaleausbau	231
9	Der Diskussionsprozess um den Saaleausbau zwischen 1990 und 2005	257
10	Auswertung des Diskussionsprozesses	279
11	Resümee	297
	Literatur	303
	Autoren	321

Inhaltsverzeichnis

Vorwort 5

Abkürzungsverzeichnis 17
Abbildungsverzeichnis 19
Tabellenverzeichnis 21

1 Einleitung 23
   1.1 Umweltbewertung in der
       Bundesverkehrswegeplanung 23
   1.2 Fallstudie – der Konflikt um den geplanten Ausbau
       der Saale für die Schifffahrt 25
   1.3 Aufbau des Buches 27

TEIL I: METHODIK DER ÖKONOMISCHEN UND ÖKOLOGISCHEN
BEWERTUNG IN DER BUNDESVERKEHRSWEGEPLANUNG 29

2 Grundzüge der Bundesverkehrswegeplanung 31
   2.1 Aufgaben der Bundesverkehrswegeplanung 31
   2.2 Der Bundesverkehrswegeplan 1992 33
   2.3 Der Bundesverkehrswegeplan 2003 37
       2.3.1 Der Aufstellungsprozesses 37
       2.3.2 Berücksichtigung von Umwelteffekten in den
             Bewertungsmethoden für den Bundesverkehrs-
             wegeplan 2003 42
       2.3.3 Integration der Teilbewertungen als Grundlage
             der Bedarfseinstufungen 46
   2.4 Fazit 51

3 Ökonomische Bewertung in der Bundesverkehrswegeplanung – die Nutzen-Kosten-Analyse ... 55

3.1 Methodische Grundlagen des ökonomischen Bewertungsansatzes – ein Überblick ... 56

    3.1.1 Individuelle Präferenzen als Ausgangspunkt der ökonomischen Bewertung ... 56

    3.1.2 Die Nutzen-Kosten-Analyse als Instrument zur ökonomischen Bewertung von öffentlichen Maßnahmen ... 59

    3.1.3 Ökonomische Bewertungsverfahren zur Monetarisierung von Umwelteffekten ... 61

    3.1.4 Vermeidungs-, Schadens- und Kompensationskosten ... 66

    3.1.5 Ausgewählte Anwendungsprobleme von Nutzen-Kosten-Analysen und ökonomischer Bewertung ... 69

3.2 Berücksichtigung von Umweltaspekten im Rahmen der gesamtwirtschaftlichen Bewertungsmethodik für den BVWP 1992 ... 73

    3.2.1 Die Grundstruktur der ökonomischen Bewertung von Verkehrsprojekten in der Bundesverkehrswegeplanung ... 75

    3.2.2 Die Berücksichtigung umweltrelevanter Projektwirkungen ... 78

3.3 Weiterentwicklung der Methodik der gesamtwirtschaftlichen Bewertung im BVWP 2003 ... 83

    3.3.1 Zielvorgaben und Bewertungskriterien der modernisierten Bundesverkehrswegeplanung ... 84

    3.3.2 Weiterentwicklung der umweltrelevanten Kategorien der Nutzen-Kosten-Analyse ... 86

    3.3.3 Die Bestimmung der „richtigen" Diskontrate als weiterhin offenes Problem ... 96

3.4 Zusammenfassung ... 98

4 Ökologische Bewertung in der Bundesverkehrswegeplanung – die Umweltrisikoeinschätzung 101

4.1 Grundlagen der Umweltrisikoeinschätzung 101

4.2 Die ökologische Risikoanalyse als zugrunde liegendes Bewertungsprinzip der Umweltrisikoeinschätzung 103

    4.2.1 Bewertungskonzept und Verfahrensablauf 103

    4.2.2 Risikobegriff 107

4.3 Die Umweltrisikoeinschätzung für Bundeswasserstraßen 109

    4.3.1 Aufbau und Ziele des Verfahrens 110

    4.3.2 Raumanalyse und -bewertung 114

    4.3.3 Beurteilung der Vorhabenswirkungen 118

    4.3.4 Ermittlung des Umweltrisikos 120

4.4 Diskussion des Stands der Methodenentwicklung 125

    4.4.1 Verkehrsträgerübergreifende Vergleichbarkeit der Umweltrisikoeinschätzungen 125

    4.4.2 Nachvollziehbarkeit der Bewertungsschritte 127

    4.4.3 Berücksichtigung von Unsicherheit und Definition des Risikobegriffs 130

4.5 Zusammenfassung 131

5 Möglichkeiten der Weiterentwicklung der Bewertung in der Bundesverkehrswegeplanung 135

5.1 Möglichkeiten und Grenzen einer umfassenden Nutzen-Kosten-Analyse am Beispiel der monetären Bewertung von Auen 136

    5.1.1 Berücksichtigung von Auswirkungen auf Natur und Landschaft durch den Kompensationskostenansatz 137

    5.1.2 Auen als Bewertungsobjekt 139

    5.1.3 Monetäre Bewertung von Auen 141

    5.1.4 Nutzentransfer 143

    5.1.5 Zusammenfassung und Fazit 145

5.2 Die Berücksichtigung von Unsicherheit in der Bundesverkehrswegeplanung 148

    5.2.1 Definition der Begriffe Unsicherheit, Risiko, Ungewissheit und Unwissen 150

14 Inhaltsverzeichnis

- 5.2.2 Strategien des präventiven Risikomanagements 156
- 5.2.3 Der ökonomische Ansatz zum Umgang mit Unsicherheit: Erwartungsnutzentheorie und Risikoanalyse 161
- 5.2.4 Ansätze zum Umgang mit Unsicherheit in den Planungswissenschaften: Die Ökologische Risikoanalyse und Erweiterungsmöglichkeiten 162
- 5.2.5 Möglichkeiten der Einbeziehung von Informationen über Unwissen und Unsicherheit in die Umweltbewertung der Bundesverkehrswegeplanung 170
- 5.3 Systematisierung der Zielorientierung der Bundesverkehrswegeplanung 177
  - 5.3.1 Die Strategische Umweltprüfung für Pläne und Programme 177
  - 5.3.2 Möglichkeiten einer Systematisierung der Zielorientierung 180
  - 5.3.3 Operationalisierung des Zielsystems 186
  - 5.3.4 Fazit 189
- 5.4 Integration der ökonomischen und ökologischen Bewertungen 190
  - 5.4.1 Die Integration als multikriterielles Bewertungsproblem 190
  - 5.4.2 Separater Ausweis der Einzelergebnisse 193
  - 5.4.3 Bonus-Malus-Verfahren 194
  - 5.4.4 Umfassende Nutzen-Kosten-Analyse 196
  - 5.4.5 Nutzwertanalyse 199
  - 5.4.6 Weitere Verfahren der multikriteriellen Analyse 199
  - 5.4.7 Vorschläge für ein verbessertes Integrationsverfahren 202

6 Zusammenfassung – die Bewertung in der Bundesverkehrswegeplanung und Möglichkeiten zu ihrer Verbesserung 213

Inhaltsverzeichnis 15

TEIL II: FALLSTUDIE: DER GEPLANTE AUSBAU DER SAALE FÜR DIE SCHIFFFAHRT 219

7 Ziel und Vorgehensweise der Fallstudie 221
   7.1 Umweltbewertung im politischen Diskussions- und Entscheidungsprozess 221
   7.2 Vorgehensweise bei der Bearbeitung der Fallstudie 222
   7.3 Exkurs: Anmerkungen zum Verhältnis von Wissenschaft und Politik 226

8 Vorgeschichte und Grundlinien des Konflikts um den Saaleausbau 231
   8.1 Fluss und Wasserstraße: die Schiffbarmachung der Saale bis zur Wiedervereinigung 231
   8.2 Ziel und Varianten des geplanten Saaleausbaus 233
   8.3 Akteure und Akteurskonstellationen 238
   8.4 Hauptkonflikte und Argumentationslinien der politischen Diskussion 244
       8.4.1 Argumentationslinien der Ausbaubefürworter und Ausbaugegner 244
       8.4.2 Auswirkungen auf Natur und Landschaft 246
       8.4.3 Wirtschaftlichkeit und verkehrlicher Nutzen des Saaleausbaus 251
       8.4.4 Zusammenhang von Saale- und Elbeausbau 252

9 Der Diskussionsprozess um den Saaleausbau zwischen 1990 und 2005 257
   9.1 Die Aufnahme des Staustufenbaus an der Saale in den ersten gesamtdeutschen Bundesverkehrswegeplan von 1992 259
   9.2 Das politische Tauziehen bis Mitte der 1990er Jahre 261
   9.3 Von der Vorbereitung weiterer Planungsschritte bis zum Beschluss der Überarbeitung des Bundesverkehrswegeplans 264
   9.4 Von der „Öko-Staustufe" bis zum Beschluss zur Neubewertung des Saaleausbaus nach der Bundestagswahl 1998 267

9.5 Das politische Aus für den Staustufenbau nach der
Hochwasserkatastrophe im August 2002 269
9.6 Die Aufnahme des Saale-Seitenkanals in den
Bundesverkehrswegeplan 2003 272

10 Auswertung des Diskussionsprozesses 279
10.1 Auffälligkeiten des Diskussionsprozesses 279
10.2 Die Bedeutung der Bewertungsmethoden für den
politischen Planungs- und Entscheidungsprozess –
fünf Thesen 281

11 Resümee 297
11.1 Bewertungsmethoden und Politikprozess 297
11.2 Einschätzung des Saaleausbaus 298

Literatur 303

Autoren 319

Abkürzungsverzeichnis

AS	Abschätzsicherheit
BfG	Bundesanstalt für Gewässerkunde in Koblenz; Fachbehörde des BMVBW
BfN	Bundesamt für Naturschutz in Bonn; Fachbehörde des BMU
BMU	Bundesministerium für Umwelt, Naturschutz und Reaktorsicherheit
BMV	Bundesministerium für Verkehr (bis 1998); heute BMVBW
BMVBW	Bundesministerium für Verkehr, Bau- und Wohnungswesen
BUND	Bund für Umwelt und Naturschutz Deutschland
BVWP	Bundesverkehrswegeplan
MAUT	Multi attribute utility theory
NABU	Naturschutz Bund Deutschland
NKA	Nutzen-Kosten-Analyse
NKV	Nutzen-Kosten-Verhältnis
ROV	Raumordnungsverfahren
RWA	Raumwirksamkeitsanalyse
SUP	Strategische Umweltprüfung
URE	Umweltrisikoeinschätzung
UVP	Umweltverträglichkeitsprüfung; nach dem UVPG vorgeschriebene Untersuchung der Umweltwirkungen von Vorhaben durch die zuständige Genehmigungsbehörde

UVPG	Gesetz über die Überprüfung der Umweltverträglichkeit. Die aktuelle Fassung ist seit 11. August 2000 in Kraft.
UVS	Umweltverträglichkeitsstudie als Teil der UVP; meist von Planungsbüros durchgeführte fachliche Zuarbeit für die UVP
VHdS	Verein zur Hebung der Saaleschifffahrt e.V.
WBGU	Wissenschaftlicher Beirat Globale Umweltveränderungen; wiss. Beratungsgremium der Bundesregierung
WSA	Wasser- und Schifffahrtsamt, untere Verwaltungsebene der WSV
WSD	Wasser- und Schifffahrtsdirektion, obere Verwaltungsebene der WSV
WSV	Wasser- und Schifffahrtsverwaltung des Bundes im Geschäftsbereich des BMVBW
WWF	Worldwide Fund for Nature

Abbildungsverzeichnis

Abbildung 2.1: Verknüpfung der Teilbewertungen als Grundlage der Bedarfseinstufungen im BVWP 1992 – das Bonus-Malus-Verfahren 38

Abbildung 2.2: Die Überarbeitung des Bundesverkehrswegeplans..........43

Abbildung 2.3: Berücksichtigung von Umweltwirkungen in den Teilbewertungen des BVWP 2003 47

Abbildung 2.4: Verknüpfung der Teilbewertungen als Grundlage der Bedarfseinstufungen im BVWP 2003 51

Abbildung 4.1: Beispiel einer Präferenzmatrix zur Ermittlung des Umweltrisikos in der ökologischen Risikoanalyse 108

Abbildung 4.2: Vorgehensweise und Arbeitsschritte bei der URE für Projekte an Bundeswasserstraßen..................114

Abbildung 4.3: Verknüpfungsmatrix zur Ermittlung des schutzgutbezogenen Umweltrisikos 124

Abbildung 4.4: Verknüpfungsmatrix zur Ermittlung des schutzgutübergreifenden Umweltrisikos 124

Abbildung 5.1: Systematisierung der Zielorientierung der Bundesverkehrswegeplanung..................185

Abbildung 8.1: Überblick über die Varianten des Saaleausbaus..........237

Tabellenverzeichnis

Tabelle 2.1: Elemente einer integrierten Verkehrspolitik und Handlungsziele der Überarbeitung des BVWP 40

Tabelle 2.2: Beispiel einer nutzwertanalytischen Verknüpfung von NKA und RWA nach BMVBW (2002) 49

Tabelle 3.1: Ökonomische Wertkategorien von Umweltgütern 59

Tabelle 3.2: Indirekte ökonomische Bewertungsverfahren 65

Tabelle 3.3: Direkte ökonomische Bewertungsverfahren 67

Tabelle 3.4: Struktur- und Leistungsziele des Bundesverkehrswegeplans 1992 77

Tabelle 3.5: Bewertungskriterien der Nutzen-Kosten-Analyse in der Bundesverkehrswegeplanung 1992 79

Tabelle 3.6: Berücksichtigung von Umwelteffekten in der Bundesverkehrswegeplanung 1992 80

Tabelle 3.7: Veränderungen bei der Erfassung von Umwelteffekten in der Bundesverkehrswegeplanung 89

Tabelle 4.1: Inhalte der vorläufigen Projektbeschreibung für Vorhaben des Aus- und Neubaus von Bundeswasserstraßen 113

Tabelle 4.2: Umweltziele als Bewertungsgrundlage der Umweltrisikoeinschätzung 115

Tabelle 4.3: Gliederung der Schutzgüter und Teilkomplexe in Raumanalyse und -bewertung der Umweltrisikoeinschätzung 116

Tabelle 4.4: Beispiele für die Bewertung der Raumbedeutung der Schutzgüter durch Zuordnung der Parameterausprägungen zu Wertstufen 118

Tabelle 4.5: Beurteilung der Maßnahmenintensität anhand des Grades der Belastungen für ausgewählte Maßnahmen 121

Tabelle 4.6: Beschreibung der Umweltrisikostufen 125

Tabelle 4.7: Vergleich der Bewertungsschritte in den Umweltrisikoeinschätzungen für die verschiedenen Verkehrsträger 128

Tabelle 5.1: Charakterisierung der Risikotypen 160

Tabelle 5.2: Strategien und Instrumente für ausgewählte Risikotypen 162

Tabelle 5.3: Operationale Bestimmung von Eintrittswahrscheinlichkeit in der Ökologischen Risikoanalyse nach Scholles 167

Tabelle 5.4: Ermittlung des Ökologischen Risikos aus Beeinträchtigungsintensität und Eintrittswahrscheinlichkeit 168

Tabelle 5.5: Kennzeichnung des Ökologischen Risikos 169

Tabelle 5.5: Operationalisierung von Zielen der Bundesverkehrswegeplanung am Beispiel des Politikelements „Verbesserung des Umweltschutzes" 189

Tabelle 5.6: Alternative Verfahren zur erwünschten Verknüpfung der in unterschiedlichen Dimensionen vorliegenden Beurteilungskriterien 194

Tabelle 5.7: Dokumentation und Begründung von Auf- und Abstufungen in Rangfolge und Bedarfseinstufung anhand eines fiktiven Beispiels 207

Tabelle 5.8: Beispiel einer Zuordnungstabelle zur Ermittlung der NKV-Schwelle für die Einordnung in den Vordringlichen Bedarf in Abhängigkeit vom Ergebnis der URE und der RWA 211

Tab. 7.1: Durchgeführte Interviews 226

Tab. 7.2: Seit 1990 erschienene Gutachten zum Saaleausbau 227

Tabelle 8.1: Zwischen 1992 und 2004 diskutierte Varianten des Saaleausbaus 238

Tabelle 8.2: Akteure des Diskussions- und Entscheidungsprozesses 241

Tabelle 8.3: Tauchtiefenunterschreitungstage ausgewählter Elbeabschnitte für die Jahresreihen 1976–1985 und 1981–1990 256

Tab. 8.1: Zeittafel des Konfliktes um den Saaleausbau 259

1 Einleitung

1.1 Umweltbewertung in der Bundesverkehrswegeplanung

Der Bundesverkehrswegeplan (BVWP) ist das zentrale Instrument zur Steuerung und Lenkung der Investitionen des Bundes in die Erhaltung sowie den Aus- und Neubau der im Besitz des Bundes befindlichen Verkehrsinfrastruktur. Sie umfasst Investitionen in das Straßen- und Schienennetz sowie in die Schifffahrtsstraßen. Das Ziel der Planung ist es, die einzelnen Maßnahmen und Projekte aufeinander abzustimmen, um so zu einem Ausgleich unterschiedlicher gesellschaftlicher Interessen und zu einer Steigerung des Gesamtwohls zu kommen. Die Planung verfolgt dabei in erster Linie wirtschaftliche Ziele, worunter im weiteren Sinne auch verkehrliche Ziele zu rechnen sind. In den aktuellen BVWP 2003 wurden aber auch prononciert ökologische Ziele aufgenommen. Diese gleichzeitige Verfolgung unterschiedlicher Ziele kommt im Vorwort von Bundesverkehrsminister Manfred Stolpe zum Ausdruck:

> „Eine leistungsfähige Verkehrsinfrastruktur ist wesentlicher Bestandteil eines starken und dynamischen Wirtschaftsstandortes Deutschland sowie zentrale Voraussetzung für Wachstum und Beschäftigung. Investitionen in die Verkehrsinfrastruktur sichern die Wettbewerbsfähigkeit der Regionen und sorgen für die Stärkung strukturschwacher Räume. Sie schaffen die Grundlage für eine nachhaltige Mobilität von Menschen und Unternehmen mit besserer Erreichbarkeit und höherer Lebensqualität.
> [...]
> Ein so bedeutender Investitionsrahmenplan mit einem Kostenvolumen von rund 150 Mrd. € kann in einem möglichst breiten Konsens mit den unterschiedlichen gesellschaftlichen Gruppen erfolgreich sein. Deswegen haben wir großen Wert auf eine äußerst transparente Gestaltung des Überarbeitungsprozesses gelegt. Zu den Meilensteinen gehören der „Verkehrsbericht 2000" sowie die Darlegung des modernisierten Bewertungsverfahrens „Grundzüge der gesamtwirtschaftlichen Bewertungsmethodik". [...] Wir haben uns den Diskussionen gestellt und

sind uns sicher, dass sich die umfassende Berücksichtigung aller Belange, insbesondere auch von Natur, Umwelt, Raumordnung und Städtebau, gelohnt hat." (BMVBW 2003b, III)

Allerdings können genuin wirtschaftliche und ökologische Ziele einander entgegenstehen. Die Steigerung der Mobilität steht häufig im Konflikt mit dem Schutz von Natur und Umwelt: Beispielsweise ist Verkehr eine der Hauptquellen klimarelevanter Gase, zerschneiden Straßen- und Schienentrassen die Lebensräume von bedrohten Tierarten; Schadstoffemissionen von Autos belasten die Gesundheit von Menschen, Tieren und Pflanzen; der Lärm von Autos und Zügen vermindert die Lebensqualität der Anwohner; die Umwandlung von Flüssen in Wasserstraßen beeinträchtigt die natürliche Flussdynamik und kann zu Veränderungen von Habitaten und Hochwasserproblemen führen.

Dabei ist es offensichtlich, dass eine gut funktionierende Verkehrsinfrastruktur eine entscheidende Vorraussetzung für wirtschaftliches Wachstum und damit für gesellschaftlichen Wohlstand ist. Die Bundesverkehrswegeplanung versucht diese beiden Aspekte bei der Bewertung potentieller Verkehrsprojekte zu berücksichtigen und bei Konflikten gegeneinander abzuwägen. Hierzu wurde im Auftrag des Bundesverkehrsministeriums eine Methodik der Projektbewertung erarbeitet (BMV 1993, BMVBW 2002, PLANCO 1985, 1992). Von Bundesverkehrswegeplan zu Bundesverkehrswegeplan wurde diese Methodik weiterentwickelt und den jeweiligen Erfordernissen und neuen Erkenntnissen angepasst. Die Methodik der Projektbewertung für den Bundesverkehrswegeplan 2003 besteht aus drei Teilen:

1. Die *Nutzen-Kosten-Analyse* (NKA) erfasst die gesamtwirtschaftlichen Effekte von Verkehrsprojekten in monetären Größen.

2. In der *Umweltrisikoeinschätzung* (URE) werden Auswirkungen auf Natur und Landschaft beurteilt.

3. Die *Raumwirksamkeitsanalyse* (RWA) berücksichtigt raumordnerische und städtebauliche Ziele und untersucht die Netzeffekte von Verkehrsprojekten.

Die Ergebnisse dieser drei Partialbetrachtungen bilden die Grundlage für die Dringlichkeitsbeurteilung und Bedarfseinstufung und damit letztlich für die Entscheidung über die Aufnahme eines Vorhabens in den BVWP.

Besonders wichtig für die Bundesverkehrswegeplanung ist naturgemäß die Prognose des zukünftigen Verkehrsaufkommens, denn hiervon hängen wesentlich der Nutzen, den Verkehrsprojekte bringen sollen, aber auch ein Teil der zusätzlichen Belastungen für die Umwelt ab. Die Ergebnisse einer Bewertung von Verkehrsprojekten werden weder allein durch Werturteile einzelner Personen noch allein durch objektive Fakten und Prognosen bestimmt. Auch die Methodik der Bewertung hat einen – manchmal sogar entscheidenden – Einfluss auf die abschließende Beurteilung und Entscheidung. Wichtig sind sowohl die methodische Gestaltung der drei unterschiedlichen Bewertungsverfahren Nutzen-Kosten-Analyse, Umweltrisikoeinschätzung und Raumwirksamkeitsanalyse als auch die Art und Weise, wie die Ergebnisse dieser Einzelbewertungen zu einem Gesamturteil integriert werden.

Unser Ziel ist es in der vorliegenden Studie, die den ökonomischen und der ökologischen Bewertungsverfahren der Bundesverkehrswegeplanung jeweils zugrunde liegende Methodik kritisch zu überprüfen. Wir untersuchen, ob die verwendeten Methodiken den Zielen der Bundesverkehrswegeplanung gerecht werden und ob der aktuelle Forschungsstand in ausreichender Weise reflektiert ist. Auf der Grundlage dieser Analyse der bestehenden Verfahren unterbreiten wir Vorschläge für die methodische Weiterentwicklung. Ein besonderes Augenmerk wird darauf gelegt, inwiefern Auswirkungen von Verkehrsprojekten auf die Umwelt bei der Bewertung angemessen berücksichtigt werden. Die Studie konzentriert sich auf die Analyse der Methodik der Nutzen-Kosten-Analyse und der Umweltrisikoeinschätzung, da bei der Raumwirksamkeitsanalyse Umweltaspekte lediglich eine untergeordnete Rolle spielen.

1.2 Fallstudie – der Konflikt um den geplanten Ausbau der Saale für die Schifffahrt

Im zweiten Teil des Buches werden die methodischen Überlegungen des ersten Teils konkretisiert und auf einen für die Praxis besonders interessanten Fall angewendet, nämlich den geplanten Ausbau der Saale mit dem Ziel einer ganzjährigen Schiffbarkeit. 1992 wird der Saaleausbau als ein vordringliches Verkehrsprojekt in den Vordringlichen Bedarf des ersten gesamtdeutschen BVWP aufgenommen und steht auch im aktuellen BVWP 2003 in dieser Kategorie – allerdings mit einem Vorbehalt der

Ergebnisse weiterer Untersuchungen. Der Ausbau der Saale ist seit langem Gegenstand heftiger Kontroversen. In der Zeit von 1922 bis 1940 wurden an der unteren Saale zahlreiche Ausbaumaßnahmen durchgeführt und insbesondere vier Staustufen errichtet. Aufgrund des Zweiten Weltkrieges wurden nicht mehr alle Planungen realisiert. Insbesondere wurde die fünfte Staustufe bei Klein-Rosenburg, die der Elbemündung am nächsten gelegen ist, nicht mehr gebaut.

Von den Ausbaubefürwortern wird nun argumentiert, dass ein Ausbau der Saale mit dem Ziel einer ganzjährigen Befahrbarkeit eine erhebliche Verlagerung der Verkehrsströme von der Straße auf das Wasser zur Folge hätte. Zudem könnte durch diese Maßnahme der Wirtschaft in der Region ein bedeutender Impuls gegeben werden. Die Ausbaugegner bezweifeln demgegenüber zum einen, dass von einem Ausbau der zurzeit schwach befahrenen Saale tatsächlich nennenswerte positive Effekte auf die Wirtschaftsentwicklung ausgehen. Sie befürchten außerdem, dass durch den Ausbau eine der wertvollsten Fluss- und Auenlandschaften Mitteleuropas erheblich beeinträchtigt wird. Durch die lange favorisierte Staustufenvariante des Ausbau, so die Argumentation und das Ergebnis diverser Gutachten, wäre die für den Erhalt des ökologischen Werts der Auen essentielle Grundwasserdynamik verloren gegangen. Die Ausbaubefürworter entgegnen wiederum, dass gerade dieser Punkt in den Planungen bereits berücksichtigt wurde. So wurde in den 1990er Jahren der Plan für eine so genannte „ökologische Staustufe" entwickelt, die durch den Einbau von Brunnen- und Pumpengalerien die natürliche Wasserstandsdynamik simuliert und daher den Fortbestand der Auen hätte gewährleisten sollen. Aktuell ist ein Seitenkanal parallel zur Saale im Gespräch, der auf die natürliche Wasserstandsdynamik in dem für Auen relevanten Abschnitt keinen Einfluss nehmen soll. Auch nach der Verabschiedung des BVWP 2003 ist die Diskussionen nicht zur Ruhe gekommen, ist eine endgültige Lösung noch nicht abzusehen und die nächsten Planungsschritte vorbereitet werden.

Im Laufe dieses Diskussionsprozesses wurden bereits eine Reihe von Prognosen und Gutachten zu dem geplanten Projekt erstellt. Das Ziel der vorliegenden Studie ist es daher nicht, den Gutachten zum Saaleausbau ein weiteres anzufügen. Vielmehr untersuchen wir die den Gutachten zugrunde liegenden Methoden, denn – wie sich zeigen wird – sind die unterschiedlichen Bewertungsergebnisse nicht zuletzt auf unterschiedliche Methoden zurückzuführen. Wir werden darstellen, wie die Bewertungsmethoden die diskutierten Ausbauvarianten im Besonderen und den politischen Planungs- und Entscheidungsprozess im Allgemeinen beeinflusst haben. Wir zeigen aber auch, welchen Beschränkungen der Einfluss wissenschaftsgestützter Bewertungen unterliegt.

1.3 Aufbau des Buches

Die Struktur des Buches reflektiert die grundsätzliche Aufteilung der Studie in einen allgemeinen Teil, der sich mit der Bewertungsmethodik in der Bundesverkehrswegeplanung – insbesondere der Bewertung von Umwelt – auseinandersetzt, und in einen speziellen Teil, der der besonderen Situation der Saale gewidmet ist.

Nach dieser Einleitung werden in Kapitel 2 die Grundzüge der Bundesverkehrswegeplanung erläutert. Dabei wird auf ihre Entstehung, ihren Zweck und ihre Ziele eingegangen und es wird die Vorgehensweise der Auswahl und Bewertung der Vorhaben skizziert. Die beiden folgenden Kapitel 3 und 4 beschäftigen sich jeweils eingehend mit der Methodik der ökonomischen und der ökologischen Bewertung in der Bundesverkehrswegeplanung – also der Nutzen-Kosten-Analyse einerseits und der Umweltrisikoeinschätzung andererseits. Es werden die Grundlagen dieser Bewertungsmethoden dargestellt, der aktuelle Stand der Forschungen reflektiert und im Hinblick auf die Bundesverkehrswegeplanung ausgewertet.

Die Diskussion dieser beiden Teilbewertungen und deren Verknüpfung zu einer Gesamtbewertung legt methodische Schwachstellen offen. In Kapitel 5 werden daher mögliche Ergänzungen und Verbesserungen sowohl aus der Literatur als auch eigene Vorschläge erörtert. Diese Erweiterungen gruppieren sich um vier Themenfelder:

1. die Möglichkeit der Anwendung von Weiterentwicklungen der Nutzen-Kosten-Analyse insbesondere im Hinblick auf die Bewertung von Auen,

2. die adäquate Berücksichtigung von Unsicherheit und Unwissen über die Wirkungen von Verkehrsprojekten bei deren Beurteilung

3. die Möglichkeit einer Systematisierung der Ableitung von Bewertungskriterien für konkrete Projekte aus den übergeordneten Zielen

der Bundesverkehrswegeplanung und
4. die Integration der Ergebnisse der Partialbewertungen nach gesamtwirtschaftlichen, ökologischen, raumordnerischen und städtebaulichen Kriterien zu einem Gesamturteil über die Aufteilung der für den Verkehrsbereich verfügbaren Investitionsmittel des Bundes.

Kapitel 6 fasst die Ergebnisse des ersten Teils zusammen.

Der zweite Teil des Buches, der mit der Fallstudie zum Saaleausbau befasste ist, beginnt mit einer Darstellung von Zielsetzungen der und Vorgehensweise innerhalb der Fallstudie (Kapitel 7). In einem Exkurs wird auf die Rolle des Politik beratenden Gutachters im Spannungsfeld zwischen dem Ideal wissenschaftlicher Wertfreiheit und der Notwendigkeit subjektiver Werturteile eingegangen. In Kapitel 8 wird die Geschichte der Saale als Wasserstraße beschrieben und ein Überblick über Argumentations- und Konfliktlinien des Diskussions- und Politikprozesses zum Saaleausbau gegeben. Das Kapitel 9 zeichnet diesen Prozess vor dem Hintergrund der politischen Ereignisse und dem Erscheinen der verschiedenen Gutachten im Detail nach. Dabei wird abschnittsweise der Einfluss der Bewertungsmethoden auf die politische Diskussion herausgearbeitet. In Kapitel 10 wird der Diskussions- und Politikprozess ausgewertet. Die für das Verhältnis von wissenschaftlicher Bewertung und politischer Auseinandersetzung relevanten Ergebnisse werden thesenhaft aufbereitet. und daraus schlussfolgernd Politikempfehlungen abgeleitet. Das Buch schließt mit einem kurzen Resümee und einer eigenen Einschätzung strittiger Aspekte in der Bewertung des Saaleausbau in Kapitel 11.

Teil I

Methodik der ökonomischen und ökologischen Bewertung in der Bundesverkehrswegeplanung

2 Grundzüge der Bundesverkehrswegeplanung

2.1 Aufgaben der Bundesverkehrswegeplanung

„In Deutschland leben derzeit über 80 Mio. Menschen – im Herzen von Europa, einem der dynamischsten Wirtschaftsräume weltweit, der von einer außergewöhnlichen kulturellen Vielfalt gekennzeichnet ist. Es ist generell die Aufgabe der Bundesverkehrswegeplanung, die infrastrukturellen Voraussetzungen dafür zu schaffen, dass die Mobilitätsbedürfnisse dieser Menschen sowie die Transportwünsche der arbeitsteilig organisierten europäischen Volkswirtschaften unter Berücksichtigung der ökonomischen, der ökologischen und der sozialen Belange sowie der finanziellen Möglichkeiten (neue Finanzierungsansätze eingeschlossen) auch künftig befriedigt werden." (Hugo 2001, 349)

Mit diesen programmatischen Worten skizziert der Autor – Mitglied der Projektgruppe Bundesverkehrswegeplanung im Bundesverkehrsministerium (BMVBW[1]) – den politischen Auftrag der Bundesverkehrswegeplanung. Die Verkehrsinfrastruktur befindet sich in Deutschland zu einem großen Teil im Besitz des Bundes, der nach dem Grundgesetz[2] für Neubau, Ausbau und Erhaltung von Bundesfernstraßen und Bundeswasserstraßen verantwortlich ist. Diese Verantwortung umfasst auch das Schienennetz, das der Deutschen Bahn AG gehört, deren Anteile jedoch nach wie vor im Besitz des Bundes sind. Damit kommt der jeweiligen Bundesregierung die Aufgabe einer koordinierenden Verkehrspolitik zu, die seit den 1970er Jahren durch die Aufstellung von Bundesverkehrswegeplänen

---

[1] Das Bundesministerium für Verkehr (BMV) wurde nach der Bundestagswahl 1998 in Bundesministerium für Verkehr, Bau- und Wohnungswesen (BMVBW) umbenannt.

[2] Artikel 89 (Wasserstraßen) und 90 (Fernstraßen) in Verbindung mit Artikel 104a (Finanzierung).

(BVWP) erfüllt wird. In der Bundesverkehrswegeplanung wird die Investitionspolitik des Bundes zu Neubau, Ausbau und Erhaltung der Verkehrsinfrastruktur festgelegt. Die BVWP sind Regierungsprogramme, die Bedarf, Dringlichkeit und Kostenrahmen von Verkehrsinfrastrukturprojekten im Verkehrsbereich darlegen. Diese Programme werden laufend überarbeitet und ungefähr alle 10 Jahre als Investitionsrahmenpläne neu aufgestellt. Die Erfordernisse der Verkehrsinfrastrukturplanung sollen auf diese Weise sowohl Verkehrsträger übergreifend als auch mit betroffenen Politikbereichen und gesellschaftlichen Interessen abgestimmt werden. Die Bundesverkehrswegepläne haben allerdings keinen Gesetzesrang. Es handelt sich vielmehr um Kabinettsbeschlüsse der jeweiligen Bundesregierung ohne definitive oder verbindliche Aussagen zur Finanzierung oder zum Zeitpunkt der Umsetzung von Verkehrsprojekten (vgl. BMV 1992, BMVBW 1999, BMVBW 2000, Hugo 2001, BMVBW 2003). Auf Grundlage der Bundesverkehrswegepläne werden jedoch durch Bundestag und Bundesrat Ausbaugesetze mit zugehörigen Bedarfsplänen für die einzelnen Verkehrsträger verabschiedet.[3] Ihnen kommt somit eine maßgebliche politische Orientierungsfunktion zu.

Die Bundesverkehrswegeplanung ist eine politische Planung auf einer übergeordneten konzeptionell-strategischen Ebene. Von den verwaltungsrechtlich definierten Gesamt- und Fachplanungen der Länder und Kommunen unterscheidet sie sich damit grundsätzlich durch das Fehlen gesetzlicher Regelungen ihrer Form und ihres Ablaufs. Dennoch hat sich eine relativ klare Struktur für die Aufstellung der Bundesverkehrswegepläne entwickelt. Ausgehend von politischen Zielsetzungen werden Kriterien definiert, mit denen geplante Verkehrsvorhaben im Hinblick auf ihre ökonomischen, ökologischen, raumordnerischen und städtebaulichen Effekte sowie andere Faktoren bewertet werden. Die Gesamtbewertung eines Vorhabens ist ein politischer Abwägungsprozess, der in eine Dringlichkeitsbewertung nach Bedarfskategorien mündet. Gesamtbewertung und Finanzplanung bilden schließlich die Grundlage für die Aufstellung des Investitionsprogramms zur Umsetzung des Bundesverkehrswegeplans. Auf den Bewertungsablauf wird in den folgenden bei-

---

[3] Allerdings werden Ausbaugesetze und Bedarfspläne nur für die Verkehrsträger Straße und Schiene aufgestellt. Für Projekte des Wasserstraßenausbaus und -neubaus gilt dies nicht; hier liegt die Durchführung weiterer Planungsschritte allein in der Verantwortung des Bundesverkehrsministeriums.

den Abschnitten zu den Bundesverkehrswegeplänen 1992 und 2003 genauer eingegangen. Beide Pläne spielen bei der Diskussion um den Saaleausbau eine besondere Rolle. In den Kapiteln 3 und 4 werden die zentralen umweltbezogenen Bewertungsmethoden genauer analysiert.

2.2 Der Bundesverkehrswegeplan 1992

Mit dem BVWP 1992 sollte den besonderen wirtschafts-, sozial-, finanz- und umweltpolitischen Herausforderungen der 1990er Jahre – insbesondere der Wiedervereinigung – Rechnung getragen werden. Die Verkehrspolitik sah sich zu Beginn des vergangenen Jahrzehnts mit

- „der Vollendung des EG-Binnenmarktes,
- der neuen Mobilität in einem geeinten Deutschland im Zentrum eines nicht mehr geteilten Europa,
- steigender Nachfrage nach Verkehrsleistungen mit bisherigem Übergewicht beim Straßen- und Luftverkehr"

konfrontiert (BMV 1992, 9). Gleichzeitig war die Verkehrsinfrastruktur auf diese Herausforderungen nicht eingestellt, da beispielsweise die Hauptverkehrsströme seit dem Zweiten Weltkrieg in Nord-Süd-Richtung verliefen und vor dem Hintergrund der oben skizzierten Veränderungen ein starkes Wachstum der Ströme in Ost-West-Richtung absehbar wurde. Dem BVWP 1992 lag ein so genanntes „integriertes Gesamtverkehrskonzept" zugrunde, das mit seinen ordnungs- und investitionspolitischen Strategien die Ziele

- umweltgerechte Gestaltung des Verkehrssystems,
- Ausbau der Verkehrswege,
- konsequente Vernetzung der Verkehrsträger,
- Verfahrensverkürzung bei großen Investitionsvorhaben und
- Reduktion der verkehrlichen CO_2-Emissionen

verfolgte. Besondere Bedeutung kam zudem der Entwicklung eines Luftverkehrskonzeptes, der Schaffung von Schnittstellen (wie Binnenhäfen, Güterverkehrszentren, Terminals des kombinierten Verkehrs), Förderung neuer Technologien wie dem Transrapid und der Telematik zu (vgl.

BMV 1992, 9ff). Zur Verwirklichung der Ziele wurden im BVWP 1992 für den Zeitraum 1991 bis 2010 Gesamtinvestitionen in Höhe von ca. 493 Mrd. DM eingeplant, was eine erhebliche Steigerung gegenüber dem vorherigen BVWP 1985 – mit einem geplanten Finanzvolumen von 126 Mrd. DM zwischen 1985 und 1995 – bedeutete. Im Rahmen des Investitionsprogramms verteilte sich diese Summe auf zwei Bedarfsbereiche, welche die Dringlichkeitsstufen des Investitionsbedarfs wiedergeben:

– *Vordringlicher Bedarf*
Für Vorhaben dieser Bedarfskategorie besteht ein so genannter „uneingeschränkter Planungsauftrag" für die zuständigen Behörden. Ihrer weiteren Planung steht aus Sicht des Bundes nichts im Wege, wobei diese Aussagen unverbindlich sind und der tatsächlichen Finanzierbarkeit oder endgültigen Planfeststellungen nicht vorgreifen. Hierzu zählt in erster Linie der *indisponible Bedarf*, in den 80 % des Investitionsvolumens fließen, und unter dem
(a) der Überhang seit 1991 laufender Vorhaben,
(b) der 1992 noch nicht realisierte Vordringliche Bedarf des BVWP 1985 sowie
(c) die Verkehrsprojekte Deutsche Einheit (VDE) subsumiert sind.
Bei den VDE handelt es sich um 17 Vorhaben, denen eine Schlüsselfunktion für das verkehrstechnische Zusammenwachsen der alten und neuen Bundesländer zukommt. Aufgrund ihrer besonderen Dringlichkeit waren diese bereits am 9. April 1991 vom Bundeskabinett beschlossen und mit einem Finanzvolumen von rund 57 Mrd. DM ausgestattet worden.
Hinzu kommen so genannte *neue Vorhaben*, die im vorherigen BVWP noch nicht oder nur als Planungsstufe enthalten waren. Hierzu zählt beispielsweise auch der Ausbau der Saale.

– *Weiterer Bedarf*
In diesen Bereich werden Vorhaben aufgenommen, deren positive Beurteilung zum Zeitpunkt der Aufstellung des BVWP insgesamt, d.h. nach allen Beurteilungskriterien (s.u.), angenommen wird, deren Finanzierung aber über den Finanzrahmen des Vordringlichen Bedarfs hinausgeht.

Die Aufnahme eines Vorhabens in den Bedarf des Bundesverkehrswegeplans sowie für die weitergehende Unterscheidung nach Vordringlichem

2.2 Der Bundesverkehrswegeplan 1992

oder Weiterem Bedarf war im BVWP 1992 an folgende Beurteilungskriterien gebunden:

- Vorhaben, bei denen als Ergebnis der *gesamtwirtschaftlichen Bewertung* (siehe Kapitel 3) ein *Nutzen-Kosten-Verhältnis* größer 3 ermittelt wird, werden dem Vordringlichen Bedarf zugeordnet, und solche mit einem Nutzen-Kosten-Verhältnis zwischen 1 und 3 dem Weiteren Bedarf.

- Die *ökologische Beurteilung* als Ergebnis der *Umweltrisikoeinschätzung* (siehe Kapitel 4) muss ergeben, dass das Vorhaben ökologisch tragbar und relativ konfliktarm unter Ausgleich verbleibender Beeinträchtigungen durchzuführen ist. Andernfalls ist die Rückstufung in den Weiteren Bedarf oder der Wegfall des Vorhabens möglich.

- Die *städtebauliche Beurteilung* und *weitere Kriterien* wie Interdependenzen zwischen verschiedenen Verkehrsträgern, politische Zusagen oder Vereinbarungen mit Nachbarstaaten können auch zu einer Veränderung der Bedarfseinstufung führen.[4]

Für die Integration bzw. Zusammenfassung der Einzelkriterien zur Gesamtbewertung wird ein optionales *Bonus-Malus-Verfahren* verwendet (vgl. Abb. 2.1). Ausgangspunkt der Bedarfseinstufung eines Projektes ist sein Nutzen-Kosten-Verhältnis. Die Ergebnisse der Umweltrisikoeinschätzung und der städtebaulichen Beurteilung können zu einer Vor- oder Rückstufung in einen anderen Bedarfsbereich führen. Die Anwendung des Bonus-Malus-Verfahrens wird jedoch explizit nicht an formale Kriterien oder Regeln gebunden: „Die Verschiedenartigkeit der Einzelkriterien erlaubt grundsätzlich keine rechnerische Zusammenfassung zu einem Bewertungsfaktor" (BMV 1992, 28). Sie ist eine Kann-Regel, da es im Ermessen der Entscheidungsträger liegt, bei gegenüber den Umweltbelangen vorrangigen verkehrspolitischen Zielen auf eine Rückstufung zu verzichten. Die Gesamtbewertung ist somit Gegenstand politischer Abwägung und Entscheidung. Die Nachvollziehbarkeit dieses Abwägungs- und Entscheidungsprozesses wird nicht voll gewährleistet, weil eine vom Nutzen-Kosten-Verhältnis abweichende Bedarfseinstufung im Allgemeinen nicht begründet wird. Auf diese Problematik, die auch bei der Auf-

---

[4] Die städtebauliche Beurteilung wird dann in der Bundesverkehrswegeplanung 2003 in die so genannte Raumwirksamkeitsanalyse (RWA) integriert (vgl. S. 44).

stellung des BVWP 2003 fortbesteht (vgl. Abschnitt 2.3), wird in Abschnitt 5.4 ausführlich eingegangen.

Abbildung 2.1: Verknüpfung der Teilbewertungen als Grundlage der Bedarfseinstufungen im BVWP 1992 – das Bonus-Malus-Verfahren

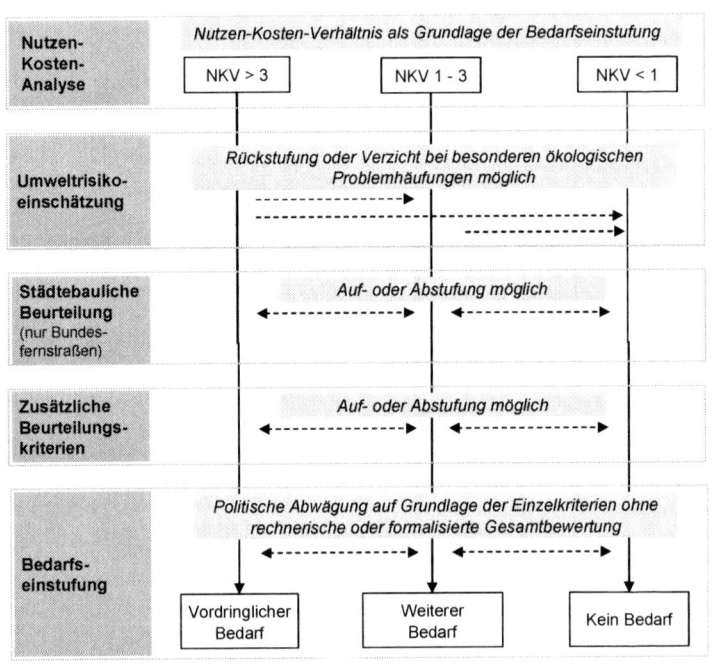

Quelle: Eigene Darstellung.

Die geplanten Investitionen des BVWP 1992 verteilten sich in erster Linie auf die Verkehrsträger Straße (194,9 Mrd. DM) und Schiene (191,4 Mrd. DM). Die Investitionen in den Verkehrsträger Wasser fiel demgegenüber deutlich geringer aus und beliefen sich auf insgesamt ca. 28 Mrd. DM, was einem Anteil von 5,7 % an den Gesamtinvestitionen entspricht. Von diesen 28 Mrd. DM für den Bereich Bundeswasserstraßen entfielen bereits 17 Mrd. DM auf den so genannten Überhang, also solche Vorhaben, die bereits im Vordringlichen Bedarf des BVWP 1985 enthalten, aber Anfang der 1990er Jahre noch nicht realisiert waren. Neu in den Vordringlichen Bedarf des BVWP 1992 aufgenommen wurden u.a. Investitionen für insgesamt 10 Projekte des Wasserstraßenbaus in Höhe von 6,4 Mrd. DM. Den größten Anteil an dieser Summe hat das Verkehrsprojekt Deutsche Einheit Nr. 17 (VDE 17) mit 4 Mrd. DM für den Ausbau der Ost-West-Wasserstraßenverbindung Mittellandkanal / Elbe-Havel-Kanal / Untere-Havel-Wasserstraße / Berliner Wasserstraße. Das VDE 17 ist sicherlich das prominenteste Wasserstraßenprojekt in Deutschland seit dem Bau des Rhein-Main-Donau-Kanals in den 1980er Jahren und soll die Verbindung Ostdeutschlands, Tschechiens und längerfristig auch Polens mit dem Ruhrgebiet sowie den Nordseehäfen ermöglichen. In den Vordringlichen Bedarf wurde ebenfalls der Ausbau der Saale aufgenommen, der für den mitteldeutschen Raum eine leistungsfähigere Anbindung an das internationale Wasserstraßennetz gewährleisten soll. Mit einem geplanten Investitionsvolumen von ca. 220 Mio. DM war der Saaleausbau eines der kleineren Vorhaben im ohnehin kleinen Bereich Wasserstraßenausbau des BVWP 1992.

2.3 Der Bundesverkehrswegeplan 2003

2.3.1 Der Aufstellungsprozesses

Nach einer Reihe von Verzögerungen wurde der aktuelle BVWP am 2. Juli 2003 von der Bundesregierung beschlossen. In ihrer Koalitionsvereinbarung vom 20. Oktober 1998 hatte sich die neu gewählte rot-grüne Bundesregierung für die 14. Legislatur eine grundlegende Reform der Verkehrspolitik zum Ziel gesetzt. Als wesentliche Aufgaben wurden die Überarbeitung des BVWP 1992 und die Weiterentwicklung der Bewertungsmethoden formuliert. Federführend für die Überarbeitung der Bundesverkehrswegeplanung war das Bundesministerium für Verkehr, Bau- und Wohnungswesen. Der „Verkehrsbericht 2000" des Ministeriums leitete den Überarbeitungsbedarf aus inhaltlichen wie methodischen Mängeln des Plans von 1992 ab (BMVBW 2000, 55):

– Veraltete, unvollständige Projektkosten und ein unrealistischer Finanzrahmen,

- Überholte, einseitig wachstumsorientierte Szenarien und veraltete Prognosen der Verkehrsentwicklung und
- Überarbeitungsbedürftiges Bewertungsverfahren.

Formulierung eines neuen Zielkonzepts

Die verkehrspolitische Neuausrichtung der neuen Bundesregierung manifestiert sich in der so genannten „integrierten Verkehrspolitik", die sich insbesondere durch Stärkung der europäischen Verkehrspolitik, Vernetzung der Verkehrsträger, Erhöhung der Verkehrssicherheit und Verbesserung des Umweltschutzes auszeichnet (BMVBW 2000, 15, vgl. Tab. 2.1).

Tabelle 2.1: Elemente einer integrierten Verkehrspolitik und Handlungsziele der Überarbeitung des BVWP

Elemente der integrierten Verkehrspolitik	Handlungsziele der Überarbeitung des BVWP
- Stärkung der europäischen Verkehrspolitik - Fortsetzung des Aufbaus Ost - Zusammenführung von Raum- und Verkehrsplanung - Bereitstellung einer leistungsfähigen Verkehrsinfrastruktur - Vernetzung der Verkehrsträger - Schaffung fairer Wettbewerbsbedingungen - Erhöhung der Verkehrssicherheit - Verbesserung des Umweltschutzes - Förderung innovativer Technologien - Unterstützung der Mobilitätsforschung	- Gewährleistung dauerhaft umweltgerechter Mobilität - Stärkung des Wirtschaftsstandortes Deutschland zur Schaffung bzw. Sicherung von Arbeitsplätzen - Förderung nachhaltiger Raum- und Siedlungsstrukturen - Schaffung fairer und vergleichbarer Wettbewerbsbedingungen für alle Verkehrsträger - Verbesserung der Verkehrssicherheit für Verkehrsteilnehmer und Allgemeinheit - Verringerung der Inanspruchnahme von Natur, Landschaft und nicht erneuerbaren Ressourcen - Reduktion der Emissionen von Lärm, Schadstoffen und Klimagasen (vor allem CO_2) - Förderung der europäischen Integration

Quelle: Eigene Zusammenstellung nach BMVBW (2000).

2.3 Der Bundesverkehrswegeplan 2003

Die integrierte Verkehrspolitik ist wiederum Ausgangspunkt für die Formulierung von Zielen der Bundesverkehrswegeplanung. Das BMVBW (2002, 12) unterscheidet dabei drei Ziel-Ebenen:

- *Metaebene.* Übergeordnete verkehrspolitische Handlungsziele für die Überarbeitung des BVWP (Tabelle 2.1), die sich aus den Elementen der integrierten Verkehrspolitik herleiten.

- *Szenarioebene.* Es werden alternative Szenarien definiert und das Integrationsszenario als Grundlage der Verkehrsprognosen ausgewählt. Das Integrationsszenario enthält bestimmte verkehrspolitische Maßnahmen (wie die zum damaligen Zeitpunkt in der Diskussion befindliche und mittlerweile realisierte LKW-Maut), die bis 2015 umgesetzt sein werden und damit die in der Prognose dargestellte Entwicklung von Verkehrsaufkommen und -verteilung beeinflussen.

- *Bewertungsebene.* Hier werden die auf der Metaebene definierten übergeordneten Ziele in den Bewertungskomponenten von NKA, URE und RWA wieder aufgegriffen. So wird mit dem in der URE ermittelten Umweltrisiko eine Aussage zur potentiellen Inanspruchnahme von Natur und Landschaft durch ein Vorhaben gemacht. In den Nutzenkomponenten der NKA geben beispielsweise CO_2-Äquivalente die Veränderung von Klimagasemissionen durch ein Vorhaben wider.

Die in Tabelle 2.1 wiedergegebenen Handlungsziele der Bundesverkehrswegeplanung bilden den Verkehrsträger übergreifend einheitlichen Maßstab der gesamtwirtschaftlichen Projektbewertungen (BMVBW 2002, 12). Die Ziele des BVWP 1992 gelten in abgewandelter Form weiter. Einen stärkeren Stellenwert erhielten allerdings die Umweltbelange und das Nachhaltigkeitsprinzip.

Bereits an dieser Stelle kann kritisch angemerkt werden, dass das vorgestellte Zielsystem der Bundesverkehrswegeplanung eine umfassende Operationalisierung auf der Bewertungsebene vermissen lässt. So werden die auf der Metaebene definierten Handlungsziele nicht weiter quantifiziert oder im Sinne spezifischer Vorgaben qualifiziert. Dadurch fehlen unter anderem nachvollziehbare Qualitätsmaßstäbe, deren Erreichen Voraussetzung für die Einordnung in den Vordringlichen Bedarf wäre (vgl. Köppel et al. 2004, 70f.). So könnte beispielsweise das vor allem auf den Klimaschutz ausgerichtete Handlungsziel 7 durch ein quantitatives Reduktionsziel in Bezug auf den CO_2-Ausstoß konkretisiert werden.

Herleiten ließe sich dieses Reduktionsziel aus dem verbindlichen Reduktionsziel des von Deutschland unterzeichneten und ratifizierten Kyoto-Protokolls. Es müsste spezifiziert werden, welchen Beitrag der Verkehrssektor zur Erreichung dieses Reduktionsziels zu leisten hat. Die Bundesverkehrsplanung schließlich müsste ein auf das operationalisierte Zielsystem hin ausgerichtetes Verkehrskonzept entwickeln und für jedes diskutierte Verkehrsprojekt ließe sich der Beitrag zur Erreichung dieses Ziels ermitteln. Ähnlich wäre bei den anderen Handlungszielen vorzugehen. In Abschnitt 5.3 gehen wir auf Möglichkeiten zur Etablierung eines solchen operationalisierten Zielsystems näher ein.

Modernisierung der Bewertungsmethodik

Vor dem Hintergrund der festgestellten Defizite des BVWP 1992 und der Handlungsziele für dessen Überarbeitung hat das Verkehrsministerium bestimmte Modernisierungsanforderungen an das Bewertungsverfahren der Bundesverkehrswegeplanung konkretisiert (BMVBW 2002, 17f.):

— „Aktualisierung der monetären Wertansätze [in der Nutzen-Kosten-Analyse; Anm. der Autoren],

— Aktualisierung und Ergänzung verkehrstechnischer Grundlagendaten,

— verbesserte Abbildung der Effekte in einzelnen Wirkungsbereichen,

— Ergänzung um bisher nicht oder nicht ausreichend berücksichtigte Effekte,

— Erfassung und Bewertung von Interdependenzwirkungen sowie

— verstärkte Berücksichtigung der monetär nur eingeschränkt erfassbaren Wirkungen auf Umwelt, Raumordnung und Städtebau."

Durch diese „Modernisierungen" sollen die Projektbewertungen des künftigen BVWP laut Verkehrsbericht 2000 der Bundesregierung auf

— Verkehrsträger übergreifende Prognosen für den Personen- und Güterverkehr auf der Basis von Szenarien sowie

— gesamtwirtschaftlichen Projektbewertungen nach Verkehrsträger übergreifend einheitlichen Maßstäben zur Feststellung der Bauwürdigkeit und Dringlichkeit von erwogenen Verkehrswegeprojekten

2.3 Der Bundesverkehrswegeplan 2003

beruhen, wobei der Entwicklung von Methoden zur Bewertung der nicht monetarisierbaren Projektwirkungen besondere Bedeutung beigemessen wird.

Die Bundesregierung konnte ihr ursprüngliches Ziel, die Überarbeitung des BVWP vor Ende der 14. Legislaturperiode abzuschließen, nicht einhalten. Erst Mitte 2003 wurde der neue BVWP verabschiedet. Die Aufstellung des aktuellen Planes erfolgte in den in Abbildung 2.2 genannten Arbeitsschritten. Für die vorliegende Studie sind dabei insbesondere die Schritte 2 und 3 (Teil 1 dieses Buches) und 6 bis 8 (Teil 2 dieses Buches) von Interesse gewesen.

Abbildung 2.2: Die Überarbeitung des Bundesverkehrswegeplans

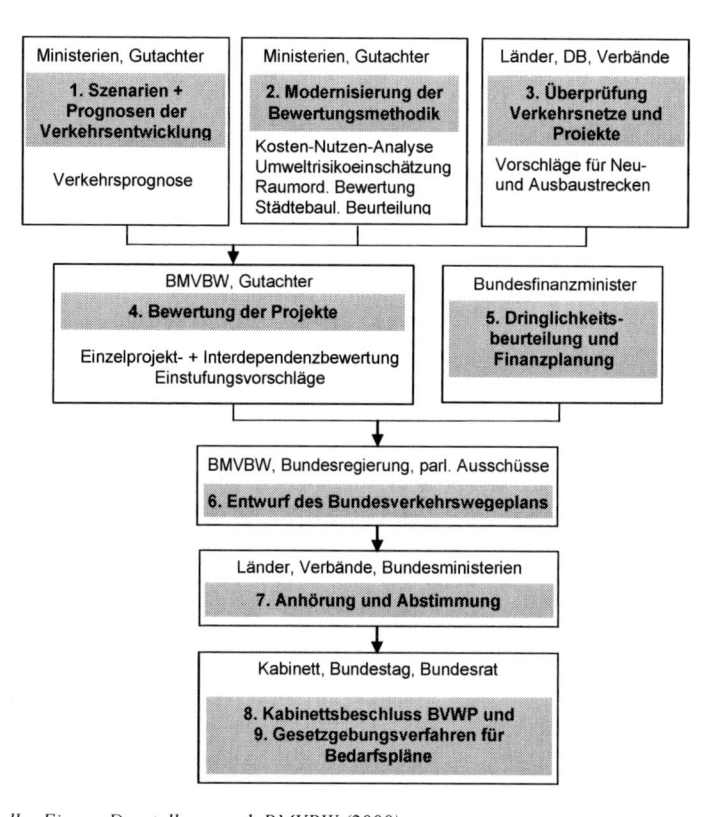

Ministerien, Gutachter	Ministerien, Gutachter	Länder, DB, Verbände
1. Szenarien + Prognosen der Verkehrsentwicklung	**2. Modernisierung der Bewertungsmethodik**	**3. Überprüfung Verkehrsnetze und Projekte**
Verkehrsprognose	Kosten-Nutzen-Analyse Umweltrisikoeinschätzung Raumord. Bewertung Städtebaul. Beurteilung	Vorschläge für Neu- und Ausbaustrecken

BMVBW, Gutachter	Bundesfinanzminister
4. Bewertung der Projekte	**5. Dringlichkeitsbeurteilung und Finanzplanung**
Einzelprojekt- + Interdependenzbewertung Einstufungsvorschläge	

BMVBW, Bundesregierung, parl. Ausschüsse
6. Entwurf des Bundesverkehrswegeplans

Länder, Verbände, Bundesministerien
7. Anhörung und Abstimmung

Kabinett, Bundestag, Bundesrat
8. Kabinettsbeschluss BVWP und 9. Gesetzgebungsverfahren für Bedarfspläne

Quelle: Eigene Darstellung nach BMVBW (2000).

Der BVWP 2003 ist auf eine Laufzeit von 2001 bis 2015 ausgelegt und kalkuliert für diesen Zeitraum mit einem Finanzrahmen von insgesamt ca. 150 Mrd. €. Erstmals gehen mit 56 % des Budgets mehr Mittel in die Erhaltung und Erneuerung der bestehenden Verkehrsinfrastruktur als in den Neubau. Mehr als die Hälfte der Investitionen sind für den Verkehrsträger Straße eingeplant, auf die Schiene entfallen 42,9 % und auf die Wasserstraße 5 %. Diese 7,5 Mrd. € für den Wasserstraßenbereich vorgesehenen Mittel erhöhen sich unter Einbeziehung der so genannten Planungsreserve[5] auf insgesamt 11,7 Mrd. €. Von diesen Mitteln entfallen 6,6 Mrd. € auf Investitionen in die Erhaltung und Modernisierung der bestehenden Infrastruktur und 4,4 Mrd. sind für bereits für laufende und fest disponierte Vorhaben reserviert. Lediglich 660 Mio. € stehen für neue Vorhaben des Vordringlichen Bedarfs im BVWP 2003 zur Verfügung. Allein die Hälfte dieser Mittel wird für den Ausbau der Schleusenkapazitäten auf der Mosel veranschlagt. Für den Ausbau der Saale in der Variante ‚Schleusenkanal Tornitz' sind Investitionen in Höhe von 80 Mio. € eingeplant.

2.3.2 Berücksichtigung von Umwelteffekten in den Bewertungsmethoden für den Bundesverkehrswegeplan 2003

Wie im vorangegangenen Abschnitt erläutert, steht bei der Aufstellung des BVWP 2003 neben der Aktualisierung der Verkehrsprognosen (BVU et al. 2001) die Modifizierung und Erweiterung der Methoden zur Bewertung von Vorhaben im Vordergrund. Insbesondere sollte die Bedeutung ökologischer Kriterien in der Gesamtbewertung von Vorhaben gestärkt werden. Die gesamtwirtschaftliche Bewertung ist in ihrer formalen Struktur im Vergleich zum BVWP 1992 weiterentwickelt worden und besteht nun aus drei Modulen zur Bewertung der Kriterien Nutzen-Kosten-Verhältnis, Umweltrisiko und Raumwirksamkeit (BMVBW 2002). Es lassen sich analog zu den zu bewertenden Kriterien die folgenden drei

---

[5] Unter Planungsreserve werden im BVWP 2003 solche Finanzierungsanteile verstanden, die zur Realisierung der Vorhaben des BVWP erforderlich sind, aber vermutlich über den Planungshorizont des Jahres 2015 hinaus gehen (vgl. BMVBW 2003b, 2). Um welche Größen es sich dabei konkret handelt, ist dem BVWP 2003 in Bezug auf die jeweiligen Projekte nicht zu entnehmen.

2.3 Der Bundesverkehrswegeplan 2003

eigenständigen Bewertungsmethoden unterscheiden, wobei die Berücksichtigung der Umwelteffekte zusammenfassend in Abbildung 2.3 dargestellt ist:

- Die *Nutzen-Kosten-Analyse (NKA)* dient zur Messung der Wohlfahrtswirkungen eines Projektes in Geldeinheiten. Sie enthält die Komponenten Beförderungskosten, Erhaltung der Verkehrswege, Verkehrssicherheit, Erreichbarkeit, räumliche Wirkungen, Anbindung von See- und Flughäfen sowie Investitionskosten. Sie umfasst auch einige Umwelteffekte in den Bereichen Lärm, Luft (Abgase) sowie Trennwirkungen von Ortsdurchfahrten (BMVBW 2002, 37ff., vgl. auch Abschnitt 3.3.2). Darüber hinaus werden auch die Auswirkungen auf Natur und Landschaft über pauschalierte Kompensationskosten als Ausdruck zu erwartender Ausgleichs- und Ersatzmaßnahmen berücksichtigt (vgl. Abschnitte 3.3.3 und 4.3.4 sowie die Ausführungen weiter unten in diesem Abschnitt; PLANCO 2000, 17, BMVBW 2002, 43). Der überwiegende Teil der Umweltwirkungen wird aber nicht durch eine NKA, sondern durch eine Umweltrisikoeinschätzung erfasst.

- Die *Umweltrisikoeinschätzung (URE)* dient als eigenständiges nichtmonetäres Verfahren zur qualitativen Bewertung von Auswirkungen der Verkehrsprojekte auf Natur und Landschaft. Sie ermittelt das Umweltrisiko als ein Maß für die zu erwartenden umweltschädigenden Auswirkungen eines Vorhabens. Daran anknüpfend macht sie generalisierte Angaben über den zu erwartenden Ausgleichs- und Ersatzbedarf zur Kompensation der mit einem Vorhaben verbundenen Umwelteffekte. Bestandteil der URE ist eine FFH-Verträglichkeitseinschätzung (FFH-VE) mit der potenzielle Beeinträchtigungen von NATURA-2000-Gebieten und damit Konflikte mit der europäischen FFH-Richtlinie frühzeitig erkannt werden sollen. Für die Aufstellung des BVWP 2003 wird die URE erstmals um eine Bewertungsmethodik für Wasserstraßen ergänzt (BfG 2001, Esser 2001, Günnewig/ Hoppenstedt 2001, BMVBW 2002, 48ff.). Auf diese Weise und durch die Weiterentwicklung der vorhandenen Methodik für die Verkehrsträger Straße und Schiene soll das Ziel der Verkehrsträger übergreifenden Vergleichbarkeit aller Projektbewertungen erreicht werden. Eine ausführliche Analyse der URE wird in Kapitel 4 durchgeführt.

– Die *Raumwirksamkeitsanalyse (RWA)* ist ein in dieser Form neues Bewertungsmodul, das die raumordnerisch relevanten Teile des Bewertungsverfahrens für den BVWP 1992, die städtebauliche Beurteilung sowie die in der NKA enthaltenen raumordnerischen Effekte in einer eigenständigen Methodik zusammenfasst (BMVBW 2002, 52ff.). Die RWA beurteilt beispielsweise auch Entlastungswirkungen von Umgehungsstraßen auf innerörtliche Bereiche. Die damit verbundenen Umwelteffekte werden bereits in der NKA berücksichtigt (Lärm, Abgase) und sind beim Wasserstraßenbau von untergeordneter Bedeutung, so dass in der vorliegenden, sich auf die Umweltbewertung konzentrierende Studie auf eine weitere Erläuterung der RWA weitgehend verzichtet wird. Allerdings spielt die RWA bei den Überlegungen zur Integration der Teilbewertungen der Bundesverkehrswegeplanung in Abschnitt 5.4 durchaus eine Rolle.

NKA, URE und RWA sollen zusammen ein umfassendes Bild aller Wirkungen von Verkehrsprojekten geben. In Abbildung 2.3 ist speziell die Berücksichtigung von *Umwelt*wirkungen in der Bewertungsmethodik für den BVWP 2003 dargestellt. Die grundsätzliche Vorgehensweise ist dabei gegenüber dem BVWP 1992 unverändert geblieben. Umweltwirkungen werden nicht nach einer einheitlichen Methodik bewertet, sondern verteilen sich auf NKA und URE. Differenziert man den komplexen Gegenstand „Umwelt" nach Bereichen bzw. nach den in der Umweltgesetzgebung definierten und in der Umweltbewertung daher üblicherweise verwendeten Schutzgütern, so zeigt sich, dass ein kleiner Teil von Umweltwirkungen in der NKA monetarisiert wird. Das sind in erster Linie die Lebensqualität des Menschen unmittelbar berührende Wirkungen (Lärm, Wohnqualität, Trennwirkungen), aber auch der vom induzierten Verkehr ausgehende klimarelevante CO_2-Ausstoß. Letzteres stellt eine Weiterentwicklung der NKA gegenüber dem Verfahren von 1992 dar, in dem der klimarelevante CO_2-Ausstoß noch nicht berücksichtigt worden war. Alle anderen Umweltbereiche bzw. Schutzgüter, deren Schutz und Entwicklung in den Aufgabenbereich von Naturschutz und Landschaftspflege fallen, werden in der URE qualitativ bewertet.

Diese grundsätzliche Zweiteilung der Umweltbewertung wird aber nicht konsequent durchgeführt, sondern teilweise dadurch aufgehoben, dass die bewertungsrelevanten Investitionskosten eines Vorhabens Kosten der Eingriffsminderung enthalten.

2.3 Der Bundesverkehrswegeplan 2003

Abbildung 2.3: Berücksichtigung von Umweltwirkungen in den Teilbewertungen des BVWP 2003

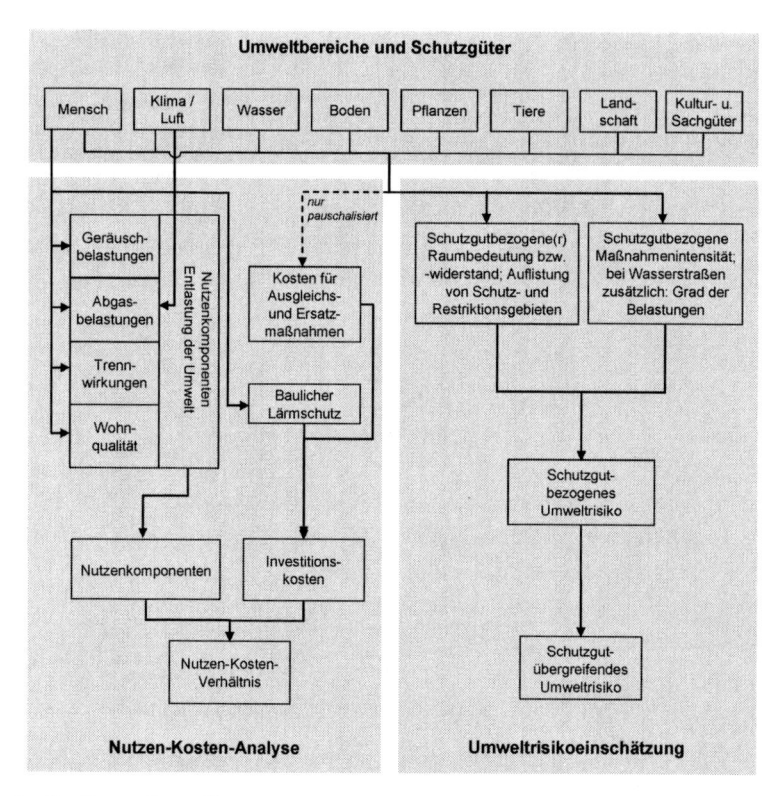

Quelle: Eigene Darstellung.

Im BVWP 1992 wurden diese Kosten für „bauliche Maßnahmen zur Minderung von Eingriffen in Natur und Landschaft" (BMV 1992, 9) als pauschale Anteile an den Investitionskosten ermittelt (ebd., 52). Auch für den BVWP 2003 ist zu vermuten, dass Auswirkungen auf Natur und Landschaft in der NKA nur pauschaliert einfließen. Zwar sollen „Kosten für Ausgleichs- und Ersatzmaßnahmen" herangezogen werden (BMVBW 2002, 43), was den Eindruck erweckt, als würde hier der Ausgleichs- und Ersatzbedarf differenziert nach der Eingriffsschwere monetarisiert. Allerdings wird zum einen die Art der Kostenermittlung nicht näher spezifiziert, und zum anderen ist der konkrete Vorschlag zur Kostenermittlung von PLANCO (1999, 201ff.), den Verbrauch von Natur und Landschaft über einen Kompensationskostenansatz als negative Nutzenkomponente in der NKA zu berücksichtigen, nicht in die Bewertungsmethodik für den BVWP 2003 übernommen worden. Beides zusammen lässt vermuten, dass in der NKA Auswirkungen auf Natur und Landschaft weiterhin nur pauschalisiert berücksichtigt werden. In der Tat wird der konkrete Ausgleichs- und Ersatzbedarf erst auf der förmlichen Planungsebene der Planfeststellung verbindlich definiert. Auch die URE auf der Generalplanungsebene des BVWP ist im Allgemeinen nicht dazu geeignet, den Ausgleichs- und Ersatzbedarf zu ermitteln.

2.3.3 Integration der Teilbewertungen als Grundlage der Bedarfseinstufungen

In Abschnitt 2.2 war bereits erläutert worden, dass für den BVWP 1992 die Integration der Teilbewertungen zu einem Gesamtergebnis anhand eines optionalen Bonus-Malus-Verfahrens erfolgte. Damit war die Gesamtbewertung der Verkehrsvorhaben durch die Entscheidungsträger zwar prinzipiell an eine formalisierte Verknüpfung der Bewertungskriterien gebunden. Durch deren letztlich nur optionale Anwendung war jedoch eine Nachvollziehbarkeit von Gesamtbewertung und Bedarfseinstufung stark eingeschränkt.

Für die Projektbewertungen für den BVWP 2003 war zunächst vorgesehen, das optionale Bonus-Malus-Verfahren zumindest teilweise durch eine regelbasierte, nutzwertanalytische Verknüpfung zu ersetzen. Diese Art der Verknüpfung wurde später wieder verworfen und kam bei der Aufstellung des BVWP 2003 nicht zur Anwendung. Die 2002 veröffentlichte Methodik der gesamtwirtschaftlichen Bewertung sah noch die Integration von monetärer NKA und qualitativer RWA mittels Gewichtungsfaktoren vor, wie es bei einer Nutzwertanalyse üblich ist (BMVBW 2002, 58f.).[6] Danach sollten Nutzen-Kosten-Verhältnis (NKV) und Raumwirksamkeitsstufe zunächst auf ein einheitliches Skalenniveau

---

[6] Siehe zur Nutzwertanalyse auch die Ausführungen in Abschnitt 5.4.5 mit weiteren Literaturverweisen.

transformiert werden, um dann aus der additiven Verknüpfung der entstandenen Punktwerte eine Rangreihung der bewerteten Projekte vornehmen zu können (vgl. Tabelle 2.2):

— Das NKV wird durch Multiplikation mit dem Faktor 10 skaliert (z.b. NKV 3,7 x 10 = 37 Wertpunkte).

— Die Raumordnungspunkte der RWA (5-stufige Skala von 1 = sehr geringe Raumwirksamkeit bis 5 = sehr hohe Raumwirksamkeit) werden nach einer Zuordnungstabelle in Wertpunkte umgerechnet (Die Zuordnung könnte folgendermaßen aussehen: 1 → 1, 2 → 3, 3 → 5, 4 → 10, 5 → 15. Die angegebenen Zuordnungen dienen lediglich der Veranschaulichung und sind unverbindlich in Anlehnung an BMVBW 2002, 59).

— Die so ermittelten Wertpunkte werden addiert und die Summe bildet die Grundlage für die Rangfolge der bewerteten Vorhaben.

Tabelle 2.2: Beispiel einer nutzwertanalytischen Verknüpfung von NKA und RWA nach BMVBW (2002)

Projekt	Wertpunkte			Rangfolge NKA	Veränderung des Ranges gegenüber reiner NKA-Reihung
	NKA	RWA	Summe		
A	52	0	52	1	-
B	48	3	51	2	-
C	44	5	49	3	-
D	40	3	43	4	von 4 auf 6
E	36	10	46	5	-
F	32	15	47	6	von 6 auf 4
G	28	5	32	7	von 7 auf 8
H	24	15	39	8	von 8 auf 7
I	20	1	21	9	-
J	16	0	17	10	-

Quelle: Modifiziert in Anlehnung an BMVBW (2002, 59).

Das BMVBW schätzte die skizzierte Vorgehensweise als transparent und praktikabel ein: Sie erlaube eine differenziertere Abwägung im Entscheidungsprozess als die Auf- und Abstufungsmöglichkeiten im BVWP 1992 (BMVBW 2002, 59).

Es bleibt allerdings offen, auf welcher Grundlage die Gewichtungen der Raumordnungspunkte vorgenommen werden sollen und welche Bedeutung die Rangfolge für die Dringlichkeitsbeurteilung eines Vorhabens letztlich haben sollen. Weder der Multiplikationsfaktor des NKV noch die Gewichtungsfaktoren der Raumordnungspunkte werden begründet, so dass die Bewertungsergebnisse zwar formal nachvollziehbar, aber inhaltlich weder überprüfbar noch unmittelbar plausibel sind. Beides lässt sich nur durch eine verbal-argumentative Begründung der Ergebnisse sowohl für die einzelnen Vorhaben und als auch für die erzielte Rangfolge durch einen Vergleich der bewerteten Vorhaben erreichen. Der Gewinn an Transparenz und Praktikabilität dürfte dadurch zumindest teilweise aufgewogen werden.

Eine formalisierte Einbindung der URE in die NKA und die RWA nach dem eben beschriebenen Vorbild der Verknüpfung von NKA und RWA war allerdings nicht vorgesehen. Dies wurde mit der Begründung abgelehnt, dass „ein im Rahmen der URE mit einer hohen oder gar sehr hohen Umweltrisikostufe bewertetes Projekt im Zuge der weiteren Planungen (Linienbestimmung, Entwurf, bis hin zur abschließenden Planfeststellung) möglicherweise zu einem Projekt mit vermiedenen oder zumindest weitgehend verminderten Umweltwirkungen weiterentwickelt werden kann" (BMVBW 2002, 60). Zusätzlich besteht laut BMVBW (2002, 59) ein qualitativer Unterschied zwischen beiden Verfahren, da die RWA raumordnerische Wirkungen und die URE umweltbezogene Risiken – also mögliche Wirkungen – bewerte.

Ungeachtet der Tatsache, dass das Verknüpfungsverfahren für RWA und NKA Plausibilitätsdefizite aufweist, erscheinen die vom BMVBW angeführten Gründe für den Verzicht auf ein solches Verfahren bei der URE nicht sehr stichhaltig. Im weiteren Planungsprozess stattfindende Modifizierungen eines Verkehrsvorhabens verändern nicht nur dessen Umweltrisiko, sondern auch dessen raumordnerischen Effekte ebenso wie das NKV. Ähnliches gilt für die Begründungen des BMVBW für die fehlende Konkretisierung von Vermeidungsmaßnahmen zur Verringerung negativer Umwelteffekte, die nicht Ursache für einen geringeren Formalisierungsgrad der Bewertung sein kann. Einerseits ist die Formulierung von Vermeidungsmaßnahmen nicht Gegenstand der Planungsebene Bundesverkehrswegeplanung, andererseits sind solche Maßnahmen per se nicht Teil eines Vorhabens, sondern lassen sich erst aufbauend auf das Ergebnis der Bewertung der Umwelteffekte eines Vorhabens

2.3 Der Bundesverkehrswegeplan 2003

definieren. Weiterhin geht die Unterscheidung von Wirkungen und Risiken davon aus, dass die Ergebnisse der URE mit höheren Unsicherheiten behaftet sind als diejenigen der RWA. Das ist jedoch nicht plausibel, da es sich bei beiden Verfahren um Prognosen zukünftiger Effekte handelt. Die Unterscheidung von Wirkungen und Risiken ist nur eine Frage der Benennung und geht nicht auf methodische Unterschiede zurück. Die Ungleichbehandlung beider Verfahren bei der Gesamtbewertung und Bedarfseinstufung lässt sich also so nicht rechtfertigen.

Abbildung 2.4: Verknüpfung der Teilbewertungen als Grundlage der Bedarfseinstufungen im BVWP 2003

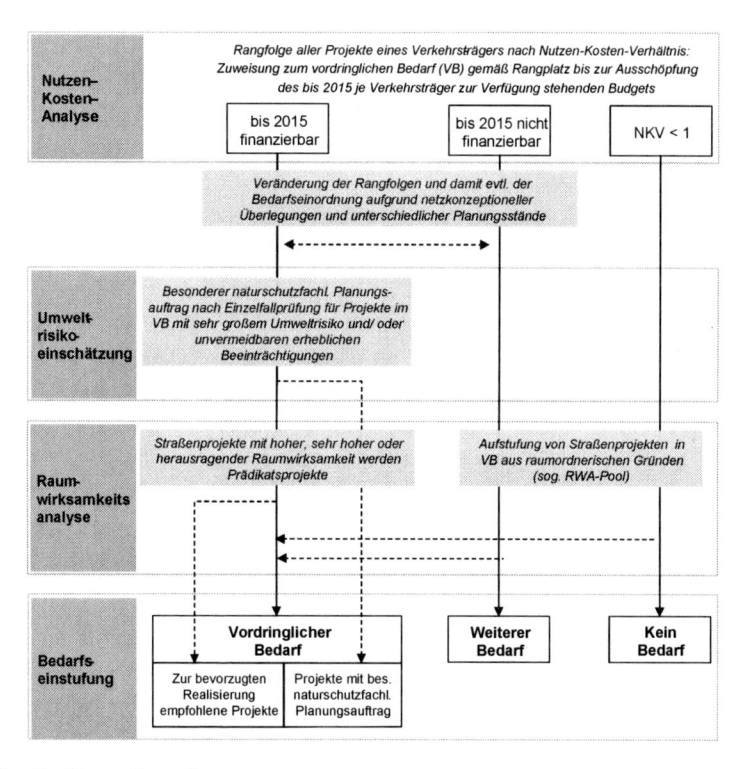

Nutzen-Kosten-Analyse	Rangfolge aller Projekte eines Verkehrsträgers nach Nutzen-Kosten-Verhältnis: Zuweisung zum vordringlichen Bedarf (VB) gemäß Rangplatz bis zur Ausschöpfung des bis 2015 je Verkehrsträger zur Verfügung stehenden Budgets			
	bis 2015 finanzierbar	bis 2015 nicht finanzierbar		NKV < 1
	Veränderung der Rangfolgen und damit evtl. der Bedarfseinordnung aufgrund netzkonzeptioneller Überlegungen und unterschiedlicher Planungsstände			
Umweltrisikoeinschätzung	Besonderer naturschutzfachl. Planungsauftrag nach Einzelfallprüfung für Projekte im VB mit sehr großem Umweltrisiko und/ oder unvermeidbaren erheblichen Beeinträchtigungen			
Raumwirksamkeitsanalyse	Straßenprojekte mit hoher, sehr hoher oder herausragender Raumwirksamkeit werden Prädikatsprojekte		Aufstufung von Straßenprojekten in VB aus raumordnerischen Gründen (sog. RWA-Pool)	
Bedarfseinstufung	Vordringlicher Bedarf		Weiterer Bedarf	Kein Bedarf
	Zur bevorzugten Realisierung empfohlene Projekte	Projekte mit bes. naturschutzfachl. Planungsauftrag		

Quelle: Eigene Darstellung.

Aus nicht näher erläuterten Gründen wurde die Verknüpfung von NKA und RWA allerdings bei den tatsächlichen Projektbewertungen und Bedarfseinstufungen im BVWP 2003 – wie schon erwähnt – verworfen. Die schließlich gewählte Vorgehensweise zur Verknüpfung aller Teilbewertungen ist in Abbildung 2.4 wiedergegeben. Augenfälligster Unterschied zur Vorgehensweise beim BVWP 1992 ist der Verzicht auf die Trennung zwischen Vordringlichem und Weiterem Bedarf anhand des Schwellenwertes beim NKV von 3,0. Stattdessen werden alle Vorhaben eines Verkehrsträgers in eine Rangfolge auf der Grundlage ihres NKV gebracht und dieser Rangfolge entsprechend bis zur Ausschöpfung des für einen Verkehrsträger zur Verfügung stehenden Budgets in den Vordringlichen Bedarf eingeordnet. Das bedeutet, dass der Bedarfseinstufung keine festen NKV-Werte zugrunde liegen, diese in Abhängigkeit vom Budget also höher oder niedriger als der alte Schwellenwert von 3,0 ausfallen können. Zudem kann der für die Bedarfseinstufung relevante NKV-Wert bei jedem Verkehrsträger unterschiedlich sein (BMVBW 2003b, 18).

Die Berücksichtigung von URE und RWA bei der Gesamtbewertung folgt weiterhin einem optionalen Bonus-Malus-Verfahren, das aber im Vergleich zur Vorgehensweise beim BVWP 1992 vor allem in Bezug auf die URE eingeschränkt worden ist. Das Ergebnis von URE und der mit ihr verbundenen FFH-Verträglichkeitseinschätzung kann nun nicht mehr zu einer Rückstufung eines nach NKV dem Vordringlichen Bedarf zugeordneten Projektes in den Weiteren Bedarf führen. Stattdessen wird ein Projekt bei einem sehr hohen Umweltrisiko und/oder unvermeidbaren erheblichen Beeinträchtigungen von FFH-Gebieten nach einer Einzelfallprüfung unter eine Art naturschutzfachlichen Planungsvorbehalt gestellt. Dieser beinhaltet „ergänzende Hinweise zur umwelt- und naturschutzfachlichen Problematik für den weiteren Planungsverlauf" (BMVBW 2003b, 19).

Im Unterschied hierzu kann das Ergebnis der RWA dazu führen, dass Projekte, die aufgrund ihres NKV und des daraus resultierenden Rangplatzes zunächst nicht dem Vordringlichen Bedarf zugeordnet sind, in diesen hinaufgestuft werden, wenn mit dem Projekt besondere raumordnerische Vorteile verbunden sind (so genannter RWA-Pool, vgl. BMVBW 2003, 21). Darüber hinaus können Projekte des Vordringlichen Bedarfs als so genannte Prädikatsprojekte zur bevorzugten Realisierung empfohlen werden, wenn sie nach RWA eine hohe, sehr hohe oder herausragende Raumwirksamkeit besitzen. Beides trifft auf Projekt zu, denen eine besondere strukturpolitische Bedeutung beigemessen wird, die also beispielsweise der Erschließung und Standortverbesserung strukturschwacher und/oder peripherer Räume dienen.

2.4 Fazit

Für den Bewertungsvorgang in Planungs- und Entscheidungsprozessen besitzt das zugrunde liegende Zielsystem in der Regel eine fundamentale Bedeutung. In Abschnitt 2.3.1 haben wir daher das Zielsystem der Bundesverkehrswegeplanung und seinen Einfluss auf die Projektbewertungen erläutert. Dabei ist festzustellen, dass die übergeordneten Handlungsziele zwar mit den Projektbewertungen korrespondieren, aber nicht für diese operationalisiert werden. Daher können auf Projektebene keine konkreten Zielerreichungsbeiträge ermittelt werden, was auch zu einem Verlust an Transparenz und Plausibilität der Projektbewertungen führt.

Hinsichtlich der Kriterien Plausibilität und Transparenz lässt sich weiterhin in Bezug auf die Verknüpfung der Teilbewertungen folgendes festhalten:

– Im BVWP 1992 waren die Bedarfseinstufungen an klar definierte, nutzen-kosten-analytische Schwellenwerte gebunden, die optional durch die Ergebnisse von URE und RWA nach oben oder unten korrigiert werden konnten. Allerdings wird die Schwelle des NKV von 3,0 für die Aufnahme eines Vorhabens in den Vordringlichen Bedarf nicht näher begründet. Der rein optionale Charakter des Bonus-Malus-Verfahrens macht die Transparenz der klar definierten Verknüpfungsregeln für die URE wieder zunichte. Insgesamt kann die Integration der Teilbewertungen im BVWP 1992 unter den Gesichtspunkten Plausibilität und Transparenz als nicht befriedigend bezeichnet werden.

– Die Vorgehensweise im BVWP 2003 erscheint unter dem Gesichtspunkt der Plausibilität zunächst überzeugender. Der Verzicht auf eine feste NKV-Schwelle bei der Bedarfseinstufung befreit die Entscheider von der Notwendigkeit, diese willkürliche Festsetzung begründen zu müssen. Gleichzeitig ist die Zuordnung eines Projektes in den Vordringlichen Bedarf in Abhängigkeit von seinem Rangplatz und dem zur Verfügung stehenden Budget volkswirtschaftlich sinnvoll. Allerdings fehlt die Transparenz dieses prinzipiell plausiblen Vorgehens, da der BVWP 2003 den einzelnen Verkehrsträgern keine Investitionsbudgets vorgibt, die es auszuschöpfen gilt, sondern lediglich Investitionsbedarfe zuweist. Ob sich die Investitionsbedarfe aus der Knappheit der Finanzmitteln oder der Notwendigkeit von Infrastrukturinvestitionen ergibt, bleibt unklar. Damit ist es nicht möglich nachzuvollziehen, bis zu welchem Rang Projekte in den Vordringlichen Bedarf eingeordnet werden können und ab welchem Rang aufgrund fehlender Finanzmittel nur noch eine Zuordnung in den Weiteren Bedarf möglich ist.

− Die Integration der Teilbewertungen zu einer Gesamtbewertung bzw. der Einfluss der die NKA ergänzenden URE und RWA auf die Bedarfseinstufung verliert gegenüber der Vorgehensweise beim BVWP 1992 sowohl an Transparenz als auch an Plausibilität. Hiervon ist insbesondere die URE betroffen, deren Ergebnis nicht mehr zu einer Rückstufung eines Projektes führen kann. Dies ist besonders unverständlich, da sich Rückstufungen nach der neuen Methodik nicht zwangsläufig auf die Bedarfskategorie, sondern lediglich auf den nutzen-kosten-analytisch ermittelten Rangplatz beziehen könnten. Dies würde eine deutlich differenziertere Berücksichtigung der URE ermöglichen, als es noch 1992 der Fall war, als nur eine Rückstufung in eine niedrigere Bedarfskategorie und damit eine sehr weitreichende politische Weichenstellung möglich war. Die nun gegebene Möglichkeit des planungsfachlichen Vorbehalts bedeutet de facto eine Verlagerung der Entscheidung auf eine nachgeordnete Planungsebene. Prinzipiell kann dies eine durchaus folgerichtige und sachgemäße Vorgehensweise sein, da ökologische Risiken im weiteren Planungsverlauf durch Anpassungen oder gar alternative Trassenführungen gemindert oder gar vermieden werden können. Allerdings gilt dies in gleichem Maße für raumordnerische Wirkungen eines Projektes. Das Ergebnis der RWA kann jedoch im Unterschied zu dem der URE bereits auf Ebene des BVWP zu einer Heraufstufung eines Projektes in eine höhere Bedarfskategorie führen. Das Resultat ist demzufolge eine Benachteiligung der URE in der Gesamtbewertung, d.h. dass die Umwelteffekte bei der Bedarfseinstufung eine geringere Rolle spielen als raumordnerische Effekte. Das Primat der wirtschaftlichen Effekte

2.4 Fazit

gegenüber allen anderen in den Teilbewertungen ermittelten Effekte bleibt davon ohnehin unberührt.

Zusammenfassend lässt sich daher festhalten, dass die Integration der Teilbewertungen zu einer Gesamtbewertung im BVWP 2003 im Vergleich zum BVWP 1992 zwar differenzierter und in Teilen (bei NKV Rangfolgen statt Schwellenwerten als Grundlage der Bedarfseinstufung) auch plausibler geworden ist, in anderen Teilen (unterschiedliche Berücksichtigung von URE und RWA) aber auch an Plausibilität und Transparenz verloren hat. Auf bewertungsmethodische und planungsfachliche Schwierigkeiten für die Verknüpfung von URE und NKA wird in Abschnitt 4.3.4 eingegangen. Mögliche Lösungen des Integrations- und Verknüpfungsproblems werden in Abschnitt 5.4 erörtert, solche der Operationalisierung des Zielsystems in Abschnitt 5.3.

3 Ökonomische Bewertung in der Bundesverkehrswegeplanung – die Nutzen-Kosten-Analyse

Das Ergebnis der Nutzen-Kosten-Analyse ist das wichtigste Bewertungskriterium der gesamtwirtschaftlichen Bewertung von Verkehrsprojekten in der Bundesverkehrswegeplanung. Die nachfolgenden Überlegungen zielen auf die Frage, in welchem Umfang hierbei die zur Verfügung stehenden methodischen Möglichkeiten auch genutzt wurden, um die umweltrelevanten Wirkungen eines Verkehrsprojektes angemessen zu berücksichtigen. Zu diesem Zweck wird in einem ersten Schritt in allgemeiner Form auf die Methodik der NKA als Instrument zur Bewertung öffentlicher Infrastrukturvorhaben sowie den dabei bestehenden Möglichkeiten einer ökonomischen Berücksichtigung von Umwelteffekten knapp eingegangen (Abschnitt 3.1). Daran anschließend soll in einem zweiten Schritt die Anwendung von NKA im Kontext der Bundesverkehrswegeplanung näher betrachtet werden, wobei der Schwerpunkt hier auf der Frage liegt, auf welche Art und Weise relevante Umweltwirkungen von Verkehrsprojekten im Rahmen der BVWP 1992 in die Planung und Projektbewertung Eingang gefunden haben (Abschnitt 3.2). In einem dritten Schritt wird untersucht, welche Modifikationen des Bewertungsverfahrens für den BVWP 2003 vorgenommen wurden und wie diese aus ökonomischer Sicht zu beurteilen sind (Abschnitt 3.3). Schließlich werden die Überlegungen zur ökonomischen Bewertung in der Bundesverkehrswegeplanung zusammengefasst (Abschnitt 3.4).

3.1 Methodische Grundlagen des ökonomischen Bewertungsansatzes – ein Überblick

3.1.1 Individuelle Präferenzen als Ausgangspunkt der ökonomischen Bewertung

Für den auf der neoklassischen Wohlfahrtsökonomik beruhenden ökonomischen Bewertungsansatz bilden die Präferenzen der Individuen den Ausgangspunkt (Ahlheim 2003, 16ff.; Fromm 1997, 9ff.). Der Wohlfahrtsökonomik liegt die Annahme zugrunde, dass die Individuen danach streben, ihren Nutzen unter bestimmten Restriktionen, wie dem zur Verfügung stehenden Einkommen und den relativen Güterpreisen, zu maximieren. Nach Maßgabe ihrer jeweiligen Nutzenstiftung wiegen Individuen Handlungsalternativen gegeneinander ab. Es wird Rationalverhalten unterstellt, d.h. es wird angenommen, dass die Individuen aus den zur Verfügung stehenden Alternativen gemäß ihren Präferenzen diejenige Handlung realisieren, die ihnen den größten Nutzen stiftet.

Bezogen auf die Berücksichtigung von Umwelteffekten im Rahmen des ökonomischen Denk- und Wertesystems resultiert daraus, dass für die Bewertung von Umweltgütern (bzw. natürlichen Ressourcen) erfasst werden muss, in welcher Weise eine Veränderung in der Menge des Umweltgutes den individuellen Nutzen und damit den ökonomischen Wert des Gutes beeinträchtigt. Um den ökonomischen Wert von Umweltgütern gesamthaft zu erfassen, ist es innerhalb der umweltökonomischen Literatur (Pearce/Moran 1994; WBGU 1996; UBA 2001) üblich geworden, systematisch zwischen einem gebrauchswert- und einem nicht-gebrauchswertabhängigen Nutzen von Umweltgütern zu unterscheiden (siehe Tabelle 3.1). Damit erstreckt sich der ökonomische Bewertungsansatz in seiner Reichweite im Prinzip auf die gesamte Umwelt. Vor diesem Hintergrund kann eine mangelnde Berücksichtigung relevanter Umwelteffekte bei der Bewertung öffentlicher Infrastrukturprojekte – so auch im Rahmen der Bundesverkehrswegeplanung – unter anderem anhand der Vollständigkeit der in die Bewertungsergebnisse einbezogenen Wertkategorien von Umweltgütern bemessen werden. Sollten gewisse Wertkategorien – aus welchen Gründen auch immer – nicht oder nicht vollständig in die ökonomische Bewertung einbezogen werden, so ist sicherzustellen, dass die nicht erfassten Umwelteffekte durch andere Bewertungsmethoden angemessen erfasst und in der Planung berücksichtigt werden.

Tabelle 3.1: Ökonomische Wertkategorien von Umweltgütern

Gebrauchswertabhängiger Nutzen		
Direkter Wert: Bezieht sich auf jenen Nutzen von Umweltgütern, der aus einer Verwendung zu Produktions- oder Konsumzwecken (Freizeit- und Erholungswerte) resultiert.	**Indirekter Wert**: Bezieht sich auf jenen Nutzen, der sich aus dem Erhalt der Funktionen von Ökosystemen (z.B. der Regulation des Klimas) ergibt.	**Optionswert**: Bezieht sich auf jenen Nutzen von Umweltgütern, der sich aus einer zukünftigen potentiellen direkten oder indirekten Nutzung ergibt.
Nicht-gebrauchswertabhängiger Nutzen		
Existenzwert: Bezieht sich auf den Nutzen aus dem Wissen um die bloße Existenz von Umweltgütern jenseits ihres tatsächlichen oder auch nur potentiellen gebrauchswertabhängigen Nutzens.	**Altruistischer Wert**: Bezieht sich auf den Nutzen von Umweltgütern für Dritte einer jeweils lebenden Generation.	**Vermächtniswert**: Bezieht sich auf den Nutzen von Umweltgütern mit dem Wunsch des Erhalts von deren Verfügbarkeit für zukünftige Generationen.

Quelle: Eigene Zusammenstellung in Anlehnung an UBA (2001).

Die ökonomische Bewertung setzt eine vollständige Kenntnis der Eigenschaften und damit der potenziellen Nutzenstiftungen der in einer Entscheidungssituation zur Auswahl stehenden Handlungsalternativen bzw. Güterbündel voraus.[7] Da sich der Nutzen nicht direkt messen lässt, wird auf Maße zurückgegriffen, welche die Nutzenstiftung eines Gutes als in Geld ausgedrückte Wertschätzung wiedergeben. Die Nutzenstiftung eines Gutes bemisst sich demnach an den Geldbeträgen, die ein Individuum für die Inanspruchnahme eines Gutes aufzuwenden (Zahlungsbereitschaft) oder für die ein Individuum auf die bisherige Nutzung eines Gutes zu verzichten bereit ist (Kompensationsforderung). In der ökonomischen Literatur werden zwei Konzepte zur Messung des monetären Wertes von Gütern diskutiert. Es handelt sich in beiden Fällen um individuelle Wohlfahrtsmaße in Form der Konsumentenrente einerseits sowie der so ge-

---

[7] Für praktische Anwendungen erscheint diese Annahme unrealistisch. Wie mit der Ungewissheit über die Konsequenzen einer Planungsentscheidung umgegangen werden kann, wird in Abschnitt 5.2 diskutiert.

nannten kompensierten und äquivalenten Einkommensvariation andererseits.[8]

Da die ökonomische Bewertung letztlich auf den *gesamtwirtschaftlichen* Nutzen von Gütern zielt, stellt die Erfassung der *individuellen* Wohlfahrtseffekte nur einen ersten Schritt dar, an den sich die Bewertung der gesamtwirtschaftlichen Wirkungen anschließt. In der Bewertungspraxis wird üblicherweise auf das Kaldor-Hicks-Kriterium zurückgegriffen. Nach Maßgabe dieses Effizienzkriteriums ist eine Maßnahme wohlfahrtssteigernd, wenn der aggregierte Nutzengewinn der von ihr begünstigten Individuen den aggregierten Nutzenverlust der von ihr benachteiligten Individuen übersteigt und die Gewinner die Verlierer somit zumindest potenziell entschädigen könnten. Durch die Saldierung der individuellen Zahlungsbereitschaften mit den entsprechenden Kompensationsforderungen lässt sich die allokative Vorteilhaftigkeit einer Maßnahme überprüfen. Das Kaldor-Hicks-Kriterium der potenziellen Kompensation liegt auch der NKA zugrunde (Mishan 1982, 162ff.; Hanusch 1987, 18ff.).[9]

---

[8] Als Konsumentenrente bezeichnet man den Nutzenzuwachs, den ein Konsument dann hat, wenn er für ein Gut weniger ausgibt als er auszugeben bereit wäre. Bei einem Befürworter einer Umweltveränderung entspricht (a) die kompensierende Variation der maximalen Zahlungsbereitschaft für deren Durchführung, und (b) die äquivalente Variation der minimalen Kompensationsforderung für den Verzicht auf die Durchführung. Bei einem Gegner einer Umweltveränderung entspricht (a) die kompensierende Variation der minimalen Kompensationsforderung bei deren Durchführung, und (b) die äquivalente Variation der maximalen Zahlungsbereitschaft für deren Verhinderung. Folgt man Ahlheim (2003), verfügt die kompensierende Variation für die Bewertung von Umweltqualitätsveränderungen über die größere intuitive Kraft und damit auch über den Vorteil der besseren Kommunizierbarkeit gegenüber Nicht-Ökonomen. Generell leuchtet die Zahlungsbereitschaft als Maß für die Wertschätzung, die man einem positiven Ereignis entgegenbringt, mehr ein als eine Entschädigungsforderung für das Nichteintreten dieses Ereignisses. Umgekehrt lassen sich Umweltverschlechterungen plausibler durch die Kompensationsforderung der Geschädigten bewerten (also ebenfalls durch die kompensierende Variation) als durch ihre Zahlungsbereitschaft für die Abwendung des für sie negativen Ereignisses. Zur ausführlichen Darstellung und Diskussion dieser Messkonzepte vgl. Cansier (1996, 84ff.), Fromm (1997, 10ff.) oder Marggraf/Streb (1997, 87ff.). Vgl. darüber hinaus auch Ahlheim/Rose (1989), Endres/Holm-Müller (1998), Ahlheim/Buchholz (2000) sowie Knetsch (2001).

[9] Zur Problematik des Kaldor-Hicks-Kriteriums vgl. Bohn (1969) sowie Klauer (1998).

3.1.2 Die Nutzen-Kosten-Analyse als Instrument zur ökonomischen Bewertung von öffentlichen Maßnahmen

Entscheidungen über die Allokation von Ressourcen im öffentlichen Sektor werden in aller Regel nicht über den marktlichen Wettbewerb kontrolliert, der im Idealfall zu effizienten Lösungen führt. Deswegen müssen staatliche Maßnahmen wie etwa auch die Frage nach dem Neu- oder Ausbau von Verkehrswegen aus ökonomischer Sicht einer Evaluierung unterzogen werden, die den Marktmechanismus ersetzt oder simuliert und somit zumindest eine Annäherung an das ökonomische „Optimum" gewährleistet. Das Analyseverfahren, mit dem dieses Ziel – zumindest idealtypisch – realisiert werden kann, ist die NKA. Sie dient der ökonomischen Abwägung der Vor- und Nachteile insbesondere staatlicher Investitionsmaßnahmen. Wenn die positiven Wohlfahrtseffekte – Nutzen – die negativen Wohlfahrtseffekte – Kosten – übersteigen, ist die Durchführung einer zu prüfenden Maßnahme zu empfehlen. Äquivalent hierzu ist die Bedingung, dass das Nutzen-Kosten-Verhältnis (NKV, Erreichbarer Nutzen pro Kosteneinheit) größer 1 ist.[10]

Der Ablauf einer konventionellen NKA entspricht dabei im Wesentlichen den folgenden vier Schritten: (1) Bestimmung der einer staatlichen Investitionsmaßnahme zuzurechnenden direkten und indirekten Nutzen- und Kostenwirkungen, (2) Monetarisierung der relevanten Nutzen- und Kostengrößen, (3) Berechnung von Gegenwartswerten zur Erfassung des zeitlichen Profils der Nutzen- und Kostengrößen mittels Diskontierung der entsprechenden Zukunftswerte sowie (4) Ermittlung der Nettowerte.

Während die NKA nicht nur als allgemeines Analyseinstrumentarium anerkannt ist, sondern bei der Bewertung von öffentlichen Infrastrukturprojekten auch in der politischen Praxis herangezogen wird, gilt ihre Anwendung auf umweltbezogene Maßnahmen und Effekte nach wie vor als umstritten.[11] Die Anwendung der NKA ist aber auch gemäß der ökonomischen Theorie nur dann ein Indikator für die gesellschaftliche

---

[10] Vgl. zur Nutzen-Kosten-Analyse allgemein Mishan (1982), Pearce (1986), Hanusch (1987) oder auch Hansjürgens 2005. Vgl. darüber hinaus für beispielhafte Anwendungen der Nutzen-Kosten-Analyse die Beiträge von Layard/Glaister (1996), Brent (1997) oder auch Holm-Müller (2001). Vgl. für umweltbezogene Analysen Hanley/Spash (1993).

[11] Für eine Zusammenstellung einiger konzeptioneller Probleme der Nutzen-Kosten-Analyse vgl. Klauer (1998, Kapitel 4).

Wohlfahrt, wenn alle Wirkungen der Maßnahmen – also auch die Umweltwirkungen – monetarisiert und einberechnet werden.

In Deutschland liegen sowohl im Rahmen des Haushaltsgrundsätzegesetzes als auch der Haushaltsordnungen von Bund und Ländern gesetzliche Vorschriften für die Anwendung von NKAs vor. So können im Falle von öffentlichen Maßnahmen, die (i) von erheblicher finanzieller Bedeutung sind und die (ii) sich für eine entsprechende Bewertung als geeignet erweisen, NKAs zu deren Evaluation herangezogen werden. Beide Anwendungskriterien enthalten einen erheblichen Ermessensspielraum, da weder näher konkretisiert ist, wann eine Maßnahme als finanziell bedeutsam einzustufen ist, noch eindeutige Maßstäbe benannt sind, nach denen eine Maßnahme für eine ökonomische Bewertung als geeignet gilt. Diese Ermessensspielräume haben dafür gesorgt, dass trotz der grundsätzlichen gesetzlichen Möglichkeit – etwa anders als in den USA – NKAs bislang in Deutschland keine große praktische Relevanz gewonnen haben (Marggraf/Streb 1997, 18ff.; Endres/Holm-Müller 1998, 178ff.; Hackl/Pruckner 2000; Klaphake et al. 2005).

Ihre Anwendung bezog sich in der Vergangenheit in erster Linie auf die Bewertung von Projekten. Hierbei waren es zum einen wasserwirtschaftliche Großprojekte wie die Errichtung von Talsperren oder Projekte zur Verbesserung der Wassergüte, die nutzen-kosten-analytisch bewertet wurden. Zum anderen zählt die NKA bei der Evaluation von Verkehrsprojekten und hier insbesondere im Rahmen der Bundesverkehrswegeplanung zum festen Bestandteil der politischen Entscheidungsfindung. Wie noch zu zeigen sein wird, werden hierbei jedoch die von Verkehrsprojekten ausgehenden Auswirkungen auf die Umwelt nur begrenzt berücksichtigt. Zwar erfolgt in aller Regel eine Beschreibung relevanter ökologischer Effekte u.a. im Rahmen der URE. Eine umfassende Monetarisierung der damit verbundenen nutzen- bzw. kostenstiftenden Wirkungen ist jedoch nicht systematisch vorgesehen.[12]

Als Grund für die nur eingeschränkte Erfassung umweltrelevanter Effekte von verkehrsbezogenen Infrastrukturprojekten wird häufig auf den „intangiblen Charakter" dieser Effekte verwiesen. Als intangibel gelten dabei vor allem solche Wirkungen, die sich einer unmittelbaren Monetarisierung entziehen. Solche umweltbezogenen Wirkungen können

---

[12] Vgl. dazu kritisch Meyerhoff/Petschow (1995, 550ff.) oder auch Schulz/Schulz (1991, 299ff.). Vgl. ebenso Meyerhoff (2001).

beispielsweise mit Blick auf den Saaleausbau in einer Veränderung der hydrologischen Situation oder in einer Beeinträchtigung der Naturlandschaft sowie der Artenvielfalt gesehen werden. Die Schwierigkeiten einer monetären Erfassung dieser Wirkungen besteht darin, dass solche umweltbezogenen Effekte überwiegend nicht über den Markt vermittelt werden, d.h. die damit verbundenen Nutzen- und Kostengrößen nicht (unmittelbar) aus Marktpreisen abgeleitet werden können.

Dies gilt unter Bezug auf die in Tabelle 3.1 genannten Wertkategorien etwa für direkte Werte wie Beeinträchtigungen des Freizeit- und Erholungswertes oder für indirekte Werte wie Einschränkungen der Denitrifizierungsfunktion von Auen oder anderer ökologischer Leistungen. Dies gilt insbesondere jedoch auch für all jene nutzenstiftenden Leistungen, die zu dem nicht-gebrauchswertabhängigen Nutzen von Umweltgütern (Existenzwert, altruistischer Wert, Vermächtniswert) gerechnet werden.[13] Aufgrund des aus ökonomischer Sicht hohen Öffentlichkeitsgrades dieser Leistungen ist die Präferenzaufdeckungsfunktion des Marktes hier außer Kraft gesetzt. Angesichts dieser systematischen Marktschwäche wurden jedoch in den zurückliegenden Jahren im Rahmen der ökonomischen Forschung Verfahren entwickelt, mit deren Hilfe eine Aufdeckung der individuellen Präferenzen und damit deren Monetarisierung in diesem Bereich – zumindest ansatzweise – ermöglicht wird.

3.1.3 Ökonomische Bewertungsverfahren zur Monetarisierung von Umwelteffekten

Bei der Bewertung von Infrastrukturprojekten stellt die Erhebung der Investitionskosten nur ein vergleichsweise geringes Problem dar. Auch für viele positive Wirkungen wie z.B. Transportkostensenkungen gibt es geeignete Erhebungsmethoden. Ungleich größer sind die Probleme bei der Monetarisierung von Umwelteffekten, denn die Leistungen der Natur sind in der Regel keine Güter, die auf Märkten gehandelt werden. Das Hauptproblem der Bewertung solcher nicht marktfähiger Güter besteht in der Wahl geeigneter Verfahren, um die individuellen Nutzeneinbußen als

---

[13] Meyerhoff (2001, 394) weist in diesem Zusammenhang darauf hin, dass gerade die nicht-gebrauchswertabhängigen Nutzenstiftungen von Umweltgütern „in Kosten-Nutzen-Analysen zum ausschlaggebenden Faktor werden können".

Maßstab der Bewertung umweltrelevanter Wohlfahrtseffekte offen zu legen. Es kann dabei grundsätzlich zwischen indirekten und direkten Bewertungsverfahren unterschieden werden.[14]

Indirekte Bewertungsverfahren

Bei den indirekten Verfahren wird versucht, die Präferenzen aus dem beobachtbaren individuellen Verhalten auf Märkten abzuleiten. Diese Verfahren können immer dann zur Anwendung kommen, wenn zwischen dem zu bewertenden Umweltgut und einem marktlich gehandelten Gut eine substitutive oder eine komplementäre Beziehung besteht. Der Anwendung dieser Verfahren liegt somit die Annahme zugrunde, dass von beobachtbaren Handlungen eines Individuums auf seine Präferenzen für ein Umweltgut geschlossen werden kann. Dabei wird vorausgesetzt, dass ein nachvollziehbarer Zusammenhang zwischen den beobachtbaren Handlungen eines Individuums einerseits und seiner Wertschätzung für ein Umweltgut andererseits besteht.

Zu den indirekten Verfahren werden vor allem die Analyse individueller Anpassungs- und Vermeidungskosten, das so genannte Reisekostenverfahren sowie die Analyse von Kosten- und Ertragsdifferenzen (Hedonischer Preisansatz) gerechnet (siehe Tabelle 3.2.). Der Nachteil dieser indirekten Verfahren besteht jedoch darin, dass mittels ihrer Anwendung immer nur ein Teil des individuellen Nutzens eines Umweltgutes gemessen werden kann (Ahlheim 2003, 36, Beirat UGR 2001, 84f.), denn die Umweltbewertung mittels indirekter Verfahren setzt eigene Aktivitäten des Individuums zum Gebrauch eines Umweltgutes voraus.

Bezogen auf die in Tabelle 3.2 genannten ökonomischen Wertkategorien von Umweltgütern trifft dies jedoch lediglich auf den direkten und indirekten Wert sowie den Optionswert eines Umweltgutes zu. Die meisten Umweltgüter haben allerdings für viele Individuen auch jenseits dieser gebrauchswertabhängigen Nutzenstiftungen einen Wert, der unabhängig von dem bestehenden oder potentiellen eigenen Gebrauch eines Umweltgutes ist (Existenzwert, altruistischer Wert, Vermächtniswert).

---

[14] Vgl. zu den einzelnen Verfahren ausführlich Ahlheim (2003, 29ff.), Bartmann/ Busch (1999), Endres/Holm-Müller (1998, 32ff.), Fromm (1997, 137ff.), Hanley et al. (1997, 383ff.) oder auch Cansier (1996, 95ff.). Vgl. darüber hinaus auch die in Oates (1992, Kapitel 4) abgedruckten Beiträge.

Tabelle 3.2: Indirekte ökonomische Bewertungsverfahren

Reisekostenverfahen
Um die individuellen Wertschätzungen von Umweltgütern zu ermitteln, wird bei diesem Verfahren von einer Komplementarität zwischen der monetären Nachfrage nach einem privaten Gut und dem zu bewertenden Umweltgut ausgegangen. Wie der Name des Verfahrens andeutet, stellen hier die privaten Reisekosten das entsprechende Komplementärgut dar. Dabei wird aus den monetären und zeitlichen Aufwendungen, die für die Anreise zu einem Erholungsgebiet aufgewendet werden, die individuelle Wertschätzung des Erholungswertes des Naturraums abgeleitet. Dem liegt die nutzentheoretische Überlegung zugrunde, dass der Wert, der dem Einzelnen aus der Nutzung der Umwelt für Freizeit und Erholung erwächst, zumindest der Summe seiner Aufwendungen für diese Aktivität entspricht. Bewertungsprobleme können sich hierbei aus der nicht adäquaten Erfassung der Reisekosten, des tatsächlichen Reiseanlasses sowie der nicht hinreichenden Berücksichtigung von nutzungsäquivalenten Substituten ergeben.
Hedonischer Preisansatz
Auch bei diesem Verfahren wird die Nachfrage nach einem Umweltgut indirekt aus der Nachfrage nach einem Privatgut abgeleitet. Es wird dabei versucht, die Umweltpräferenzen durch die Preisunterschiede zu ermitteln, die bei der Nachfrage nach umweltsensiblen Privatgütern entstehen. Wenn die Umweltqualität ein nachfragerelevantes Merkmal eines Privatgutes ist (wie z.B. im Falle von Immobilien), dann kann über die Erfassung von Umweltqualitätsveränderungen, die im Preis des Privatgutes ihren Niederschlag finden, zugleich auf die Wertschätzung des Umweltgutes geschlossen werden. Bewertungsprobleme im Sinne verzerrter Wertschätzungen können sich immer dann ergeben, wenn auf den betrachteten Privatgütermärkten kein funktionsfähiger Wettbewerb, unvollständige Informationen über die relevanten Marktdaten sowie langsame oder unvollständige Anpassungsreaktionen vorliegen.
Kompensations-, Schadens- und Vermeidungskostenansatz
Im Unterschied zu den bereits beschriebenen Verfahren beruht die Analyse individueller Ausweich- und Vermeidungskosten nicht auf der Annahme komplementärer, sondern substitutiver Beziehungen zwischen Privatgütern und den zu bewertenden Umwelteffekten. Die Bewertung erfolgt auf der Basis von Ausgaben, welche die Individuen zur Vermeidung, Entschädigung oder Kompensation von umweltbelastungsbedingten Schäden aufwenden. Das Verfahren ist folglich anwendbar, wenn die Individuen die von Umweltqualitätsveränderungen ausgehenden Wohlfahrtseffekte tatsächlich wahrnehmen und Privatgüter als (im Idealfall perfekte) Substitute für diese Wohlfahrtseffekte verfügbar sind. Falls keine perfekten Substitute existieren, kann es zu verzerrten Wertschätzungen kommen. Gleiches kann aus einer nicht kontinuierlichen Anpassung der individuellen Aktivitäten an die jeweilige Umweltqualität resultieren.

Quelle: Eigene Zusammenstellung.

Daraus kann eine konzeptionelle Unfähigkeit der indirekten Bewertungsverfahren zur vollständigen Erfassung aller Werte eines Umweltgutes abgeleitet werden. Es ist zu prüfen, ob dieses konzeptionelle Defizit durch den Rückgriff auf direkte Bewertungsverfahren überwunden werden kann.

Direkte Bewertungsverfahren

Bei den direkten Verfahren erfolgt im Unterschied zu den indirekten Bewertungsmethoden eine Bewertung ohne Bezug zum realen Marktgeschehen. Sie ermitteln die individuellen Präferenzen entweder durch kontingente Befragungen (d.h. Befragungen „Was wäre, wenn ...") oder durch Marktsimulationen (siehe Tabelle 3.3). Es handelt sich damit bei den direkten Bewertungsverfahren im Wesentlichen um Interviewmethoden (Ahlheim 2003, 36). Da die Individuen, deren Wertschätzung erfasst werden soll, bei diesen Verfahren selbst aktiv an der Wertermittlung beteiligt sind, besteht allerdings auch stets die Gefahr einer Verzerrung der Untersuchungsergebnisse.[15] Soweit man sich jedoch der verschiedenen methodischen Probleme bewusst ist, die bei der Anwendung der direkten Bewertungsverfahren auftreten können, und soweit man darüber hinaus versucht, mögliche Verzerrungseffekte durch Einhaltung gewisser methodischer Regeln zu vermeiden oder zumindest weitgehend zu reduzieren, liefern diese Verfahren einen wertvollen Beitrag zur umfassenden Bewertung von Umweltgütern. Oder anders ausgedrückt: Angesichts der Tatsache, dass eine alleinige Verwendung der indirekten Methoden aus ökonomischer Sicht zu einer systematischen Unterbewertung von Umweltgütern führen würde, ist für die Durchführung von NKA mit Blick auf eine einigermaßen umfassende Erfassung des gesellschaftlichen Nutzens von Umweltgütern zu prüfen, ob direkte Bewertungsmethoden wenigstens ergänzend herangezogen werden sollten. Nur durch ihre Anwendung können auch die gebrauchswertunabhängigen Nutzenstiftungen von Umweltgütern zumindest in ihren Größenordnungen grob monetär geschätzt werden.

---

[15] Ein Überblick über die verschiedenen Probleme der direkten Bewertungsverfahren illustriert am Beispiel der kontingenten Befragungsmethode findet sich bei Ahlheim (2003, 43ff.) sowie Enneking (1999, 86ff.). Vgl. darüber hinaus auch die verschiedenen Beiträge in Elsasser/Meyerhoff (2001).

Tabelle 3.3: Direkte ökonomische Bewertungsverfahren

Kontingenter Bewertungsansatz
Im Rahmen dieses Verfahrens wird versucht, die individuellen Wertschätzungen für Umweltgüter direkt durch Befragungen zu ermitteln. Es wird von der Annahme ausgegangen, dass Individuen auch für nicht-marktlich gehandelte Güter Präferenzen bekunden und diese in monetäre Einheiten transformieren können. Es wird entweder danach gefragt, wie viel ein Individuum zur Verbesserung der momentanen Umweltqualität zu zahlen bereit wäre (willingness-to-pay), oder es wird gefragt, wie hoch eine finanzielle Entschädigung ausfallen müsste, um eine Verschlechterung der Umweltqualität zu akzeptieren (willingness-to-accept). Es kommt mit diesem Verfahren zu einer umfassenden Messung der individuellen Wohlfahrt, die auch die Wertschätzung von häufig als intangibel klassifizierten Größen umfasst. Verzerrungen in der Erfassung von Zahlungsbereitschaften können sich dabei u.a. aus dem hypothetischen Charakter der Befragung, einem strategischen Verhalten der Befragten sowie aufgrund so genannter „Einbettungseffekte" ergeben.
Marktsimulationsansatz
Dieses Verfahren wird häufig auch als ein Unterfall des kontingenten Bewertungsansatzes eingestuft. Bei Marktsimulationen ist allerdings der experimentelle Charakter ausgeprägter als im Rahmen der herkömmlichen Zahlungsbereitschaftsanalysen. Die Teilnehmer eines solchen Experiments werden mit hypothetischen Märkten konfrontiert, auf denen die entsprechenden Umweltgüter „gekauft" werden können. Die Bewertung erfolgt dann gemäß der Abwägungsentscheidungen der Individuen auf diesen hypothetischen Märkten, wobei sich in aller Regel in mehreren Runden die Preise analog zu realen Marktsituationen in Reaktion auf die geäußerten Zahlungsbereitschaften und Kompensationsforderungen der anderen Teilnehmer verändern. Auch bei diesem Verfahren können sich Bewertungsverzerrungen aus den bereits im Rahmen des kontingenten Bewertungsansatzes genannten Problemen ergeben.

Quelle: Eigene Zusammenstellung.

Unter Berücksichtigung der verschiedenen Anwendungsbedingungen der einzelnen Verfahren wäre etwa mit Blick auf die monetäre Erfassung der ökologischen Auswirkungen von Infrastrukturprojekten, wie Neu- oder Ausbau von Wasserstraßen, der Einsatz der kontingenten Befragungsmethode in Form von Zahlungsbereitschaftsanalysen zu prüfen. Eine erste Untersuchung dieser Art, deren Ergebnisse für die ökonomische Bewertung von Wasserstraßenprojekten nutzbar gemacht werden können, liegt für Deutschland bereits vor.[16] Dabei wurde – neben einer monetären Bewertung möglichen Verschlechterungen der Umweltqualität in der Naturlandschaft Wattenmeer – anhand einer Bewertung von Maßnahmen

---

[16] Vgl. hierzu Meyerhoff (2004) sowie Meyerhoff/Dehnhardt (2004).

zum Schutz der Überflutungsflächen entlang der Elbe unter Einsatz des kontingenten Bewertungsansatzes gezeigt, dass der Nutzen aus Überflutungsflächen durchaus beträchtlich sein kann. Auf dieser Grundlage lassen sich hinsichtlich einer Monetarisierung der ökologischen Auswirkungen von Wasserstraßenprojekten (und damit auch des geplanten Ausbaus der Saale) zugleich Anhaltspunkte für die Abschätzung der mit solchen Projekten verbundenen umweltbezogenen (Opportunitäts-)Kosten gewinnen. Jenseits dessen existieren darüber hinaus eine Reihe von empirischen Bewertungsstudien zu einzelnen Umweltgütern bzw. Umwelteffekten in Deutschland.[17] Eine gewisse Relevanz bezogen auf die monetäre Erfassung von Umwelteffekten des Saaleausbaus dürften dabei noch am ehesten – wenn auch unter Abstrichen – Untersuchungen zum Nettonutzen der Auswirkungen auf Natur- und Landschaft, insbesondere auf Auen, sowie zur Beeinträchtigung des Freizeit- und Erholungswertes von Naturräumen haben, wobei ein unmittelbarer Transfer der Bewertungsergebnisse aus vergleichbaren Studien die Monetarisierung der ökologischen Folgewirkungen wasserstraßenbezogener Verkehrsprojekte erleichtern könnte.[18]

Die Bewertung von Umweltbeeinträchtigungen erfolgt bei einer NKA üblicherweise in zwei Schritten. Im ersten Schritt werden zunächst die auftretenden Schäden physisch bzw. mengenmäßig ermittelt und im zweiten Schritt werden sie dann monetär bewertet (Döring 2001a, 9f.). Dabei muss der Wirkungspfad von positiven wie negativen Umwelteffekten so vollständig wie möglich nachgezeichnet werden, um ein möglichst präzises Mengengerüst ableiten zu können.

3.1.4 Vermeidungs-, Schadens- und Kompensationskosten

Die derzeitige Praxis der Bundesverkehrswegeplanung verwendet, wie wir in den Abschnitten 3.2 und 3.3 noch erläutern werden, für die Be-

---

[17] Vgl. für einen Überblick über diese Studien Marggraf/Streb (1997, 21ff.). Vgl. ebenso die Untersuchung von Müller (2002).
[18] Vgl. hierzu genauer Kapitel 5.1. Vgl. für eine Nutzentransfer-Schätzung am Beispiel der Bestimmung des ökonomischen Wertes der Wälder in Deutschland für die Naherholung darüber hinaus den Beitrag von Elsasser (2001). Vgl. zur Methode des Nutzentransfers ebenso Muthke (2002) sowie Ahlheim (2003, 57ff.).

3.1 Methodische Grundlagen 67

wertung von Umwelteffekten vor allem den Vermeidungs-, den Schadens- und den Kompensationskostenansatz. Aus diesem Grunde werden wir diese Ansätze bzw. die damit verbundenen Kostenkategorien im Folgenden etwas genauer betrachten. Wie oben erwähnt ist den drei Ansätzen gemeinsam, dass sie anstelle der Umwelteffekte möglichst perfekte substitutive Privatgüter bewerten. Wesentliches Kriterium für die Genauigkeit der Methoden ist folglich, ob diese Privatgüter in den jeweiligen Bewertungssituationen tatsächlich als perfekte Substitute angesehen werden können oder nicht.

Um die Begriffe *Vermeidungs-, Schadens-* und *Kompensationsansatz* zu klären, ist es hilfreich folgende Unterscheidungen zu treffen. Zunächst kann man differenzieren, ob man Aufwendungen

1. für die Vermeidung von Schäden vor deren Eintritt oder

2. für die Behebung, die Linderung oder den Ausgleich von Schäden nach deren Eintritt

betrachtet. Weiter kann man im ersten Fall unterscheiden, an welcher Stelle in einer Ursache-Wirkungs-Kette eine Schadensvermeidung angestrebt wird. Die Vermeidung könnte

1. unmittelbar bei der Ursache (z.B. Rußfilter in Dieselautos, Förderung alternativer Energieträger) oder

2. „spät" in der Ursache-Wirkungskette (z.B. Schallschutzfenster)

ansetzen. Die letzte Abgrenzung ist selbstverständlich nicht scharf.[19] Entsprechend diesen Unterscheidungen definiert man:

— *Vermeidungskosten* als Kosten für Aufwendungen, um Schäden unmittelbar bei der Verursachung zu vermeiden. Es handelt sich somit um Kosten, die für die Vermeidung oder Reduzierung einer bestimmten Umwelteinwirkung aufgewendet werden müssen. Unter Umwelteinwirkung sind hierbei Tätigkeiten wie die Inanspruchnahme von Ressourcen ebenso wie Flächen, Schadstoffemission in Luft und Wasser oder auch Lärmemissionen zu verstehen. Vermeidungskosten stehen somit in keinem unmittelbaren Bezug zu den Umweltschäden

---

[19] Während man beispielsweise den Einbau von Schalldämpfern in Autos als eine Vermeidungsmaßnahme nahe an der Ursache und ein Schallschutzfester als nahe beim Betroffenen betrachten kann, nimmt der Bau einer Schallschutzmauer eine Zwischenstellung ein.

bzw. Umweltqualitätsbeeinträchtigungen. Am Beispiel des „Waldsterbens" durch „sauren Regen" illustriert, würden unter den so definierten Begriff der Vermeidungskosten solche Kosten fallen, die aufzuwenden sind, wenn zur Verringerung von für das Waldsterben verantwortlicher Schadstoffemissionen entsprechende Filteranlagen bei den verursachenden Emittenten eingebaut werden.

— *Schadenskosten* als Kosten für Aufwendungen, um Schäden unmittelbar beim potentiell Betroffenen oder beim gefährdeten Schutzgut zu vermeiden. Zum entscheidenden Abgrenzungsmerkmal der Schadenskosten gegenüber anderen Kostenkategorien zählt somit, dass die zugrunde liegende Bewertungsperspektive an den Kosten der Vermeidung, Beseitigung oder Verringerung von negativen Beeinträchtigungen der Umweltqualität (Umweltauswirkungen) anknüpft. Damit stehen die Kosten jener Maßnahmen im Mittelpunkt der Betrachtung, die zur Beseitigung oder Begrenzung eines unmittelbar am betroffenen Umweltschutzgut selbst entstandenen Schadens ansetzen. Bezogen auf das Beispiel des „Waldsterbens" durch „sauren Regen" fallen unter den Begriff der Schadenskosten solche Kosten, die aufgrund von Maßnahmen zur Vermeidung einer Übersauerung des Bodens (Kalkung) eines betroffenen Waldgebietes entstehen.

— *Kompensationskosten* als Kosten für Aufwendungen zur Behebung, zur Linderung oder zum Ausgleich eingetretener Schäden. Es steht somit die Erfassung solcher Kosten im Zentrum, die im Zusammenhang mit Maßnahmen für den Ausgleich oder den Ersatz beeinträchtigter Gegebenheiten und Funktionen von Umweltschutzgütern stehen (z.B. Kosten für Flächenankauf und deren Erstinstandsetzung, Kosten für notwendige Pflegemaßnahmen). Wiederum am Beispiel des „Waldsterbens" durch „sauren Regen" illustriert, würden unter den Begriff der Kompensationskosten solche Kosten fallen, die aufzuwenden sind, wenn die geschädigten Baumbestände eines Waldgebietes als „verloren" eingestuft und statt dessen Ausgleichsmaßnahmen im Form einer Wiederaufforstung an anderer Stelle durchgeführt werden.

Leider suggerieren die Begriffe Vermeidungs-, Schadens- und Kompensationskosten eine andere Bedeutung als sie in diesen Definitionen festgelegt sind. Die Begriffe sind z.T. irreführend.[20] Aber tatsächlich werden die Begriffe auf diese Weise in der Literatur verwendet (UBA 2001; PLANCO 1999a; Wicke 1993).

In der Regel können Vermeidungsmaßnahmen Schäden nicht vollständig vermeiden und Kompensationsmaßnahmen Schäden nicht vollständig ausgleichen. Es besteht die Gefahr einer Unterschätzung der Kosten. Aus diesem Grund ergänzt man zuweilen die Ansätze: Um die gesamten Kosten zu erfassen addiert man die Aufwendungen für dessen Schadensvermeidung mit den Kosten nicht vermiedener Schäden. Letztere werden dann durch den Kompensationskostenansatz abgeschätzt. Allerdings kann auch diese Kombination der Verfahren nicht sicherstellen, dass die Gesamtkosten korrekt bestimmt werden. Es ist sowohl eine Unter- als auch eine Überschätzung der Gesamtkosten möglich.[21]

3.1.5 Ausgewählte Anwendungsprobleme von Nutzen-Kosten-Analysen und ökonomischer Bewertung

Unabhängig von der Wahl des Bewertungsverfahrens und der verwendeten Kostenansätze wird häufig auf eine Reihe allgemeiner Probleme

---

[20] Alle drei Kostenarten beziehen sich auf die Schäden. Insofern wäre es konsequent „Schadenskosten" als Überbegriff für die drei Kostenarten zu verwenden. Die Abgrenzung von Schadens- und Vermeidungskosten erschließt sich nicht aus deren Namen, denn beide setzen bei Aufwendungen für die Vermeidung von Schäden an. Schließlich ist auch der Begriff der Kompensationskosten zu kritisieren, denn Kompensationskosten umfassen nicht nur die Kosten eines Ausgleichs von Schäden, sondern auch Kosten für die Beseitigung oder Linderung von Schäden.

[21] In der Literatur besteht noch weitere Verwirrung hinsichtlich der Definitionen: UBA (2001) subsumiert und dem Begriff „Schadenskosten" sowohl die Schadenskosten im Sinne der obigen Definition als auch die Kosten der nicht vermiedenen Schäden. Darüber hinaus gilt es zu berücksichtigen, dass mit einer gleichzeitigen Verwendung von Schadenskosten und Kompensationskosten – wie in der Literatur bisweilen anzutreffen (PLANCO 1999a) – die Gefahr von Doppelzählungen verbunden sein kann. Dies wäre etwa dann der Fall, wenn beispielsweise bezogen auf eine maßnahmenbedingte Beeinträchtigung eines Biotops und deren Bewertung im Rahmen einer NKA neben den entstehenden Kosten in Form einer Beeinträchtigung der bisherigen ökologischen Nutzenstiftung (Schadenskosten) zugleich auch die Kosten für etwaige Ausgleichs- und Ersatzmaßnahmen (Kompensationskosten) einbezogen werden.

bei der Anwendung von NKAs sowie der ökonomischen Bewertung von umweltrelevanten Effekten verwiesen, welche die Reichweite des ökonomischen Bewertungsansatzes einschränken und auf die daher hier kurz eingegangen werden soll:

— Das Nutzen-Kosten-Abwägungskalkül setzt voraus, dass die zur Auswahl stehenden Handlungsalternativen beliebig substituierbar sind, d.h. Individuen die Möglichkeit haben, zwischen verschiedenen Gütern zu wählen und diesbezüglich Präferenzen zu formulieren. Eine monetäre Bewertung bedeutet in diesem Zusammenhang, dass man bereit ist, die betreffenden Handlungsalternativen „abzuwählen" und gegen andere auszutauschen (Hampicke 1989, 32, Weise et al. 2002, 12ff.). Mit Blick auf die ökonomische Bewertung natürlicher Ressourcen muss deshalb vor einer Monetarisierung zunächst geprüft werden, inwieweit die damit verbundenen Nutzenstiftungen dem ökonomischen Kalkül zugänglich sind. Probleme könnte es aus dieser Perspektive zum einen dann geben, wenn Handlungsalternativen in einem komplementären Verhältnis zueinander stehen und damit eine bestimmte Güterausstattung unverzichtbar ist. Dies gilt insbesondere mit Blick auf den möglichen Verlust von essenziellen Funktionen natürlicher Ressourcen (z.B. Verlust der Ozonschicht), auf die nicht verzichtet werden kann und die damit aus ökonomischer Sicht einen unendlichen Wert besitzen.

— Ein weiteres Problem kann sich bei der Erfassung von nicht-gebrauchswertabhängigen Nutzenstiftungen von natürlichen Ressourcen ergeben. In diesem Zusammenhang wird immer wieder auf den Existenzwert von Umweltgütern verwiesen. Anders als der Optionswert, der sich auf die individuelle Wertschätzung einer potenziellen zukünftigen produktiven oder konsumtiven Nutzung bezieht und daher unter Anwendung der indirekten ökonomischen Bewertungsverfahren geschätzt werden kann, abstrahiert der Existenzwert völlig von einer tatsächlichen oder auch nur potenziellen Nutzung. Vielmehr handelt es sich hierbei um den Wert, der sich allein aus dem Wissen um die Existenz eines bestimmten Umweltgutes – beispielsweise einer naturnahen Auenlandschaft – ergibt. Solche nicht-gebrauchswertabhängigen Werte können jedoch grundsätzlich durch den Einsatz der direkten ökonomischen Bewertungsverfahren (insbesondere kontingente Befragungen) monetarisiert werden. Zu berücksichtigen ist hierbei

3.1 Methodische Grundlagen

allerdings, dass die „weiche" Kategorie nicht-gebrauchswertabhängiger Nutzenstiftungen erfahrungsgemäß besonders anfällig für Überschätzungen ist (weil sich die Befragten bei der Angabe ihrer Zahlungsbereitschaft oft nicht die Beschränktheit ihres Einkommens vor Augen führen) und damit im Rahmen einer ökonomischen Bewertung der Umweltauswirkungen von verkehrsbezogenen Infrastrukturprojekten eher mit Vorsicht behandelt werden sollte (Endres/Holm-Müller 1998, 145ff.; Meyerhoff 2001).

– Sollen geplante verkehrsbezogene Infrastrukturprojekte nutzen-kosten-analytisch auf ihre Effizienz hin untersucht werden, so müssen die Auswirkungen von Neu- und Ausbaumaßnahmen auf Natur und Landschaft nachgewiesen werden. Es müssen also zwei Zustände der Umwelt verglichen werden, um so die durch die Baumaßnahmen induzierten umweltbezogenen Nutzenveränderungen ermitteln zu können. Dazu muss der Zusammenhang zwischen Ausbaumaßnahmen und dem Zustand der Umwelt bzw. den möglicherweise induzierten Schäden bekannt sein. Solche Zusammenhänge sind jedoch naturwissenschaftlich in aller Regel nur unvollständig geklärt. Die entsprechenden Erkenntnisdefizite werden dabei – gerade auch im Vergleich zu den Problemen der Monetarisierung – häufig als der wichtigste Engpass für die Durchführung einer Umwelteffekte systematisch integrierenden NKA angesehen. Insbesondere bleibt die Berücksichtigung solcher Umweltwirkungen ein Problem, die weit in die Zukunft reichen und damit erst spätere Generationen betreffen, deren Präferenzen wiederum im ökonomischen Bewertungsansatz – wenn überhaupt – nur sehr unzureichend berücksichtigt werden. Grundsätzlich gilt hier, dass je länger der Zeitraum zwischen der Verursachung und dem Auftreten von Umweltschäden ist, um so weniger genau können Ursache-Wirkungsbeziehungen, Schadensart und Schadensausmaß sowie Auswirkungen auf die Betroffenen bestimmt werden.[22]

---

[22] Die Ungewissheit über die Wirkungen von Projekten stellt allerdings kein alleiniges Problem ökonomischer Bewertungsverfahren dar, sondern gilt in gleicher Weise auch als Grenze für nicht-ökonomische Bewertungen. Darüber hinaus ist zu berücksichtigen, dass auch in Kenntnis naturwissenschaftlicher Zusammenhänge eine langfristige ökonomische Bewertung aus methodischen Gründen schwierig ist, da jede Form der Monetarisierung auf Basis der heutigen ökonomischen Rahmenbedingungen (gegebene Einkommens- und Vermögensverteilung, Preise, Präferen-

- Soweit im Rahmen des kontingenten Bewertungsansatzes nicht die Ermittlung von Kompensationsforderungen, sondern die Erfassung von Zahlungsbereitschaften im Mittelpunkt steht, ist auf ein weiteres Problem hinzuweisen. So hängt die individuelle Zahlungsbereitschaft bekanntermaßen nicht nur vom Informationsstand und von der Intensität der Präferenzen ab, sondern wird auch entscheidend durch die individuelle Zahlungsfähigkeit bestimmt. Da mittels ökonomischer Bewertung die effektive Nachfrage nach einem (Umwelt-)Gut ermittelt werden soll, wird das Einkommen zu einer bestimmenden Größe. Mit steigender Einkommenshöhe steigt auch das potenzielle Gewicht der individuellen Präferenzen im ökonomischen Bewertungsprozess. Dies kann nicht nur zwischen gesellschaftlichen Gruppen mit unterschiedlich hohem Einkommen zu sehr unterschiedlichen Zahlungsbereitschaften führen (Beirat UGR 2001, 84). Berücksichtigt man gerade mit Blick auf die Bewertung der von Verkehrsprojekten ausgehenden Umweltwirkungen darüber hinaus, dass es sich beim Schutz von Natur und Landschaft in aller Regel um ein superiores Gut handelt, d.h. dass mit steigendem Einkommen anteilig die Nachfrage nach diesem Gut steigt, so dürften angesichts der nach wie vor bestehenden Einkommensunterschiede zwischen Ost und West etwaige umweltrelevante Nutzeneinbußen in Folge des Neu- oder Ausbaus von Verkehrswegen in Ostdeutschland im Mittel niedriger bewertet werden, als dies vergleichsweise in Westdeutschland der Fall ist. Bei einer vollständigen Monetarisierung aller relevanten Nutzen- und Kostengrößen und unter sonst gleichen Bedingungen könnten sich damit nur aufgrund der unterschiedlichen Verteilungssituation Verkehrsprojekte in den neuen Ländern rentieren, die – im Extrem – in den alten Ländern nicht mehr durchgeführt werden würden (Endres/Holm-Müller 1998, 151ff.; Fromm 1997, 22f.).[23]

- Ein weiteres, insbesondere bei der Bewertung von Umwelteffekten auftretendes Problem kann schließlich in der Verwendung positiver Diskontraten gesehen werden und zwar immer dann, wenn Projekte eine generationenübergreifende Wirkung besitzen (Beirat UGR 2001,

---

zen etc.) erfolgt, die sich in langer Sicht jedoch entscheidend ändern können. Vgl. hierzu auch UBA (2001, 19).

[23] Dieses Problem ist allerdings weniger relevant, wenn eine gegebene Einkommensverteilung als akzeptabel bzw. gesellschaftlich gerecht eingestuft wird.

85f.). Dies ist jedoch gerade bei der Planung von Verkehrsprojekten in aller Regel der Fall. Da die Diskontierung nur die höhere Gegenwartspräferenz der heutigen Generation widerspiegelt und zukünftige Generationen damit nur soviel Bedeutung haben, wie die gegenwärtige Generation ihnen zubilligt, gilt die Diskontierung mit Blick auf langfristig wirkende Projekte ökonomisch als umstritten. Ein Festhalten an der Diskontierung wäre dann gerechtfertigt, wenn Unsicherheit über den zukünftigen Nutzen einer Ressource besteht. Für viele Umweltgüter (Luft, Wasser etc.) gilt dies allerdings nicht, da deren Erhalt als lebensnotwendig für zukünftige Generationen angesehen wird. Eine Lösung dieses Problems könnte in einer unterschiedlichen Festlegung der Diskontraten je nach Bedeutung der Umweltressource bestehen (Messner 1999, 164ff.; Hampicke 1992, 129ff.). Die Diskontrate zur Bewertung von Umweltbeeinträchtigungen müsste dann umso niedriger angesetzt werden, je existenzieller der Charakter eines Umweltgutes ist. Im Rahmen der bestehenden Bundesverkehrswegeplanung wird dieser Weg der Anwendung von differenzierten Diskontraten nicht beschritten. Allerdings wurde dem beschriebenen Problem insofern versucht Rechnung zu tragen, wie die in der Vergangenheit verwendete Diskontrate pauschal um einen halben Prozentpunkt niedriger als die eigentlich maßgebende soziale Zeitpräferenzrate festgelegt wurde.[24]

3.2 Berücksichtigung von Umweltaspekten im Rahmen der gesamtwirtschaftlichen Bewertungsmethodik für den BVWP 1992

Für die Anwendung von NKAs ist die Bundesverkehrswegeplanung der wichtigste öffentliche Aufgabenbereich in Deutschland. NKAs sind hier ein fester Bestandteil des Bewertungsverfahrens und ihr Ergebnis Entscheidungskriterium für die Durchführung von verkehrsbezogenen Infrastrukturprojekten (Marggraf/Streb 1997, 19ff.). Für NKAs im Rahmen

---

[24] Das BMV (1993, 14) schreibt hierzu: „Unter Berücksichtigung der Notwendigkeit, Verknappung von Umweltgütern und Ressourcen durch verstärkte Investitionstätigkeit zu kompensieren, empfiehlt sich eine gegenüber der zukünftig erwarteten realen Produktivitätsentwicklung um einen halben Prozentpunkt geminderte verkehrszweigeinheitliche Aktualisierungsrate von 3%".

der Bundesverkehrswegeplanung hat das Bundesverkehrsministerium in der Vergangenheit wiederholt Verfahrensrichtlinien aufgestellt, die unter anderen auch die monetäre Bewertung verschiedener Umweltwirkungen von Verkehrsprojekten vorsehen. Seit Februar 2002 liegt die vom Bundesverkehrsministerium durchgeführte Überarbeitung und Weiterentwicklung des alten Bewertungsverfahrens (BMV 1993) vor (BMVBW 2002). Auf diese Modernisierung des Bewertungsverfahrens wird in Abschnitt 3.3 noch ausführlich eingegangen.

Wenn demgegenüber in diesem Abschnitt zunächst noch einmal auf die gesamtwirtschaftliche Bewertungsmethodik für den BVWP 1992 eingegangen wird, dann geschieht dies aus zwei Gründen: Zum einen stellt das aktuell modernisierte Bewertungsverfahren der Bundesverkehrswegeplanung keine vollkommen neu entwickelte Methodik dar. Es knüpft vielmehr an die bisher bestehenden Verfahrensregeln an, um diese in bestimmten Teilbereichen (u.a. dem Bereich der Erfassung von Umwelteffekten) zu modifizieren. Zum anderen gilt mit Blick auf die Fallstudie des Saaleausbaus unser besonderes Interesse dem Einfluss, den die Bewertungsmethodik und deren Veränderung auf die Diskussion der verschiedenen Ausbauvarianten hatten. Es erscheint daher auch aus diesem Grund zweckmäßig, auf die bis Anfang 2002 gültigen Verfahrensrichtlinien einzugehen.

In den Richtlinien für den BVWP 1992 zur gesamtwirtschaftlichen Bewertung von Verkehrswegeinvestitionen heißt es hinsichtlich der monetären Bewertung von Umweltwirkungen: „Die Bundesverkehrswegeplanung verfolgt das übergeordnete Ziel, die Wohlfahrt der Bevölkerung zu verbessern. Für die praktische Bewertung konkurrierender Investitionsvorhaben ist dieses Oberziel weitgehend zu konkretisieren, wobei das Zielsystem grundsätzlich allen wohlfahrtsrelevanten Aspekten offen stehen muss. In der Regel verursachen Verkehrswege Vorteile als auch Nachteile [...] Dabei handelt es sich in der Regel auch um Umweltent- und -belastungen. Auch sie müssen also im Zielsystem adäquat berücksichtigt werden" (BMV 1993, 4). Wie dies im Rahmen der Bundesverkehrswegeplanung 1992 konkret geschehen ist, soll nachfolgend genauer erläutert werden.

3.2.1 Die Grundstruktur der ökonomischen Bewertung von Verkehrsprojekten in der Bundesverkehrswegeplanung

Gegenstand der Bundesverkehrswegeplanung ist die Erstellung integrierter Gesamtverkehrsprognosen für alle Verkehrszweige (Eisenbahn, Straße, Binnenschifffahrt) sowie die Bewertung von Bauwürdigkeit und Dringlichkeit erwogener Verkehrsprojekte anhand einheitlicher Beurteilungskriterien. Zur Festlegung des Untersuchungsrahmens erfolgte dabei bislang eine Konkretisierung des Zielsystems der Bundesverkehrswegeplanung in Form der Ableitung so genannter Struktur- und Leistungsziele (siehe hierzu Tabelle 3.4). Sie bildeten zugleich die Grundlage für das Kriterienraster, welches den NKAs im Rahmen der Bundesverkehrswegeplanung 1992 zugrunde gelegt wurde.

Tabelle 3.4: Struktur- und Leistungsziele des Bundesverkehrswegeplans 1992

Strukturziele	Leistungsziele
Verbilligung der Beförderungsprozesse	Senkung von Kosten der Fahrzeugvorhaltung und des Fahrzeugbetriebs
Verkürzung von Fahrtdauern	Beschleunigung von Fahrten; Verkürzung von Fahrtrouten
Erhöhung der Sicherheit	Verminderung von Tötungen, Verletzungen und Sachschäden im Verkehr
Verbesserung der Raumordnung	Verbesserung der Erreichbarkeit; Verbesserung des Arbeitsplatzangebotes in strukturschwachen Regionen
Entlastung der Umwelt	Verminderung von Lärm, Luftverschmutzungen und Trennwirkungen des Verkehrs
Schonung von Natur und Landschaft	Einsparungen am Verbrauch alternativ nutzbarer Bodenflächen; Vermeidungen von Gefährdungen der Wasserqualität sowie von Flora und Fauna
Vorteile aus verkehrsfremden Funktionen	Erhöhung des Erholungs- und Freizeitwertes von Landschaften; Nutzung von Binnenwasserstraßen für die Wasserüberführung etc.

Quelle: BMV (1993).

Mit der näheren Bestimmung des Zielsystems wird festgelegt, welche Auswirkungen eines Verkehrsprojektes in dessen Beurteilung eingehen. Damit kann die nutzen-kosten-analytische Bewertung solcher Projekte allerdings auch nur innerhalb dieses Rahmens Aussagen zu deren Effizienz machen (Meyerhoff et al. 1994, 69). Die Anwendung von NKAs erfolgt dabei im Rahmen der gesamtwirtschaftlichen Bewertung, in welche die einer Monetarisierung relativ leicht zugänglichen Größen einfließen sollen. Alle anderen Auswirkungen des Projekts, die sich nicht monetarisieren lassen bzw. deren Monetarisierung nicht unternommen wird, finden keinen Eingang in die nutzen-kosten-analytische Bewertung. Sie werden entweder im Kontext der URE und der RWA einer qualitativen Bewertung unterzogen oder bleiben vollkommen unberücksichtigt.

Im Rahmen der NKA werden auf der Grundlage eines prognostizierten Verkehrsvolumens die Projektwirkungen durch die Gegenüberstellung eines Planungsfalles (Projekt wird durchgeführt) mit einem Vergleichsfall (Projekt bleibt unrealisiert) evaluiert. Dabei wird in Orientierung an den Leistungszielen das in Tabelle 3.5 enthaltene Kriterienraster zugrunde gelegt.

Mit Hilfe der NKA sollen die quantifizierten Wirkungen einer Investitionsentscheidung dabei so zusammengefasst werden, dass es gelingt,

1. für alle Investitionen vergleichbare Kenngrößen zu erhalten,
2. eine Dringlichkeitsreihung zu bilden, welche die optimale Verwendung des Investitionsbudgets gewährleistet sowie
3. die Bauwürdigkeit der einzelnen Maßnahmen zu erkennen.

Als einheitlicher Bewertungsmaßstab zur Beurteilung und Einstufung der erwogenen Projekte wird dabei – wie bereits in Abschnitt 2.3 dargelegt – das NKV verwendet (BMV 1993, 13ff.).

Im Folgenden sollen die Beurteilungskriterien der NKA von Verkehrsprojekten einer näheren Betrachtung unterzogen werden. Dabei stehen neben einer grundsätzlichen Darstellung der Vorgehensweise sowie der Relevanz für die Beurteilung von Wasserstraßenprojekten auch die aus ökonomischer Sicht vorhandenen Schwachpunkte des Bewertungsverfahrens im Mittelpunkt der Betrachtung.

Tabelle 3.5: Bewertungskriterien der Nutzen-Kosten-Analyse in der Bundesverkehrswegeplanung 1992

	in Mio. € pro Jahr
(1) Projektnutzen	
(1.1) Verbilligung von Beförderungsvorgängen (NB) NB_1 – Senkung von Kosten der Fahrzeugvorhaltung NB2 – Senkung von Kosten des Fahrzeugbetriebs NB3 – Vermeidung von Aufkommensverlagerungen	dito
(1.2) Erhaltung der Verkehrswege (NW) NW_1 – Erneuerung der Verkehrswege NW_2 – Instandhaltung der Verkehrswege	dito
(1.3) Erhöhung der Verkehrssicherheit (NS)	dito
(1.4) Verbesserung der Erreichbarkeit von Fahrzielen (NE)	dito
(1.5) Regionale Effekte (NR) NR_1 – Beiträge zur Überwindung konjunkturneutraler Unterbeschäftigung aus dem Bau von Verkehrswegen NR_2 – Beiträge zur Überwindung konjunkturneutraler Unterbeschäftigung aus dem Betrieb von Verkehrswegen NR_3 – Raumordnerische Vorteile NR_4 – Förderung des internationalen Informations- und Leistungsaustauschs	dito
(1.6) Entlastung der Umwelt (NU) NU_1 – Verminderung von Geräuschbelastungen NU2 – Verminderung von Abgasbelastungen NU3 – Verminderung von Trennwirkungen NU_4 – Verminderung von Beeinträchtigungen der Wohnqualität und der Kommunikation	dito
(1.7) Erfüllung verkehrsfremder Funktionen (NF)	dito
(2) Investitionskosten Baukosten sowie pauschal Kosten für Flächenerwerb, Entschädigungen, baulichen Lärmschutz und bauliche Maßnahmen zur Minderung von Eingriffen in Natur und Landschaft	dito
(3) Zusammenfassung Differenz der Barwerte der Nutzen- und Kostenströme, die sich aus der Diskontierung der entsprechenden Zeitwerte herkömmlich unterstellter Nutzungszeitraum ergeben.	dito
(4) Nutzen-Kosten-Verhältnis Das NKV zeigt, um wie viel die projektbedingten Ersparnisse an internen und externen Beförderungskosten die projektbedingten Mehrkosten (Investitionen der öffentlichen Hand) relativ übertreffen. Projekte mit einem N/K von über 3 gelten dabei als „dringlich".	–

Quelle: Eigene Zusammenstellung in Anlehnung an BMV (1993, 9).

3.2.2 Die Berücksichtigung umweltrelevanter Projektwirkungen

Die monetäre Bewertung etwaiger Beiträge von geplanten Verkehrsprojekten zur Umweltentlastung erstreckt sich auf die in Tabelle 3.6 aufgelisteten Bereiche der Verminderung von Lärm, von Abgasbelastungen, von verkehrsbedingten Trennwirkungen sowie von Beeinträchtigungen der Wohnqualität und der Kommunikation. Mit Blick auf die für eine quantitative Bewertung notwendige Ermittlung der relevanten Mengengerüste sowie der sich daran anschließenden Monetarisierung liefert die Tabelle 3.6 einen Überblick über die zur Anwendung kommenden Verfahren.

Tabelle 3.6: Berücksichtigung von Umwelteffekten in der Bundesverkehrswegeplanung 1992

Umwelteffekte	Quantifizierung	Monetarisierung
Geräusch-belastungen	Wird ermittelt aus der Höhe der vorliegenden Zielpegelüberschreitungen (gemessen in db(A)), der Zahl und dem Grad der Beeinträchtigung von betroffenen Einwohnern.	Orientiert sich an den Wettbewerbspreisen für Schallschutzfenster.
Abgasbelastungen	Wird ermittelt aus dem Umfang an inner- und außerörtliche Emissionen, die mittels so genannter Toxizitätsfaktoren auf CO-Äquivalente umgerechnet werden.	Orientiert sich an für CO-Äquivalente zugrunde gelegte Schadenskosten, die für innerörtliche Emissionen höher als für außerörtliche Emissionen veranschlagt werden.
Trennwirkungen durch Ortsdurchfahrten	Wird ermittelt auf Grundlage von Fußgängerwarte- und Umwegzeiten für das Überqueren der Fahrbahn in Abhängigkeit von Straßentyp und stündlicher Verkehrsstärke.	Orientiert sich an einem einheitlichen Zeitkostensatz je Person und Stunde.
Beeinträchtigung der Wohnqualität und der Kommunikation	Wird ermittelt aus der streckenspezifischen Verkehrsstärke (Straßentyp) und der Anzahl der betroffenen Personen.	Orientiert sich an der aus Mietpreisdifferenzen hergeleiteten Zahlungsbereitschaft

Quelle: Zusammenstellung in Anlehnung an Endres/Holm-Müller (1998).

3.2 Umweltaspekte in der NKA für den BVWP 1992

Von den genannten Nutzenkategorien werden nur die beiden Kriterien „Verminderung von Geräuschbelastungen" sowie „Verminderung von Abgasbelastungen" verkehrszweigübergreifend ermittelt. Aufgrund des Tatbestands, dass es sich bei der Binnenschifffahrt im Vergleich zu Straße und Eisenbahn um den „leisesten" der drei Verkehrsträger handelt, werden die davon ausgehenden Lärmbelastungen im Rahmen der Bundesverkehrswegeplanung jedoch häufig vernachlässigt (BMV 1993, 196, PLANCO 1999a, 101). Die „Verminderung von Trennwirkungen" als ein weiterer umweltbezogener Beurteilungsmaßstab gilt nur dann für Binnenschifffahrtsprojekte als ein relevantes Kriterium, wenn es sich um die Bewertung einer Neubaustrecke etwa in Form eines Kanals handelt. Die „Beeinträchtigung der Wohnqualität und der Kommunikation" stellt schließlich ein für Wasserstraßenprojekte unbedeutendes Bewertungskriterium dar.

Zusätzlich zu den genannten Nutzenkategorien werden umweltrelevante Effekte – wenn auch nur sehr begrenzt – im Zusammenhang mit Wasserstraßenprojekten auch im Rahmen der Erfüllung von verkehrsfremden Funktionen berücksichtigt. Dies betrifft den „Sekundärnutzen" in Form eines gesteigerten Freizeit- und Erholungsnutzens, der mit etwaigen Ergänzungsmaßnahmen wie z.B. der projektbedingten Errichtung von Ausgleichs- und Rückhaltebecken verbunden sein kann und sich in der Schaffung zusätzlicher Wasserflächen und Uferzonen sowie der Veränderung der landschaftlichen Attraktivität ausdrückt (BMV 1993, 199).

Die Art und Weise der nutzen-kosten-analytischen Erfassung von umweltrelevanten Effekten im Rahmen der BVWP 1992 ist in der Vergangenheit allerdings keineswegs unumstritten gewesen. Die zentralen Kritikpunkte am alten Verfahren lassen sich wie folgt in knapper Form zusammenfassen:

– Es wurde kritisiert, dass die Erfassung von Geräuschbelastungen einige Defizite aufweist (PLANCO 1999a, 99ff.; IWW et al. 1999, 61ff.). Dies betrifft zum einen den Sachverhalt, dass lediglich die nächtlichen Lärmbelästigungen ermittelt wurden, nicht jedoch die auch tagsüber anfallenden Geräuschbelastungen. Da bei dieser Messung nur die Geräuschbelastungen innerhalb der Wohnungen erfasst wurden, blieben darüber hinaus die Nutzeneinbußen, welchen die Betroffenen durch Lärmbelastungen außerhalb ihrer Wohnungen ausgesetzt sind, unberücksichtigt. Der an den jährlichen Kosten für Schallschutzfenster ausgerichtete Wertansatz vernachlässigte des Weiteren z.b. die Nutzenbeeinträchtigungen von Erholungssuchenden, die nicht der Wohnbevölkerung zugerechnet werden können. Dies führte dazu, dass der angesetzte Schaden durch Lärmbelastungen bzw. der Nutzen von Lärmvermeidungsmaßnahmen als zu gering angesehen werden musste. Diese Unterschätzung von Lärmbelastungen wurde noch dadurch verstärkt, dass die pauschalen Annahmen zur Lärmbelastung außerhalb geschlossener Ortschaften eine – etwa im Falle entsprechender Verkehrsverlagerungen – Quantifizierung der in diesem Bereich eintretenden Veränderungen der Lärmsituation nicht ermöglicht hat. Kritisiert wurde auch, dass im Rahmen des Bewertungsverfahrens für den BVWP 1i993verkehrsverlagerungsbedingte Veränderungen in den Lärmemissionen von der Bahn auf die Straße, aber auch zwischen Bahn und Binnenschifffahrt sowie zwischen Straße und Binnenschifffahrt vollständig ausgeblendet blieben. Grundsätzliche Bedenken wurden schließlich gegen den „energieäquivalenten Dauerschallpegel" als Maßstab (d.h. Messung in db(A)) für die Lärmbewertung angeführt, da dieser keinerlei Aufschluss hinsichtlich der zeitlichen Verteilung sowie der Ereignishäufigkeit von Lärmbelastungen erlaubt.

– Mit Blick auf die Erfassung von Abgasbelastungen wurde kritisiert (PLANCO 1999a, 124ff.; IWW et al. 1999, 21ff.), dass zum einen mit der Beschränkung auf die Schadstoffe CO, NO_X, SO_2, organische Verbindungen (VOC) und Stäube wichtige, sowohl klimarelevante als auch kanzerogene Schadstoffe wie Asbest, Benzol, Dioxin, Furan, Ozon usw. unbeachtet blieben. Darüber hinaus sollten nicht die Emissionen von Schadstoffen, sondern die daraus resultierenden Umweltschäden erfasst werden, da diese – wie im Rahmen der Diskussion der verschiedenen Kostenansätze betont (siehe Abschnitt 3.1.4) – für die ökonomische Bewertung von Umweltbeeinträchtigungen (externe Kosten) relevant sind. Des Weiteren spiegelte die Verwendung von Toxizitätsfaktoren das Schadenspotenzial der einzelnen Emissionsarten nur unzureichend wider, sei es entweder aufgrund einer nicht hinreichend festen Relation zwischen den Grenzwerten der einzelnen Schadstoffe oder sei es aufgrund des Tatbestands, dass für eine Reihe der genannten Schadstoffe kaum sinnvolle Grenzwerte definiert werden konnten. Speziell mit Blick auf die Bewertung von Abgasbelastungen durch Wasserstraßenprojekte wurde schließlich kritisiert, dass durch die ausschließliche Gegenüberstellung von Planungs- und Vergleichsfall lediglich untersucht wird, welche Belastungsveränderungen sich ergeben würden, wenn infolge eines Ausbaus größere Schiffseinheiten eingesetzt werden können. In der Nutzen-Kosten-Analyse gänzlich unberücksichtigt blieb demgegenüber jedoch die Tatsache, dass im Vergleich zu Gütertransporten von Bahn und Straße die Flächenerschließung durch das Binnenschiff weitaus geringer ist. Dies erfordert in der Regel vielfach gebrochene Verkehre (was mit größerem Aufwand für Verladung verbunden ist) sowie die Überwindung größerer Distanzen (denn aufgrund des mäandrierenden Verlaufs der Flüsse und des weitmaschigen Wasserstraßennetzes ist eine Schienen- oder Straßenverbindung zwischen zwei Orten in der Regel erheblich kürzer als die Wasserstraßenverbindung). Wenn man darüber hinaus die Auslastungsgrade mit einbezieht führt das dazu, dass Binnenschiffstransporte nicht selten – zumindest im Vergleich zu Transporten auf der Schiene – deutlich höhere Emissionen von Luftschadstoffen aufweisen. Eine Messung der Umweltfreundlichkeit der Verkehrsträger durch Vergleich der Emissionen pro Tonnenkilometer ist nicht sachgerecht. Die häufig aufgrund eines solchen Vergleiches unterstellte größere Umweltfreundlichkeit der Binnenschifffahrt ist somit keineswegs zwangsläufig, sondern bedarf einer konkreten Überprüfung in jedem Einzelfall (Meyerhoff et al. 1994, 82f., IÖW 2001, 5).

- Bezogen auf Umwelteffekte in den Nutzenkategorien „Verminderung von Trennwirkungen durch Ortsdurchfahrten" sowie „Verminderung von Beeinträchtigungen der Wohnqualität und der Kommunikation" wurde der Reformbedarf des Bewertungsverfahrens im Unterschied zu den beiden erstgenannten Kategorien als vergleichsweise gering eingestuft. Lediglich mit Blick auf die Trennwirkungen wurde bemängelt, dass durch den bestehenden Quantifizierungsansatz, der auf Daten aus den 1970er Jahren beruht, die tatsächlichen Zeitverluste der Fußgänger zum Teil deutlich überschätzt wurden (PLANCO 1999a, 165).

Jenseits dieser Einwände ist aus Sicht des ökonomischen Bewertungsansatzes allerdings noch auf zwei weitere, grundlegendere Defizite hinzuweisen. So wurde zum einen mit den in Tabelle 3.6 aufgelisteten Umwelteffekten nur ein Teil der von Verkehrsprojekten ausgehenden Umweltbeeinträchtigungen und damit der relevanten Nutzen- und Kostenkategorien erfasst und ökonomisch bewertet. Auf diesen Punkt wird gesondert im nachfolgenden Abschnitt 3.3 eingegangen. Zum anderen erfolgte die Monetarisierung von projektbedingten Umwelteffekten im Bereich der „Abgasbelastungen" sowie der „Trennwirkungen von Ortsdurchfahrten" auf der Grundlage von aus wissenschaftlichen Studien abgeleiteten Schadenskostenschätzungen. Bezogen auf die weiter oben vorgenommene Unterscheidung verschiedener Kostenkategorien (siehe Abschnitt 3.1.4) bleibt bei dieser Vorgehensweise jedoch unklar, in welchem Umfang bei der Abschätzung externer Umweltkosten neben einer Berücksichtigung direkter wie indirekter Schadensvermeidungskosten auch die Kosten nicht vermiedener Umweltschäden Berücksichtigung finden. Soweit letzteres dabei nur in unzureichender Form erfolgt, muss davon ausgegangen werden, dass es zu einer Unterschätzung der tatsächlich anfallenden externen Kosten kommt.

Ein weiterer Kritikpunkt betrifft die Monetarisierung von „Beeinträchtigungen der Wohnqualität und der Kommunikation" sowie von „Geräuschbelastungen". Die Bewertung von Umweltbeeinträchtigungen erfolgte hier bislang ausschließlich unter Rückgriff auf indirekte ökonomische Bewertungsverfahren in Form des Hedonischen Preisansatzes sowie des Vermeidungskostenansatzes. Auf eine direkte Ermittlung von individuellen Zahlungsbereitschaften, sei es in Form des kontingenten Bewertungsansatzes oder sei es in Form von Marktsimulationen, wurde demgegenüber in diesem Bereich in der Vergangenheit verzichtet. Allerdings kann aus den in Abschnitt 3.1.3 genannten Gründen nur bei einer Verwendung von Zahlungsbereitschaftsanalysen davon ausgegangen werden, dass zusätzlich zu etwaigen Beeinträchtigungen der gebrauchswertabhängigen Nutzenstiftungen von Umweltgütern auch jene Nutzeneinbußen erfasst werden, die im Bereich der nicht-gebrauchswertabhängigen Nutzenstiftungen auftreten. Soweit man auf eine Monetarisierung in Form einer direkten Erfassung von individuellen Zahlungsbereitschaften verzichtet, sollte daher aus Gründen der Nachvollziehbarkeit des methodischen Vorgehens zumindest explizit darauf eingegangen werden, warum man diese aus Lösung für wenig geeignet hält.[25]

---

[25] In den bisherigen Verfahrensrichtlinien zur Methodik der Bundesverkehrswegeplanung wird bezogen auf die umweltrelevanten Nutzenkategorien hier lediglich bei den Ausführungen zur „Verminderung von Abgasbelastungen" auf die Möglichkeit

Jenseits dessen werden im Rahmen der NKA die mit (negativen) Umwelteffekten einhergehenden Kosten bei der projektbezogenen Kalkulation der Investitionskosten berücksichtigt. Dies geschieht in Form eines pauschalen Aufschlags für umweltbezogene Ausgleichs- und Ersatzmaßnahmen auf die Investitionskosten. Dabei werden die tatsächlich auftretenden Kosten jedoch in der Regel deutlich unterschätzt. Den Ersatz- und Ausgleichsmaßnahmen sollen der Theorie nach zu einem vollständigen Ausgleich der negativen Auswirkungen einer Maßnahme auf Natur und Landschaft führen. In der Praxis wirken diese Maßnahmen allerdings in der überwiegenden Zahl der Fälle nicht sofort, sondern erst im Laufe der Zeit. Das heißt, selbst wenn die Maßnahmen (wie z.B. die Bereitstellung einer Sukzessionsfläche) perspektivisch einen Ausgleich schaffen – was auch nur in den seltensten Fällen zutrifft – so ist doch zwischenzeitlich einen Nutzenverlust hinzunehmen, der sich nicht in den Kosten der Ausgleichsmaßnahme widerspiegelt.

3.3 Weiterentwicklung der Nutzen-Kosten-Analyse für den BVWP 2003

Das gesamtwirtschaftliche Bewertungsverfahren wurde im Zuge der Überarbeitung für den BVWP 2003 auf seinen Modernisierungsbedarf hin überprüft. Ziel war es, neben einer Aktualisierung der zur Anwendung kommenden monetären Wertansätze die Bewertungsdefizite des bisherigen Verfahrens zu beheben (BMVBW 2000, 63ff. und 2002, 7; PLANCO 1999a und 2000; Hugo 2001). Dabei wurde im Kern an der bisherigen Bewertungsmethodik festgehalten, um auf der Grundlage von neueren wissenschaftlichen Erkenntnissen lediglich einzelne Komponenten des bestehenden nutzen-kosten-analytischen Verfahrens zu ändern. Die vorgenommenen Änderungen können wie folgt benannt werden:

eingegangen, eine Monetarisierung der Umwelteffekte neben der Verwendung von Schadensvermeidungskosten auch „anhand der Zahlungsbereitschaften der Bevölkerung für eine Verbesserung der Luftgüte" durchzuführen. Im unmittelbaren Anschluss daran wird allerdings ohne nähere Begründungen darauf verwiesen, dass „unter Abwägung der Vor- und Nachteile beider Ansätze [...] ein Bewertungsmuster entwickelt [wurde], das die Nutzen aus projektbedingten Änderungen der Abgasbelastungen auf der Basis von Schadenswerten beziffert" (BMV 1993, 48).

1. Der Zielkatalog, der der Überarbeitung des Bewertungsverfahrens zugrunde lag, berücksichtigt stärker als dies in der Vergangenheit der Fall war, neben den Bereichen Raumordnung und Städtebau auch den Bereich „Umwelt". Zugleich ist eine vermehrt integrierte Betrachtung politisch definierter verkehrs-, umwelt- und wirtschaftspolitischer Zielvorgaben intendiert (vgl. Tab. 2.1, S. 38).

2. Dies soll mit Blick auf die Fortentwicklung der Bewertungsmethodik dazu beitragen, dass bislang fehlende methodische Ansätze vor allem zur Berücksichtigung raumordnerischer Belange und zur Monetarisierung von Umwelteffekten entwickelt werden.

3. Darüber hinaus sollen neben einer Bewertung von Einzelprojekten zukünftig auch ganze Maßnahmenbündel einer zusätzlichen Evaluierung unterzogen werden, soweit zwischen ihnen eine verkehrliche Wechselwirkung besteht (Interdependenzwirkung zwischen geplanten Verkehrsprojekten).

Von den benannten methodischen Fortentwicklungen wird nachfolgend vor allem auf jene Maßnahmen besonders eingegangen, die einen Bezug zu den umweltrelevanten Effekten von Verkehrsprojekten aufweisen.

3.3.1 Zielvorgaben und Bewertungskriterien der modernisierten Bundesverkehrswegeplanung

Das überarbeitete Verfahren der Bundesverkehrswegeplanung orientiert sich an zentralen verkehrs- und gesellschaftspolitischen Zielen, welche die vormals definierten Struktur- und Leistungsziele des Planungsprozesses zwar nicht ersetzen, diese jedoch in einen weiter gefassten politischen Rahmen einordnen (BMVBW 2002, 12). Zu dem neu definierten und in Tabelle 2.1 bereits dargestellten Zielkatalog zählen dabei auch Zielvorgaben mit einem unmittelbar umweltpolitischen Bezug. So wird zusätzlich die Gewährleistung einer dauerhaft umweltgerechten Mobilität, die Verringerung der Inanspruchnahme von Natur, Landschaft und nichterneuerbaren Ressourcen sowie die Reduktion der Emissionen von Lärm, Schadstoffen und Klimagasen (vor allem CO_2) gefordert.

In welchem Umfang dieser neu definierte Zielkatalog, insbesondere mit Blick auf die stärkere Betonung umweltpolitischer Belange, unmittel-

3.3 Weiterentwicklung der NKA für den BVWP 2003

bare Auswirkungen auf die Bewertung einzelner Verkehrsprojekte hat, ist nicht völlig klar. Eine eher zurückhaltende Beurteilung erscheint hier durchaus angebracht, da auch schon in der Vergangenheit die politischen Ziele der Bundesverkehrswegeplanung de facto eine eher geringe Rolle bei der Auswahl von als realisierungswürdig einzustufender Investitionen im Verkehrsbereich gespielt haben (vgl. auch Abschnitt 2.3.1).[26] Demgegenüber dürfte auch in Zukunft eher allgemeinen politischen Erwägungen im Verhandlungsprozess zwischen dem Bund auf der einen Seite und den Länderregierungen mit ihren spezifischen Interessen auf der anderen Seite ein größeres Gewicht zukommen. Dies findet seinen Ausdruck nicht zuletzt auch darin, dass über die Definition einer Vielzahl an Ausnahmebereichen vom formalen Verfahren der BVWP in Form von verkehrspolitischen Sonderprogrammen (so etwa das so genannte Zukunftsinvestitionsprogramm oder auch das Anti-Stau-Programm) die zur Verfügung stehenden Investitionsmittel am BVWP „vorbei" vergeben werden (Reh 2002, 19).

Neben den auf die Umweltkomponenten bezogenen Veränderungen im Rahmen der gesamtwirtschaftlichen NKA, auf die im nachfolgenden Abschnitt 3.3.2 gesondert eingegangen werden soll, sieht das überarbeitete Bewertungsverfahren auch einige Modifikationen bei einem Teil der übrigen Bewertungskomponenten vor (siehe zum Vergleich nochmals Tabelle 3.5). Dies betrifft etwa die Verwendung inhaltlich erweiterter Unfallkostensätze beim Bewertungskriterium „Verkehrssicherheit" (NS), die Nutzung eines deutlich differenzierteren und methodisch verbesserten Verfahrens zur Erfassung projektbedingter regionaler Beschäftigungseffekte (NR_1 und NR_2), den Verzicht auf die Erfassung „Raumordnerischer Vorteile" (NR_3) innerhalb der NKA und deren Verlagerung in die neu eingeführte und rein qualitativ ausgerichtete RWA sowie die Bewertung verkehrlich interdependenter Maßnahmen im Rahmen der Erfassung von „Kostenänderungen durch Verlagerungen zwischen den Verkehrsträgern" (NB_3).

Neu in die NKA aufgenommen wurden die Bewertungskomponenten „Anbindung an See- und Flughäfen" (NH) und „Induzierter Verkehr"

---

[26] So belegt etwa eine Untersuchung des IWW et al. (1998) im Auftrag des Umweltbundesamts, dass beispielsweise nur rund ein Viertel der gebauten Fernstraßenmaßnahmen auf die im Rahmen des BVWP entwickelten Ziele zurückzuführen sind.

(NI). Mit der erstgenannten Komponente soll dem Tatbestand Rechnung getragen werden, dass sich durch eine Verbesserung der verkehrsinfrastrukturellen Anbindung die Position der deutschen See- und Flughäfen im Wettbewerb der Verkehrssysteme sowie im internationalen Vergleich verbessert. Mit der Einbeziehung des induzierten Verkehrs soll demgegenüber berücksichtigt werden, dass eine Verbesserung der Verkehrsinfrastruktur in aller Regel zu zusätzlichen Fahrleistungen führt, womit neben erhöhten Unfallrisiken auch steigende Umweltbelastungen einhergehen. Schließlich wurden mit Blick auf die zugrunde gelegten Netz- und Betriebssimulationsmodelle zur Modellierung der notwendigen verkehrstechnischen Daten des Weiteren einige Modifikationen und Erweiterungen vorgenommen, die bei einer Reihe der bisherigen Nutzenkriterien zu aktualisierten Mengengerüsten bzw. Verhaltensfunktionen geführt haben (BMVBW 2002, 19ff.; PLANCO 2000, 3ff.).

3.3.2 Weiterentwicklung der umweltrelevanten Kategorien der Nutzen-Kosten-Analyse

Folgt man dem Verkehrsbericht 2000 der Bundesregierung, so zählen vor allem die an der Erfassung von Umwelteffekten ansetzenden Fortentwicklungen des bisherigen Verfahrens zu jenen methodischen Modifikationen, die als „von herausragender Bedeutung" bezeichnet werden (BMVBW 2000, 63ff.). In Tabelle 3.7 findet sich ein Überblick über diese Änderungen, wobei auch die nicht mehr in der NKA enthaltene Bewertungskomponente „Beeinträchtigung der Wohnqualität und der Kommunikation" (vormals NU$_4$) noch aufgeführt ist, die zukünftig im Rahmen der RWA berücksichtigt wird. Im Folgenden gehen wir jeweils näher auf die verschiedenen Bewertungskomponenten ein.

Verminderung von Geräuschbelastungen

Bei der Bewertung von veränderten Geräuschbelastungen wird grundsätzlich zwischen Lärm innerorts und außerorts unterschieden. Hinsichtlich des innerorts verursachten Lärms wurden im Rahmen der BVWP 1992 ausschließlich für die Nachtstunden Lärmkosten ermittelt.

Tabelle 3.7: Veränderungen bei der Erfassung von Umwelteffekten in der Bundesverkehrswegeplanung

Umwelteffekte	Quantifizierung	Monetarisierung
Geräuschbelastungen	Neben den bisher schon innerorts anhand von Zielpegelüberschreitungen erfassten Lärmbelastungen werden zusätzlich auch außerorts auftretende Lärmbelastungen mit einem leicht vereinfachten Quantifizierungsverfahrens erfasst.	Die bisherige Bewertung anhand von Wettbewerbspreisen für Schallschutzfenster wird durch (durchschnittliche) Zahlungsbereitschaften ersetzt. Lärmbelastungen außerorts werden auf der Basis fiktiver Vermeidungskosten bewertet.
Abgasbelastungen	Modifizierte Erfassung auf Grundlage eines mehrgliedrigen Ansatzes, der nach Wirkungsraum, Schadensart und verursachendem Schadstoff differenziert.	Orientiert sich in Abweichung vom bisherigen Verfahren an nach Wirkungsräumen und verursachenden Schadstoffen unterschiedlich veranschlagten Schadenskosten.
Trennwirkungen durch Ortsdurchfahrten	Ermittlung auf Grundlage von Fußgängerwarte- und Umwegzeiten für das Überqueren der Fahrbahn in Abhängigkeit von Straßentyp und stündlicher Verkehrsstärke auf der Grundlage aktualisierter Mengenfunktionen.	Orientiert sich wie bisher an einem einheitlichen Zeitkostensatz je Person und Stunde.
Beeinträchtigung der Wohnqualität und der Kommunikation	Erfassung entfällt zugunsten einer Berücksichtigung im Rahmen der RWA.	Monetarisierung wird nicht mehr vorgenommen, da nur noch rein qualitativ bewertet.
Induzierter Verkehr	Erfasst werden die durch induzierten Straßenpersonenverkehr erzeugten Emissions- und Klimakosten, die Lärmkosten, die Kosten für krebserregende Schadstoffe sowie die innerörtlichen Emissionskosten.	Erfolgt mittels Anwendung von Zuschlagsfaktoren auf bereits unter den Nutzenkomponenten „Geräuschbelastung" und „Abgasbelastung" ermittelten Kosten.
Auswirkungen auf Natur und Landschaft	Erfasst werden Ausgleichsmaßnahmen, die durch die Flächeninanspruchnahme beim Bau von Verkehrswegen als (gesetzlich) notwendig gelten.	Pauschaler Zuschlag zu den Baukosten als so genannte Kompensationskosten.

Quelle: Eigene Zusammenstellung.

Der monetäre Wert der nächtlichen Lärmbelastung ergab sich aus der Höhe der Zielpegelüberschreitung, der Zahl der hiervon betroffenen Einwohner, dem Grad der Beeinträchtigung sowie aus den Kosten für Schallschutzfenster abgeleiteten Vermeidungskosten (BMVBW 2002, 37f.; PLANCO 1999a, 115ff.). Es wurden also die Lärmbeeinträchtigungen, die tagsüber bei den Betroffenen vor allem außerhalb ihrer Wohnung oder auch bei geöffnetem Fenster entstehen, nicht berücksichtigt.

Im Unterschied dazu wurden für den BVWP 2003 durch das Ableiten von Wertansätzen aus detaillierten Zahlungsbereitschaftsangaben auch die während des Tages auftretenden Lärmbelästigungen erfasst. Damit wird zugleich die mit der Verwendung von Kosten für Schallschutzverglasung (Schadensvermeidungskosten) tendenziell einhergehende Unterschätzung der tatsächlichen Lärmkosten vermieden, da diese aus ökonomischer Sicht lediglich als eine Untergrenze der individuellen Zahlungsbereitschaft zu interpretieren sind.

Von den aus empirischen Studien für die beiden Referenzsituationen „wenig Lärm" und „nahezu kein Lärm" zur Verfügung stehenden durchschnittlichen Zahlungsbereitschaften je gewichtetem Einwohner (Lärm-Einwohner-Gleichwert) werden unter Berücksichtigung der Möglichkeit eines strategischen Verhaltens im Rahmen von Zahlungsbereitschaftsbefragungen die vergleichsweise niedrigeren Wertansätze für eine Situation mit „wenig Lärm" zugrunde gelegt (Weinberger et al. 1991). Darüber hinaus wird auch die Bestimmung des relevanten Zielpegels an den individuellen Zahlungsbereitschaften ausgerichtet, wobei nach Straßen- und Schienenverkehr differenziert wird.[27] Grundsätzlich festgehalten wurde aufgrund eines Mangels an Alternativen an der Verwendung des umstrittenen „energieäquivalenten Dauerschallpegels" zur mengenmäßigen Erfassung und verkehrswegeübergreifenden Vergleichbarkeit der Lärmbelastungen.

Für den Wasserstraßenverkehr wird nach wie vor aufgrund der Geringfügigkeit der von der Binnenschifffahrt ausgehenden Lärmbelastungen kein eigener Zielpegel vorgegeben, d.h. die Nutzenkategorie „Geräuschbelastung" stellt auch weiterhin eine für Wasserstraßenprojekte zu vernachlässigende Größe dar. Dies ändert sich auch dann nicht, wenn man Lärmkostenänderungen in die Betrachtung mit einbezieht, die aus

---

[27] Der relevante Zielpegel entspricht dabei jenem Geräuschpegel bei Nacht, bei dem die Zahlungsbereitschaft gleich Null ist. Vgl. PLANCO (1999a, 117f.).

3.3 Weiterentwicklung der NKA für den BVWP 2003

intermodalen Verkehrsverlagerungen resultieren und zu einem entsprechenden „Verlagerungsnutzen" führen könnten. So ist etwa bezogen auf potenzielle Verlagerungen des Gütertransportaufkommens von der Schiene auf den Schiffsverkehr erfahrungsgemäß erst ab einer Reduktion von mehr als 40% der Verkehrsmenge mit einer spürbaren Minderung der Geräuschbelastungen zu rechnen. In umgekehrter Richtung müsste es sogar zu einer Zunahme der Verkehrsstärke um 60% kommen. Unter diesen Bedingungen gilt das im Schiffsverkehr allgemein zu erwartende Verlagerungsvolumen als nicht ausreichend, um die Fühlbarkeitsschwelle einer Lärmreduktion zu erreichen. Gleiches wird für potenzielle Verlagerungen zwischen Straßen- und Schiffsverkehr unterstellt.[28]

Zusätzlich zur bisherigen Bewertung von Geräuschbelastungen im innerörtlichen Bereich werden mit Blick auf etwaige Beeinträchtigungen von Erholungssuchenden auch entsprechende Lärmbeeinträchtigungen in außerörtlichen Bereichen erfasst. Dabei wird unterstellt, dass Zielpegelüberschreitungen durch geeignete technische Maßnahmen vermieden werden können. Die Berücksichtigung der dabei anfallenden externen Kosten erfolgt – differenziert nach Flächen des außerörtlichen Untersuchungsraums in Form von Erholungsflächen und Schutzgütern einerseits sowie sonstige Freiflächen andererseits – allerdings nicht mittels entsprechender Zahlungsbereitschaftsanalysen, sondern auf der Grundlage von Schadensvermeidungskosten. Unter ökonomischen Kriterien kommt es damit bei der monetären Erfassung von Geräuschbelastungen zu einer Vermischung direkter und indirekter Bewertungsverfahren, was im Ergebnis zu einer Unterschätzung der tatsächlich anfallenden externen Kosten (Umweltschäden) führen dürfte.[29] Anders als im Rahmen der Erfassung von Lärmbelastungen innerorts liegen jedoch zum gegenwärtigen Zeitpunkt (noch) keine entsprechenden Zahlungsbereitschaftsanalysen für den außerörtlichen Bereich vor. Stattdessen erfolgt je nach Aus-

---

[28] Vgl. zur Analyse der Einflussfaktoren, die für Verkehrsverlagerungen zwischen der Binnenschifffahrt und konkurrierenden Verkehrsträgern von Relevanz sind, zusätzlich PLANCO (1999b).

[29] Es sei hier nur am Rande angemerkt, dass dies nicht zwingend der Fall sein muss. Dies wäre etwa dann der Fall, wenn die Zahlungsbereitschaft für eine Verbesserung der Umweltqualität geringer ist als die Kosten möglicher Maßnahmen zur Schadensvermeidung. In diesem Fall wären die veranschlagten Schadensvermeidungskosten kein geeigneter Indikator für die externen Kosten, da sie zu deren Überschätzung führen würden. Siehe hierzu auch UBA (2001, 13).

maß der Zielpegelüberschreitung die Bewertung anhand der Schätzung von Schadensvermeidungskosten, die sich an den Kosten von technischen Maßnahmen (wie etwa begrünten Steilwänden) zu einer entsprechenden Pegelminderung orientieren.[30]

Verminderung von Abgasbelastungen

Mit Blick auf die „Verminderung von Abgasbelastungen" wurde ein neues mehrgliedriges Verfahren zur direkt wirkungsbezogenen Abschätzung spezifischer Luftschadstoffbelastungen eingeführt.[31] Auf einer ersten Ebene wird dabei je nach Wirkungsraum zwischen überregionalen (globalen) Emissionen und lokalen (innerörtlichen) Immissionen unterschieden. Innerhalb dieser Unterscheidung erfolgt eine weitergehende Differenzierung der Bewertungsansätze nach Schadensarten sowie verursachenden Schadstoffen.

Die überregionalen Emissionen werden in Klimaschäden und Schäden an der Vegetation (insbesondere Waldschäden) eingeteilt. Während die Bewertung von Klimaschäden über die CO_2-Emissionen als Leitvariable erfolgt, werden bei den Vegetationsschäden die verschiedenen Einzelschadstoffe in Anpassung an die 23. BImSchV in NO_x-Äquivalente umgerechnet und bewertet. Im letztgenannten Fall erfolgt die Bewertung über Schadenskostenschätzungen, die Verluste der Forstwirtschaft, Schäden für die Wasserwirtschaft und den Bodenschutz sowie Verluste an Erholungsmöglichkeiten umfassen. Hinsichtlich der Monetarisierung der global wirkenden Abgasbelastung werden dabei die Aufwendungen abgeschätzt, die erforderlich sind, um ein angestrebtes CO_2-Reduktionsziel zu erreichen. Hieraus werden durchschnittliche Kosten je emittierter Tonne berechnet. Diese vom früheren Verfahren abweichende Erfassung von Abgasbelastungen in Orientierung an unterschiedlich veranschlagten Schadenskosten differenziert nach Wirkungsräumen und verursachenden

---

[30] Vgl. zur Vorgehensweise BMVBW (2002, 38) sowie PLANCO (2000, 15). In der Studie von IWW et al. (1998) wird die einfache Übertragung von innerörtlich gewonnen Zahlungsbereitschaften auf die außerörtlichen Lärmbelastungen vorgeschlagen, was methodisch jedoch als unzureichend gelten muss. So stellt in diesem Zusammenhang auch PLANCO (1999a, 122) zu recht fest, dass „[a]uch eine gezielte Erhebung der Zahlungsbereitschaften für eine Lärmminderung in den Erholungsgebieten [...] erforderlich" ist.
[31] Dieses Verfahren geht zurück auf den Ansatz von Heusch/Boesefeld (1997).

3.3 Weiterentwicklung der NKA für den BVWP 2003

Schadstoffen stellt eine grundlegende Neuerung dar und kann aus ökonomischer Sicht als positiv zu bewertende Verbesserung der bisherigen Bewertungsmethodik im Rahmen der Bundesverkehrswegeplanung eingestuft werden.

Bezogen auf die in Abschnitt 3.1.4 vorgenommene Unterscheidung zwischen verschiedenen Kostenkategorien handelt es sich hierbei somit um an Umwelteinwirkungen (Emissionen) anknüpfende Vermeidungskosten. Da im Bereich global wirkender Klimaveränderungen die externen Kosten beim heutigen Wissensstand nicht annähernd mit hinreichender Genauigkeit erfasst werden können, muss die aus ökonomischer Sicht grundsätzlich vorzuziehende Verwendung von Schadenskosten – ermittelt etwa auf der Grundlage von Zahlungsbereitschaftsanalysen – hier aus methodischen Gründen als wenig brauchbar eingestuft werden.[32] Dies setzt allerdings voraus, dass die erwarteten Schäden höher als die Kosten zur Vermeidung der Umwelteinwirkungen (verkehrsbedingte Emission klimarelevanter Gase) sind.

Die zentrale Verbesserung des Bewertungsverfahrens ist aus ökonomischer Sicht jedoch in der Umstellung der Erfassung der lokalen Luftbelastungen von einer an den Emissionen zu einer an den Nutzen beeinträchtigenden Immissionen orientierten Bewertung zu sehen. Neben den über die Leitkomponente NO_x erfassten Gesundheits- und Gebäudeschäden erfolgt im Gegensatz zum früheren Verfahren hier erstmals auch eine gesonderte Berücksichtigung der durch krebserregende Luftschadstoffe (Dieselruß, Benzol, PAK) verursachten Gesundheitsschäden (BMVBW 2002, 40; PLANCO 1999a, 152ff.). Bei diesen kanzerogenen Stoffen werden die Immissionen unmittelbar über die schädigenden Elemente ermittelt, d.h. auf die Festsetzung von Grenz- oder Zielwerten wird ver-

---

[32] Vgl. PLANCO (1995a, 17), die darauf verweisen, dass „[i]m speziellen Fall globaler wirkender Umweltschäden [...] ein geringes Maß an Information zu einer mangelnden Aussagekraft von Zahlungsbereitschaftsermittlungen führen [kann]. Voraussetzung für die Repräsentativität einer Zahlungsbereitschaft ist die Befragung möglichst vieler betroffener Individuen. Betroffene Individuen im Falle von CO_2-bedingten Klimaveränderungen und ihrer Folgen ist indes die heute (und zukünftig) lebende Weltbevölkerung. [...] Unter bestimmten Voraussetzungen (z.B. ein überschaubarer Rahmen von durch Maßnahmen betroffenen Individuen, ein erfaßbares und ‚vorstellbares' Bündel an Auswirkungen etc.) lassen sich die hier angeschnittenen methodischen Schwierigkeiten des Zahlungsbereitschaftsansatzes [...] mitunter gezielt lösen. Für eine ‚Wertermittlung' globaler Schäden erscheint jedoch eine Bewertung mittels Zahlungsbereitschaft unzureichend."

zichtet. Stattdessen erfolgt unter Einsatz bestimmter Maßeinheiten die Abschätzung des verkehrsbedingten Risikos, an Krebs zu erkranken, direkt für eine jeweils ermittelte Immissionskonzentration. Mit Blick auf die Monetarisierung wird der Schadenskostensatz für krebserregende Stoffe analog zur Bewertung von Todesfällen infolge von Atemwegserkrankungen bei der Monetarisierung von Gesundheitsschäden durch innerörtliche Abgasbelastungen angesetzt. Unter Verwendung aktualisierter „Stadtmodellbausteine"[33], welche die Abhängigkeit der Schäden von der jeweiligen Bebauungsdichte widerspiegeln sollen, erfolgt die Monetarisierung dabei insgesamt über je nach Schadensart unterschiedlich veranschlagte Schadenskostensätze.

Während im Bewertungsverfahren der Bundesverkehrswegeplanung 1992 die Monetarisierung von Emissionen im Kern lediglich Durchschnittsergebnisse lieferte, ermöglicht die immissionsorientierte Betrachtung eine stärkere Differenzierung der Schädigungen, was insbesondere dann zweckmäßig ist, wenn – wie im innerörtlichen Bereich gegeben – kein konstanter Zusammenhang zwischen Emissionen und Immissionen besteht. Zugleich führt eine Orientierung an den Immissionen zu vergleichsweise höheren Schadenskosten und damit – aus der Perspektive der NKA – zu im Vergleich zum vormals praktizierten Verfahren (erheblich) veränderten Nutzenwerten bei der Evaluation eines geplanten Verkehrsprojektes.

Speziell mit Blick auf die Binnenschifffahrt erfolgt die Erfassung von Luftschadstoffen differenziert nach der Motorleistung der jeweiligen Schiffsflotte, um daraus resultierende unterschiedliche Kraftstoffverbräuche und Schadstoffemissionen angemessen berücksichtigen zu können. Dabei orientiert sich die Berechnung der Kraftstoffverbräuche der einzelnen Schiffsgrößenklassen auch weiterhin am bisher im Rahmen der Bundesverkehrswegeplanung zur Anwendung kommenden Verfahren. Da die innerörtlichen Schadstoffbelastungen als gering angesehen werden, sollen auch zukünftig lediglich die überörtlichen Abgasbelastungen auf der Grundlage aktualisierter Emissionsfaktoren in die Bewertung

---

[33] Anders als bislang wird im Rahmen der modifizierten Bewertungsmethodik anstatt der Anzahl von lediglich neun Stadtmodellen nun eine Typologie von über 100 Bebauungssituationen differenziert nach Flächennutzung sowie Art und Höhe der Bebauung zugrunde gelegt. Vgl. BMVBW (2002, 40f.).

einbezogen werden (PLANCO 1999a, 159).[34] Dabei wird grundsätzlich an der bestehenden Methodik einer verkehrsträgerspezifischen Gegenüberstellung von Planungs- und Vergleichsfall festgehalten. Allerdings werden – anders als im BVWP 1992 – im BVWP 2003 verkehrsverlagerungsbedingte Abgasentlastungseffekte stärker berücksichtigt.

Trennwirkung durch Ortsdurchfahrten

Unverändert bleibt darüber hinaus auch die für die Binnenschifffahrt nicht relevante Bewertung projektbedingter verminderter Trennwirkungen von Ortsdurchfahrten. Entsprechend der Kritik am Bewertungsverfahren der Bundesverkehrswegeplanung 1992 werden für den BVWP 2003 aktualisierte Funktionen zur Bestimmung straßentypspezifischer Fußgängerwartezeiten in Abhängigkeit von der stündlichen Verkehrsstärke zugrunde gelegt. Das Monetarisierungsverfahren selbst bleibt unverändert. Aus Sicht einer ökonomischen Bewertung muss der Verzicht auf eine Quantifizierung der „Verminderung weiterer innerörtlicher Umweltwirkungen" und deren Erfassung im Rahmen der rein qualitativ ausgerichteten RWA kritisiert werden, da hiermit in Zukunft auf eine bislang erprobte Bewertung dieser Effekte mittels einer indirekten Erfassung von Umweltbeeinträchtigungen über Mietpreisdifferenzen (Hedonischer Preisansatz) verzichtet wird.

Induzierter Verkehr

Mit der Einführung der vormals in der Bewertungsmethodik nicht enthaltenen Kategorie „Induzierter Verkehr" verbindet sich der Versuch, dem Tatbestand Rechnung zu tragen, dass mit einer Verbesserung der Verkehrsinfrastruktur auch Verkehrssteigerungen verbunden sind, die unter anderem auch zu erhöhten Umweltbelastungen führen (BMVBW 2002, 41f.). Dabei soll die Monetarisierung der Wirkungen des induzierten Verkehrs mittels eines Zuschlagsfaktor-Verfahrens auf bereits quantifizierte Nutzenkomponenten erfolgen. Bezogen auf die umweltrelevanten Effekte von Verkehrsprojekten betrifft dies die ermittelten Emissions- und Klimakosten, die Lärmkosten, die innerörtlichen Emissionskosten

---

[34] Vgl. darüber hinaus zu den aktualisierten Emissionsfaktoren IWW et al. (1998).

sowie die Kosten krebserregender Schadstoffe.[35] Die Zuschlagsfaktoren sind differenziert nach Projekten in hoch verdichteten, verdichteten und ländlichen Räumen sowie nach Projektkategorien (Neubau oder Ausbau).

Berücksichtigt werden hierbei sowohl die negativen Wirkungen auf den bereits bestehenden Verkehr als auch die Nutzen und Kosten des induzierten Verkehrs. Aus ökonomischer Sicht kann die Einbeziehung der von induziertem Verkehr ausgehenden Umweltwirkungen in die NKA grundsätzlich positiv bewertet werden. Zu kritisieren bleibt an dem Verfahren allerdings, dass sich die Berücksichtigung entsprechender Effekte lediglich auf den primär induzierten Verkehr bezieht, d.h. jenes zusätzliche Verkehrsaufkommen, das sich infolge der unmittelbaren Wirkung eines Verkehrsprojektes einstellt. Unberücksichtigt bleibt demgegenüber der sekundär induzierte Verkehr, der sich vor allem durch langfristige siedlungsstrukturelle Veränderungen ergibt.

Aus Sicht der Bewertung von Wasserstraßenprojekten ist darüber hinaus kritisch anzumerken, dass sich die Berücksichtigung von Wirkungen des induzierten Verkehrs ausschließlich auf den primär induzierten Straßenpersonenverkehr bezieht. Damit besitzt diese neu eingeführte Bewertungskomponente jedoch für die Bewertung von Wasserstraßenprojekten keine bewertungspraktische Relevanz.

Auswirkungen auf Natur und Landschaft

Mit der Fortentwicklung der Bundesverkehrswegeplanung sollten ursprünglich auch jene Verfahrenselemente überarbeitet werden, die einer Erfassung projektbedingter Auswirkungen auf Natur und Landschaft dienen. Zielsetzung war es, die bislang pauschaliert erfolgende Erfassung von Kosten zur Kompensation projektbedingter Eingriffe in Natur und Landschaft durch einen neu entwickelten Methodenansatz zu ersetzen, der die Abschätzung von solchen Kompensationskosten verbessert und stärker auf die besonderen Bedingungen des jeweiligen Einzelfalls und seines aktuellen Planungsstandes bezieht (BMVBW 2002, 43; BMVBW 2000, 64; PLANCO 2000, 17). Den Kern dieses Ansatzes sollte eine Ab-

---

[35] Darüber hinaus findet dieses Zuschlagskosten-Verfahren zur Berücksichtigung der Wirkungen des induzierten Verkehrs auch Anwendung auf die Nutzenkomponenten „Zeit- und Betriebskosten", „Konsumentenrente des Pkw-Verkehrs" sowie die anfallenden „Unfallkosten". Vgl. BMVBW (2002, 41f.).

3.3 Weiterentwicklung der NKA für den BVWP 2003

schätzung von Kosten für Kompensations- und Ausgleichsmaßnahmen unter Berücksichtigung der jeweiligen räumlichen Gegebenheiten bilden. Geplant war eine Erfassung der Kosten für den Flächenankauf, die Erstinstandsetzung der Flächen, die notwendigen Pflegemaßnahmen während der Regenerationsphase sowie des monetarisierten Ertragausfalls der alternativen land- und forstwirtschaftlichen Nutzung auf der Grundlage eines Betrachtungszeitraums von 150 Jahren.

Dieser Kompensationskostenansatz hätte auf sämtliche Aus- und Neubaumaßnahmen angewendet werden können, bei denen es zu einer projektbedingten Überformung von Flächen kommt, die so ihrer bisherigen Nutzung entzogen werden. Im Vordergrund sollten dabei die durch Flächenverbrauch und Überformung bedingten Biotopverluste stehen. Im Vergleich zur bisherigen Verfahrensweise wären allerdings auch bei diesem Ansatz die Auswirkungen des Verkehrswegebaus bezogen auf die Zerschneidung natürlicher Lebensräume, die visuelle Beeinträchtigung oder die etwaige Einschränkung bestehender Hochwassersicherungspotenziale unberücksichtigt geblieben (PLANCO 1999a, 189). Nichtsdestotrotz wäre aus ökonomischer Sicht eine Anwendung dieses modifizierten Kompensationskostenansatz im Rahmen der BVWP 2003 aufgrund seiner stärkeren Differenziertheit positiv zu bewerten gewesen, zumal dieser Ansatz neben Straßenverkehrsprojekten einzelfallbezogen auch auf die Bewertung von geplanten Projekten anderer Verkehrsträger (Bahn, Schifffahrt) hätte ausgedehnt werden sollen. Zusätzlich zu den Kompensationskosten und Entschädigungszahlungen gegenüber Dritten (z.B. aufgrund von Ertragseinbußen in der Land- und Forstwirtschaft) wären in den Investitionskosten auch die Mehrkosten für eine ökologisch verträgliche Bauausführung enthalten gewesen (BMVBW 2002, 43).

Trotz der positiven Bewertung dieser ursprünglich vorgeschlagenen Verfahrensmodifikation ist dennoch darauf hinzuweisen, dass aus ökonomischer Sicht dennoch grundsätzlich zu prüfen gewesen wäre, inwieweit insbesondere die Kosten nicht vermiedener Umweltschäden stattdessen auf Basis von Marktdaten oder unter Rückgriff auf direkte Befragungen der Betroffenen bezogen hätten geschätzt werden können. Entsprechende Kostenschätzungen wären dann allerdings im Rahmen der Nutzenkomponenten des Bewertungsverfahrens und nicht bei den Investitionskosten einzurechnen gewesen. Eine eingehendere Diskussion dieser alternativen, aus ökonomischer Sicht zunächst vorzuziehenden Vorgehensweisen findet sich in den vorliegenden Literaturquellen zur Überarbeitung der Bewertungsmethoden der Bundesverkehrswegeplanung allerdings nicht. Für eine Verwendung von Kompensationskosten bzw. Kosten für Ausgleichsmaßnahmen spricht in diesem Zusammenhang allerdings, dass die Monetarisierung etwaiger verkehrsbedingter Beeinträchtigungen von Natur und Landschaft mit einem im Vergleich zu den direkten und indirekten ökonomischen Bewertungsverfahren geringeren Erhebungsaufwand verbunden ist.

Wie in Abschnitt 2.3.2 bereits erläutert, wurde der skizzierte Vorschlag für eine modifizierte Erfassung der Kosten verkehrsbedingter Auswirkungen auf Natur und Landschaft allerdings nicht in die Bewertungsmethodik des BVWP 2003 aufgenommen. Da der BVWP 2003 selbst über die Art der Kostenermittlung in diesem Bereich keine näheren Spezifikationen enthält, muss vielmehr davon ausgegangen werden, dass innerhalb der NKA Auswirkungen auf Natur und Landschaft auch weiterhin nur pauschalisiert und damit vergleichsweise undifferenziert berücksichtigt werden. Aus ökonomischer Sicht muss dieses Festhalten an der bisherigen Verfahrensweise als vergleichsweise unbefriedigenden gelten, da – trotz aller oben geäußerten Vorbehalte gegenüber der vorgeschlagenen modifizierten Bewertungsmethodik – eine pauschalierte Erfassung der der verkehrsprojektbedingten Auswirkungen auf Natur und Landschaft im Rahmen der Investitionskosten hinter dem zurückbleibt, was unter Verwendung des vorhandenen ökonomischen Bewertungsinstrumentariums hinsichtlich einer verbesserten Kostenabschätzung in diesem Bereich aktuell möglich gewesen wäre. Zugleich kann die fehlende argumentative Auseinandersetzung mit diesem Verfahrensvorschlag im Rahmen der BVWP 2003 als ein erster Hinweis auf die mangelnde Transparenz des gesamten Bewertungsverfahrens gedeutet werden. Auf die Frage der mangelnden Transparenz der einzelnen Bewertungsschritte wird insbesondere in Abschnitt 4.4. noch gesondert einzugehen sein.

3.3.3 Die Bestimmung der „richtigen" Diskontrate als weiterhin offenes Problem

Ein auch nach Überarbeitung der Bundesverkehrswegeplanung offenes Problem stellt die Wahl des in der NKA verwendeten Diskontsatzes dar. Dies gilt insofern, wie die Wahl des Diskontsatzes in Abhängigkeit von der Länge des Betrachtungszeitraums einen erheblichen Einfluss auf die Streubreite der ermittelten Bewertungsergebnisse besitzt (UBA 2001, 19 und 36f.). Zwar kann die Frage nach der Wahl der „richtigen" Diskontrate bekanntermaßen wissenschaftlich nicht eindeutig beantwortet werden. Dies bedeutet jedoch, dass hinsichtlich der Interpretation von für einzelne Verkehrsprojekte ausgewiesenen NKV geprüft werden muss, welche Diskontrate zugrunde gelegt wurde und ob eine mögliche Variation der Diskontrate nicht zu signifikant abweichenden Bewertungsergebnissen führt. Dies gilt insbesondere für die Bewertung von solchen Verkehrsprojekten, zu denen auch der Ausbau der Saale zu rechnen ist, die bezogen auf ihre Dringlichkeitseinstufung im Rahmen der Bundesverkehrswegeplanung im Grenzbereich politisch vorgegebener Schwellenwerte liegen. Gerade mit Blick auf die Bewertung langfristig auftretender Umweltbeeinträchtigungen werden aus ökonomischer Sicht daher unter Variation der Diskontrate durchzuführende Sensitivitätsanalysen als unverzichtbar eingestuft.

Solche Sensitivitätsanalysen stellen gegenwärtig jedoch nicht den Regelfall der umweltbezogenen Bewertung von Verkehrsprojekten dar.[36] Die gängige Praxis ist – wie weiter oben (Abschnitt 3.1.5) bereits erwähnt – vielmehr dadurch gekennzeichnet, dass die zukünftigen Nutzen und Kosten von verkehrsbezogenen Infrastrukturprojekten mit einer „gesellschaftlichen Präferenzrate" diskontiert werden, die um einen halben Prozentpunkt unterhalb des Marktzinses angesetzt wird. Das modifizierte Verfahren der Bundesverkehrswegeplanung scheint unter Beibehaltung der bisherigen Diskontrate in Höhe von 3% von dieser Praxis nicht abzuweichen (BMVBW 2002, 20). Vor diesem Hintergrund wäre zur besseren Einschätzung der Validität ermittelter Bewertungsergebnisse allerdings zu prüfen, ob nicht gerade angesichts des hohen Einflusses der Wahl der Diskontrate auf die Ergebnisse die nutzen-kosten-analytische Bewertung von Verkehrsprojekten nicht besser auf der Grundlage alternativer Diskontraten durchgeführt werden sollte. So wäre beispielsweise für den Fall, dass durch ein Projekt erhebliche zukünftige Umweltschä-

---

[36] So enthalten etwa die in PLANCO (2000) aufgelisteten Maßnahmen zur methodischen Fortentwicklung des gesamtwirtschaftlichen Bewertungsverfahrens im Rahmen der Bundesverkehrswegeplanung keinen Hinweis auf eine zukünftig standardmäßige Verwendung von Sensitivitätsanalysen, um zu zeigen, wie sich die Bewertungsergebnisse in Abhängigkeit von Parametervariationen verändern.

den verursacht werden, das NKV umso geringer, je niedriger die Diskontrate angesetzt wird. Dies wäre insbesondere für all jene Fälle von Bedeutung, die unter Berücksichtigung des gegenwärtig zugrunde gelegten Zinssatzes als gesamtwirtschaftlich rentabel bewertet werden, da bei einer geringeren Diskontrate die in Zukunft entstehenden Umweltschäden höher gewichtet werden.

Eine pragmatische Möglichkeit, um mit dem Problem der Abhängigkeit der Bewertungsergebnisse von der Variation des Zinssatzes besser als bislang umgehen zu können, stellt ein jüngst vom Umweltbundesamt gemachte Vorschlag dar (UBA 2001, 36): Er sieht vor, standardmäßig die Bewertung sowohl mit einer Diskontrate, die dem mittleren Zinssatz für langfristige Staatsanleihen entspricht, als auch mit einer Diskontrate nahe Null durchzuführen. Darüber hinaus könnte anhand zusätzlicher Sensitivitätsanalysen gezeigt werden, wie die Wahl anderer Diskontraten das Ergebnis beeinflusst. Parallel dazu sollten bei der Darstellung der Bewertungsergebnisse die Argumente offen gelegt und im Einzelfall diskutiert werden, die für und gegen die jeweils unterschiedlich gewählten Diskontraten angeführt werden können. Auf diese Weise würde neben einer differenzierteren Bewertung verkehrsprojektbedingter Umweltbeeinträchtigungen zugleich auch ein größeres Maß an Verfahrenstransparenz gewährleistet. Der Vorteil dieser im Vergleich zum bestehenden Verfahren alternativen Vorgehensweise wäre dabei noch größer, wenn gewährleistet sein könnte, dass die relevanten Umwelteffekte auch umfassend monetarisiert werden würden.

3.4 Zusammenfassung

Aus ökonomischer Sicht wird hinsichtlich der Umweltwirkungen von Verkehrsprojekten durch die Modifikation und Erweiterung der umweltrelevanten Nutzenkomponenten ein Teil der bestehenden „ökonomischen Lücke" der NKA geschlossen. Diese Feststellung gilt auch dann, wenn man in Rechnung stellt, dass ein Teil der bislang monetarisierten innerörtlichen Umweltwirkungen in Zukunft nur noch qualitativ im Rahmen der RWA erfasst wird. Sieht man davon einmal ab, so werden durch die inhaltliche Ausweitung des monetären Bewertungsverfahrens besser als bislang die tatsächlich der Gesellschaft entstehenden Kosten und Nutzen erfasst. Dies scheinen auch die Ergebnisse von Untersuchungen zu be-

3.4 Zusammenfassung

legen, bei denen zum Zweck der Plausibilitätskontrolle der modifizierten Bewertungsmethodik rund 100 geplante Straßenprojekte so genannten „Pre-Tests" unterzogen wurden. Dabei zeigte sich, dass die neuen Nutzenkomponenten mit Umweltbezug (Lärm außerorts, Treibhausgase CO_2 sowie Umwelteffekte des induzierten Verkehrs) zusammengenommen und im Vergleich zum früheren Bewertungsverfahren im Durchschnitt eine Nutzenminderung von rund 25% bewirken. In Einzelfällen fällt dieser Wert sogar noch deutlich höher aus (BMVBW 2002, 61ff.).[37]

Allerdings werden auch durch die Fortentwicklung des Verfahrens in seiner aktuellen Form nicht alle der aus ökonomischer Sicht zur Verfügung stehenden monetären Bewertungsmöglichkeiten projektbedingter Auswirkungen auf Natur und Landschaft ausgeschöpft. So berücksichtigt der ohnehin nur als pauschaler Ansatz zum Einsatz kommende modifizierte Kompensationskostenansatz nur in begrenzter Form die verschiedenen Nutzenstiftungen des Natur- und Landschaftsschutzes (Meyerhoff 1997, 213; Döring 1998, 429). Von einer vollständigen Erfassung aller relevanten gebrauchswertabhängigen (direkte und indirekte Nutzungswerte sowie Optionswert) wie nicht-gebrauchswertabhängigen Nutzenstiftungen von Umweltgütern (Existenzwert, altruistische Werte sowie Vermächtniswert) ist damit selbst das weiterentwickelte Bewertungsverfahren noch erheblich entfernt. Die Erfassung der nicht-gebrauchswertabhängigen Werte wäre durch den Einsatz des kontingenten Bewertungsansatzes prinzipiell möglich. Dass diese Möglichkeit nicht nur auf der theoretischen Ebene besteht, sondern auch unter praktischen Anwendungsbedingungen zu brauchbaren Ergebnissen führen kann, die für eine (Anders-)Bewertung von Verkehrsprojekten von Relevanz sind, zeigen dabei erste Studien einer gesamthaften Erfassung aller relevanten ökonomischen Wertkategorien von Umweltgütern.[38]

---

[37] Folgt man den Ergebnissen dieser „Pre-Tests", zeigt sich zugleich, dass die größten Nutzenbeiträge von Verkehrsprojekten auf die Kategorien „Transportkostensenkungen" (59%), „Verbesserung der Erreichbarkeit" (48%) sowie – schon mit deutlichem Abstand – „Beitrag zur Verkehrssicherheit" (14%) entfallen.

[38] Vgl. hierzu Meyerhoff (1997, 226ff.), der die Anwendungsmöglichkeiten des ökonomischen Bewertungsansatzes zur umfassenden Erfassung von ökologischen Effekten anhand des im Rahmen der Bundesverkehrswegeplanung beabsichtigten Ausbaus der Donau im Abschnitt zwischen Straubing und Vilshofen illustriert. Vgl. eher grundsätzlich Pirscher (1997), die zugleich aber auch auf die Grenzen einer ökonomischen Bewertung von Natur und Landschaft verweist.

Zusammenfassend lässt sich daher festhalten, dass die Monetarisierung von Umweltwirkungen im Rahmen der Bundesverkehrswegeplanung nach der aktuell vollzogenen Fortentwicklungen des Bewertungsverfahrens zwar Fortschritte gemacht hat, was insbesondere im Hinblick auf die Berücksichtigung des verkehrsbedingten CO_2-Austoßes und des durch Verkehrsvorhaben induzierten Verkehrs betrifft. Allerdings spiegelt die Bewertungsmethodik auch in ihrer gegenwärtigen Version nicht in jeder Hinsicht den Stand des ökonomisch Möglichen widerspiegelt wider. Dies hat zur Konsequenz, dass zumindest in der Grundtendenz mit Blick auf die Bewertung von Verkehrsprojekten von einer Unterschätzung der umweltrelevanten Wirkungen auszugehen ist. Der Grund für die nach wie vor bestehende Beschränkung auf wenige Bewertungsverfahren mag darin gesehen werden, dass es in Deutschland stärker etwa als in anderen Ländern (so bspw. den USA) darum geht, unter der Restriktion eines im Verhältnis zum Bewertungsgegenstand akzeptablen methodischen Aufwands vergleichbare Bewertungen zu erreichen. Damit steht jedoch nicht die Anwendung des jeweils bewertungstechnisch Möglichen, sondern die Standardisierung der Bewertung von Verkehrswegen unter Begrenzung des Erhebungsaufwands im Vordergrund der Analysen (Endres/Holm-Müller 1998, 185). Oder ausgedrückt in einer kritischeren Formulierung: Aus Gründen der Praktikabilität und Aufwandsbeschränkung werden Verkehrswege aus ökonomischer Sicht eher unzulänglich bewertet. Es ist aber auch festzuhalten, dass aufgrund der grundsätzlichen und praktischen Beschränkungen der ökonomischen Theorie und ihrer Bewertungsverfahren eine ergänzende Bewertung von Natur und Umwelt durch nicht-ökonomische Verfahren sinnvoll erscheint. Ein solches Verfahren stellt die URE dar, der wir uns im nächsten Kapitel widmen.

In Abschnitt 5.1 wird gezeigt, wie mit begrenztem Aufwand eine Erweiterung der NKA durchgeführt werden könnte, aber auch, auf welche Grenzen sie stößt.

4 Ökologische Bewertung in der Bundesverkehrswegeplanung – die Umweltrisikoeinschätzung

4.1 Grundlagen der Umweltrisikoeinschätzung

Die Umweltrisikoeinschätzung (URE) mit integrierter FFH-Verträglichkeitseinschätzung (FFH-VE) ist das Instrument der Bundesverkehrswegeplanung zur nicht-monetären Bewertung der Auswirkungen von Verkehrsvorhaben auf Natur und Landschaft. Mit der URE wird die ökonomische Bewertung, die in Kapitel 3 vorgestellte Nutzen-Kosten-Analyse, um eine eigenständige ökologische Bewertung ergänzt.

Den Projektbewertungen in den Bereichen Straße und Schiene des BVWP 1986 lag erstmals auch eine Beurteilung der Umweltrisiken für Natur und Landschaft anhand einer eigenständigen, dokumentierten Methodik zugrunde (vgl. Lange et al. 1986). Für den folgenden, ersten gesamtdeutschen BVWP 1992 wurde die URE weiterentwickelt (Planungsgruppe Ökologie + Umwelt/ Ingenieurgemeinschaft Stolz 1991). Im Zuge der Aufstellung des BVWP 2003 wurde die URE einer neuerlichen Modernisierung und Erweiterung unterzogen (BMVBW 2000; Planungsgruppe Ökologie + Umwelt 2000; Günnewig/Hoppenstedt 2001; BfG 2001; BMVBW 2002). Die Veränderungen beziehen sich insbesondere auf die

– Entwicklung einer vergleichbaren Methodik für alle Verkehrsträger, einschließlich der Wasserstraßen,

– verbesserte Berücksichtigung von Kulturlandschaften, unzerschnittenen Räumen und hochempfindlichen Gebieten,

– frühzeitige und angemessene Berücksichtigung möglicher Konflikte mit dem europäischen Naturschutz (insbesondere FFH-Richtlinie),

– Einbeziehung von Erweiterungsmaßnahmen sowie die

– Berücksichtigung kumulativer Effekte räumlich benachbarter Maßnahmen (vgl. BMVBW 2002, 49).

Die Umsetzung dieser Anforderungen erfolgte für die Verkehrsträger Straße und Schiene in einem F+E-Vorhaben für das Bundesverkehrsministerium durch die Planungsgruppe Ökologie + Umwelt (Günnewig/ Hoppenstedt 2001). Für den BVWP 2003 wurde die Anwendung der URE auf den Wasserstraßenbau ausgeweitet und zu diesem Zweck eine eigene Methodik entwickelt, die mit der Vorgehensweise der vorhandenen URE abgestimmt ist. Die Entwicklung erfolgte durch die Bundesanstalt für Gewässerkunde (BfG) in Abstimmung mit dem Bundesamt für Naturschutz (BfN). Das BfN hat im Zuge der mehrjährigen Diskussion um die URE an Wasserstraßen einen eigenen methodischen Ansatz vorgelegt (BfN 1999), dessen zentraler Ansatz – Betrachtung von Funktionskomplexen statt von Schutzgütern – jedoch nicht in die URE aufgenommen wurde. Die Weiterentwicklung der ökologischen Bewertungsmethode ist bislang als Entwurf (BfG 2001; Esser 2001) sowie in Kurzform (BMVBW 2002) dokumentiert und veröffentlicht.

Im Unterschied zur NKA erfolgt die URE mit integrierter FFH-VE nicht zwangsläufig für alle zur Diskussion stehenden Vorhaben. Bei den Straßenbauprojekten wird eine URE nur für Vorhaben durchgeführt, für die das BfN im Rahmen einer Voruntersuchung eine besondere naturschutzfachliche Konfliktintensität festgestellt hat. Bei Vorhaben des Schienenwegebaus ist wegen der Größe fast immer eine URE erforderlich und beim Wasserstraßenausbau und -neubau wird eine URE immer als Einzelfalluntersuchung durchgeführt (BMVBW 2003b, 14).

Die FFH-VE ist ein integrierter Bestandteil der URE mit der „die mögliche Beeinträchtigung von NATURA-2000-Gebieten ermittelt und das Ergebnis im Rahmen der Projektbewertung und Prioritätensetzung der BVWP angemessen einbezogen" wird (BMVBW 2003b, 14). Die Betroffenheit von NATURA-2000 oder FFH-Gebieten[39] durch ein geplantes Vorhaben wird in Abhängigkeit von den jeweiligen Schutzzielen auf einer dreistufigen Skala bewertet und unterscheidet zwischen ausgeschlossner, nicht ausgeschlossener und unvermeidlicher erheblicher Beeinträchtigung (vgl. Bernotat/Herbert 2001; BMVBW 2003b, 15f.). Die weiteren Ausführungen des Kapitels 4 konzentrieren sich auf

---

[39] Schutzgebiete der europäischen Flora-Fauna-Habitat-Richtlinie (kurz FFH-Richtlinie).

die eigentliche URE und beziehen die FFH-VE wegen ihres eng begrenzten Anwendungsfeldes nur in die Überlegungen mit ein, wenn dies fachliche und methodisch geboten zu sein scheint.

Die URE ist ein eigenständiger, das gesamtwirtschaftliche Bewertungsverfahren von Verkehrsprojekten ergänzender Teil der Bundesverkehrswegeplanung. Die URE ist also keine Plan-Umweltverträglichkeitsprüfung bzw. Strategische Umweltprüfung[40], da sie sich auf die Umweltwirkungen einzelner Verkehrsinfrastrukturprojekte und nicht auf die Wirkungen des BVWP insgesamt bezieht. So werden in der URE beispielsweise keine Wirkungen des prognostizierten Verkehrszuwachses oder des zu erwartenden Modal Split[41] zwischen den Verkehrsträgern berücksichtigt.

Die Aussagen des Kapitels 4 beziehen sich, wenn nicht ausdrücklich anderes gesagt wird, nicht nur auf Wasserstraßen, sondern gelten auch für Straße und Schiene.

4.2 Die ökologische Risikoanalyse als zugrunde liegendes Bewertungsprinzip der Umweltrisikoeinschätzung

4.2.1 Bewertungskonzept und Verfahrensablauf

Die URE in der Bundesverkehrswegeplanung basiert auf dem methodischen Prinzip der ökologischen Risikoanalyse. In den Planungswissenschaften ist seit den 1970er Jahren die ökologische Risikoanalyse zur räumlich differenzierten Ermittlung und Bewertung der von konkreten Nutzungen bzw. Vorhaben ausgehenden Umweltwirkungen entwickelt worden (Bachfischer 1978, Bachfischer et al. 1980). Die Entwicklung ist vor dem Hintergrund der Einführung der Landschaftsplanung im Jahre 1975, der damals einsetzenden ökologischen Orientierung der Raumpla-

---

[40] Im Unterschied zur etablierten und im UVP-Gesetz geregelten Umweltverträglichkeitsprüfung von einzelnen Projekten (sogenannte Projekt-UVP, vgl. Abschnitt 4.3.2) fordert die Mitte 2001 in Kraft getretene EU-Richtlinie 2001/42/EG auch die Prüfung von Umweltwirkungen bestimmter Pläne und Programme (so genannte Plan-UVP).
[41] Mit „Modal Split" wird in der Verkehrspolitik die Verteilung des Verkehrsaufkommens auf die verschiedenen Verkehrsträger (Straße, Schiene, Wasser, Luft) bezeichnet.

nung sowie der in den 1980er Jahren intensiver diskutierten und 1990 verbindlich eingeführten Umweltverträglichkeitsprüfung zu sehen. Die stärkere Berücksichtigung von Umweltbelangen in der Planung erforderte die Entwicklung geeigneter Bewertungsmethoden.

Die ökologische Risikoanalyse wird auch als „Wirkungsanalyse bei unvollständiger Information" bezeichnet (Fürst/Scholles 2001, 254) und ist heute eines der Standardverfahren zur ökologischen Bewertung in der Umweltplanung (vgl. Scholles 1997; Bastian/Schreiber 1999; Jessel/Tobias 2002), das insbesondere in Umweltverträglichkeitsuntersuchungen im Rahmen der UVP Anwendung findet. Auch die Arbeitshilfen zur Umweltverträglichkeitsuntersuchung (UVU)[42] an Bundeswasserstraßen stützen sich u.a. auf die ökologische Risikoanalyse (BfG 1996).

Grundprinzip der ökologischen Risikoanalyse ist die getrennte Betrachtung des Vorhabens bzw. Eingriffs auf der einen und der vom Vorhaben betroffenen Umwelt auf der anderen Seite. In einem dritten Schritt erfolgt die Verknüpfung der Ergebnisse dieser ersten beiden Bewertungsschritte in einer Matrix zum „Umweltrisiko" als einem Maß für die umweltbezogene Konfliktintensität des jeweils betrachteten Vorhabens (vgl. Bachfischer 1978, 79f; Bachfischer et al. 1980, 526; Günnewig/Hoppenstedt 2001, 362). Die ökologische Risikoanalyse lässt sich also als dreistufiges Verfahren beschreiben:

1. *Ermittlung der Beeinträchtigungsintensität des Vorhabens*[43]. Einschätzung der Intensität potenzieller Beeinträchtigungen natürlicher Ressourcen oder Schutzgüter und ökologischer Systemzusammenhänge durch die vom geplanten Vorhaben ausgehenden Wirkungen.

2. *Ermittlung der Beeinträchtigungsempfindlichkeit des von den Vorhabenswirkungen betroffenen Raumes*[44]. Einschätzung der Empfindlichkeit eines Raumausschnittes gegenüber den von einem Vorhaben bzw.

---

[42] Im Unterschied zur URE als Teil der rechtlich unverbindlichen Bundesverkehrswegeplanung ist die UVU nach UVP-Gesetz (vgl. Abschnitt 4.3.2) Teil der rechtsverbindlichen Planfeststellungsverfahren, deren Durchführung im Bereich der Bundeswasserstraßen in einer Verwaltungsvorschrift des Bundes geregelt ist (BMV 1994).

[43] Häufig gleichgesetzt mit Belastungsgrad oder Beeinträchtigung.

[44] Der Empfindlichkeitsbegriff wird in der Praxis häufig durch Eignung, Bedeutung (für Nutzungen, Funktionen) oder Widerstand (gegenüber Beeinträchtigungen) ersetzt, meist ohne den damit vollzogenen Bedeutungswandel kenntlich zu machen.

Eingriff ausgehenden Beeinträchtigungen. Diese Empfindlichkeit kann aus der Eignung oder Bedeutung natürlicher Ressourcen oder Schutzgüter für unterschiedliche Nutzungen und ökologische wie gesellschaftliche Funktionen und den spezifischen Eigenschaften des ökologischen Wirkungsgefüges im Untersuchungsraum ermittelt werden.

3. *Bewertung des Risikos der Beeinträchtigung.* Die Verknüpfung von Beeinträchtigungsintensität und Beeinträchtigungsempfindlichkeit ermöglicht es, das zu erwartende Ausmaß der Beeinträchtigung durch ein Vorhaben bzw. die umweltbezogene Konfliktträchtigkeit eines Vorhabens zu bewerten. Dies wird in der Regel als „Risiko", „Umweltrisiko" oder „Risiko der Beeinträchtigung" ausgedrückt. Diese Verknüpfungsregel basiert auf der Annahme, dass das Ausmaß der tatsächlich auftretenden Beeinträchtigungen nicht nur von der Intensität der von einem Vorhaben ausgehenden Wirkungen abhängt, sondern auch von der Empfindlichkeit des Wirkungsraumes gegenüber den Wirkungen und zusätzlich von der z.B. naturschutzfachlichen Bedeutung dieses Raumes. Je empfindlicher und wertvoller ein Raum ist, desto gravierender sind die aus einer Wirkung resultierenden Beeinträchtigungen.

Die Einschätzung von Empfindlichkeit und Beeinträchtigung erfolgt in ordinalen Wertstufen, die üblicherweise über einfache Ja-/Nein-Entscheidungen innerhalb von so genannten Bewertungsbäumen bestimmt werden. Bewertungsgrundlage können sowohl einfache qualitative Abschätzungen als auch quantitative Daten aus Modellierungen oder Messreihen sein. Beide Größen werden dann über eine Matrix zum Risiko verknüpft (Risiko- oder Präferenzmatrix; siehe Abbildung 4.1). Üblicherweise werden in der Planungspraxis 3 bis 5 Wertstufen verwendet. Die Zahl der Wertstufen sollte sich am Einzelfall, den zu bewertenden Objekten sowie der Differenziertheit verfügbarer Datengrundlagen orientieren. Die einzelnen Wertsetzungen sollen sich immer auch nachvollziehbar verbal-argumentativ begründen lassen. Das Bewertungsprinzip der ökologischen Risikoanalyse beruht auf der Annahme, dass das Ausmaß einer Beeinträchtigung durch ein Vorhaben mit dem u.a. naturschutzfachlichen Wert und der Störungsanfälligkeit der betroffenen Schutzgüter oder des betroffenen Raumausschnittes wächst.

Abbildung 4.1: Beispiel einer Präferenzmatrix zur Ermittlung des Umweltrisikos in der ökologischen Risikoanalyse

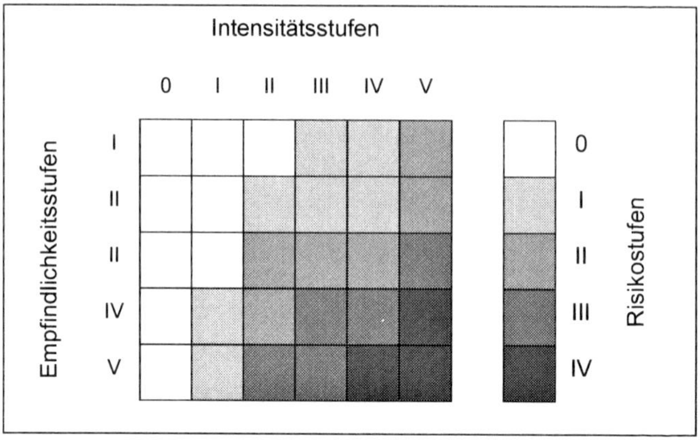

Quelle: Modifiziert in Anlehnung an Bachfischer et al. (1980, 536).

Die ökologische Risikoanalyse ist keine geschlossene Methode, sondern eher ein methodischer Rahmen. In Wissenschaft und Praxis werden unterschiedliche Varianten eingesetzt, die jeweils auch mit unterschiedlichen Begrifflichkeiten arbeiten (Bachfischer et al. 1980; Bastian/ Schreiber 1997; Scholles 1997; Bechmann 1998)[45] Kühling (1992) ergänzt für die UVP die Kriterien „Beeinträchtigung" und „Empfindlichkeit" um das Kriterium „Leistungsfähigkeit", das im ursprünglichen Ansatz von Bachfischer unter „Empfindlichkeit" subsumiert ist. Aus der Verknüpfung dieser Kriterien leitet er die tatsächliche Leistung eines Raumausschnittes in Bezug auf Nutzungen und/oder Funktionen ab und bestimmt deren (z.B. naturschutzfachliche) Schutzwürdigkeit. Erst daran anschließend erfolgt der finale Bewertungsschritt zur Bestimmung des von einem Vorhaben ausgehenden Risikos für Räume mit einer bestimmten Schutzwürdigkeit.

Das Prinzip der ökologischen Risikoanalyse lässt sich auch für vorhabensunabhängige Aufgaben der Umweltbewertung verwenden. So be-

---

[45] Für eine umfassende Darstellung und Diskussion der Methodik sei auf Scholles (1997) verwiesen; eine sehr kritische Auseinandersetzung mit den Möglichkeiten und Grenzen findet sich darüber hinaus bei Bechmann (1998).

4.2 Die ökologische Risikoanalyse

nutzt Petry (2001) die ökologische Risikoanalyse für die Entwicklung von Zielsystemen der Umweltvorsorge in vorhabensunabhängigen Planungsprozessen (z.B. Aufstellung von Regionalplänen, Landschaftsrahmenplänen). Dabei dienen die Kriterien „Eignung" und „Empfindlichkeit" zur Bestimmung von Schutzwürdigkeiten und Entwicklungsbedarfen von Landschaftsfunktionen.

In Abhängigkeit vom Konkretisierungsgrad des geplanten Vorhabens, der Datenverfügbarkeit und dem Wissensstand zu Wirkungszusammenhängen variiert auch die Konkretisierung von Beeinträchtigungen und Empfindlichkeiten in der ökologischen Risikoanalyse. Sind Vorhabenskonkretisierung, Daten- und Wissensstand relativ gering, lassen sich oft nur die typischen Wirkfaktoren eines Vorhabens und keine räumlich differenzierten Wirkungen in einem konkreten Fall bestimmen. Im nachfolgenden Abschnitt 4.3 wird dies für die URE deutlich werden: Da beim Wasserstraßenausbau in der Regel der Raumbezug klar definiert ist, lassen sich dabei auch raumabhängige Vorhabenswirkungen bestimmen. Bei Vorhaben des Straßen- und Schienenwegebaus ist dieser Raumbezug auf der Ebene der Bundesverkehrswegeplanung in der Regel noch unklar. Daher werden für solche Vorhaben nur raumunabhängige Vorhabensintensitäten als Indikator für die zu erwartenden Wirkungen ermittelt. Das methodische Konzept der ökologischen Risikoanalyse lässt solche Unterschiede zu, was eine der Ursachen für ihre breite Anwendung in der Umweltbewertung ist.

4.2.2 Risikobegriff

Risiko ist eine nicht immer eindeutig verwendete Kategorie zur Charakterisierung der Unsicherheit von Prognosen. In den folgenden Ausführungen des Kapitels 4 wird sich die unklare Berücksichtigung von Unsicherheit in der URE als ein Manko der Umweltbewertung in der Bundesverkehrswegeplanung erweisen. Daher soll an dieser Stelle auf den Risikobegriff der ökologischen Risikoanalyse genauer eingegangen werden. In Abschnitt 5.2 werden dann auch im Rückgriff auf die nun folgenden Erläuterungen des Risikobegriffs der ökologischen Risikoanalyse Möglichkeiten einer verbesserten Berücksichtigung von Unsicherheit in der Umweltbewertung der Bundesverkehrswegeplanung erörtert.

Die ökologische Risikoanalyse leitet sich aus der „klassischen" Risikoanalyse der ökonomischen Entscheidungstheorie her, wie sie beispielsweise im Versicherungswesen Anwendung findet. Sie definiert Risiko als das rechnerisch zu ermittelnde Produkt aus Schadensausmaß und Eintrittswahrscheinlichkeit. Risikoanalysen klassischer Prägung dienen dem Zweck, unsichere Wirkungen einer Handlung oder eines Ereignisses zu prognostizieren und zu quantifizieren. Der Risikobegriff der klassischen Risikoanalyse berücksichtigt also die Unsicherheit bei der Prognose von Wirkungen in expliziter, quantitativer Form.

Hiervon unterscheidet sich die ökologische Risikoanalyse in wesentlichen Punkten. Während in der klassischen Risikoanalyse Risiko eine kardinal skalierte Größe aus der Multiplikation der Kriterien Schadensausmaß und Eintrittswahrscheinlichkeit ist, handelt es sich beim ökologischen Risiko um eine ordinal skalierte Größe aus der Verknüpfung der Kriterien Beeinträchtigung und Empfindlichkeit. Unsicherheit ist damit kein expliziter Bestandteil der Bewertung, obwohl die Verwendung des Begriffes „Risiko" dies nahelegt. Bechmann (1998, 39) kritisiert, dass die ökologische Risikoanalyse das Schadensausmaß durch Beeinträchtigungsintensität und die Eintrittswahrscheinlichkeit durch Empfindlichkeit ersetze. Damit werde der klassische Risikobegriff, der Risiko als Produkt von Schadensausmaß und Wahrscheinlichkeit definiert, unzulässigerweise verändert. Auch Fürst und Scholles (2001, 262) kritisieren die „Diskrepanz zwischen der theoretischen Fundierung des Risikobegriffs mittels Wahrscheinlichkeiten und seiner Verwendung in der Ökologischen Risikoanalyse", bei der „das Risiko der Beeinträchtigung mit dem Ausmaß der Beeinträchtigung gleichgesetzt wird". Allerdings ist die Kritik von Bechmann insofern irreführend, als das in der ökologischen Risikoanalyse die Kriterien Schadensausmaß und Eintrittswahrscheinlichkeit nicht durch Beeinträchtigungsintensität und Empfindlichkeit ersetzt werden, sondern vielmehr die letztgenannten Kriterien ausschließlich der Bestimmung des Schadensausmaßes dienen. Dennoch ist die Kritik an der ökologischen Risikoanalyse berechtigt, denn die Eintrittswahrscheinlichkeit wird überhaupt nicht abgebildet, so dass das ökologische Risiko nicht dem Risiko, sondern dem Schadensausmaß der klassischen Risikoanalyse entspricht.

Diese Verkürzung des Risikobegriffs führt dazu, dass in der ökologischen Risikoanalyse keine Wirkungen, sondern die von einem Vorhaben oder Eingriff ausgehenden *potenziellen Gefährdungen* für definierte

Schutzgüter, ökologische Funktionen oder Raumausschnitte bewertet werden. Im Gegensatz zur klassischen Risikoanalyse, die das Konzept der *Wahrscheinlichkeit* zur Quantifizierung der Unsicherheit über die Handlungsfolgen verwendet, benutzt die ökologische Risikoanalyse somit den Begriff „Risiko" qualitativ im Sinne von *potenzieller Gefährdung*. Die Ursache für die Verlagerung der Bewertung vom ursprünglichen Wirkungsbezug hin zu einem Gefährdungsbezug ist bei Prognosen in der nur bedingt möglichen Quantifizierbarkeit von Umweltwirkungen zu sehen. Ursache-Wirkungs-Beziehungen lassen sich in komplexen ökosystemaren Zusammenhängen und ohne detaillierte Untersuchungen – Gegebenheiten wie sie für die Bewertungsebene der Bundesverkehrswegeplanung typisch sind – selten vollständig und oft nur qualitativ beschreiben. Die ökologische Risikoanalyse bietet die Möglichkeit, Ursache-Wirkungs-Beziehungen in vereinfachter, qualitativer Form abzubilden und trotz bestehender Unsicherheiten über die tatsächlichen Wirkungen eines Vorhabens bestehende Gefährdungen zu ermitteln. Bewertungsmethodisch problematisch ist allerdings, dass bestehende Unsicherheiten nicht explizit deutlich gemacht werden – im Gefährdungsbezug gewissermaßen „verschwinden" – und die Verwendung des Begriffes Risiko somit irreführend ist.

Die mit dem veränderten Risikobegriff verbundenen bewertungsmethodischen Probleme werden in Abschnitt 4.4 in Bezug auf die damit für die URE verbundenen Konsequenzen erörtert. Hierauf aufbauend sollen in Abschnitt 5.2 mögliche Lösungen aufgezeigt werden.

4.3 Die Umweltrisikoeinschätzung für Bundeswasserstraßen

Dieser Abschnitt konzentriert sich auf die URE für Wasserstraßen. Der Ausbau von Wasserstraßen verändert besonders dynamische und mit ihrer Umwelt in komplexer Weise verknüpfte Ökosysteme, was die Bewertung damit verbundener Effekte erschwert. Morphologische Veränderungen eines Flusses durch Sohlvertiefungen, Ufersicherungen oder Staustufenbau wirken sich unmittelbar auf die Biotopqualität für Pflanzen und Tiere aus. Gleichzeitig verändert sich das Abflussregime eines Flusses und damit die Frequenz und Intensität von Hoch- und Niedrigwasserereignissen. Der Wasserstraßenbau beeinflusst zudem die Interaktion zwischen Fluss und Aue, sowohl direkt über veränderte Überschwemmungsregime als auch indirekt über veränderte Austauschbeziehungen mit dem Grundwasser. Die Auswirkungen auf Natur und Landschaft betreffen nicht nur die Interessen des Natur- und Gewässerschutzes, sondern unter anderem auch die des Hochwasserschutzes oder der Trinkwassergewinnung.

4.3.1 Aufbau und Ziele des Verfahrens

Bei der URE handelt es sich im Prinzip um eine vereinfachte Projekt-UVP nach UVPG[46], welche die raumbezogenen Auswirkungen eines einzelnen Vorhabens auf die im UVPG definierten Schutzgüter bewertet. Obwohl weder Struktur noch Anwendung der URE auf einer gesetzlichen Grundlage beruhen, ergibt sich aus dieser expliziten Anlehnung an das UVPG, dass sich eine der Planungsebene angemessene Ermittlung, Beschreibung und Bewertung von Vorhabenswirkungen durch die URE auf

1. Menschen, Tiere und Pflanzen, Boden, Wasser, Luft, Klima und Landschaft, einschließlich der jeweiligen Wechselwirkungen sowie

2. Kultur- und sonstige Sachgüter

beziehen muss (vgl. § 2 Abs. 1 UVPG). Entsprechend wird die URE für Wasserstraßen auch in Anlehnung an die methodischen Vorgaben zur Durchführung von Umweltverträglichkeitsuntersuchungen an Bundeswasserstraßen (BfG 1996) entwickelt (Esser 2001, 281).

Insbesondere der Berücksichtigung von Wechselwirkungen kommt bei Vorhaben an Wasserstraßen, als Teil dynamischer und interaktiver Gewässerauenökosysteme, eine zentrale Bedeutung zu. Im Unterschied zur URE für Straße oder Schiene können die Analysen und Bewertungen der URE für Bundeswasserstraßen zudem einen relativ hohen Detaillierungsgrad erreichen. Das liegt erstens an der vergleichsweise geringen Zahl der Projekte und zweitens an der in der Regel festgelegten Linienführung, durch die sich das Untersuchungsgebiet genauer eingrenzen lässt. Zumeist ist auch der Planungsstand zum Zeitpunkt der Durchführung der URE bereits so konkret, dass eine relativ genaue Beschreibung von Art und Umfang des Vorhabens möglich ist. Drittens besteht bei

---

[46] Gesetz über die Umweltverträglichkeitsprüfung vom 12.2.1990, in der Fassung vom 18.8.1997.

4.3 Die URE für Bundeswasserstraßen

Wasserstraßen allgemein ein hohes naturschutzfachliches Gefährdungspotenzial, was aus Gründen der Umweltvorsorge eine frühzeitige detaillierte Bewertung erfordert (vgl. Esser 2001, 278).

Voraussetzung für die Durchführung der URE ist die vorläufige Projektbeschreibung, die bei Wasserstraßen von der Wasser- und Schifffahrtsverwaltung zu erstellen ist und die die in Tabelle 4.1 wiedergegebenen Informationen über das jeweilige Vorhaben enthalten muss.

Tabelle 4.1: Inhalte der vorläufigen Projektbeschreibung für Vorhaben des Aus- und Neubaus von Bundeswasserstraßen

1. Angaben über den Standort des Projektes sowie über den Bedarf an Grund und Boden, textlich und grafisch in geeignetem Maßstab, insbesondere
– die für das Projekt unmittelbar in Anspruch zu nehmenden Flächen,
– Baubetriebsbereiche inkl. der vorgesehenen Transportstraßen und Baustellenzufahrten
– Zwischen-/Endlagerflächen für Bodenaushub, Baggermaterial, Abbruchmaterial u.ä.
2. Angaben über Art und Umfang der Projekte, insbesondere
– Beschreibung der einzelnen Maßnahmen,
– ungefähre Angaben zum räumlichen und zeitlichen Bauablauf,
– Beschreibung der wichtigsten Merkmale der geplanten technischen Verfahren, Geräte und Anlagen,
– Beschreibung der anlagebedingten Langzeitwirkungen, z.B. anhand von Verkehrsprognosen und des zukünftigen Unterhaltungsbedarfs.
3. Angaben über Art und Menge der zu erwartenden Reststoffe
– Abschätzung von Art und Menge des zu erwartenden Bodenaushubs und Baggergutes, mögliche Verbringungs- und Verwertungsmöglichkeiten,
– Abschätzung von Art und Menge des aus dem Abbruch von Anlagen stammenden Materials sowie der hierfür vorgesehenen Verbringungs-/Verwertungsmöglichkeiten.

Quelle: Modifiziert in Anlehnung an Esser (2001, 280).

Die URE gliedert sich im Kern in die in Abbildung 4.2 dargestellten und in den nachfolgenden Abschnitten erläuterten Arbeitsschritte:

1. *Raumanalyse und -bewertung* zur Ermittlung der Raumbedeutung bzw. des Raumwiderstands bei der URE für Straße und Schiene.

2. *Beurteilung der Vorhabenswirkungen* zur Ermittlung des vorhabensspezifischen Grades der Belastungen bzw. der lediglich vorhabens*typ*spezifischen Maßnahmenintensität.
3. *Ermittlung des Umweltrisikos* als Maß für die umweltbezogene Konfliktintensität eines Vorhabens.

Abbildung 4.2: Vorgehensweise und Arbeitsschritte bei der URE für Projekte an Bundeswasserstraßen

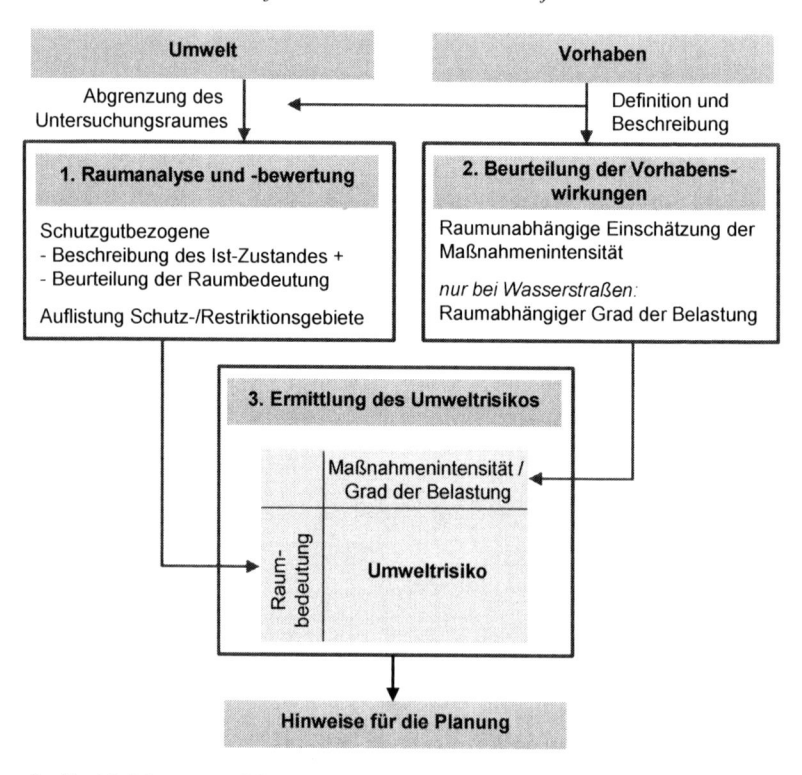

```
┌─────────────────────────────┐         ┌─────────────────────────────┐
│          Umwelt             │         │          Vorhaben           │
└─────────────────────────────┘         └─────────────────────────────┘
   Abgrenzung des          ◄─────────────    Definition und
   Untersuchungsraumes                       Beschreibung

┌─────────────────────────────┐         ┌─────────────────────────────┐
│ 1. Raumanalyse und -bewertung│        │ 2. Beurteilung der Vorhabens-│
│                             │         │         wirkungen           │
├─────────────────────────────┤         ├─────────────────────────────┤
│ Schutzgutbezogene           │         │ Raumunabhängige Einschätzung│
│ - Beschreibung des Ist-     │         │ der Maßnahmenintensität     │
│   Zustandes +               │         │                             │
│ - Beurteilung der           │         │ nur bei Wasserstraßen:      │
│   Raumbedeutung             │         │ Raumabhängiger Grad der     │
│ Auflistung Schutz-/         │         │ Belastung                   │
│ Restriktionsgebiete         │         │                             │
└─────────────────────────────┘         └─────────────────────────────┘

         ┌─────────────────────────────────────────┐
         │     3. Ermittlung des Umweltrisikos     │
         ├─────────────────────────────────────────┤
         │           Maßnahmenintensität /         │
         │           Grad der Belastung            │
         │    Raum-                                │
         │    bedeutung     Umweltrisiko           │
         └─────────────────────────────────────────┘
                             │
                             ▼
              ┌─────────────────────────────┐
              │   Hinweise für die Planung  │
              └─────────────────────────────┘
```

Quelle: Modifiziert in Anlehnung an Günnewig/Hoppenstedt (2001) und BfG (2001).

Nach dem in Abschnitt 4.2 erläuterten Prinzip der ökologischen Risikoanalyse erfolgt in den Schritten 1 und 2 eine qualitative Einschätzung von Raumbedeutung und Maßnahmenintensität. Erst im dritten Schritt erfolgt die Verknüpfung der Ergebnisse aus 1 und 2 in einer Bewertungsmatrix zum Umweltrisiko als einem qualitativen Maß für die umweltbezogene Konfliktintensität des jeweils betrachteten Vorhabens (Günnewig/Hoppenstedt 2001, 362).

Die Bewertung der Umweltwirkungen von Vorhaben und die Auswahl der Bewertungskriterien erfolgt auf der normativen Grundlage von Umweltzielen, wie sie sich beispielsweise aus der europäischen FFH-Richtlinie, dem Bundesnaturschutzgesetz und dem Raumordnungsgesetz ableiten. Günnewig/Hoppenstedt (2001, 358f.) führen die zu berücksichtigenden Umweltziele auf den „Maßnahmenplan Umwelt und Verkehr" des Umweltbundesamtes (UBA 1997) zurück (Tabelle 4.2). Die Umweltziele sind eine Konkretisierung der Handlungsziele der Bundesverkehrswegeplanung (siehe Tabelle 2.1) für die URE. Für den Verkehrsträger Wasserstraßen sind die Umweltziele 2, 3, 4, 6 und 7 besonders relevant.

Tabelle 4.2: Umweltziele als Bewertungsgrundlage der Umweltrisikoeinschätzung

1.	Reduzierung der gesundheitsrelevanten Belastungen von Geräusch- und Schadstoffbelastungen insbesondere im Bereich von Siedlungen.
2.	Freihaltung im Bereich von Naturschutzvorrangflächen von neuen Verkehrseinrichtungen.
3.	Vermeidung von Beeinträchtigungen von Gebieten des europäischen ökologischen Netzes „Natura 2000".
4.	Freihaltung großer unzerschnittener Räume von überörtlichen Verkehrswegen.
5.	Bündelung von Verkehrsinfrastrukturmaßnahmen zur Vermeidung und Minimierung von Beeinträchtigungen.
6.	Erhaltung naturnaher Flusssysteme und ihrer ökologischen Funktionen.
7.	Erhaltung ökologischer Freiraumfunktionen im unmittelbaren Umfeld von Siedlungen.
8.	Ausbau von Verkehrswegen hat Vorrang vor Neubau.

Quelle: Günnewig/Hoppenstedt (2001, 358).

4.3.2 Raumanalyse und -bewertung

Für die Raumbedeutung wird der Untersuchungsraum zunächst in Teilräume untergliedert, die in sich hinsichtlich ihrer naturräumlichen Ausstattung, ökologischen Funktionalität und Nutzungsform möglichst homogen sind. Bezogen auf diese Teilräume werden die Ausprägungen der Schutzgüter des UVPG ermittelt und auf einer 5-stufigen Skala mit den Wertstufen „sehr gering", „gering", „mittel", „hoch" und „sehr hoch" eingeschätzt. Die URE für die Verkehrsträger Straße und Schiene spricht statt von Raumbedeutung von Raumwiderstand und verwendet eine 4-stufige Bewertungsskala.

Tabelle 4.3: Gliederung der Schutzgüter und Teilkomplexe in Raumanalyse und -bewertung der Umweltrisikoeinschätzung

Schutzgut	Teilkomplexe	
Wasser	Oberirdische Gewässer	Hydrologie, Hydraulik Morphologie Wasserbeschaffenheit, Stoffhaushalt
	Grundwasser	Menge Beschaffenheit
Boden	terrestrische und semiterrestrische Böden	Bodeneigenschaften/-beschaffenheit
	subhydrische Böden	Bodeneigenschaften/-beschaffenheit, Schwebstoffmengen
	geologischer Untergrund	Geologie, Hydrogeologie
Luft	-	-
Pflanzen	aquatische, amphibische und terrestrische Vegetation	-
Tiere	aquatische Fauna	Fische; Makrozoobenthos
	terrestrische und semiterrestrische Fauna	Säuger; Vögel; Reptilien; Amphibien; Wirbellose
Landschaft	Landschaftsbild	-
	Auencharakteristik	-
Mensch	menschliche Lebensgrundlagen	-
	Freizeit, Erholung	-
Kultur- und Sachgüter	Kulturgüter	Baudenkmäler; Bodendenkmäler
Zusatzinformationen	Gewässerschutz	-
	Natur- und Landschaftsschutz	-

Quelle: Modifiziert in Anlehnung an BfG (2001).

Der Grund für die abweichende Handhabung der anderen Verkehrsträger ist vermutlich in den räumlich weniger exakt abgrenzbaren Vorhaben zu sehen, die nur eine etwas gröbere Einschätzung zulassen. Um eine Bewertung anhand der Wertstufen vornehmen zu können, werden die Schutzgüter zunächst in Teilkomplexe differenziert (siehe Tabelle 4.3), die wiederum über Parameter beschrieben werden.

Da die einzelnen Parameter aus Platzgründen nicht in Tabelle 4.3 dargestellt sind, soll die Operationalisierung der Schutzgüter an einem Beispiel erläutert werden: Das Schutzgut Wasser gliedert sich in die Teilkomplexe Oberirdische Gewässer und Grundwasser. Der Teilkomplex Oberirdische Gewässer wird wiederum über deren Hydrologie, Hydraulik, Morphologie, biologisch-chemische Beschaffenheit und ihren Stoffhaushalt näher charakterisiert. Zur Beschreibung der einzelnen Charakteristika bedarf es jeweils bestimmter qualitativer und/oder quantitativer Parameter. Mit den Parametern Längsprofil und Sohlenstrukturen, wie sie in den Strukturgütekartierungen der amtlichen Gewässerüberwachung ermittelt werden, wird beispielsweise die Morphologie eines Flusses beschrieben. Zunächst wird also der komplexe Rechtsbegriff „Schutzgut" auf der Sachebene über ein hierarchisch gegliedertes Parametersystem rein deskriptiv charakterisiert. Der eigentliche Bewertungsschritt besteht in der Transformation von der Sach- auf die Wertebene. Mit Hilfe von Bewertungskriterien werden die beschriebenen Ausprägungen der Schutzgüter normativ definierten Stufen bzw. Klassen der Raumbedeutung auf der Wertebene zugeordnet. Tabelle 4.4 gibt den Ablauf beispielhaft für die Teilkomplexe „Hydrologie oberirdischer Gewässer" und „semiterrestrische Böden" wieder.

In Bezug auf den Teilkomplex „Hydrologie oberirdischer Gewässer" wird neben anderen das Bewertungskriterium „Gewässerzustand" verwendet. Der Gewässerzustand ist in diesem Zusammenhang ein normativer Begriff, der zwischen Zuständen von sehr hoher bis sehr geringer Raumbedeutung unterscheidet. Der Verwendung der Bewertungskriterien ist die Annahme implizit, dass die Raumbedeutung umso höher ist, je größer die Naturnähe bzw. je geringer die anthropogene Veränderung des jeweils betrachteten Teilkomplexes ist. Mit Hilfe der Bewertungskriterien lassen sich die auf der Sachebene ermittelten Ausprägungen eines oder mehrerer Parameter – als zusammengefasster Ausdruck z.B. des Gewässerzustandes – den Wertstufen der Raumbedeutung zuordnen (Wertebene).

Die Raumbedeutung wird auf Ebene der Raumausschnitte schutzgutbezogen, d.h. für jedes betrachtete Schutzgut einzeln, ermittelt. Eine schutzgutübergreifende Bewertung für den Gesamtraum findet erst auf der Ebene des Umweltrisikos statt (siehe Abschnitt 4.6).

Tabelle 4.4: Beispiele für die Bewertung der Raumbedeutung der Schutzgüter durch Zuordnung der Parameterausprägungen zu Wertstufen

		Schutzgüter	
		Wasser Ausgewählter Teilkomplex: *Oberirdische Gewässer* *(Teil Hydrologie)*	Boden Ausgewählter Teilkomplex: *Semiterrestrische Böden*
Wertstufen der Raumbedeutung	E sehr hoch	anthropogen gänzlich unbeeinflusst	Böden natürlich gewachsen, ungestörte Bodenentwicklung
	D hoch	leichte Festlegung des Stromstrichs durch Buhnen	Böden weitgehend natürlich gewachsen, nur leichte Degradierungen durch standortgerechte Nutzung oder geringe Überformung durch geringmächtigen Auftrag
	C mittel	Gewässerfestlegung durch Buhnen, Parallel-, Deckwerke, Ufermauern, Verengung/Aufweitung des Flussbettes	Natürliche Böden in Struktur und ggf. Horizontabfolge gestört, intensive Nutzung, mächtiger Auftrag
	B gering	Ausbau mit Staustufen bei Teilstauregelung mit bedeutsamen Anschüttungen und Baggerungen, Ausuferung in Aue bleibt größtenteils erhalten	Natürliche Böden in Struktur und ggf. Horizontabfolge stark gestört, intensive Nutzung, mächtiger Auftrag
	A sehr gering	Ausbau mit Staustufen mit Vollstauregelung, durchgehende Regelprofile mit bedeutsamen Anschüttungen und Baggerungen, wegen Uferdämmen keine Ausuferung in die Aue möglich	Natürliche Böden versiegelt, aktuelle mächtige Überdeckung mit ortsfremdem Material, Böden aus technogenem Material

Bewertungskriterien: Beispiel Gewässerzustand / Beispiel Ausprägungsgrad des Bodens

Quelle: Eigene Zusammenstellung auf der Grundlage von BfG (2001).

Parallel zur schutzgutbezogenen Ermittlung der Raumbedeutung werden bei Vorhaben des Wasserstraßenbaus die im Untersuchungsgebiet vor-

4.3 Die URE für Bundeswasserstraßen

handenen Schutz- und Restriktionsflächen identifiziert und aufgelistet (BfG 2001, 6). Dabei handelt es sich um Gebiete, in denen aufgrund naturschutz-, wasser- oder raumordnungsrechtlicher Festlegungen den Umweltbelangen besondere Priorität beigemessen wird oder für deren Schutz oder Entwicklung besondere Ziele formuliert werden. Dabei kann es sich zum Beispiel um Schutzgebiete (z.B. Naturschutzgebiete, Wasserschutzgebiete), besonders geschützte Biotope oder Vorranggebiete der Raumordnung handeln. Die Auflistung der Schutz- und Restriktionsflächen ist zwar Teil der Raumanalyse und -bewertung, geht aber nicht in die Ermittlung der Raumbedeutung ein, sondern hat den Status einer zusätzlichen Informationsgrundlage für die gutachterliche Abwägung bei der Bestimmung des Umweltrisikos (vgl. Abschnitt 4.3.4).

Beide im obigen Abschnitt erörterten Punkte werden in der URE für Straße und Schiene anders gehandhabt. Nach Günnewig/Hoppenstedt (2001, 360) wird der Schritt von der schutzgutbezogenen zur schutzgutübergreifenden Bewertung bei der URE für Straße und Schiene bereits in dem hier erörterten ersten Arbeitsschritt der URE vollzogen. Wertbestimmend für den jeweiligen Raumausschnitt ist dabei das Schutzgut mit dem jeweils höchsten Raumwiderstand. Gleichzeitig gehen aber auch die aufgelisteten Schutz- und Restriktionsflächen in die Ermittlung des Raumwiderstandes ein. Dabei wird davon ausgegangen, dass die mit einem Schutz- oder Restriktionsstatus verbundenen Umweltziele den Raumwiderstand erhöhen. Günnewig/Hoppenstedt (2001, 361) weisen zu diesem Zweck einer Vielzahl von Gebietskategorien einen bestimmten Raumwiderstand zu und verwenden dabei als differenzierende Kriterien die Strenge des Schutz- oder Restriktionsstatus[47] sowie die landes-, bundes- oder europarechtliche Verankerung.[48]

In der Methodendiskussion in Abschnitt 4.3.5 werden erkennbare Schwierigkeiten der Raumanalyse und -bewertung in Bezug auf die Formulierung von Bewertungskriterien, Nachvollziehbarkeit der Verknüp-

---

[47] So wird z.B. raumordnerischen *Vorrang*gebieten zum Schutz der Natur (Belange des Naturschutzes haben Vorrang vor allen anderen Belangen in der planerischen Abwägung) ein *hoher Raumwiderstand* zugeordnet, während entsprechenden *Vorsorge*gebieten (Belange des Naturschutzes bedürfen lediglich der Beachtung in der planerischen Abwägung) nur ein *mittlerer Raumwiderstand* zuerkannt wird.

[48] Woraus sich jeweils eine regionale, überregionale oder internationale Bedeutung ableitet.

fungsschritte sowie Vergleichbarkeit der Methoden für Wasserstraße sowie Straße und Schiene erörtert.

4.3.3 Beurteilung der Vorhabenswirkungen

Nach der Bewertung des Ist-Zustandes des von einem Vorhaben potentiell betroffenen Raumes erfolgt die Bewertung der Auswirkungen des Vorhabens. Hier zeichnen sich unterschiedliche Vorgehensweisen für die Verkehrsträger Straße und Schiene einerseits sowie Wasserstraßen andererseits ab. Für erstere erfolgt die Beurteilung der Vorhabenswirkungen durch die Ermittlung der „Maßnahmenintensität" des jeweiligen Vorhabenstyps raumunabhängig auf einer 5-stufigen Skala von „sehr gering" bis „sehr hoch" (Günnewig/Hoppenstedt 2001, 361f.). Mit der Raumunabhängigkeit wird dem vergleichsweise geringen Detaillierungsgrad der Informationsgrundlagen bei Straßen- und Schienenbauvorhaben Rechnung getragen. In der Regel ist das Untersuchungsgebiet aufgrund unterschiedlicher Varianten relativ groß und die Ausgestaltung des Vorhabens kann innerhalb eines Vorhabenstyps von Variante zu Variante relativ stark variieren. Daher beschränkt sich die URE bei Straßen- und Schienenbauvorhaben auf die Art und den Umfang der damit verbundenen Maßnahmen. Vorhaben des Wasserstraßenbaus sind demgegenüber in der Regel in ihrem Raumbezug und damit auch in ihrem spezifischen Charakter sowie ihrer Wirkung auf die Umwelt deutlich klarer einzugrenzen. Auf einer 3-stufigen Skala werden sie nach dem von ihnen ausgehenden „Grad der Belastungen" bewertet, der sich aus einem

- raumunabhängigen Teil zu Art und Umfang vorhabenstypspezifischer Maßnahmen und einem
- raum- und vorhabensspezifischen Teil zu konkreten Belastungen durch die Maßnahmen

zusammensetzt (BfG 2001, siehe auch Tabelle 4.5). Dabei entspricht der erste Teil der Vorgehensweise demjenigen zur Beurteilung der Vorhabenswirkungen bei Straße und Schiene. Im zweiten Teil werden darüber hinaus die Wirkungen auf die Umwelt abgeschätzt, ohne jedoch das methodische Prinzip der ökologischen Risikoanalyse, das die getrennte Bewertung von Umwelt und Vorhaben vorsieht, zu verlassen. Die Merkmale des Untersuchungsgebietes dienen dazu, die räumliche Wirkung der Maßnahmen eines Vorhabens zu charakterisieren.

Zur Veranschaulichung soll das Beispiel „Stauregelung" dienen. Im ersten Schritt wird die Stauregelung als solche als ein hoher Grad der Belastung festgestellt. Erst im zweiten Schritt lassen sich die von den Maßnahmen ausgehenden Belastungen konkretisieren. Sind die Merkmale des Untersuchungsgebietes bekannt, lässt sich zum Beispiel die Länge und Breite des eingestauten Flussabschnittes, der damit verbundene Verlust an terrestrischen Flächen oder Flachwasserzonen ermitteln. Damit ist allerdings keine Aussage über die an die konkrete Ausprägung von Schutzgütern gebundene Raumbedeutung verbunden.

Tabelle 4.5: Beurteilung der Maßnahmenintensität anhand des Grades der Belastungen für ausgewählte Maßnahmen

	Maßnahmen	Grad der Belastungen		
		I gering	II mittel	III hoch
Art und Umfang der Maßnahmen	Stauregelung	nein	-	ja
	Vertiefung der Fahrrinne	vereinzelt, lokal	streckenweise	-
	Verbreiterung der Fahrrinne	keine oder vereinzelt	streckenweise	umfangreich
	Querschnittsaufweitungen	keine oder vereinzelt	zusätzlich in engen Krümmungen	zusätzl. zahlreich in engen Krümmungen
	Neubau von Ufersicherungen	kein oder vereinzelt	streckenweise	umfangreich
	Neubau von Regulierungsbauwerken	Ersatz an gleicher Stelle	streckenweise	umfangreich
	Anlage von Durchstichen	nein	-	ja
Belastungen durch die Maßnahmen	Änderung der Wasserspiegellagen	keine oder gering	mäßig	deutlich
	Verluste von Flachwasserzonen	keine oder geringe	mittel	hoch
	Verluste terrestrischer Flächen	keine oder geringe	mittel	hoch

Quelle: Eigene Zusammenstellung in Anlehnung an BfG (2001).

Von besonderer Bedeutung für die Ermittlung des Umweltrisikos und dessen Interpretation im weiteren Planungs- und Entscheidungsverfahren ist die Tatsache, dass denkbare oder bereits in der Diskussion befindliche Maßnahmen zur Vermeidung, Verminderung oder gar zum Ausgleich und Ersatz von Wirkungen eines Vorhabens bei deren Beurteilung in der URE nicht berücksichtigt werden. Dies gilt sowohl für die URE für Wasserstraßen (BfG, mündl. Mitteilung, 31.1.2003) als auch für die URE für Straße und Schiene (Günnewig/Hoppenstedt 2001, 362). Eine Berücksichtigung derartiger Vermeidungsmaßnahmen hätte ganz erhebliche Auswirkungen auf das Umweltrisiko. Ausgleichs- und Ersatzmaßnahmen sind nicht Teil des Vorhabens und lassen sich, auch nach den Regelungen des UVPG, erst als Reaktion auf die Ermittlung des Umweltrisikos formulieren. Dies gilt auch dann, wenn sie bereits zum Zeitpunkt der Aufstellung des BVWP und der Durchführung der URE angedacht sind. Weiterhin wäre eine solche Vorgehensweise methodisch mit Blick auf den Ablauf der Bundesverkehrswegeplanung inkonsistent. Die URE ermittelt das Umweltrisiko eines Vorhabens und macht davon ausgehend Angaben über den zu erwartenden Bedarf an Ausgleichs- und Ersatzmaßnahmen, ohne dem Planungsträger jedoch konkrete Vorgaben oder gar Maßnahmen an die Hand zu geben. Das ist Aufgabe der nachgeordneten, rechtsverbindlichen Planungsverfahren (Raumordnungsverfahren und Planfeststellung).

Trotz der in der Regel deutlich konkreteren Planungssituationen bei Vorhaben des Wasserstraßenbaus wird der Belastungsgrad mit einer geringeren Klassenzahl (3 Klassen im Vergleich zu 5 Klassen in der URE für Straße und Schiene) erfasst. Die damit verbundene geringere Aussagegenauigkeit wird von der BfG mit besonderen Prognoseunsicherheiten begründet (BfG 2001, 9). Auf damit einher gehenden Schwierigkeiten der Vergleichbarkeit mit der URE für Straße und Schiene wird in der Methodendiskussion in Abschnitt 4.4 eingegangen.

Im Anschluss an die Raumanalyse und -bewertung und die Analyse der Vorhabenwirkungen kann das Umweltrisiko ermittelt werden.

4.3.4 Ermittlung des Umweltrisikos

In einem ersten Schritt werden bei der URE für Wasserstraßen zur Ermittlung des schutzgutbezogenen Umweltrisikos für jeden betrachteten

4.3 Die URE für Bundeswasserstraßen

Teilraum die Raumbedeutung und der Grad der Belastungen verknüpft (Abb. 4.3). Dieser Aggregationsschritt erfolgt über formalisierte Verknüpfungs- bzw. Präferenzmatrizen der ökologischen Risikoanalyse, wie sie zum Stand der Technik in der Umweltplanung gehören (Fürst/ Scholles 2001, 255). Dabei leiten sich die einzelnen Stufen des Umweltrisikos aus den Kombinationen von Raumbedeutung und Belastungsgrad ab, die schutzgutbezogen für die Teilräume bestimmt worden sind. In einem zweiten Schritt wird aus den schutzgutbezogenen Umweltrisiken der einzelnen Teilräume des Untersuchungsgebietes das Umweltrisiko des zu bewertenden Vorhabens ermittelt. Dieser letzte Bewertungsschritt erfolgt bei der URE für Wasserstraßen als verbal-argumentative Abwägung ohne formalisierte Verknüpfungs- und Aggregationsregeln. Diese Abwägung muss den Transfer sowohl von den Teilräumen zum Gesamtraum als auch von den schutzgutbezogenen Teilrisiken zum schutzgutübergreifenden Gesamtrisiko leisten. Zur Veranschaulichung werden in einer Präferenzmatrix die schutzgutbezogenen, aber bereits auf Ebene des Gesamtraums aggregierten Umweltrisiken des jeweiligen Vorhabens dargestellt (Abb. 4.4). Das in Abbildung 4.4 wiedergegebene fiktive Beispiel lässt einen Schwerpunkt im Bereich des geringen bis mittleren Umweltrisikos erkennen.

Die Ermittlung des Gesamtrisikos ist also Gegenstand der gutachterlichen Entscheidung, d.h. einer Experteneinschätzung, die auf einer möglichst detaillierten Kenntnis des geplanten Vorhabens sowie des davon betroffenen Raumes beruht. Dazu wird durch die Gutachter eine verbal begründete „Abwägung der verschiedenen Umweltbelange" vorgenommen, in der „kritische Aspekte aus Gründen der Umweltvorsorge besonders zu würdigen" sind und den Schutzgütern Vegetation und Fauna aufgrund ihrer integrierenden Wirkung besondere Bedeutung beizumessen ist (BfG 2001, 9). Zur Gewährleistung der Vergleichbarkeit und Plausibilität der Bewertungsergebnisse erfolgt die Risikoermittlung als von der BfG koordinierter Prozess, in dem die beteiligten Experten für die betrachteten Schutzgüter zu einem gemeinsamen Ergebnis kommen müssen und in das zusätzlich die Stellungnahme des BfN einfließt. Zudem müssen die Umweltrisiken jedes einzelnen Vorhabens im Vergleich mit allen betrachteten Vorhaben plausibel sein (BfG, mündl. Mitteilung 31.1.2003). Jede Stufe des Umweltrisikos wird zusätzlich verbal beschrieben und mit Hinweisen auf den zu erwartenden Vermeidungs-, Ausgleichs- und/oder Ersatzbedarf versehen (siehe Tabelle 4.6).

122   4 Ökologische Bewertung im BVWP – die URE

Abbildung 4.3: Verknüpfungsmatrix zur Ermittlung des schutzgutbezogenen Umweltrisikos

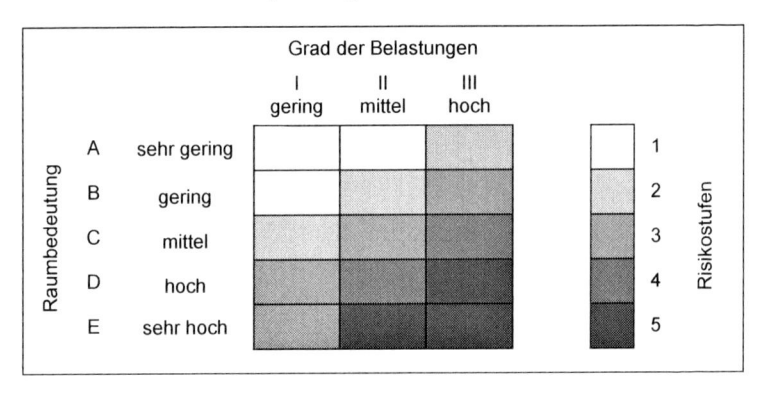

		Grad der Belastungen				
		I gering	II mittel	III hoch		Risikostufen
Raumbedeutung	A sehr gering				1	
	B gering				2	
	C mittel				3	
	D hoch				4	
	E sehr hoch				5	

Quelle: Modifiziert in Anlehnung an BfG (2001).

Abbildung 4.4: Verknüpfungsmatrix zur Ermittlung des schutzgutübergreifenden Umweltrisikos

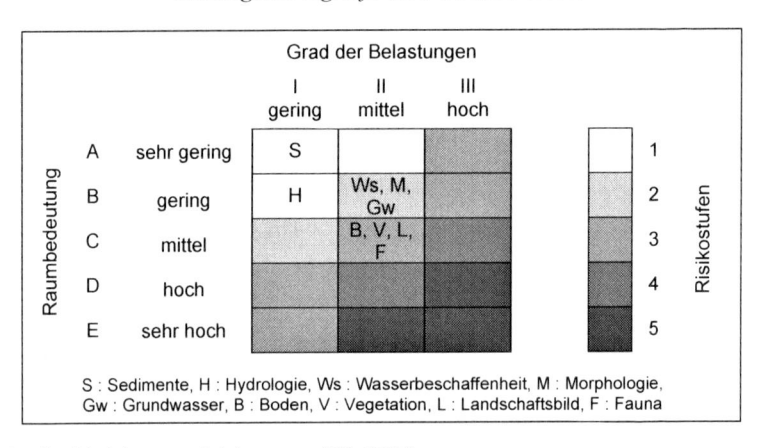

		Grad der Belastungen				
		I gering	II mittel	III hoch		Risikostufen
Raumbedeutung	A sehr gering	S			1	
	B gering	H	Ws, M, Gw		2	
	C mittel		B, V, L, F		3	
	D hoch				4	
	E sehr hoch				5	

S : Sedimente, H : Hydrologie, Ws : Wasserbeschaffenheit, M : Morphologie, Gw : Grundwasser, B : Boden, V : Vegetation, L : Landschaftsbild, F : Fauna

Quelle: Modifiziert in Anlehnung an BfG (2001).

Tabelle 4.6: Beschreibung der Umweltrisikostufen

Gruppe	Bewertung
1 sehr gering	Kein erkennbares entscheidungserhebliches Umweltrisiko
2 gering	Entscheidungserhebliche Umweltrisiken sind zur erwarten. Sie können weitgehend vermieden bzw. minimiert werden. Mit Ausgleichs- und Ersatzmaßnahmen ist zu rechnen.
3 mittel	Entscheidungserhebliche Umweltrisiken sind zu erwarten. Sie können nur teilweise vermieden bzw. minimiert werden. Mit Ausgleichs- und Ersatzmaßnahmen ist zu rechnen.
4 hoch	In wesentlichen Untersuchungsgebietsflächen und/oder bzgl. mehrerer Schutzgüter/Teilkomplexe sind entscheidungserhebliche Umweltrisiken zur erwarten, die nur teilweise und mit erheblichem Aufwand vermeidbar, minimierbar bzw. ausgleichbar sind. Mit umfangreichen Ersatzmaßnahmen ist zu rechnen.
5 sehr hoch	In großen Untersuchungsgebietsflächen und/oder bzgl. der meisten Schutzgüter/Teilkomplexe sind entscheidungserhebliche Umweltrisiken zu erwarten. Vermeidungs-, Minimierungs- und Ausgleichsmaßnahmen sind nicht immer möglich. Mit sehr umfangreichen Ersatzmaßnahmen ist zu rechnen.

Quelle: BfG (2001).

Damit unterscheidet sich die Ermittlung des Umweltrisikos im Fall von Wasserstraßen grundlegend von der stärker formalisierten und an Verknüpfungsregeln gebundenen Vorgehensweise für die Verkehrsträger Straße und Schiene. Der Transfer vom schutzgutbezogenen zum schutzgutübergreifenden Umweltrisiko erfolgt bereits auf Ebene der betrachteten Raumausschnitte nach dem Prinzip der schlechtesten Einzelbewertung: Das Schutzgut mit dem höchsten Raumwiderstand ist wertbestimmend für den Raumwiderstand des jeweiligen Raumausschnitts. Zur Aggregierung der Umweltrisiken der Raumausschnitte zum Gesamtrisiko des zu bewertenden Vorhabens kommen bei der URE für Straße und Schiene quantitative Schwellenwerte zum Einsatz. Günnewig/Hoppenstedt (2001, 362ff.) definieren folgende Vorgehensweise:

– *Flächenbilanz mittels prozentualer Schwellenwerte*: Sind beispielsweise mehr als 20% des Untersuchungsraumes durch die Umweltrisikostufe „sehr hoch" gekennzeichnet, wird dem Vorhaben insgesamt ein sehr hohes Umweltrisiko zugewiesen. Entsprechende Regeln sind für alle Risikostufen ausgewiesen.

— *Absoluter Schwellenwert bei Natura-2000-Gebieten*[49]: Bei naturschutzfachlich wertvollen, aber in der Regel kleinen Gebieten in großen Untersuchungsgebieten besteht die Gefahr des „Wegwägens". Eine Zerschneidung oder Barrierewirkung in einem solchen Schutzgebiet von mehr als 500 m Länge bedeutet ein „sehr hohes" Umweltrisiko für das gesamte Vorhaben.

— *Plausibilitätsprüfung*: Über zusätzliche, analoge Rauminformationen kann eine Auf- oder Abstufung des Vorhabens erfolgen. Dies gilt beispielsweise, wenn eine geplante Trasse einen so genannten UZV-Raum[50] nur randlich berührt und damit nicht substanziell beeinträchtigt. Ein von der formalisierten Flächenbilanz mittels prozentualer Schwellenwerte abweichendes Ergebnis der Plausibilitätsprüfung muss in jedem Fall begründet werden.

Während die Durchführung einer Plausibilitätsprüfung Teil jedes Bewertungsverfahrens unabhängig von der angewandten Methode sein sollte, ist die Formulierung von Schwellenwerten für die URE von Wasserstraßen nur bedingt möglich. Im Unterschied zum Straßen- und Schienenwegebau lassen sich die Wirkungen von Maßnahmen des Wasserstraßenbaus (wie Sohlvertiefungen, Durchstiche oder Staustufen) nicht vereinfachend als Zerschneidungs- oder Barrierewirkungen darstellen. Punktuell oder linienhaft hervorgerufene Änderungen der Abflussdynamik beispielsweise wirken sich in erster Linie flächenhaft aus (vor allem in der Aue), was nur schwer räumlich abzugrenzen ist. Zusätzlich fehlen in der Regel geeignete Daten und Modelle, um Art und Ausmaß der Wirkungen genau prognostizieren zu können (z.B. durch Sohlvertiefungen hervorgerufene Grundwasserabsenkungen oder Verstärkung von Hochwasserabflüssen). Alternativ wäre zu diskutieren, ob sich in diesem Fall absolute Werte betroffener Flächengrößen von Natura-2000-Gebieten als Schwellenwerte eignen. Damit könnte die Berücksichtigung flächenhafter Wirkräume ohne die auf dieser Planungsebene nicht zu erzielende Kenntnis der Wirkungsintensität und -reichweite im Sinne des Vorsorgeprinzips sichergestellt werden.

---

[49] Europäisches Schutzgebietsnetz aus Schutzgebieten nach der europäischen Vogelschutz-Richtlinie und der FFH-Richtlinie.

[50] So genannte „unzerschnittene verkehrsarme Räume" mit ausgewiesener Bedeutung für Natur und Landschaft (BfN 2000).

4.4 Diskussion des Stands der Methodenentwicklung

4.4.1 Verkehrsträgerübergreifende Vergleichbarkeit der Umweltrisikoeinschätzungen

Erklärtes Ziel der Weiterentwicklung der Methoden der Umweltbewertung in der Bundesverkehrswegeplanung ist unter anderem die verkehrsträgerübergreifende Vergleichbarkeit der URE aller für den BVWP 2003 zu bewertenden Vorhaben (BMVBW 2002, 8). Die formalen Grundzüge des methodischen Aufbaus der beiden Verfahren der URE für Straße und Schiene einerseits und Wasserstraßen andererseits sind in Tabelle 4.7 dargestellt.

Grundsätzlich orientieren sich beide Verfahren an der Ökologischen Risikoanalyse als methodischem Grundprinzip, was beispielsweise die Verwendung ordinaler Wertstufen und Präferenzmatrizen zur Verknüpfung qualitativer und im Aussagecharakter sehr unterschiedlicher Einzelbewertungen zeigt. Hinsichtlich des formalen Aufbaus der Bewertungsschritte und der Darstellung der Bewertungsergebnisse ist damit eine verkehrsträgerübergreifende Vergleichbarkeit erreicht worden.

Dieser Vergleichbarkeit steht nur bedingt entgegen, dass die URE für Wasserstraßen detaillierter erfolgt und bei der Bewertung der Vorhabenswirkungen zusätzlich den resultierenden raumabhängigen Belastungsgrad ermittelt. Prinzipiell können raumabhängige und raumunabhängige Bewertungen zu anderen Ergebnissen kommen, was ihre Vergleichbarkeit erschwert. Gerade bei politischen Planungen wie der BVWP, die zwar keine rechtsverbindlichen Entscheidungen treffen, aber zu einem sehr frühen Zeitpunkt über für die politisch-gesellschaftliche Realisierungswahrscheinlichkeit eines Vorhabens bestimmen, ist dem Prinzip der Umweltvorsorge besondere Priorität einzuräumen. Im Sinne der Umweltvorsorge ist es durchaus legitim, den „Wirkraum" eines Vorhabens, wenn Planungsstand und Informationstiefe es zulassen, möglichst detailliert bei der Bewertung zu berücksichtigen, auch wenn dies zu methodischen Unterschieden führt.

Tabelle 4.7: Vergleich der Bewertungsschritte in den Umweltrisikoeinschätzungen für die verschiedenen Verkehrsträger

Bewertungsschritt	URE für Wasserstraßen		URE für Straße und Schiene	
	Zahl der Wertstufen	Formalisierungsgrad und Aggregationsniveau	Zahl der Wertstufen	Formalisierungsgrad und Aggregationsniveau
1. Raumbedeutung / Raumwiderstand	5 Stufen sehr gering bis sehr hoch	Formalisiert über verbale Beschreibungen der Wertstufen; zusätzlicher Hinweis auf Schutzgebiete; Bewertung auf Schutzgutebene.	4 Stufen gering bis sehr hoch	Formalisiert über den Wertstufen zugeordnete Gebietskategorien; zusätzliche Abwägung weiterer Informationen; Schutzgut mit höchstem Wert ist wertbestimmend für Raumausschnitt.
2. Grad der Belastungen	3 Stufen gering, mittel, hoch	Formalisiert über verbal beschriebene vorhabenstypspezifische Maßnahmenintensitäten; zusätzliche Berücksichtigung des vorhaben- und raumabhängigen Grades der Belastungen.	5 Stufen sehr gering bis sehr hoch	Formalisiert über verbal beschriebene vorhabenstypspezifische Maßnahmenintensitäten.
3. Umweltrisiko	5 Stufen sehr gering bis sehr hoch	Schutzgutbezogen formalisiert über Matrix; schutzgutübergreifend über Abwägung in gutachterlicher Einschätzung; keine Angaben zur Aggregation für den Gesamtraum.	5 Stufen sehr gering bis sehr hoch	Schutzgutübergreifend formalisiert über Matrix; Aggregation für Gesamtraum formalisiert über Flächenbilanz mit prozentualen und absoluten Schwellenwerten unter Abwägung weiterer Informationen.

Quelle: Eigene Zusammenstellung.

Im Detail wird die oben konstatierte grundsätzliche Vergleichbarkeit jedoch eingeschränkt, insbesondere durch die Verwendung einer *unterschiedlichen Zahl von Wert- und Belastungsstufen*. Während für die Verkehrsträger Straße und Schiene 5 Stufen des Grades der Belastungen ermittelt werden, beschränken sich die Belastungsstufen für Vorhaben des Wasserstraßenbaus auf 3 Stufen. Die Aussageschärfe ist somit deutlich geringer, obwohl mit einem vorhabenspezifischen Belastungs- und

Raumbezug gearbeitet wird, der einen im Vergleich zur URE für Straße und Schiene höheren Differenzierungsgrad der Bewertung erlauben soll. Generell gilt, dass mit der Güte und Dichte der zugrunde liegenden Informationen die Differenziertheit der Bewertungsaussage steigt. Die unterschiedliche Differenziertheit der Bewertungsergebnisse steht grundsätzlich dem Ziel einer einheitlichen und damit vergleichbaren Methodik für alle Verkehrsträger entgegen.

Einschränkend ist jedoch anzumerken, dass bei Vorhaben des Wasserstraßenbaus die Wirkungszusammenhänge zwischen Vorhaben und Umwelt in der Regel deutlich komplexer sind als bei den anderen Verkehrsträgern. Unter bewertungsmethodischen Gesichtspunkten erscheint es jedoch sinnvoller, die damit verbundene größere Unsicherheit über Eintreten und Ausmaß bestimmter Wirkungen nicht durch eine Verkleinerung der Klassenzahl auszudrücken. Vielmehr ist Unsicherheit im entscheidungstheoretischen Sinne als eigenständiger Bewertungsaspekt methodisch zu fassen.

Im folgenden Abschnitt werden Schwierigkeiten in der Nachvollziehbarkeit der einzelnen Bewertungsschritte bei der URE für Wasserstraßen erörtert. Auf damit einher gehende Einschränkungen der Vergleichbarkeit mit der URE für Straße und Schiene wird ebenfalls eingegangen.

4.4.2 Nachvollziehbarkeit der Bewertungsschritte

Die Nachvollziehbarkeit einer Bewertung ist abhängig von der expliziten und klaren Formulierung der normativen Grundlagen bzw. Motivation sowie der methodisch konsistenten und transparenten Verknüpfung der einzelnen Bewertungsschritte.

Bewertungskriterien und -maßstäbe

Sowohl in der URE für Wasserstraßen als auch in der URE für Straße und Schiene ist nicht eindeutig definiert, welche Kriterien Grundlage der Bewertung von Schutzgütern und Raumausschnitten sind. Bei der URE für Wasserstraßen werden der Gewässerzustand oder die Ausprägung der Böden als Bewertungskriterien bezeichnet. Die Ausprägungsmöglichkeiten dieser Kriterien definieren sich offensichtlich über den Grad der anthropogenen Überprägung. Eigentliches und implizit verwendetes Bewertungskriterium für die Raumbedeutung ist somit die Naturnähe eines Schutzgutes oder eines Raumausschnittes. Gewässerzustand und Bodenausprägung sind daher lediglich Indikatoren zur Bestimmung des Grades an Naturnähe.

Allerdings ergibt sich die Wahl eines Bewertungskriteriums nicht von selbst, sondern ist abhängig vom Zielsystem, auf das eine Bewertung Bezug nimmt. Die Beurteilung von Auswirkungen auf Natur und Landschaft muss nicht zwangsläufig im Hinblick auf die Naturnähe erfolgen, alternativ ist auch die Erhaltung der Biodiversität als Ziel denkbar. Eine größere Biodiversität ist jedoch nicht linear mit dem Grad der Naturnähe verknüpft. Gerade in Kulturlandschaften sind nicht nur die Naturnähe, sondern auch bestimmte Nutzungsmuster für die Schutzwürdigkeit von Natur und Landschaft ausschlaggebend. Günnewig und Hoppenstedt (2001, 361) definieren daher auch für die URE zu den Verkehrsträgern Straße und Schiene gesetzlich definierte Gebietskategorien des Naturschutzes (z.B. im BNatSchG[51] oder den jeweiligen Landesgesetzen), der Raumordnung (im ROG[52] und den Landesplanungsgesetzen, z.B. Vorranggebiete Natur und Landschaft) und der Wasserwirtschaft (im WHG[53] und den Landeswassergesetzen) als Bewertungskriterien. Diese Gebietskategorien werden in Abhängigkeit von ihrer fachlich begründeten Bedeutung unterschiedlich gewichtet. Die Bedeutung leitet sich beispielsweise aus der europäischen, nationalen oder regionalen Bedeutung naturschutzfachlich wertvoller Bereiche ab. Eine andere Möglichkeit der Gewichtung besteht anhand der mit einer Kategorie verbundenen Wirkung im administrativ-politischen Raum, wie etwa den Vorranggebieten der Raumordnung, die für das Verwaltungshandeln bindend sind, im Vergleich zu den Vorsorgegebieten der Raumordnung, mit denen nur ein Abwägungsgebot verbunden ist.

Die ausschließliche oder überwiegende Orientierung der Bewertung an Schutz- und Restriktionsgebieten als Bewertungskriterien ist jedoch ebenfalls nicht befriedigend. Die Ausweisung dieser Gebiete ist abhängig

---

[51] Gesetz über Naturschutz und Landschaftspflege (Bundesnaturschutzgesetz), in der Fassung vom 3. April 2002.
[52] Raumordnungsgesetz, in der Fassung vom 18. August 1997.
[53] Gesetz zur Ordnung des Wasserhaushalts (Wasserhaushaltsgesetz), in der Fassung vom 12. November 1996.

4.4 Diskussion des Standes der Methodenentwicklung

von politisch-gesellschaftlichen Rahmenbedingungen und spiegelt nicht zwangsläufig den naturschutzfachlichen Wert eines Raumes wider. Die Nachvollziehbarkeit und Vergleichbarkeit beider Verfahren der URE ließe sich verbessern, wenn die Bewertungen in Bezug zu explizit formulierten Zielen und daraus ebenfalls explizit hergeleiteten Bewertungskriterien vorgenommen werden. In Deutschland wird zwar seit vielen Jahren eine Diskussion um Leitbilder und Umweltqualitätszielsysteme geführt (ANL 1994; Finck et al. 1997; Wiegleb et al. 1998; Finke et al. 2000), was aber bislang nicht zu ihrer verbindlichen Einführung geführt hat. Als wertbestimmende Indikatoren lassen sich dann sowohl Schutzgutausprägungen als auch Schutz- und Restriktionsflächen heranziehen. Es ist folgerichtig, aufgrund der größeren Detailliertheit und Raumabhängigkeit der URE für Wasserstraßen, den Schwerpunkt auf Schutzgutausprägungen zu legen. Es wäre jedoch zu prüfen, ob sich durch eine stärkere und formalisierte Berücksichtigung von Schutz- und Restriktionsflächen die Nachvollziehbarkeit und Plausibilität der Bewertungsergebnisse verbessern ließe.

Verknüpfung der Bewertungsschritte

Die URE für Wasserstraßen aggregiert die schutzgutbezogenen Aussagen als letzten Bewertungsschritt auf der Ebene der Ermittlung des Umweltrisikos. Das schutzgutübergreifende Gesamtrisiko eines Vorhabens ist das Ergebnis einer Abwägung der verschiedenen Umweltbelange und der damit einhergehenden Gewichtung der schutzgutbezogenen Einzelrisiken durch die Gutachter. Bei der URE für Straße und Schiene erfolgt bereits im ersten Bewertungsschritt auf der Ebene des Raumwiderstandes die Aggregation zu einer schutzgutübergreifenden Aussage, in dem dasjenige Schutzgut mit dem höchsten Wert wertbestimmend für den jeweiligen Raumausschnitt ist. Zudem erfolgt hier im Unterschied zur URE für Wasserstraßen die Zusammenfassung der Teilbewertungen der einzelnen Raumausschnitte über prozentuale und absolute Schwellenwerte. Vorgehensweisen und Unterschiede beider Verfahren wurden oben in Tabelle 4.7 dargestellt.

Unter dem Aspekt des mit jedem Aggregationsschritt verbundenen Informationsverlustes erscheint eine möglichst späte Aggregation differenzierter Einzelaussagen zu einer Gesamtaussage prinzipiell sinnvoller.

Hingegen ist die an eine eindeutige Regel geknüpfte Aggregation bei der URE für Straße und Schiene nachvollziehbarer. Für die URE an Wasserstraßen wird eine Einzelfallbetrachtung und Detailliertheit gefordert, denen eine flexibel anzupassende, verbal-argumentative Abwägung eher gerecht wird als ein an starre Verknüpfungsregeln gebundener formalisierter Bewertungsablauf. Entscheidend für die Nachvollziehbarkeit einer verbal-argumentativen Bewertung ist die Schlüssigkeit ihrer Herleitung und Begründung. Als Plausibilitätskontrolle wäre es denkbar, dass ein Abwägungsergebnis gegenüber dem Ergebnis einer vereinfachten formalisierten Bewertung gerechtfertigt werden muss.[54] Die Verwendung einer Flächenbilanz auf der Grundlage prozentualer und absoluter Schwellenwerte, wie sie Teil der URE für Straße und Schiene ist, kann prinzipiell als Plausibilitätskontrolle auch auf den Aus- und Neubau von Wasserstraßen angewendet werden. Voraussetzung einer sinnvollen Flächenbilanz ist jedoch die Formulierung eindeutiger Kriterien zur Abgrenzung des Untersuchungsgebietes, damit es nicht zur Unter- oder Überbewertung von Bereichen hoher Raumbedeutung kommt. Zusätzlich könnten die vorliegenden Handlungs- und Umweltziele der Bundesverkehrswegeplanung (siehe Tabellen 4.1 und 4.2) nicht nur einleitend erwähnt, sondern für die Anwendungsfelder beider Verfahren der URE weiter konkretisiert und mit vorliegenden Zielkonzepten, beispielsweise den Schutz- und Restriktionsgebieten, eindeutig verknüpft werden (vgl. Abschnitt 5.3).

4.4.3 Berücksichtigung von Unsicherheit und Definition des Risikobegriffs

Ökologische Risikoanalyse und URE bestimmen keine Eintrittswahrscheinlichkeiten und damit auch kein Risiko im Sinne der klassischen Risikoanalyse. Beide Verfahren bleiben zudem in ihrer Risikodefinition unklar. Die Entwickler der URE für Straße und Schiene (Günnewig/ Hoppenstedt 2001, 362) bezeichnen das Umweltrisiko der URE als „Maß für die umweltbezogene Konfliktintensität eines Vorhabens". Dies ver-

---

[54] In anderen ökologischen Bewertungsverfahren – wie beispielsweise den Methoden zur Gewässerstrukturgütebewertung (LUA 1998, LAWA 2000, Zumbroich et al. 1999) – ist dies bereits gängige Praxis.

anschaulicht die Ansicht, wie sie von Fürst und Scholles (2001, 190ff) vertreten wird und nach der über den Risikobegriff in den Planungswissenschaften kein abschließender Konsens besteht. Häufig wurde und wird in der ökologisch orientierten Planung und Bewertung Risiko mit einer Aussage über das erwartete Ausmaß einer Beeinträchtigung unter Vernachlässigung ihrer Eintrittswahrscheinlichkeit gleichgesetzt (vgl. Fürst/ Scholles 2001, 262). Dass die Prognose von Wirkungen bzw. Beeinträchtigungen mit Unsicherheit verbunden ist, kommt in der Definition der Umweltrisikostufen der URE lediglich andeutungsweise in Formulierungen zum Ausdruck, nach denen Umweltrisiken „zu erwarten" sind oder mit ihnen „zu rechnen" ist (vgl. Tab. 4.6). Aus der quantitativen, kardinalskalierten Risikoberechnung ist in der ökologischen Umweltbewertung eine qualitative Einschätzung des Umweltrisikos geworden, das konsequenterweise besser als Umweltgefährdung bezeichnet werden sollte.

4.5 Zusammenfassung

Zweck und Ziel der URE, insbesondere derjenigen für Wasserstraßen, lassen sich zusammenfassend folgendermaßen charakterisieren. Die URE

– ist ein Instrument zur frühen überschlägigen Beurteilung von Umweltauswirkungen für die Zwecke der Planung, das bereits auf der Ebene der Bundesverkehrswegeplanung Informationen zu ökologisch empfindlichen Bereichen und vorhandenen Konfliktpotentialen liefert,

– gibt Vermeidungs- und Minimierungshinweise für die weitere Planung und trägt damit zur Verbesserung des Projektes aus ökologischer Sicht und zur Kostenminimierung bei, da Varianten, die einen hohen Kompensationsaufwand aufweisen, ausgeschlossen werden können,

– basiert auf den Grundgedanken der Umweltverträglichkeitsprüfung, ersetzt jedoch nicht deren Durchführung in den nachfolgenden Planungsverfahren,

– ist ausgerichtet auf die einzelnen Verkehrsprojekte und beurteilt nicht die Auswirkungen der Umsetzung des BVWP als Ganzes, da sie sich nicht an der UVP für Pläne und Programme orientiert und keine projektübergreifende Betrachtung oder Einbeziehung der Öffentlichkeit vorsieht,

– weißt den für die Ebene des BVWP erforderlichen Detaillierungsgrad auf und ist mit angemessenem zeitlichen und finanziellen Aufwand zu erstellen (Esser 2001, 279).

Die URE der Bundesverkehrswegeplanung ist ein Verfahren zur qualitativen Beurteilung derjenigen raumbezogenen Umweltrisiken und -konflikte, die nicht von der NKA erfasst werden. Die URE ist nach dem Prinzip der ökologischen Risikoanalyse aufgebaut. Sie beurteilt einerseits die Empfindlichkeit des von einem Vorhaben betroffenen Raums hinsichtlich der von dem Vorhaben potenziell ausgehenden Belastungen sowohl bezogen auf die Schutzgüter des UVPG als auch schutzgutübergreifend für den Untersuchungsraum. Andererseits wird der mit einem Vorhaben verbundene Eingriff im Hinblick auf die von ihm ausgehenden Belastungen und damit verbundenen Beeinträchtigungen beurteilt. Beide Größen werden in einer zweidimensionalen Präferenzmatrix zum Umweltrisiko als Maß der potentiellen Konfliktintensität eines Vorhabens verknüpft.

Mit der Entwicklung der URE für Wasserstraßen wird es in der laufenden Überarbeitung des BVWP erstmals möglich, eine ökologische Bewertung der Umweltwirkungen der Vorhaben aller Verkehrsträger mit *einem* formalisierten Verfahren vorzunehmen. Der einfache dreistufige Aufbau der URE entspricht der gängigen Praxis in der ökologischen Umweltbewertung und ist in seiner Formalisierung gut nachvollziehbar. Gleichzeitig sind die einzelnen Arbeitsschritte nur bedingt nachvollziehbar. Zudem fällt sie für Wasserstraßen einerseits sowie Straße und Schiene andererseits unterschiedlich aus. Diese methodischen Unterschiede lassen sich nur zum Teil mit den jeweils unterschiedlichen Anforderungsprofilen erklären, da die URE für Wasserstraßen bei entsprechender Datenlage einen höheren Detaillierungsgrad erreicht und zudem einzelfallbezogen angewendet werden soll. Weiterhin hat sich die URE für Straße und Schiene in einem langjährigen Prozess entwickelt und konnte so immer weiter verbessert werden, während die URE für Wasserstraßen eine methodische Neuentwicklung ist.

Dennoch beziehen sich die festgestellten methodischen Schwierigkeiten – wenn auch in unterschiedlichem Maße – auf beide Verfahren der URE. Beiden gemein ist eine unklare Definition und Verwendung von

4.5 Zusammenfassung

Bewertungskriterien als Grundlage der Wert-, Belastungs- und Risikoermittlung. Vor allem bei der URE für Wasserstraßen ist die Verknüpfung der einzelnen Bewertungsschritte teilweise nicht nachvollziehbar. Da die URE dem methodischen Prinzip der ökologischen Risikoanalyse folgt, hat sie auch mit deren Problemen zu kämpfen: Hierzu zählen eine fehlende Berücksichtigung von Unsicherheit und ein unklarer Risikobegriff.

5 Möglichkeiten der Weiterentwicklung der Bewertung in der Bundesverkehrswegeplanung

Die Diskussion in den beiden vorangehenden Kapiteln über die Methoden der ökonomischen und ökologischen Bewertung in der Bundesverkehrswegeplanung hat gezeigt, auf welchen Grundlagen sie aufbauen und welche Stärken sie haben. Es wurden aber auch eine Reihe von Schwachstellen offensichtlich. In diesem Kapitel werden wir verschiedene Möglichkeiten der Ergänzung und Verbesserung der bisherigen Methoden erörtern. Viele der Verbesserungspotenziale sind aus der planungsfachlichen, ökonomischen und entscheidungstheoretischen Literatur entnommen und werden hier zusammengetragen und in den Zusammenhang der Bundesverkehrswegeplanung gestellt. Zusätzlich werden wir eigene Vorschläge für methodische Verbesserungen machen.

Die Ergänzungsvorschläge erfolgen in vier Themenfeldern. Zunächst wird die Anwendung von Monetarisierungsverfahren auf die ökonomische Bewertung von Maßnahmewirkungen auf Natur und Landschaft am Beispiel von Auen diskutiert (Abschnitt 5.1). Das zweite Themenfeld befasst sich mit der Frage, wie bei der Infrastrukturplanung Unsicherheit und Unwissen über die Auswirkungen der Verkehrsprojekte in geeigneter Weise beachtet werden können (Abschnitt 5.2). Der dritte Bereich befasst sich mit den Möglichkeiten einer systematischeren Zielorientierung der Bundesverkehrswegeplanung und den damit verbundenen Möglichkeiten, die Wirkungen des Plans und seiner Projekte umfassender zu bewerten (Abschnitt 5.3). Im vierten Themenfeld wird erörtert, wie man die Ergebnisse der Partialbewertungen nach gesamtwirtschaftlichen, ökologischen und ggf. raumordnerisch-städtebaulichen Kriterien in transparenter und sachgerechter Weise zu einem Gesamturteil – nämlich einer Aufteilung der verfügbaren Investitionsmittel auf die zur Debatte stehenden Verkehrsprojekte – integrieren kann (Abschnitt 5.4). Schließlich werden die Möglichkeiten einer verbesserten Bewertung in der Bundesverkehrswegeplanung zusammengefasst (Abschnitt 5.5).

5.1 Möglichkeiten und Grenzen einer umfassenden Nutzen-Kosten-Analyse am Beispiel der monetären Bewertung von Auen

Eine idealtypische NKA zieht alle Wirkungen eines Verkehrsprojektes – also insbesondere auch alle Umweltwirkungen – in Betracht. In Kapitel 3 wurde festgestellt, dass in der bisherigen Praxis der Bundesverkehrswegeplanung Beeinträchtigungen der Umwelt in der NKA nicht in jeder Hinsicht befriedigend berücksichtigt werden. Die Weiterentwicklung der Bewertungsmethodik in der Bundesverkehrswegeplanung 2003 enthält zwar die Überarbeitung von einigen Bewertungskomponenten im Bereich Umwelt (vgl. Abschnitt 3.3, insb. Tab. 3.7) wie der Geräuschbelastung, der Abgasbelastung, der CO_2-Emissionen und der Trennwirkungen durch Ortsdurchfahrten. Allerdings wurde in einem wichtigen Bereich – nämlich der monetären Bewertung von Auswirkungen auf Natur und Landschaft – ein im Auftrag des BMVBW erarbeiteter Vorschlag von PLANCO (1999, 185ff.) *nicht* in die Praxis umgesetzt. Damit wurde an dieser Stelle die unbefriedigende Methodik des BVWP 1992 beibehalten. Darüber hinaus wurden im BVWP 2003 zwei Nutzenkomponenten nicht mehr berücksichtigt, weil die entsprechenden Wirkungen in die RWA einfließen.

Aus diesem Grund soll in diesem Abschnitt umrissen werden, welche Möglichkeiten, aber auch welche Schwierigkeiten bestehen, volkswirtschaftliche Kosten der durch einen Verkehrswegebau verursachten Umwelteffekte auf Natur und Landschaft – dem aktuellen Stand der ökonomischen Diskussion folgend – zu ermitteln. Wir haben hierbei die Auenlandschaft als Beispiel ausgewählt, denn sie besitzt für die Fallstudie zum Ausbau der Saale im zweiten Teil des Buches eine besondere Relevanz. Hinsichtlich des bis Herbst 2002 favorisierten Staustufenbaus war gerade die Bewertung der damit verbundenen Veränderung der Auen besonders umstritten. Das Fallbeispiel verdeutlicht, dass die Berücksichtigung der Auswirkungen auf Natur und Landschaft bei Wasserstraßen für die abschließende Entscheidung über die Aufnahme in den Vordringlichen bzw. Weiteren Bedarf ausschlaggebend sein kann.

5.1 Möglichkeiten und Grenzen einer umfassenden NKA

5.1.1 Berücksichtigung von Auswirkungen auf Natur und Landschaft durch den Kompensationskostenansatz

Auswirkungen auf die Natur und Landschaft wurden in der NKA der Bundesverkehrswegepläne 1992 und 2003 als Teil der Investitionskosten eines Vorhabens berücksichtigt. Allerdings werden lediglich pauschalisierte Zuschläge zu den Baukosten eines Vorhabens angesetzt, unabhängig von der tatsächlichen Wirkung eines Vorhabens (BfG, mündl. Mitteilung 31.1.2003).

In einer Studie im Auftrag des BMVBW hat PLANCO (1999a) Vorschläge zur Verbesserung der NKA unterbreitet, auf der im Wesentlichen die überarbeitete Methodik zur gesamtwirtschaftlichen Bewertung im BVWP 2003 beruht. Darin kritisiert PLANCO (1999a, 189) die Methodik des BVWP 1992 zur monetären Bewertung der Auswirkungen auf Natur und Landschaft:

> „Die URE steht zwar prinzipiell gleichrangig neben der monetären Bewertung, genießt in der politischen Diskussion jedoch häufig geringere Priorität. Dem Nutzen-Kosten-Verhältnis wird das höhere Gewicht eingeräumt, so daß verschiedentlich gefordert wird, die Auswirkungen von Verkehrsinfrastrukturinvestitionen auf Natur und Landschaft trotz der bestehenden Schwierigkeiten bei der Monetarisierung in die Kosten-Nutzen-Analyse zu integrieren. (…) Die pauschale Einbeziehung der Kosten von Ausgleichsmaßnahmen kann den Anforderungen an eine differenzierte Betrachtung der ökologischen Wirkungen von Projekten nicht gerecht werden. Die unterschiedliche Empfindlichkeit verschiedener Räume gegenüber baulichen Eingriffen bleibt unberücksichtigt."

Daraufhin schlägt PLANCO ein Bewertungsverfahren vor, das auf dem Kompensationskostenansatz beruht und die von IWW et al. (1999) im Auftrag des Umweltbundesamtes entwickelten Vorschläge zu einem alternativen Bewertungsverfahren für fernverkehrskonzepte aufgreift. Im Gegensatz zu den meisten anderen Vorschlägen der PLANCO-Studie wird diese Anregung vom Verkehrsministerium im Zuge der Überarbeitung der gesamtwirtschaftlichen Bewertungsmethodik nicht aufgegriffen (BMVBW 2002). Dennoch erscheint es uns lohnenswert, ihn in diesem Zusammenhang vorzustellen. Dem PLANCO-Vorschlag zufolge werden die Kosten einer Ausgleichsmaßnahme quantifiziert und als Approximation des Wertverlustes von Natur und Landschaft in der NKA berücksichtigt. Für eine detailliertere Bezifferung von Kompensationskosten wäre die konkrete Formulierung von Ausgleichs- und Ersatzmaßnahmen erforderlich. Allerdings ist der Aufwand hierfür sehr hoch. Auch in der URE wird lediglich der potenzielle Ausgleichs- und Ersatzbedarf prognostiziert, ohne konkrete Maßnahmen vorzuschlagen. Dies ist den nachgeordneten, rechtsverbindlichen Planungsebenen bis hin zur Durchführung der Eingriffsregelung im Rahmen des Planfeststellungsverfahrens vorbehalten.

PLANCO (1999a) skizziert nun einen Mittelweg zwischen pauschaler Berücksichtigung der Schäden an Natur und Landschaft einerseits und der Formulierung konkreter Ausgleichsmaßnahmen andererseits. Dabei liegen folgende Überlegungen zugrunde: Die Herstellungskosten eines Ausgleichsbiotops ergeben sich als Summe der Kosten für den Flächenkauf und der Erstinstandsetzung des Biotops sowie dem Barwert der Kosten für die Pflegemaßnahmen. Die Herstellungskosten unterscheiden sich nach den Biotoptypen (wie z.B. unregulierte Fließgewässer, extensiv genutzter Acker, naturnaher Laub- und Mischwald, Ackerbrache). PLANCO hat (mit Bezug auf IWW et al. 1999) für 29 Biotoptypen durchschnittliche Herstellungskosten pro Hektar ermittelt. Weil bei Straßen- und Bahnprojekten die genaue Trassenführung in der Regel nicht bekannt ist, wird den Berechnungen weiterhin die Häufigkeit der Biotoptypen in einem Korridor von 10 km Breite zugrunde gelegt. Die Kompensationskosten für einen Eingriff ergeben sich als durchschnittliche Herstellungskosten der Biotoptypen gewichtet mit deren Häufigkeit im Korridor.[55]

Das von PLANCO skizzierte Verfahren ermöglicht eine grobe Abschätzung der Schäden an Natur und Landschaft, ohne konkrete Ausgleichsmaßnahmen zu formulieren. Daher hält sich der Schätzaufwand in Grenzen. Unseres Erachtens ist dieses Verfahren eindeutig der derzeitigen Praxis der Bundesverkehrswegeplanung vorzuziehen. Wie in Abschnitt 3.1 geschildert, wäre aber selbst ein genauerer, auf konkreten Ausgleichs- und Ersatzmaßnahmen beruhender Kompensationskostenan-

---

[55] Weil auch die Häufigkeit der Biotoptypen schwierig zu erheben ist, wird folgendes Vorgehen vorgeschlagen: Verfügbar sind EDV-Daten zur naturräumlichen Gliederung Deutschlands. Aus empirischen Studien könnten die relativen Häufigkeiten des Vorkommens der einzelnen Biotoptypen an den verschiedenen Naturraumtypen ermittelt werden. Dies wäre allerdings noch zu erarbeiten (PLANCO 1999a, 200-202).

satz problematisch, weil in der Regel keine perfekten Substitute geschaffen und daher die Umweltkosten oft erheblich unterschätzt werden. Wir wollen daher der Frage nachgehen, ob alternative Bewertungsverfahren zur Verfügung stehen, um zu einer weiteren Verbesserung zu gelangen. Im Prinzip ist es über umweltökonomische Bewertungsverfahren (vgl. Abschnitt 3.1.3) möglich, diejenigen Zahlungen als Umweltkosten zu berücksichtigen, die von einem Eingriff in Natur und Landschaft betroffene Personen für den Erhalt des Status quo zu leisten bereit sind. Nachfolgend sollen die Möglichkeiten und Grenzen des Einsatzes von Zahlungsbereitschaftsanalysen in der Bundesverkehrswegeplanung am Beispiel des Erhaltes einer Auenlandschaft diskutiert werden. Da bei Auenlandschaften zu erwarten ist, dass Existenzwerte für deren Erhaltung eine nicht unerhebliche Rolle spielen, kommt vor allem die kontingente Bewertungsmethode zur Erfassung der Kosten von Auswirkungen auf Auen in Frage (vgl. Abschnitt 3.1.3 und Tabelle 3.2). Allerdings ist deren Anwendung mit hohem Aufwand und Unschärfen verbunden.

Als Alternative bietet sich die erheblich kostengünstigere Durchführung von Nutzen-Transfers an. Dabei werden Ergebnisse bereits durchgeführter Studien ganz oder teilweise auf die Situation der betroffenen Auen übertragen. Im Folgenden wird auf die Besonderheiten der Bewertung von Auengebieten in Deutschland eingegangen, und es werden dabei die Möglichkeiten und Grenzen einer präferenzbezogenen Bewertung von Umweltgütern diskutiert.

5.1.2 Auen als Bewertungsobjekt

Durch die Veränderung einer Auenlandschaft werden Nutzenniveaus von Anwohnern, Besuchern und auch von Nicht-Besuchern verändert. In der ökonomischen Bewertungsliteratur für Feuchtgebiete (z.B. Barbier et al. 1996) wird zwischen Funktionen der Gebiete einerseits und sich durch deren Veränderung ergebende sozioökonomische Nutzenänderungen andererseits unterschieden. Eine Auflistung der verschiedenen Funktionen soll zunächst helfen, die Nutzenänderungen möglichst vollständig zu erfassen, und darauf aufbauend dazu beitragen, die Gesamtbewertung der Veränderungen einer Auenlandschaft zu erleichtern. Letzteres geschieht, indem zunächst die Veränderungen des Nutzens auf Veränderungen hinsichtlich einer Funktion zurückgeführt und bewertet werden. Anschlie-

ßend werden alle partiellen Nutzenänderungen addiert, um zu dem gesamten nutzungsabhängigen Wert zu gelangen.[56]
Vier wichtige Funktionengruppen sind:

- *Wasserquantitätsfunktionen*: z.b. Hochwasserschutz, Grundwasserneubildung, Verdunstung.

- *Wasserqualitätsfunktionen*: z.b. Sedimentrückhalt, Nährstoffrückhalt und -senke.

- *Habitatfunktionen*: Erhalt des Lebensraumes für gewisse Tiere und Pflanzen.

- *Produktionsfunktionen*: Bereitstellung von Gütern wie z.b. Holz, Fische.

- *Erholungsfunktion*: Eignung als Erholungsgebiet.

Die Auflistung der verschiedenen Auenfunktionen dient aber nur der Erfassung des gebrauchswertabhängigen Nutzens von Auen (vgl. Abschnitt 3.1). Hierzu zählen neben den direkt nutzungsabhängigen Werten, die auf eine direkte Nutzung der Aue durch z.b. Fischfang, Holzeinschlag, Entnahme von (Nutz-)Wasser und Torf oder Tourismus zurückzuführen sind, ebenso die indirekt nutzungsabhängigen Werte, die in einer indirekten Nutzung der Auenfunktionen wie z.b. Hochwasserschutz, Mesoklima-Regulierung, langfristiger Wasserressourcenschutz, Sedimentrückhalt, Stoffrückhalt wurzeln. Zusätzlich gilt es jedoch auch den nichtgebrauchswertabhängigen Nutzen von Auen zu berücksichtigen. Es handelt sich dabei um Nutzen stiftende Werte z.b. aufgrund der Freude an der ästhetischen Auenlandschaft, der nicht mit einer Freizeitnutzung oder einer anderen Nutzung im Zusammenhang steht, des Gefühls der Verbundenheit zur Auenlandschaft und der kulturelle Bedeutung –, die sich nicht oder zumindest nicht unmittelbar aus einer Auflistung aller Auenfunktionen erschließen lassen (vgl. Abschnitt 3.1).

Nicht alle oben aufgeführten Wertkategorien sind für die Bewertung der Veränderung einer Aue relevant. Sondern es sind nur die, die durch das Verkehrsprojekt verändert werden. Aus der Kategorie der direkten

---

[56] Bei dieser Vorgehensweise wird vereinfachend unterstellt, dass der Gesamtnutzen einer Auenlandschaft sich additiv aus Partialnutzen für einzelne Funktionen der Auenlandschaft zusammensetzt. Diese pragmatische Annahme ist jedoch insbesondere aufgrund der gegenseitigen Abhängigkeiten der Funktionen angreifbar.

5.1 Möglichkeiten und Grenzen einer umfassenden NKA   141

nutzenabhängigen Werte sind dies in Deutschland oft nur Veränderungen der Wasserentnahme, des Holzeinschlags und der Eignung als Erholungsgebiet. Holz ist ein Gut, das auf Märkten gehandelt wird, weshalb die Bewertung der „Produktionsfunktion Holz" unproblematisch ist. Im Gegensatz dazu gibt es für die Wasserentnahme in Deutschland keine geeigneten Bewertungsdaten. In den meisten Bundesländern ist die Wasserentnahme kostenlos, in anderen ist nur eine geringe Abgabe zu entrichten, die politisch festgelegt wurde und nicht unbedingt den Wert der Wasserentnahme widerspiegelt. Für die Nutzung als Erholungsgebiet gibt es zwar keine Marktpreise, aber es stehen indirekte Verfahren, insbesondere die Reisekostenmethode zur monetären Bewertung zur Verfügung (vgl. Abschnitt 3.1.3).

Die indirekt nutzungsabhängigen Werte von Auenfunktionen können über den Kompensationskostenansatz berechnet werden, wenn es beispielsweise durch technische Anlagen möglich ist, Funktionsbeeinträchtigungen zu verhindern. In der Regel kann allerdings aufgrund komplexer hydrologischer Bedingungen nicht sichergestellt werden, dass die Maßnahmen in der Tat jegliche negativen Auswirkungen vermeiden. Eine Anwendung des Kompensationskostenansatzes zur Abschätzung indirekt nutzungsabhängiger Werte ist also problematisch, weil eine vollständige und sichere Kompensation praktisch nie garantiert werden kann. Der Kompensationskostenansatz liefert daher in der Regel nur eine Unterschranke der Kosten und es bleibt offen, wie weit diese Unterschranke von den tatsächlichen Kosten entfernt ist. Die Bewertung der Veränderung einer Auenlandschaft hinsichtlich des nicht-gebrauchswertabhängigen Nutzens ist mittels des Kompensationskostenansatzes jedoch nicht möglich, da es keine Substitute für diese Nutzenkategorie gibt. Prädestiniert für die Bewertung der nicht-nutzungsabhängigen Werte ist die kontingente Bewertungsmethode, die wir im nächsten Abschnitt betrachten. Prinzipiell lassen sich mit ihr auch direkt und indirekt nutzungsabhängige Werte erfassen.

5.1.3 Monetäre Bewertung von Auen

Wie in Abschnitt 3.1.3 bereits beschrieben, wird mit der kontingenten Bewertungsmethode ermittelt, wie viel Geld die von einer Maßnahme (hier: Veränderung der Auenlandschaft aufgrund des Flussausbaus) Betroffenen[57] für die Beibehaltung des Status quo zu zahlen bereit wären.[58] Dabei werden – soweit relevant – in der Regel alle oben angegebenen Wertarten gemeinsam erhoben, wobei es auch möglich ist, sich nur auf eine der genannten Kategorien zu konzentrieren. Werden alle Wertkategorien über die Methode der kontingenten Bewertung erfasst, so muss sichergestellt werden, dass auch alle Funktionsänderungen verstanden und in die individuelle Bewertung mit eingeschlossen werden.

Es kann sinnvoll sein, Nutzenänderungen aufgrund der direkten und der indirekten Nutzung nicht in die kontingente Bewertung mit einzubeziehen. Dies gilt dann als zweckmäßig, wenn sich die Werte der direkten Nutzungen ohne Probleme ermitteln lassen (z.b. aus Marktpreisen) und es geeignete technische Maßnahmen zur Wiederherstellung des ursprünglichen bzw. eines politisch gewünschten Standards unterhalb des ursprünglichen Funktionswertes gibt. Mit Blick auf die technischen Maßnahmen wird dabei unterstellt, dass deren Kosten wiederum leicht abgeschätzt werden können (Nunes/van den Bergh 2001). In einem solchen Fall käme also eine Kombination von Kompensationskostenansatz und kontingenter Bewertung in Frage. Ist aber das Wissen über die Wirksamkeit der Kompensationsmaßnahmen gering oder ist die erwartete Kompensation nicht hinreichend, bietet die auf Bewertung der Betroffenen fußende kontingente Bewertung eine Alternative. Doch sind die Kosten für eine dem Stand der Wissenschaft konforme Studie (z.B. mind. 1000 Interviews) sehr hoch. Zusätzlich ist mit etwa einem Jahr Bearbeitungszeit zu rechnen (Ahlheim 2003, 57). Als preiswerte und schnellere Alternative dazu ist es auch möglich, die Teilwerte über einen so genannten „Nutzentransfer" zu ermitteln.

---

[57] Als Betroffener ist jeder anzusehen, dessen Wohlbefinden durch eine Maßnahme verändert wird.
[58] Auf die vielfältige Kritik am Ansatz der kontingenten Bewertung wird hier nicht weiter eingegangen. Vgl. dazu z.B. Rauschmayer (2000). Einen umfassenden Überblick über mögliche Verzerrungen bei kontingenten Bewertungen geben Mitchel/ Carson (1989) sowie Enneking (1999). Vgl. darüber hinaus die bereits in Abschnitt 3.1.3 genannten weiteren Literaturquellen.

5.1.4 Nutzentransfer

Der Nutzentransfer als ökonomische Bewertungsmethode ist relativ neu und wurde in Deutschland noch wenig eingesetzt. Bei der Methode des Nutzentransfers werden ähnliche, bereits durchgeführte Bewertungsstudien analysiert, und die dort herausgefundenen Teilwerte an die Situation angepasst und übertragen (Bateman et al. 2000). Dies kann auf verschiedenen Stufen passieren (Ahlheim 2003, 57f.):

1. Die Übertragung von in anderen Studien ermittelten durchschnittlichen Zahlungsbereitschaften.

2. Die Bestimmung der relevanten sozio-ökonomischen Determinanten in der Ursprungsstudie mit ökonometrischen Verfahren und Aufstellung einer mathematischen Beziehung zwischen diesen Determinanten und den Zahlungsbereitschaften. Schließlich Erhebung der Ausprägung der Determinanten im Gebiet der neuen Studie und Berechnung von Zahlungsbereitschaften unter Verwendung dieser Beziehung.

3. Die Verwendung von Determinanten aus einer Vielzahl ähnlicher Studien (Meta-Analyse).

Der Aufwand steigt von Stufe zu Stufe, aber auch die Zuverlässigkeit der Ergebnisse. In einer der wenigen deutschsprachigen Nutzentransferstudien zu Feuchtgebieten bewerteten Hampicke und Schäfer (1997) unter anderem mit einem Transfer der ersten Stufe den Wert eines Feuchtgebietes an der Isarmündung. Grundvoraussetzungen für einen solchen Nutzentransfer sind

– die Ähnlichkeit der Bewertungsgegenstände, d.h. der Veränderungen von Natur und Landschaft, und

– die Ähnlichkeit der Bewertergruppen bezüglich der sozio-ökonomischen und der (umwelt-)ethischen Wertstrukturen.

Die Bedingung der Ähnlichkeit der Umweltveränderung mag in Einzelfällen zutreffen, ist aber sicher nicht generell gegeben.[59]

---

[59] Im Fall des im zweiten Teil der Studie betrachteten Saaleausbaus sollten insbesondere die biologischen, hydrologischen und Bodenstrukturen vergleichbar sein, aber auch das Landschaftsbild und die sozio-ökonomische Bedeutung des bereits bewerteten Gebietes für den Laien ähnlich erscheinen. Eine solche Ähnlichkeit zwi-

Bei einer einfachen Übertragung von durchschnittlichen Zahlungsbereitschaften zwischen Gebieten mit geringer Ähnlichkeit der Bewertergruppe, d.h. mit signifikant unterschiedlichen umweltethischen Wertstrukturen (Transfer der ersten Stufe), ist mit sehr großen Fehlern zu rechnen. Bei Nutzentransfers der zweiten und dritten Stufe können gewisse sozio-ökonomische und – so diese Parameter in den Ursprungsstudien entsprechend analysiert wurden – auch umweltethische Unterschiede zugelassen werden. Die Schwierigkeit eines Nutzentransfers auf Gebiete mit anderen umweltethischen Wertstrukturen dürfte insbesondere im Bereich der Existenzwerte herausragend sein, in dem die kulturelle Verbundenheit mit der Natur und mit bestimmten Naturgütern zu Unterschieden im Bewertungsverhalten führt. Da es in Deutschland nur wenig kontingente Bewertungsstudien im Allgemeinen und für Auenlandschaften im Besonderen gibt – kontingenten Bewertungen werden vor allem in den Vereinigten Staaten und in weit geringerem Ausmaß in Großbritannien durchgeführt –, gibt es zu wenig Studien, die als Transferquellen in Frage kommen. Daher werden die Voraussetzungen für eine Metaanalyse kaum voll erfüllt werden können. Das bedeutet zusammenfassend, dass die Methode des Nutzentransfers derzeit in der Praxis gerade dort problematisch ist, wo sie am dringendsten benötigt wird, nämlich bei der Abschätzung von nicht-gebrauchswertabhängigen Nutzenstiftungen von Umweltgütern.

Im Idealfall steht eine breite Basis von Studien aus verschiedenen kulturellen Provenienzen zur Verfügung, die mit einer Meta-Analyse auf die Bedeutung wiederkehrender sozio-ökonomischer und kultureller Einflussfaktoren untersucht werden kann (Bal/Nijkamp 2001). Die für eine Meta-Analyse notwendige Anzahl von unterschiedlichen Bewertungsstudien zu ähnlichen Themen, die dann zur Identifizierung von Einflussfaktoren für die Zahlungsbereitschaft führen könnten, wird derzeit jedoch nur erreicht, wenn alle Studien zusammengenommen werden (Brouwer et al. 1999).

Sollten die beiden Ähnlichkeitsbedingungen erfüllt sein, kann der Nutzentransfer ein kostengünstiges und schnelles Verfahren sein, um zu Werten zu gelangen, die in einer NKA im Rahmen der Bundesverkehrswegeplanung Verwendung finden könnten. Je weniger die Bedingungen

---

schen den Feuchtgebieten in der Isarmündung und den Hartholzauen im Unterlauf der Saale erscheint allerdings zweifelhaft.

erfüllt sind, desto mehr sind die errechneten Werte mit Skepsis zu betrachten. Falls jedoch absehbar ist, dass – wie im Beispiel der Auen – ein hoher Schaden zu erwarten ist, aber alternative Bewertungsverfahren wie der Kompensationskostenansatz keine befriedigenden Ergebnisse liefern, könnten Nutzentransfer-Schätzungen als erste Annäherung an die Quantifizierung von Umweltbeeinträchtigungen auch bei schlechteren Bedingungen Eingang in die NKA finden.

5.1.5 Zusammenfassung und Fazit

Die NKA erhebt der ökonomischen Theorie zufolge den Anspruch, alle Auswirkungen eines Projektes monetär zu bewerten. In der derzeitigen Praxis der Bundesverkehrswegeplanung werden jedoch bewusst einige Nutzenkomponenten im Bereich Raumwirksamkeit und Umweltwirkung von der NKA nicht oder nicht adäquat erfasst. Es wurde daher diskutiert, inwieweit und mit welchen Methoden die NKA in der Bundesverkehrswegeplanung erweitert werden kann, um die Auswirkungen einer Maßnahme auf Natur und Landschaft adäquat zu erfassen. Nach einer Kritik der bisherigen Verfahrensweise, solche Auswirkungen nur als pauschalen Anteil an den Baukosten zur berücksichtigen, wurde ein Vorschlag von PLANCO (1999a), der auf dem Kompensationskostenansatz beruht, sowie der mögliche Einsatz von Zahlungsbereitschaftsanalysen näher betrachtet.

Eine Strategie zur Bewertung von Natur und Landschaft ist, das Problem in verschiedene Partialprobleme aufzuteilen, indem verschiedene Funktionen von Natur und Landschaft und verschiedene Nutzungen dieser Funktionen unterschieden werden. Unter der Voraussetzung, dass keine (starken) Interdependenzen zwischen den Funktionen und Nutzungen existieren, ließe sich die Gesamthöhe des gebrauchswertabhängigen Nutzens aus den Partialwerten durch Addition errechnen. Für verschiedene Funktionen und Nutzungen könnten jeweils verschiedene Verfahren verwendet werden. Die Kompensationskostenmethode bietet sich in den Fällen an, in denen durch technische Maßnahmen adäquater Ersatz für die Beeinträchtigung der Bereitstellung der Funktionen durch die natürlichen Systeme geschaffen werden kann. Die systematische Erfassung von Funktionen und Nutzungen in der speziellen Bewertungssituation ist in jedem Fall der erste Schritt einer Aufteilung des Bewertungsproblems in Partialprobleme. Dieser Schritt wird in der Regel allerdings zugleich offenbaren, dass technische Ersatzlösungen nur für wenige Funktionen[60] möglich sind.

Der Verlust von komplexen Funktionen, wie sie beispielsweise von Habitaten geboten werden, oder die Zerstörung eines ästhetisch wertvollen Stückes Natur können nicht durch technische Maßnahmen kompensiert werden. Auch durch andere Maßnahmen wie etwa die Bereitstellung von Ausgleichsflächen kann in den seltensten Fällen adäquater Ersatz geschaffen werden. Insbesondere gilt dies für die Habitatfunktionen sowie die Ästhetik von Auen. Weiterhin ist zu bedenken, dass nicht-gebrauchswertabhängige Nutzenstiftungen (Existenzwert, Altruistischer Wert, Vermächtniswert) durch den Kompensationskostenansatz – aber auch durch andere indirekte Bewertungsverfahren – systematisch vernachlässigt werden. Zur Ermittlung der Wertschätzung von Habitaten und der Schönheit von Landschaften bietet sich die Durchführung einer eigenen, gesonderten kontingenten Bewertungsstudie an. Die kontingente Bewertungsmethode kann zwar im Prinzip gebrauchswertabhängige und nicht-gebrauchswertabhängige Nutzenstiftungen – kurz gesagt: den Gesamtwert – erfassen, aber

– sie ist sehr aufwändig,

– Verzerrungen ihrer Ergebnisse können auch bei vorbildlichen Anwendungen kaum ausgeschlossen werden und

– die Befragten müssen ein gutes Verständnis des Bewertungsgegenstandes haben.

Wegen der Langwierigkeit und der hohen Kosten ihrer Durchführung kann unter bestimmten Bedingungen der Nutzentransfer ein kostengünstiges und schnelles Verfahren sein, um die NKA im Rahmen der Bundesverkehrswegeplanung zu ergänzen. Es müssen aber noch größere Ungenauigkeiten als bei einer kontingenten Bewertungsstudie in Kauf genommen werden.[61]

---

[60] Denkbar sind technische Maßnahmen im Hochwasserschutz, beim Grundwasserstandsmanagement und bei einigen anderen Wasserfunktionen.
[61] Angesichts dessen kennzeichnet Alheim (2003, 57) nicht ganz unzutreffend die Methodik des Nutzentransfers plakativ als „quick & dirty".

5.1 Möglichkeiten und Grenzen einer umfassenden NKA

Die Diskussion hat deutlich gemacht, dass es kein Verfahren zur Bewertung der Auswirkungen von Maßnahmen auf Natur und Landschaft gibt, das einerseits zuverlässig und andererseits nicht zu aufwändig ist. Es ist klar, dass eine standardmäßige Anwendung der kontingenten Bewertungsmethode in der Bundesverkehrswegeplanung unrealistisch ist. Auch der Nutzentransfer erscheint – zumindest zum gegenwärtigen Zeitpunkt – für die Bundesverkehrswegeplanung ungeeignet, weil nicht genügend geeignete Studien vorliegen, auf die ein Nutzentransfer aufbauen könnte. Lediglich in Einzelfällen, bei denen durch einen Eingriff in Natur und Landschaft hohe Schäden zu erwarten sind, sollte ein Nutzentransfer als erste, grobe Abschätzung in Erwägung gezogen werden. Weil aber die gegenwärtige Praxis der pauschalen Berücksichtigung ebenfalls unbefriedigend ist, wäre es aus unserer Sicht pragmatisch, für den Regelfall den Vorschlag von PLANCO (1999a) aufzugreifen, ihn zur Praxisreife weiterzuentwickeln und in der Bundesverkehrswegeplanung einzusetzen. Insofern ist es bedauerlich, dass dieser Vorschlag nicht bereits in die Projektbewertungen des BVWP 2003 Eingang gefunden hat. Wenn Auswirkungen auf ein Erholungsgebiet zu erwarten sind, sollten diese mit entsprechenden Verfahren (z.B. der Reisekostenmethode) zusätzlich berücksichtigt werden.

Zusammenfassend kann man sagen, dass die Wahl der Bewertungsmethoden von der Art und insbesondere von der Schwere des Eingriffs abhängen sollte. Bei Eingriffen mit erheblichen Auswirkungen auf Natur und Landschaft ist in jedem Einzelfall zu prüfen, ob Bewertungsdaten aus geeigneten Studien für Nutzentransfers verwendet werden können oder ob sogar der Aufwand für eine gesonderte kontingente Bewertungsstudie gerechtfertigt erscheint.

Am Beispiel der Bewertung von Auswirkungen auf Natur und Landschaft wurde klar, dass ökonomische Bewertungen sehr häufig mit erheblichen Unschärfen und Unsicherheiten verbunden sind. Selbst eine aufwändige NKA kann diese nicht völlig beseitigen. Vielmehr geht eine NKA von weitgehender Sicherheit in der Vorhersage der Wirkungen eines Projektes aus. Zudem sind die Unschärfen und Unsicherheiten nicht auf den in diesem Abschnitt behandelten Bewertungsgegenstand der Natur und Landschaft beschränkt. Eine systematische Betrachtung von Risiko und Unsicherheiten erfolgt in der BVWP nicht. Wie sie erfolgen könnte, wird im nächsten Abschnitt behandelt.

Die Schwierigkeit der ökonomischen Bewertung der Auswirkungen eines Verkehrsprojektes auf Natur und Landschaft zeigen zudem die Notwendigkeit der Ergänzung der NKA durch Methoden der ökologischen Bewertung. Damit ergeben sich allerdings wiederum Probleme der Zusammenführung der jeweiligen Ergebnisse, wie sie bereits in Kapitel 2 diskutiert wurden. Welche Möglichkeiten der Weiterentwicklung der Methoden der Bundesverkehrswegeplanung es in dieser Hinsicht gibt, wird in Abschnitt 5.3 erörtert.

5.2 Die Berücksichtigung von Unsicherheit in der Bundesverkehrswegeplanung

Warum ist eine systematische Berücksichtigung von Unsicherheit in der Bundesverkehrswegeplanung von Bedeutung? In der Regel werden in der Vorhabensplanung zunächst mehrere Varianten, zumindest aber eine Planungsvariante und die Nullvariante ausgearbeitet und anschließend nach bestimmten Bewertungskriterien die beste ausgewählt. Um entscheiden zu können, welches Vorhaben oder welche Variante in den BVWP aufgenommen werden soll, muss man feststellen, wie die verschiedenen Vorhaben bzw. Planungsvarianten hinsichtlich der ausgewählten Bewertungskriterien abschneiden. Da es sich um Planungen handelt und nicht um Realisierungen, müssen die Bewertungen auf Prognosen über die zukünftigen Auswirkungen der Varianten fußen. Prognosen sind mit Unsicherheit behaftet, denn die Zukunft kann nicht mit Sicherheit vorhergesagt werden. Es wäre demnach folgerichtig, wenn in der Bundesverkehrswegeplanung die Unsicherheiten der jeweiligen Prognosen und der darauf basierenden Bewertungen bei der endgültigen Entscheidung über die aufzunehmenden Vorhaben und Varianten konsequent mitbedacht würden. Denn für die Legitimation gesamtgesellschaftlich relevanter staatlicher Investitionsentscheidungen ist es von erheblicher Bedeutung zu wissen, wie sicher oder unsicher die Realisierung der mit einer Investition anvisierten Nutzen ist.

Tatsächlich geschieht dies in der Bundesverkehrswegeplanung nur in Ansätzen. Beispielsweise werden für die Verkehrsprognose 2015, die eine zentrale Informations- und Entscheidungsgrundlage für den BVWP 2003 darstellt, verschiedene Szenarien entwickelt, um die Unsicherheit der möglichen künftigen Verkehrsentwicklung abbilden zu können (BVU

5.2 Berücksichtigung von Unsicherheit in der BVWP

et al. 2001). Allerdings wird dann nur ein Szenario ausgewählt – nämlich das wahrscheinlichste – und als Grundlage des weiteren Planungsprozesses verwendet. Das bedeutet, dass im weiteren Verlauf der Bundesverkehrswegeplanung diese vorhandenen Informationen über Unsicherheiten nicht systematisch[62] verwendet, sondern weitgehend ignoriert werden. Zudem beziehen sich diese Unsicherheitsinformationen nur auf die Entwicklung der verkehrspolitischen Rahmenbedingungen. Unsicherheiten beispielsweise aufgrund mangelnder oder Fehler behafteter Daten, unzureichender Kenntnis der Wirkungen auf andere Verkehrsträger, Wirtschaftsstruktur, Beschäftigung und Umwelt werden in der Regel nicht berücksichtigt.

Dem Namen nach sollte eine Berücksichtigung unerwünschter und mit Unsicherheit behafteter Planungsfolgen auf die Umwelt in der URE erfolgen. Es wurde aber bereits in Kapitel 4 festgestellt, dass die URE zwar den Anspruch erhebt, Umweltwirkungen bei Vorliegen unvollständiger Informationen zu bewerten. Dies tut sie jedoch nicht, wie ihr Name vermuten lässt, in dem sie die Risiken von Wirkungen prognostiziert, sondern die von einem Vorhaben für Natur und Landschaft ausgehenden Gefährdungen einschätzt. Trotz der Verwendung des Risikobegriffs wird also Unsicherheit in der URE nicht systematisch berücksichtigt.

Daher muss festgestellt werden, dass die Bundesverkehrswegeplanung im Allgemeinen sowie die NKA und die URE im Speziellen das Problem von Unsicherheit, Unwissen und unvollständigen Informationen nicht systematisch behandeln. Unseres Erachtens wäre eine solche systematische Berücksichtigung von Unsicherheit bei der Bundesverkehrswegeplanung eine wesentliche methodische Verbesserung. Insbesondere in der ökonomischen Entscheidungstheorie sowie den Planungswissenschaften sind bereits eine Reihe von Ansätzen zum Umgang mit Unsicherheit in Planungsprozessen und anderen Entscheidungssituationen entwickelt worden. Im Folgenden werden wir einige dieser Ansätze im Hinblick auf eine Anwendung in der Bundesverkehrswegeplanung diskutieren.

---

[62] Von einer systematischen Behandlung von Unsicherheit wäre insbesondere zu verlangen, dass klar ist, was unter Unsicherheit verstanden wird. Eine systematische Behandlung könnte beispielsweise darin bestehen, verschiedene Typen von Unsicherheit zu unterscheiden und jeweils eine dem Typ angemessene Methode zu verwenden.

Wir beginnen damit, in Abschnitt 5.2.1 verschiedene Formen von Unsicherheit zu unterscheiden. Anschließend stellen wir in den Abschnitten 5.2.2 bis 5.2.4 einzelne Ansätze des Umgangs mit Unwissen und Unsicherheit vor. Schließlich werden wir in Abschnitt 5.2.5 die Möglichkeiten der Einbeziehung von Informationen über Unwissen und Unsicherheit in die Bundesverkehrswegeplanung erörtern.

5.2.1 Definition der Begriffe Unsicherheit, Risiko, Ungewissheit und Unwissen

In der Literatur gibt es eine Reihe von Definitionen und sogar ganze Taxonomien der Unsicherheit (z.B. Ravetz 1986; Funtowicz/Ravetz 1991; Faber et al. 1992; Faber/Proops 1998; Jaeger 2000). Dort werden die Begriffe wie z.B. Unsicherheit, Risiko, Ungewissheit, Unwissen usw. mehr oder weniger genau bestimmt und voneinander abgegrenzt. Leider sind die Definitionen der verschiedenen Autoren nicht aufeinander abgestimmt, vielmehr unterscheiden sie sich teilweise grundlegend. Für die Frage des Umgangs mit Unwissen und Unsicherheit in der Bundesverkehrswegeplanung ist es aber wichtig, die zentralen Begriffe klar zu definieren und präzise zu verwenden. Daher werden wir im Folgenden vier grundlegende Begriffe beschreiben, definieren und erläutern: *Unwissen*, *Unsicherheit*, *Risikosituation* und *Wahrscheinlichkeit*. Wir stützen uns dabei auf die Ausführungen von Klauer/Brown (2004).

Unwissen

Das Wahrnehmen von Informationen über eine Unsicherheitssituation, insbesondere aber über mögliche Folgen eines Ereignisses oder einer Handlung ist eine Voraussetzung, um überhaupt von Unsicherheit oder Sicherheit in dieser Situation sprechen zu können. Zu beachten ist allerdings, dass es verschiedene Grade von Wahrnehmung und Bewusstsein gibt, angefangen von der Ahnung über die Existenz solcher Informationen bis zu ihrem tiefen Verständnis. Wir bezeichnen eine Person als *unwissend* hinsichtlich eines Ereignisses, wenn sie sich über die (potentiellen) Ergebnisse dieses Ereignisses oder über das Ereignis selbst nicht bewusst ist.

Unwissenheit umfasst zwei Aspekte: „Informationen sind grundsätzlich nicht verfügbar" und „Informationen sind verfügbar, werden aber mehr oder weniger aktiv ignoriert". Die Gefahr, die bei Unwissenheit besteht, ist, dass der Bedarf zu lernen und zu forschen nicht empfunden wird. Daher spielt es eine wichtige Rolle, welche Haltung Akteure gegenüber ihrem Unwissen einnehmen. Ein Akteur kann sich darüber bewusst sein, dass die Zukunft und insbesondere die Folgen seines Handelns unsicher oder sogar unbekannt sind oder er kann sein Wissen über das eigene Unwissen ignorieren. Faber et al. (1992) sprechen im ersten Fall von offenem Unwissen (open ignorance) und im zweiten Fall von geschlossenem Unwissen (closed ignorance). Faber und Proops (1998, 117) betrachten geschlossenes Unwissen als ein erhebliches Hindernis für menschliche Erkenntnis und sehen in der bewussten Auseinandersetzung mit dem Problem des Unwissens eine wesentliche Voraussetzung für die erfolgreiche Lösung von Umweltproblemen.[63]

Unsicherheit

Der Begriff der Unsicherheit umfasst subjektive und objektive Aspekte. Einerseits ist Unsicherheit eine Eigenschaft einer Person und daher subjektiv: Sie fühlt sich unsicher hinsichtlich eines Sachverhaltes, wenn sie den Informationen hierüber nicht völlig vertraut. Betrachten wir zum Beispiel einen Kunden, der einem Gebrauchtwagenhändler nicht glaubt, dass ein bestimmter Wagen unfallfrei ist. Der Kunde ist sich unsicher über den Wahrheitsgehalt der Aussagen des Gebrauchtwarenhändlers, weil dieser eine schlechte Reputation besitzt. Allerdings ist ein Mangel an Vertrauen nur ein Grund für Unsicherheit. Es gibt auch objektive Gründe für Unsicherheit. Wenn beispielsweise eine Person eine Münze wirft, kann sie sich nicht sicher sein, ob Kopf oder Zahl oben liegen wird.

---

[63] Auch von Hayek (1972, 33-34 mit Verweis auf Popper 1960, 69) äußert sich hierzu deutlich: „Vielleicht ist es nur natürlich, dass die Umstände, die unser Tatsachenwissen begrenzen, und die so resultierenden Grenzen für die Anwendbarkeit unseres theoretischen Wissens in dem Überschwang, der durch die erfolgreichen Fortschritte der Wissenschaft erzeugt wurde, ziemlich unbeachtet geblieben sind. Es ist jedoch höchste Zeit, dass wir unsere Unwissenheit ernster nehmen. So haben Popper und andere dargelegt, „je mehr wir über die Welt erfahren, und je gründlicher unsere Erfahrung ist, umso bewusster, spezifischer und deutlicher wird unser Wissen von dem, was wir nicht wissen, unser Wissen von unserer Unwissenheit."'

Letztlich ist die Frage, ob man sich sicher oder unsicher über die Ausgänge einer Unsicherheitssituation ist, eine Frage der *subjektiven Beurteilung des Wahrheitsgehaltes von Informationen*. Dabei kann das Urteil auf die Auswertung objektiver Tatsachen gestützt werden. Wir definieren Unsicherheit als Gegensatz von Sicherheit folgendermaßen:

Eine Person ist sicher hinsichtlich eines Ereignisses, wenn sie überzeugt ist, die Ergebnisse (d.h. die Folgen des Ereignisses) im Voraus zu kennen. Es kann sein, dass sich eine Person sicher fühlt, sich aber täuscht und das tatsächliche Ergebnis nicht kennt. Umgekehrt ist eine Person unsicher hinsichtlich eines Ereignisses, wenn sie sich nicht sicher über das Ergebnis ist.

Risikosituationen und Wahrscheinlichkeit

Wie kann man mit Unsicherheit umgehen? Wenn jemand unsicher ist, so besteht eine verbreitete Strategie darin, zu unterstellen, dass das wahrscheinlichste Ergebnis tatsächlich eintreffen wird. Mit anderen Worten, obwohl sich die Person über die Unsicherheit bewusst ist, wird Sicherheit angenommen und die Unsicherheit ignoriert. Gründe, diese Strategie zu wählen, könnten sein, dass andere Konzepte und Werkzeuge zum Umgang mit Unsicherheit nicht verfügbar oder praktikabel sind oder als inadäquat oder zu teuer eingeschätzt werden. Die Strategie, Sicherheit anzunehmen, liegt bislang in großen Teilen der Bundesverkehrswegeplanung zugrunde.

Wenn aber Unsicherheit als wichtig erachtet wird, so ist eine weit verbreitete Strategie – insbesondere bei wissenschaftlich fundierten Herangehensweisen – die Verwendung von Wahrscheinlichkeiten. In diesem Falle werden implizit zwei Annahmen getroffen. Es wird unterstellt, dass für ein Ereignis 1. alle potentiellen Ergebnisse und 2. für jedes der Ergebnisse die Eintrittswahrscheinlichkeit bekannt sind. Wir sprechen dann von einer *Risikosituation* (vgl. Knight 1921; 232; Faber et al. 1992).

Während es sich also bei *Unwissen* um den *Zustand* einer Person im Hinblick auf Informationen handelt, ist *Unsicherheit* eine persönliche *Einschätzung* des Wahrheitsgehaltes von Informationen über eine Situation. Eine *Risikosituation* wiederum ist eine bestimmte *Rekonstruktion* einer Situation – nämlich eine Rekonstruktion die Wahrscheinlichkeiten benutzt. Solche Rekonstruktionen kann man als eine *Strategien* zum Umgang mit Unsicherheit betrachten, denn sie werden dazu benutzt das

5.2 Berücksichtigung von Unsicherheit in der BVWP

Problem, wie sich die Person in einer Situation verhalten soll, auf bestimmte Art zu strukturieren. *Wahrscheinlichkeiten* kann man schließlich als ein *Maß* für die Unsicherheit auffassen. Genauer gesagt kann man Wahrscheinlichkeiten als ein Maß für die Möglichkeiten des Eintretens von Ergebnissen begreifen, das bestimmte Axiome[64] erfüllt.

Kernfrage bei der Verwendung von Wahrscheinlichkeiten ist, wie man sie ermittelt. Es besteht die Möglichkeit, dass der Entscheidungsträger für jeden möglichen Ausgang die Wahrscheinlichkeit unter Beachtung der Axiome festlegt. Dabei kann er seine Einschätzungen gegebenenfalls auf Erfahrungen mit ähnlichen Situationen stützen. Solche Einschätzungen sind subjektiv und für andere nicht unbedingt nachvollziehbar. Für politische Entscheidungen ist eine mangelnde Transparenz aber unbefriedigend. Daher ist es wünschenswert, wenn die Wahrscheinlichkeiten objektiv ermittelt werden können. In einigen Situationen ist das auf einfache Weise möglich. Wenn beispielsweise bei einem Würfelspiel die Situation durch die Menge der potentiellen Ergebnisse $\{1,2,3,4,5,6\}$ hinreichend gut beschrieben ist, so rechtfertigen einerseits die Komplexität der physikalischen Prozesse, die bei einem Wurf ablaufen und andererseits die Symmetrie des Würfels die Annahme, dass alle Ergebnisse mit der gleichen Wahrscheinlichkeit von 1/6 eintreten. Der klassischen Definition von Laplace folgend entspricht die Wahrscheinlichkeit dem Quotient aus der Anzahl der günstigen Fälle und der Anzahl der möglichen Fälle. Voraussetzung dabei ist allerdings, dass die verschiedenen Fälle alle gleich wahrscheinlich sind (Weyl 1982, 248).

Die Bestimmung objektiver Wahrscheinlichkeiten kann ganz allgemein dann erfolgen, wenn ähnliche Ereignisse in großer Zahl bereits stattgefunden haben. Die Symmetrieüberlegungen bei einem Würfel oder bei einer Münze können als Gedankenexperimente betrachtet werden, die

---

[64] Diese Axiome lauten wie folgt: $p(\omega)$ sei die Wahrscheinlichkeit eines Ergebnisses ω aus der Menge Ω aller potentiellen Ergebnisse des Ereignisses. Dann gilt:

Axiom 1: $0 \leq p(\omega) \leq 1$, d.h. die Wahrscheinlichkeit eines Ergebnisses liegt immer zwischen 0 und 1.

Axiom 2: $p(\Omega) = 1$, d.h. die Wahrscheinlichkeit, dass irgendeines der potentiellen Ergebnisse eintritt, ist genau 1.

Axiom 3:   Wenn ω_1 und ω_2 disjunkt sind, dann gilt $p(\omega_1 \cup \omega_2) = p(\omega_1) + p(\omega_2)$, d.h. sind ω_1 und ω_2 unabhängige Ergebnisse, so ergibt sich die Wahrscheinlichkeit, dass ω_1 oder ω_2 eintritt, als Summe der Eintrittswahrscheinlichkeiten von ω_1 und ω_2.

es überflüssig machen, die vielen Versuche tatsächlich durchzuführen. Die sicherste Methode, um zu klären, ob ein Würfel fair oder gefälscht ist, ist es dennoch, den Würfel sehr oft zu werfen. Jakob Bernoulli zeigte den Zusammenhang von Wahrscheinlichkeit und Häufigkeit in seinem „Gesetz der großen Zahl": Der Unterschied zwischen Wahrscheinlichkeit eines Ergebnisses und dessen Häufigkeit wird beliebig gering, wenn die Zahl der Ereignisse, die zur Bestimmung der Häufigkeit durchgeführt werden, hinreichend groß gewählt wird. Dieser fundamentale Zusammenhang zwischen Wahrscheinlichkeit und Häufigkeit macht folgendes deutlich: Die Wahrscheinlichkeitsrechnung dient zur Aufstellung solcher Gesetzmäßigkeiten, die nicht im einzelnen Ereignis, sondern in den Mittelwerten vieler gleichartiger Ereignisse zum Ausdruck kommen (Jakob Bernoulli nach Weyl 1982, 249). Das bedeutet mit anderen Worten, dass die Verwendung von Wahrscheinlichkeiten bei der Entscheidungsunterstützung dann nicht angebracht erscheint, wenn es sich um ein sehr seltenes oder gar einmaliges Ereignis[65] handelt oder wenn man keine oder nur geringe Erfahrungen mit einem solchen Ereignis besitzt. In einem solchen Fall sind also keine „Mittelwertsbetrachtungen" mittels Wahrscheinlichkeiten, sondern Einzelfallbetrachtungen zum Beispiel mit Hilfe von Szenarioanalysen angemessen.

Auf diesen und ähnlichen Überlegungen bauen die Strategien des präventiven Risikomanagements auf, die wir im nächsten Abschnitt erörtern möchten. Zuvor möchten wir aber noch einmal das Problem der subjektiven Wahrscheinlichkeiten aufgreifen. Ihre Verwendung birgt offensichtlich Probleme, wenn nicht ein Einzelner nur für sich selbst verantwortlich handelt, sondern wenn beispielsweise eine Gruppe die Entscheidung gemeinsam treffen soll und die Gruppenmitglieder in ihren Einschätzungen der Eintrittswahrscheinlichkeiten nicht übereinstimmen. Problematisch ist die Verwendung subjektiver Wahrscheinlichkeiten auch, wenn ein Entscheider in gesellschaftlicher Verantwortung steht, beispielsweise weil er als Beamter oder Politiker stellvertretend für die Gesellschaft die Entscheidung trifft, wie das im Rahmen der Bundesverkehrswegeplanung

---

[65] Die Einmaligkeit bezieht sich auf die Charakteristika, die für die Beurteilung einer Situation relevant sind. Selbstverständlich ist jedes Ereignis einmalig, wenn man Ort und Zeitpunkt zur Beschreibung mit heranzieht. Einmaligkeit soll hier aber bedeuten, es gibt keine im Hinblick auf die relevanten Charakteristika gleichartigen Ereignisse.

5.2 Berücksichtigung von Unsicherheit in der BVWP

der Fall ist. Denn in diesem Fall ist es nicht zwingend, dass seine subjektiven Wahrscheinlichkeiten die angemessene Grundlage für eine „öffentliche Entscheidung" sind. Dieses Problem tritt verschärft in den Fällen auf, in denen Handlungsfolgen als katastrophale Ereignisse bewertet werden können. In solchen Entscheidungssituationen ist es durchaus rational, keinem Wahrscheinlichkeitskalkül, sondern anderen Strategien zum Umgang mit Unsicherheit, wie z.b. dem Vorsichtsprinzip, zu folgen (Hübner 2001, 157).

Abgesehen vom Problem der Bestimmung von Wahrscheinlichkeiten in Risikosituationen ist zu hinterfragen, ob die Annahme, es wären alle Folgen einer Entscheidung bekannt, gerechtfertigt ist. Das Argument, mit der diese Annahme häufig begründet wird, ist, dass prinzipiell nur bekannte Folgen einer Handlung bei einer Entscheidung berücksichtigt werden können (Laux 1998, 124ff.; Weikart 1999, Abschnitt 9.2, insb. S. 170). Es sei daher keine Einschränkung, von vornherein davon auszugehen, dass *alle* Ereignisse bekannt sind. Es lässt sich dagegen einwenden, dass damit systematisch Folgen aus der Betrachtung ausgeblendet werden, die zwar als gefährlich eingeschätzt werden, sich aber nicht konkretisieren lassen.[66]

Es gibt ein breites Spektrum zwischen „genauem Wissen" und „völligem Unwissen". Darin enthalten sind zum Beispiel Ahnungen, Vermutungen und Erfahrungen aus mehr oder weniger ähnlichen Situationen. Es wird deutlich, dass hier Informationen über Handlungsfolgen vorliegen, die aus individueller Sicht für eine Bewertung bedeutsam sind, aber nicht unbedingt für andere nachvollziehbar sein müssen, weil Ahnungen, Vermutungen und Erfahrungen personenbezogen sind. Dennoch erscheint es nicht sinnvoll, dass intersubjektiv nicht nachvollziehbare, aber für den Einzelnen dennoch bewertungsrelevante Informationen systema-

---

[66] Ein Beispiel, das allerdings nicht im Zusammenhang mit der Bundesverkehrswegeplanung steht, wäre die Diskussion um die Folgen der Gentechnologie. Bedenken gegen einen Einsatz von Gentechnologie sind in der Gesellschaft offensichtlich weit verbreitet. Es werden katastrophale Folgen ihres Einsatzes befürchtet, obwohl es an genauen Kenntnissen der konkreten langfristigen Folgen eines breiten Einsatzes von Gentechnologie fehlt. Es wäre eine übermäßige Simplifizierung, wenn man annähme, alle negativen Folgen seien in ihren Ausprägungen im Prinzip bekannt. Ein Ignorieren des Unwissens über die Folgen der Gentechnik, wie es der Fall wäre, wenn man annimmt, alle potentiellen Folgen wären bekannt, wird diesem Problem unseres Erachtens nicht gerecht.

tisch aus der Betrachtung ausgeblendet würden. Es gibt also einen Tradeoff zwischen Transparenz und Nachvollziehbarkeit einerseits und der Einbeziehung möglichst aller verfügbaren Informationen (also auch subjektiver Einschätzungen) andererseits.[67] Dies betrifft sowohl die Bewertung der Ereignisse als auch die Bewertung der Wahrscheinlichkeiten ihres Eintretens.

Die Berücksichtigung des Wissens vom Unwissen kann wichtige Orientierungshilfen für Handlungen und die Unterlassung von Handlungen liefern. Unseres Erachtens bedeutet das für die Bundesverkehrswegeplanung, dass die verbreitete Annahme der Sicherheit vielfach fallen gelassen werden muss und das Unwissen systematisch in die Planungsentscheidungen einbezogen werden muss. Ein Vorschlag, wie das geschehen könnte wird im Folgenden – zumindest in Grundzügen – skizziert. Dazu wollen wir jedoch in den nächsten drei Abschnitten einige Vorschläge zum Umgang mit Unsicherheit aus der Literatur vorstellen und diskutieren.

5.2.2 Strategien des präventiven Risikomanagements

Der Wissenschaftliche Beirat der Bundesregierung Globale Umweltveränderungen entwickelte in seinem Jahresgutachten 1998 (WBGU 1999) Strategien zum Umgang mit Unwissen und Unsicherheit. Dabei kommt der WBGU zu dem Schluss, dass nach dem Prinzip des „präventiven Risikomanagements", wenn die Schadenshöhe und die Eintrittswahrscheinlichkeit nicht ermittelt werden können, die wirkungsbezogene Bewertungsstrategie von einer vorsorgeorientierten Bewertungsstrategie abgelöst werden muss, die auch nicht oder kaum prognostizierbare Folgen in die Bewertung einschließt (WBGU 1999, 306ff.). Obwohl der WBGU globale Umweltrisiken, wie sie durch Klimawandel, Kernenergie oder Gentechnik erzeugt werden, im Blick hat, sind viele der konzeptionellen

---

[67] Das systematische Vernachlässigen von nicht nachvollziehbaren, aber dennoch bewertungsrelevanten Informationen würde auch dem ökonomischen Prinzip des methodologischen Individualismus widersprechen. Das Prinzip besagt nämlich, dass gesellschaftliche Bewertungen auf individuelle Bewertungen zurückgeführt werden müssen.

5.2 Berücksichtigung von Unsicherheit in der BVWP

Überlegungen auch befruchtend für unsere Diskussion der Bundesverkehrswegeplanung.

Der WBGU definiert zunächst drei „Risiko"bereiche[68]: Normal-, Grenz- und Verbotsbereich (WBGU 1999, Kap. 2). Im Normalbereich lassen sich Schadensausmaß und Eintrittswahrscheinlichkeit relativ eindeutig bestimmen und sind insgesamt relativ gering. Für diesen Risikobereich wird das vorhandene Instrumentarium der Erwartungsnutzentheorie (s.u.) oder der klassischen Risikoanalyse als ausreichend erachtet. Der Grenzbereich zeichnet sich durch großes Unwissen über die Wahrscheinlichkeitsverteilung von Schäden, ein hohes Schadenspotenzial, hohe Schwankungsbreiten von Schadenspotenzial und Eintrittswahrscheinlichkeit, besonders hohe Persistenz, Ubiquität und Irreversibilität oder ein großes gesellschaftliches Konfliktpotenzial aus. Es ist hierbei zu beachten, dass es genügt, wenn eines der Charakteristika erfüllt ist, um eine Situation dem Grenzbereich zuzuordnen. Wenn darüber hinaus ein geringer Nutzen oder eine geringe Chancenerwartung hinzukommen oder das Produkt von Eintrittswahrscheinlichkeit und Schadensausmaß extreme Ausmaße annimmt, ist eine Situation dem Verbotsbereich zuzuordnen. Der Verbotsbereich ist ähnlich wie der Normalbereich vergleichsweise einfach zu handhaben. Dort sind die zu erwartenden negativen Auswirkungen so gravierend, dass sie unbedingt vermieden werden sollten.

Am problematischsten ist der Umgang mit Unsicherheit im Grenzbereich. Zur Ableitung für Handlungsstrategien im Grenz- und Verbotsbereich werden vom WBGU 6 verschiedene Risikotypen definiert (Tabelle 5.1). In beiden Bereichen sind die Abschätzungen der Schäden und der Wahrscheinlichkeiten selbst sehr unsicher. Es ist eine Besonderheit des WBGU-Ansatzes, dass er bei der Ableitung der Handlungsstrategien die Abschätzsicherheit (AS) der Schäden und Wahrscheinlichkeiten, d.h. den Grad der Verlässlichkeit dieser Informationen, explizit berücksichtigt. In

---

[68] Der Risikobegriff des WBGU fußt auf dem der klassischen Risikoanalyse nach Knight (1921), wird aber vor dem Hintergrund der in Abschnitt 5.2.1 vorgenommenen Definitionen in seiner weiteren Verwendung des Begriffes unscharf. Risiko wird vom WBGU als Oberbegriff verwendet (WBGU 1999, 35ff.). Im Folgenden wird der Begriff „Risiko" im Sinne des WBGU nur in Wortzusammensetzungen wie zum Beispiel Risikobereich und Risikotyp verwendet. Auf diese Weise sollen Missverständnisse vermieden werden.

Tabelle 5.1 werden Beispiele von Typen globaler Umweltrisiken (nach WBGU 1999) genannt.

Tabelle 5.1: Charakterisierung der Risikotypen

Risikotyp	Charakterisierung		Beispiele
	Eintrittswahrscheinlichkeit	Schadensausmaß	
Damokles	– gering – AS[69] hoch	– hoch – AS hoch	– Kernenergie – Großchemische Anlagen – Staudämme
Zyklop	– ungewiss – AS ungewiss	– hoch – AS eher hoch	– Überschwemmungen – Erdbeben – AIDS-Infektion
Pythia	– ungewiss – AS ungewiss	– ungewiss (potenziell hoch) – AS ungewiss	– Sich aufschaukelnder Treibhauseffekt – Freisetzung und Inverkehrbringen transgener Pflanzen
Pandora	– ungewiss – AS ungewiss	– ungewiss (nur Vermutungen) – AS ungewiss – Persistenz hoch	– Persistente organische Schadstoffe – Endokrin wirksame Stoffe
Kassandra	– eher hoch – AS eher gering	– eher hoch – AS eher hoch – Verzögerungswirkung hoch	– Anthropogener schleichender Klimawandel – Destabilisierung terrestrischer Ökosysteme
Medusa	– eher gering – AS eher gering	– eher gering (Exposition hoch) – AS eher hoch – Mobilisierungspotenzial hoch	– Elektromagnetische Felder

Quelle: Modifiziert in Anlehnung an WBGU (1999, 66).

Im nächsten Schritt werden den einzelnen Risikotypen spezifische Handlungsstrategien und Instrumente zugeordnet. Diese werden hier nur für ausgewählte Typen in Tabelle 5.2 wiedergegeben, für eine ausführli-

---

[69] AS = Abschätzungssicherheit

5.2 Berücksichtigung von Unsicherheit in der BVWP

che Darstellung sei auf das Jahresgutachten 1998 des WBGU verwiesen. Bei den Risikotypen Zyklop und Pythia ist die Eintrittswahrscheinlichkeit der Wirkungen eines Eingriffs nicht bekannt. Es handelt sich also nicht um Risikosituationen im Sinne unserer Begriffsdefinitionen (Abschnitt 5.2.1). Die beiden Typen Zyklop und Pythia unterscheiden sich in der Höhe und der Abschätzungssicherheit des Ausmaßes einer Wirkung. Damit zeichnen sich diese beiden Risikotypen durch Eigenschaften aus, die sie mit vielen Unsicherheitssituationen der Umweltbewertung in der Bundesverkehrswegeplanung gemein haben. Allerdings ist das Schadensausmaß bei den beiden Risikotypen hoch bzw. voraussichtlich hoch. Im Gegensatz dazu sind bei Verkehrsprojekten die mit einem Eingriff verbundenen Wirkungen in der Regel bekannt und lassen sich auch in ihrem Ausmaß eingrenzen (z.B. Belastungen durch vorhabenstypspezifische Arten und Intensitäten von Maßnahmen in der URE, siehe Abschnitt 4.3.4). Gleichzeitig lassen sich aber die Eintrittswahrscheinlichkeiten der Wirkungen aufgrund der Komplexität natürlicher Systeme oft nicht berechnen oder auch nur grob abschätzen. Die Strategien und Instrumente zum Umgang mit den Risikotypen Zyklop und Pythia (vgl. Tab. 5.2) zeigen, in welche Richtung die Methodik der Bundesverkehrswegeplanung in solchen Fällen erweitert werden könnte.

Die Vorschläge des WBGU vollziehen einen Wechsel der Bewertungsperspektive weg vom Wirkungsbezug hin zum Gefährdungsbezug. Besonders deutlich wird dies beim Risikotyp Zyklop, der als gefährdungsbezogene Maßnahmen Gefährdungshaftung und Versicherungspflicht für Risikoerzeuger verlangt. Für beide Risikotypen – Zyklop und Pythia – werden technische Schutzmaßnahmen und Maßnahmen zur Begrenzung der Schadensausbreitung gefordert. Maßnahmen also, die ebenfalls beim Risikoerzeuger bzw. Verursacher und damit auf der Gefährdungsseite ansetzen.

Dennoch bleiben die Vorschläge des WBGU vage und es ist noch ein weiter Weg zu einer Operationalisierung, wie sie für eine Methodenkonvention bei der Bundesverkehrswegeplanung notwendig wäre. Manche der Handlungsempfehlungen sind nicht konkret genug, um in praktischen Problemsituationen handlungsleitend sein zu können. So ist das Instrument „Forschung" auf lange Sicht zwar geeignet, die Möglichkeiten zur Ermittlung von Eintrittswahrscheinlichkeiten zu verbessern; es versetzt einen Entscheider aber nicht kurzfristig in die Lage, mit einem von Unsicherheit gekennzeichneten Entscheidungsproblem umzugehen. Gleiches gilt für das Instrument „Begrenzungsstrategien" zur Umsetzung der Strategie „Effektives Schadensmanagement sicherstellen". Trotz dieser Probleme bei der Operationalisierung der vorgeschlagenen Strategien und Instrumente halten wir insbesondere die Unterscheidung von Normal-, Grenz- und Verbotsbereich auch für die Praxis der Bundesverkehrswegeplanung für hilfreich, wie wir weiter unten erläutern werden.

Tabelle 5.2: Strategien und Instrumente für ausgewählte Risikotypen

Risikotyp	Strategie	Instrumente
Zyklop – Eintrittswahrscheinlichkeit ungewiss, AS ungewiss – Schadensausmaß hoch, AS eher hoch	1. Eintrittswahrscheinlichkeit ermitteln	– Forschung – Monitoring – Technische Maßnahmen zur Abschätzung der Eintrittswahrscheinlichkeiten
	2. Gegen Überraschungen vorbeugen	– Gefährdungshaftung – Versicherungspflicht für Risikoerzeuger – Technische Maßnahmen – Überwachung
	3. Schadensausmaß reduzieren	– Notfallschutz – Reduzierung des Schadensausmaßes – Technische Schutzmaßnahmen inkl. Begrenzungsstrategien
Pythia – Eintrittswahrscheinlichkeit ungewiss, AS ungewiss – Schadensausmaß ungewiss (eher hoch), AS ungewiss	1. Vorsorge verbessern und Auswirkungen begrenzen	– Institutionelle Vorsorgeregelungen wie Stand der Technik u.ä. – Begrenzung (Reduzierung der Schadensausbreitung) – Konventionen zu Überwachung, Monitoring und Sicherheitsvorkehrungen – Technische Verfahren der Resilienz
	2. Wissen verbessern	– Forschung und staatliche Forschungsförderung – Frühwarnsystem
	3. Effektives Schadensmanagement sicherstellen	– Begrenzungsstrategien – Technische Schutzmaßnahmen

Quelle: Modifiziert in Anlehnung an WBGU (1999, 329f.).

In den folgenden beiden Abschnitten 5.2.3 und 5.2.4 werden wir vorstellen und diskutieren, welche konkreten Ansätze zum Umgang mit Unsicherheit es in den Wirtschaftswissenschaften und in den Planungswissenschaften gibt. Vor dem Hintergrund der allgemeinen Überlegungen in den Abschnitten 5.2.1 und 5.2.2 werden wir dann in Abschnitt 5.2.5 Empfehlungen für eine Weiterentwicklung der Bundesverkehrswegeplanung geben.

5.2.3 Der ökonomische Ansatz zum Umgang mit Unsicherheit: Erwartungsnutzentheorie und Risikoanalyse

Die in den Wirtschaftswissenschaften weit verbreitete Erwartungsnutzentheorie beschäftigt sich ausschließlich mit Risikosituationen. Es wird also davon ausgegangen, dass alle Ergebnisse eines Ereignisses und deren Wahrscheinlichkeiten bekannt sind. Die Erwartungsnutzentheorie kann als ökonomischer Spezialfall der klassischen Risikoanalyse angesehen werden, die ebenfalls Risikosituationen voraussetzt (vgl. Abschnitt 4.2, insb. 4.2.2).

Die Erwartungsnutzentheorie (von Neumann/Morgenstern 1944) ist eine ökonomische Theorie, die das Handeln in Risikosituationen leiten kann. Sie erweitert die Wohlfahrtsökonomik – also die ökonomische Theorie, die der NKA zugrunde liegt – für Risikosituationen. Vereinfachend gesagt wird dabei der Nutzen jeder Handlungsfolge mit seiner Eintrittswahrscheinlichkeit gewichtet und anschließend addiert. Das Ergebnis ist der Erwartungswert des Nutzens der Handlung, der so genannte Erwartungsnutzen. In der Erwartungsnutzentheorie wird davon ausgegangen, dass sich ein risikoneutrales Wirtschaftssubjekt für die Alternative entscheidet, deren Erwartungsnutzen am größten ist.[70] Häufig wird aber auch angenommen, dass ein Entscheider risikoavers ist, d.h. dass er zwischen zwei Entscheidungsalternativen, die den gleichen Nutzen erwarten lassen, diejenige bevorzugt, deren Streuung bzw. deren Varianz am geringsten ist. Es stehen mathematische Methoden bereit, um die hinsichtlich der gegebenen Risikoeinstellung beste Alternative zu be-

---

[70] Vgl. beispielsweise auch Varian (1994, 172-176).

rechnen und auf Grundlage dieser Berechnungen eine Handlungsempfehlung abzugeben.[71]

Die Erwartungsnutzentheorie ist eine weitgehend konsistente und für Entscheidungsprobleme eines einzelnen Individuums brauchbare Theorie rationalen Handelns unter Risiko.[72] Soll allerdings die Erwartungsnutzentheorie die entscheidungstheoretische Grundlage der Bundesverkehrswegeplanung werden, so ist eine Voraussetzung dafür ein überzeugendes Konzept zur Rekonstruktion einer Entscheidungssituation unter Unsicherheit als Risikosituation. Dazu muss insbesondere das Problem der Bestimmung von Wahrscheinlichkeiten von Handlungsfolgen befriedigend gelöst sein. Mit anderen Worten bedeutet eine Anwendung der Erwartungsnutzentheorie auf die NKA der Bundesverkehrswegeplanung, dass für jede Nutzen- und Kostenkomponente die Wahrscheinlichkeiten[73] verschiedener Ausprägungen ermittelt werden. Also müsste beispielsweise berechnet werden, dass die Abgasbelastungen NU_1 mit einer Wahrscheinlichkeit von 0,1 bei 100.000 €, von 0,1 bei 140.000 €, von 0,1 bei 150.000 € usw. liegen.

Zusammenfassend lässt sich sagen, die Erwartungsnutzentheorie bietet die theoretische Grundlage einer Anwendung der NKA in Risikosituationen. Wenn es nicht adäquat erscheint, die Entscheidungssituation als Risiko zu rekonstruieren, muss man jedoch auf andere Strategien zum Umgang mit Unsicherheit zurückgreifen.

5.2.4 Ansätze zum Umgang mit Unsicherheit in den Planungswissenschaften: Die Ökologische Risikoanalyse und Erweiterungsmöglichkeiten

Die Ökologische Risikoanalyse wurde bereits in Abschnitt 4.2 ausführlich behandelt. An dieser Stelle möchten wir noch einmal die Aspekte zusammenfassen, die den Umgang mit Unsicherheit betreffen, und Erweiterungsmöglichkeiten diskutieren. Die Ökologische Risikoanalyse ist eine an planungspraktische Anforderungen angepasste Modifikation der klassischen Risikoanalyse im Sinne der im vorangegangenen Abschnitt

---

[71] Zum Beispiel Varian (1994, Kapitel 11) und Pratt et al. (1996, insb. Kapitel 4).
[72] Vgl. zur Kritik stellvertretend Hübner (2001, insb. S. 94-186).
[73] Falls unendliche viele Ausprägungen möglich sind, müssen die Wahrscheinlichkeitsverteilungen ermittelt werden.

dargestellten Erwartungsnutzentheorie. Während Letztere von einer Risikosituation ausgeht, man also insbesondere die Ausmaße und Wahrscheinlichkeiten der potentiellen Umweltwirkungen bestimmen muss, versucht man bei der Ökologischen Risikoanalyse diese Schwierigkeit zu umgehen, indem man das „Risiko" der Beeinträchtigung der Umwelt aus der Verknüpfung von Beeinträchtigungsintensität des Eingriffes und Beeinträchtigungsempfindlichkeit des Schutzgutes bzw. des vom Eingriff potenziell betroffenen Raumes ermittelt. Während Ersteres die von einem Eingriff ausgehenden Belastungsarten charakterisiert, gibt Letzteres die Empfindlichkeit eines Schutzgutes bzw. eines Raumes gegenüber potenziellen Belastungen wieder. Erst die Kombination dieser beiden Kriterien erlaubt die Bestimmung des „Risikos der Beeinträchtigung" als dem Ausmaß möglicher Beeinträchtigungen (Bachfischer 1978, 94).

Damit befinden wir uns in der Diskussion des methodischen Umgangs mit Unsicherheit an einem wichtigen Punkt, der methodische Weiterentwicklungen in zwei Richtungen diskussionswürdig erscheinen lässt. Die Ökologische Risikoanalyse könnte entweder um eine Berücksichtigung der Eintrittswahrscheinlichkeit des durch sie bislang nur zu ermittelnden Schadensausmaßes (ökologisches Risiko) methodisch erweitert werden, wie dies im unten beschriebenen Ansatz von Scholles (1997) versucht wird. Die andere Möglichkeit wäre, den bei der URE bereits zu beobachtenden Wandel weg von einer wirkungsbezogenen hin zu einer gefährdungsbezogenen Betrachtung konsequent umzusetzen, wie dies in ebenfalls weiter unten diskutierten Vorschlägen von Scheringer et al. (1998) zum Ausdruck kommt, die allerdings nicht aus dem Bereich der Umweltplanung, sondern der Chemikalienregulierung stammen.

Erweiterung der Ökologischen Risikoanalyse um Eintrittswahrscheinlichkeiten

Scholles (1997, 215) entwickelt ein Verfahren zur Integration von Eintrittswahrscheinlichkeiten in die Ökologische Risikoanalyse. Das Problem der Bestimmung der Wahrscheinlichkeiten versucht er folgendermaßen abzumildern:

1. Es wird davon ausgegangen, dass die Wahrscheinlichkeiten nicht genau angegeben werden können, sondern dass die Gutachter, die die Bewertungen durchführen, lediglich in der Lage sind, Intervalle zu

bestimmen, innerhalb derer die Wahrscheinlichkeiten für das Eintreten eines Schadens liegen. Dieses Vorgehen entspricht der Bestimmung subjektiver Wahrscheinlichkeiten.

2. Verbale Erläuterungen der Charakteristika dieser Intervalle und Beispiele sollen dem Gutachter helfen, in einer Entscheidungssituation eine korrekte Einschätzung in die Wahrscheinlichkeitsintervalle vorzunehmen.

3. Das Verfahren lässt grundsätzlich die Möglichkeit der Unbestimmbarkeit von Wahrscheinlichkeiten und des Schadensausmaßes zu.

Motiviert wurde Scholles in seinem Vorgehen von der rechtswissenschaftlichen Auffassung von Klöpfer (1993, 58), derzufolge auch qualitative Aussagen über Wahrscheinlichkeiten rechtliche Grundlage von Entscheidungen sein können. Scholles geht von der umweltpolitisch und umweltrechtlich relevanten Unterscheidung *wahrscheinlicher Wirkungen* als Gegenstand der Gefahrenabwehr und *möglicher Wirkungen* als Gegenstand der Vorsorge aus. Um diese beiden Wirkungen voneinander unterscheiden zu können, benutzt Scholles allerdings ein scharfes quantitatives Kriterium: „Wahrscheinliche" Wirkungen sind diejenigen, die in mehr als der Hälfte der Fälle auftreten werden, und „mögliche" Wirkungen treten in weniger als der Hälfte der Fälle auf.[74] Zusätzlich werden als Extreme sehr wahrscheinliche Wirkungen, die in mehr als 95 % der Fälle eintreten, und unwahrscheinliche Wirkungen mit einer Eintrittswahrscheinlichkeit von weniger als 5 % unterschieden. Die weitere Differenzierung definiert sichere Wirkungen (Eintrittswahrscheinlichkeit = 100 %), unmögliche Wirkungen (Eintrittswahrscheinlichkeit = 0 %) und unwägbare Wirkungen (Eintrittswahrscheinlichkeit aufgrund von Unwissen nicht zu bestimmen). Tabelle 5.3 gibt einen Überblick über den von Scholles unternommenen Versuch einer operationalen Bestimmung von Schadenswahrscheinlichkeitsklassen.

Die Definition von Klassen der Beeinträchtigungsintensität erfolgt bei Scholles nicht einheitlich, sondern differenziert nach Schutzgütern und den sie beschreibenden Indikatoren, worauf hier nicht näher eingegangen werden soll. In einem nächsten Schritt werden die Eintrittswahrschein-

---

[74] Klöpfer hingegen spricht von Eintritts- bzw. Entstehungsmöglichkeit, wenn die quantitative oder qualitative Bestimmung von Wahrscheinlichkeiten nicht möglich ist, also in unserer Nomenklatur keine Risikosituation vorliegt (Kloepfer 1993, 58).

lichkeiten mit der Beeinträchtigungsintensität in einer zweidimensionalen Präferenzmatrix zum „Ökologischen Risiko" verknüpft (Tabellen 5.4 und 5.5). Die Verknüpfungsmatrix ist so zu lesen, dass beispielsweise eine mögliche (Eintrittswahrscheinlichkeit D) starke Belastung (Beeinträchtigungsintensität H) für den Artenschutz als ein vom Eingriff ausgehender Gefahrenverdacht (Ökologisches Risiko E) eingeschätzt wird. Für die Ermittlung des Ökologischen Risikos in der Verknüpfungsmatrix gilt die Grundregel, dass je höher die Beeinträchtigungsintensität ist, desto niedriger deren Eintrittswahrscheinlichkeit sein darf, um ein bestimmtes „Risiko" zur Folge zu haben.

Tabelle 5.3: Operationale Bestimmung von Eintrittswahrscheinlichkeit in der Ökologischen Risikoanalyse nach Scholles

Stufe	Bezeichnung	Erläuterung	quantifiziert	Beispiel
A	sicher	Wirkung wird definitiv eintreten	n = 100%	Verlust der Grundwasserneubildungsfunktion bei Überbauung
B	sehr wahrscheinlich	Wirkung wird nach praktischer Vernunft[75] eintreten	95% < n < 100%	Zerschneidung von Amphibienteilhabitaten durch Straßenbau zwischen Wald und Tümpel
C	wahrscheinlich	Wirkung wird in mehr als der Hälfte der Fälle eintreten	50% < n < 95%	Intensivierung der landwirtschaftlichen Nutzung infolge von Flächenverlust
D	möglich	Wirkung kann eintreten, d.h. in weniger als der Hälfte der Fälle, ihr Eintritt ist jedoch nicht von der Hand zu weisen	5% < n < 50%	Bodenkontamination durch wassergefährdende Stoffe infolge von Verkehrsunfällen
E	unwahrscheinlich	Wirkung wird nach praktischer Vernunft nicht eintreten	0% < n < 5%	Bodenkontamination oder Gewässerverunreinigung durch Sabotage einer Anlage
F	unmöglich	Wirkung kann nicht eintreten	n = 0%	Schadstoffeintrag ins Grundwasser bei Vollversiegelung
X	unwägbar	Abschätzung ist aufgrund von Unkenntnis nicht vertretbar	???	Krebs als Folge des Wohnens in der Nähe von Freileitungen

Quelle: Scholles (1997, 216).

---

[75] Die Verwendung des Begriffes „praktisch Vernunft" durch Scholles entspricht nicht dem allgemeinen wissenschaftlich-philosophischen Gebrauch. „Praktische Vernunft" ist aber auch in der Alltagssprache kein üblicher Begriff. Es bleibt daher völlig unklar, was an dieser Stelle gemeint ist.

Tabelle 5.4: Ermittlung des Ökologischen Risikos aus Beeinträchtigungsintensität und Eintrittswahrscheinlichkeit[76]

		Beeinträchtigungsintensität								
		A	B	C	D	E	F	G	H	I	X
Eintrittswahr-scheinlichkeit	A	H	H	G	E	C	B	B	A	A	X
	B	H	H	G	F	E	D	C/D	C	B	X
	C	H	H	H	G	F	F	E	D	C	X
	D	H	H	H	H	G	G	F	E	E	X
	E	H	H	H	H	H	H	G	G	G	X
	F	kein Risiko								
	X	X	X	X	X	X	X	X	X	X	X

Quelle: Scholles (1997, 233).

Scholles versucht mit seinem Vorschlag die Ökologische Risikoanalyse durch die Integration von Eintrittswahrscheinlichkeiten in Richtung der klassischen Risikoanalyse weiterzuentwickeln. Allerdings unterscheidet er nur noch sechs Wahrscheinlichkeitsklassen und lässt in einer siebten Klasse explizit zu, dass Wahrscheinlichkeiten nicht abgeschätzt werden können. Weiterhin verfeinert er gegenüber der etablierten Form der Ökologischen Risikoanalyse die bisher üblichen sehr groben Wertstufen „geringes", „mittleres" und „hohes Risiko". Selbstverständlich steigt aufgrund dieser Verfeinerungen auch der Informationsbedarf.

Die Motivation zur Verwendung der Wahrscheinlichkeitsstufen entnimmt Scholles der rechtswissenschaftlichen Unterscheidung zwischen möglichen und wahrscheinlichen Handlungsfolgen. Indem er aber auch den Bereich der möglichen Handlungsfolgen als Wahrscheinlichkeitsklasse interpretiert – in seinem Sinne ist eine mögliche Wirkung eine Wirkung mit einer Wahrscheinlichkeit < 50 % –, negiert er den fundamentalen Unterschied zwischen Wahrscheinlichkeit und Möglichkeit, der in der rechtswissenschaftlichen Definition von Kloepfer (1993, 58) zum Ausdruck kommt. Kloepfer baut seine Unterscheidung auf den entscheidungstheoretischen Grundlagen auf und fordert zur Bewertung des Risikos die quantitative oder qualitative Bestimmung von Eintrittswahr-

---

[76] Die in Tabelle 5.4 enthaltene Differenzierung der Beeinträchtigungsintensitäten ist lediglich beispielhaft und soll hier nicht weiter diskutiert werden.

scheinlichkeiten. Die Bestimmung von Eintritts- oder Entstehungsmöglichkeiten zieht er hingegen nur dann in Betracht, wenn das Wissen zur Angabe von Wahrscheinlichkeiten nicht vorhanden ist, es also inadäquat erscheint, eine Situation als Risikosituation zu betrachten.

Tabelle 5.5: Kennzeichnung des Ökologischen Risikos

Stufe	Umwelt-politisches Prinzip	Bezeichnung	Erläuterung
A	Sanierung	Zerstörung	Katastrophale Schutzgutausprägung
B		Schaden	Schutzgut in Teilen irreversibel verändert, Gefährdung sicher, Sanierungsbedarf
C	Gefahrenabwehr	Gefahr	Beeinträchtigung des Schutzguts erkennbar, Gefährdung sehr wahrscheinlich oder wahrscheinlich (und aus Umweltsicht nicht hinnehmbar)
D		Gefahrengleiches Risiko	Beeinträchtigung eines gewichtigen Schutzguts erkennbar, Gefährdung wahrscheinlich oder möglich, Überschreiten der Restrisikoschwelle sehr wahrscheinlich
E	Vorsorge	Gefahrenverdacht	Beeinträchtigung eines Schutzguts erkennbar, Überschreiten der Gefahrenschwelle möglich, Überschreiten der Restrisikoschwelle sehr wahrscheinlich
F		Risiko i.e.S.	Schleichende, nicht direkt erkennbare Beeinträchtigung des Schutzgutes, Überschreiten der Gefahrenschwelle unwahrscheinlich, Überschreiten der Restrisikoschwelle wahrscheinlich
G		Risikomöglichkeit	Beeinträchtigungen können durch Maßnahmen weitgehend vermieden oder ausgeglichen werden, Überschreiten der Restrisikoschwelle möglich
H	Restrisiko		Veränderungen bleiben innerhalb der regionalen Schwankungsbreite, Schutzgutbeeinträchtigungen unwahrscheinlich; staatliches Eingreifen nicht möglich
X	Forschungsbedarf		Keine Risikoeinschätzung möglich

Quelle: Scholles (1997, 231).

Weiterhin bleibt in Bezug auf Scholles Vorschlag kritisch zu bemerken, dass die Berücksichtigung von Wahrscheinlichkeitsklassen das Problem der Bestimmung von Wahrscheinlichkeiten zwar abmildert, aber nicht grundsätzlich löst. Gleichzeitig stellt dieses Vorgehen deutlich höhere Anforderungen an Gutachter. Die Frage, in welchen Fällen vorliegende Informationen für eine Einordnung eines Ereignisses in eine der Wahrscheinlichkeitsklassen hinreichend sind, bleibt unbeantwortet. Ihre Beantwortung wird vom Ermessen des Gutachters abhängen, was wiederum bei konfliktbeladenen Vorhaben zu konträren Ansichten über die Legitimität der Einstufung führen wird. Nur in den seltensten Fällen werden aussagekräftige und empirisch zuverlässige Daten vorliegen, die eine anhand quantitativer Grenzen vorgenommene Einordnung zulassen. In allen anderen Fällen muss die Einordnung verbal-argumentativ begründet werden, wofür das System von Scholles jedoch keine Kriterien liefert. Falls es dem Gutachter nicht möglich ist, einem Schadensereignis eine der Wahrscheinlichkeitsklassen zuzuordnen, es also in der Nomenklatur von Scholles unabwägbar ist, wird keine Bewertung der Situation vorgenommen. Das bedeutet, dass in diesem Fall keine handlungsleitenden Empfehlungen gegeben werden.

Insgesamt gesehen wird an dem Versuch von Scholles, die Ökologische Risikoanalyse in Richtung der klassischen Risikoanalyse weiterzuentwickeln deutlich, welche Schwierigkeiten sich ergeben, wenn man das quantitative Konzept der Wahrscheinlichkeiten mit qualitativen Ansätzen mischt. Bevor ein solches Verfahren für die Praxis der Bundesverkehrswegeplanung geeignet wäre, besteht jedenfalls noch erheblicher Entwicklungsbedarf.

Reichweiten-Konzept in der Chemikalienregulierung

Scheringer et al. (1998, 229) sehen in der Unkenntnis der Wirkungszusammenhänge in Umweltsystemen die Hauptursache von Unsicherheit und verweisen hinsichtlich der Unsicherheit von Umweltwirkungen auf die so genannte „Überkomplexität von Umweltsystemen", die es unmöglich macht, „Umweltsysteme anhand eindeutig bestimmbarer Größen in ihren wesentlichen Eigenschaften so zu beschreiben, dass

1. anhand dieser Größen der gegenwärtige Zustand der Systeme charakterisiert,

2. Auswirkungen vorangegangener Umwelteingriffe in Form eindeutiger Ursache-Wirkungs-Beziehungen rekonstruiert und

5.2 Berücksichtigung von Unsicherheit in der BVWP

3. Voraussagen über Reaktionen der Systeme auf bestimmte zukünftige Eingriffe getroffen werden können."

Ausgehend von der Hypothese der „Überkomplexität von Umweltsystemen" entwickeln Scheringer et al. (1998) ein Konzept zur Operationalisierung einer vorsorgeorientierten Bewertungsstrategie am Beispiel der Chemikalienregulierung. Die Grundgedanken dieses Konzeptes – nämlich bei Unsicherheit die gefährdungsbezogene Betrachtung gegenüber der vorherrschenden wirkungsbezogenen Betrachtung zu stärken – sind auch für die Verkehrsplanung interessant.

Sind die Wirkungen von Chemikalien auf die Umwelt nicht bekannt, kann nur die Exposition von Stoffen in der Umwelt bewertet werden. Lässt Ungewissheit die Bestimmung eindeutiger Ursache-Wirkungs-Ketten nicht zu, wird der Bewertungsvorgang gewissermaßen an den Anfang dieser Kette vorverlagert. Damit verlagert sich die Bewertung vom kausalanalytisch herzuleitenden Wirkungsbezug zu einem von stofflichen oder – übertragen auf den Anwendungsbereich der Bundesverkehrswegeplanung – auch physischen Eigenschaften eines Vorhabens ausgehenden Gefährdungsbezug. Nach dem *Reichweiten-Konzept* von Scheringer et al. (1998, 230f.) erfolgt die Gefährdungsanalyse durch die Berechnung der zeitlichen Reichweite – Persistenz eines Stoffes in der Umwelt – und der räumlichen Reichweite – Ausbreitung in der Umwelt: Je länger ein Stoff in der Umwelt vorhanden ist und je weiter er sich ausbreitet, desto größer ist die Möglichkeit von Folgewirkungen.

Das Reichweiten-Konzept definiert eine klare Trennung wirkungs- und gefährdungsbezogener Bewertungen in Abhängigkeit vom Grad der Unsicherheit. Damit wird der Einsatzbereich wirkungsbezogener Analyse- und Bewertungsverfahren – wie Risikoanalyse und Ökologische Risikoanalyse – konsequent auf Risikosituationen eingeschränkt. Der Vorschlag von Scheringer et al. (1998) kann damit auch als eine Ergänzung der auf Risikosituationen zielenden Vorschläge verstanden werden.

Dieses für die Chemikalienregulierung entwickelte Konzept lässt sich auch auf die Umweltbewertung in der Bundesverkehrswegeplanung übertragen. Statt der Freisetzung von Chemikalien werden die Maßnahmen des Verkehrswegebaus zum Bewertungsgegenstand. In der URE werden unter unzureichender Berücksichtigung des Unsicherheitsaspektes die Umweltwirkungen von Verkehrsvorhaben bewertet. Die Umsetzung des Reichweiten-Konzepts würde bedeuten, dass bei Ungewissheit über die Wirkungen die URE einen Eingriff nicht mehr anhand seiner Wirkungen bewertet, sondern die raum-zeitlichen Eigenschaften des Eingriffs bzw. das Ausmaß des Eingriffs in den Vordergrund stellt.

Die ökologische Risikoanalyse und damit auch die URE sind bereits teilweise gefährdungsbezogen angelegt. So werden mit der URE für Wasserstraßen potenzielle Vorhabenswirkungen über das Kriterium *Maßnahmenintensität* in starkem Maße gefährdungsbezogen bewertet. Die Maßnahmenintensität wird in erster Linie anhand von Art und Umfang der Maßnahmen ermittelt, was den zeitlichen und räumlichen Reichweiten bei Scheringer et al. entspricht. Erst im nächsten Schritt – und nur wenn Datenlage und Wissensstand es erlauben – werden die von den Maßnahmen verursachten Belastungen wirkungsbezogen bewertet. Der Vorschlag von Scheringer et al. kann dennoch als Ausgangspunkt für eine Weiterentwicklung der URE verstanden werden, da diese bislang nur im Hinblick auf definierte Maßnahmen, deren Wirkungsmöglichkeiten grundsätzlich bekannt sind, gefährdungsbezogen arbeitet. Der Gefährdungsansatz der URE bezieht sich somit ausschließlich auf fehlende Daten, nicht aber auf unzureichendes Wissen über Wirkungszusammenhänge.

5.2.5 Möglichkeiten der Einbeziehung von Informationen über Unwissen und Unsicherheit in die Umweltbewertung der Bundesverkehrswegeplanung

Wie kann Unsicherheit in der Bundesverkehrswegeplanung in geeigneter Weise berücksichtig werden? Es wurde auf den letzten Seiten verdeutlicht, dass bereits eine Reihe von Ansätzen hierzu bestehen, von denen aber jeder spezifische Vor- und Nachteile besitzt und keiner universell, sondern nur in bestimmten Situationen anwendbar ist. Gerade deshalb erscheint die Grundidee des WBGU (1999) überzeugend, nämlich verschiedene Unsicherheitssituationen zu unterscheiden und jeweils spezifische, auf die Situation zugeschnittene Ansätze zum Umgang mit Unsicherheit anzuwenden. Auch wenn die Arbeiten des WBGU auf die Bewältigung globaler Umweltrisiken ausgerichtet sind, liefern sie auch für die Bundesverkehrswegeplanung wertvolle Ansatzpunkte. Im Folgenden werden wir – aufbauend auf der Grundidee des WBGU – einen Vorschlag für die systematische Einbeziehung von Unsicherheit in die Bun-

5.2 Berücksichtigung von Unsicherheit in der BVWP

desverkehrswegeplanung unterbreiten. Unser Vorschlag kann allerdings nur einen methodischen Rahmen vorgeben. Für eine praktische Anwendung ist zusätzlich eine Methodenkonvention in Form eines Handbuches erforderlich, in der die Details der Bewertung unter Unsicherheit geregelt und festgelegt werden.

Die systematische Einbeziehung von Informationen über Unwissen und Unsicherheit kann und sollte in der Bundesverkehrswegeplanung für alle Bereiche – NKA, URE und RWA (die wir hier nicht betrachten) – erfolgen. Die Einbeziehung von Unwissen und Unsicherheit wird den Ablauf der Bewertung nicht grundsätzlich verändern, sondern im Wesentlichen den bisherigen Ablauf begleiten. Das bedeutet, dass Unsicherheitsbetrachtungen jeweils integrativer Bestandteil der NKA, der URE und der RWA sein sollten. Die Bewertung eines Verkehrsinfrastrukturprojektes beginnt sowohl bei der NKA als auch bei der URE mit einer Wirkungs- oder Gefährdungsanalyse. Wenn Unsicherheit berücksichtigt werden soll, ist ein wesentlicher Schritt, hier eine Unsicherheitsanalyse zu ergänzen, in der zunächst die Unsicherheitssituation ermittelt wird: Liegt eine Risikosituation vor oder nicht? Lassen sich Eintrittswahrscheinlichkeiten oder lediglich Möglichkeiten benennen? Ist eine Wirkungs- oder nur eine Gefährdungsprognose möglich?

Im Verkehrsbereich werden die Unsicherheiten in vielen Fällen im vom WBGU definierten Normalbereich liegen, denn es ist oft von einem geringen bis mittleren, örtlich begrenzten Schadenspotenzial auszugehen und Schadenshöhe sowie Eintrittswahrscheinlichkeiten sind nicht selten abschätzbar. Für den Normalbereich verweist der WBGU auf die bekannten Verfahren der Risikoanalyse. Für Nutzen-Kosten-Überlegungen bietet sich im Normalbereich die ökonomische Erwartungsnutzentheorie an. Falls großes Unwissen über die Wahrscheinlichkeitsverteilung von Schäden vorliegt und die Gefahr besteht, dass das Schadensausmaß extreme Ausmaße annimmt, also das „Risiko" im Verbotsbereich liegt – was für Verkehrsinfrastrukturprojekte kaum der Fall sein wird –, ist klar, dass eine Aufnahme in den BVWP nicht in Frage kommt. Eine differenziertere Betrachtung erfordert jedoch der Grenzbereich, also der Bereich, der sich durch hohes Unwissen über Eintrittswahrscheinlichkeiten von Schäden, ein hohes Schadenspotential, hohe Abschätzunsicherheit der Schäden, besonders hohe Persistenz, räumliche Verbreitung und Irreversibilität oder ein großes gesellschaftliches Konfliktpotential auszeichnet.

Wir schlagen folgende Schritte vor, um zu einer systematischen Berücksichtigung von Unwissen und Unsicherheit in der Bundesverkehrswegeplanung zu kommen:

1. Prüfen, ob Wirkungen mit Sicherheit abgeschätzt werden können.
Falls nicht:
2. Prüfen, ob Wahrscheinlichkeiten abgeschätzt werden können.
Falls nicht:
3. Einzelfallbetrachtungen.

1. Schritt: Prüfen, ob Wirkungen mit Sicherheit abgeschätzt werden können.

Die Leitfrage hier lautet: Gibt es gewichtige Gründe zu zweifeln, dass alle relevanten Wirkungen bekannt sind und die Wirkungen mit Sicherheit eintreten? Solche Gründe existieren insbesondere dann, wenn in ähnlichen Fällen die erwartete Wirkung nicht eingetreten ist und wenn es keinerlei Erfahrung mit den Wirkungen gibt. Je nach Einschätzung des Wissensstandes können die folgenden Fälle unterschieden werden:

— Falls es konkrete Zweifel gibt, dass alle relevanten Wirkungen in ihren wesentlichen Ausprägungen bekannt sind, können keine Wahrscheinlichkeitsüberlegungen angestellt werden, sondern es sind Einzelfallbetrachtungen vorzunehmen und es ist mit *Schritt 3* fortzufahren.

— Falls alle relevanten Wirkungen als bekannt angenommen werden können, aber an dem sicheren Eintreten der Wirkungen Zweifel bestehen, ist mit *Schritt 2* fortzufahren.

— Falls man jedoch zu dem Ergebnis kommt, dass alle Wirkungen bekannt sind und mit Sicherheit eintreten, kann die bisherige Bewertungsmethodik der Bundesverkehrswegeplanung zum Einsatz kommen.

In dem Fallbeispiel zum Ausbau der Saale, das im zweiten Teil des Buches ausführlich behandelt wird, wurde beispielsweise vor der Verabschiedung des BVWP 2003 intensiv über eine technische Lösung, die so genannte „Öko-Staustufe", diskutiert. Durch eine Brunnengalerie entlang der aufgestauten Saale sollte die natürliche Grundwasserdynamik der

5.2 Berücksichtigung von Unsicherheit in der BVWP

vom Aufstau betroffenen Auen künstlich aufrechterhalten werden. Wie wir weiter unten ausführen werden, gab es mit einer solchen neuartigen Lösung keine direkt auf den Fall Saaleauen übertragbaren Erfahrungen. Die Öko-Staustufe ist ein Beispiel, bei der die Annahme, die Wirkungen würden mit Sicherheit eintreten, unseres Erachtens nicht gerechtfertigt ist, weil die Erfahrungen hierzu nicht ausreichen.[77]

2. Schritt: Prüfen, ob Wahrscheinlichkeiten abgeschätzt werden können.

Um Wahrscheinlichkeiten abschätzen zu können, muss man Erfahrungen mit den Wirkungen haben. Im günstigsten Fall gibt es bereits eine große Zahl von Fällen, in denen gleiche oder ähnliche Wirkungen aufgetreten sind. Dann können statistische Methoden angewendet und die Wahrscheinlichkeiten aus Häufigkeiten ermittelt werden. In vielen Fällen werden aber keine Statistiken vorliegen. Wenn die Erfahrungen groß genug sind, können Experten die Wahrscheinlichkeiten schätzen. Die Anforderungen an die Experten sind geringer, wenn wie bei dem Vorschlag von Scholles (1997) nur Wahrscheinlichkeitsklassen bestimmt werden müssen. Expertenschätzungen sind subjektiv und wiederum mit Unsicherheit behaftet. Die oben bereits genannten Probleme bei der Verwendung subjektiver Wahrscheinlichkeiten – insbesondere hinsichtlich der Transparenz und Nachvollziehbarkeit – treten auf. Es gilt, das Verfahren zur Schätzung der Wahrscheinlichkeiten so auszugestalten, dass die Probleme möglichst gering gehalten werden. Folgende Vorschläge für das Schätzverfahren werden gemacht:[78]

---

[77] Es ist allerdings darauf hinzuweisen, dass beim genannten Beispiel gerade auch die Frage vorhandener und übertragbarer Erfahrungen mit dieser Technologie in der (Fach-)Öffentlichkeit umstritten war. Bei der Analyse der verfügbaren Informationen über die zu einem etwaigen Vergleich heranzuziehende Donau-Staustufe in Wien-Freudenau konnte jedoch festgestellt werden, dass Rahmenbedingungen und Zweck des technischen Grundwassermanagements andere sind, als es an der Saale der Fall wäre, und eine Übertragbarkeit der Erfahrungen somit nicht gegeben ist. Hinzu kommen ungelöste technische Schwierigkeiten an der Donau, die die Technologie als bislang nicht ausgereift erscheinen lassen.

[78] Diese Vorschläge werden teilweise in der Bundesverkehrswegeplanung und bei anderen gutachterlichen Stellungnahmen bereits praktiziert.

- Die Gutachter sollen ihre Schätzungen ausführlich verbal begründen und Aussagen über ihre Abschätzsicherheit machen. Die Begründungen sind offen zu legen, so dass sie von am Verfahren beteiligten Behörden und von der Öffentlichkeit nachzuvollziehen sind.

- Es sollte für am Verfahren beteiligte Behörden, für Betroffene und für Verbände die Möglichkeit geben, in begründeten Fällen die Schätzungen anzuzweifeln.

- Es sollten unabhängige Schätzungen der Wahrscheinlichkeiten durch unterschiedliche Gutachter durchgeführt werden. Um die Unabhängigkeit der Gutachter zu befördern, könnte beispielsweise ein Gutachten vom Verkehrsministerium und eines vom Umweltministerium in Auftrag gegeben werden. Wenn die Schätzungen der Wahrscheinlichkeiten (innerhalb einer vorgegebenen Schwankungsbreite) übereinstimmen, können diese im weiteren Bewertungsverlauf verwendet werden. Kommen die Gutachten zu unterschiedlichen Ergebnissen, ist bei einer sich daraus ergebenden besonderen Konfliktintensität eine Einzelfallbetrachtung nach Schritt 3 anzustreben.

Falls es prinzipiell möglich ist, Wahrscheinlichkeiten für alle Wirkungen zu ermitteln, und der Aufwand hierfür vertretbar erscheint, kann die NKA entsprechend erweitert werden. Das bedeutet insbesondere, dass die potentiellen Wirkungen mit ihren Eintrittswahrscheinlichkeiten gewichtet werden. In der Methodenkonvention ist dabei festzulegen, welche Risikobereitschaft (Grad der Risikoaversion) bei der gesellschaftlichen Erwartungsnutzenfunktion zu unterstellen ist.

Weiterhin kann die URE im Sinne einer klassischen Risikoanalyse erweitert werden. Hierbei kann auf die Überlegungen von Scholles (1997) zurückgegriffen werden. Allerdings sind nicht alle Ergebnisse von Scholles auf die URE in der Bundesverkehrswegeplanung übertragbar. Beispielsweise müssen Kriterien zur Bestimmung der Beeinträchtigungsintensität mit der bestehenden Methodik der URE in Übereinstimmung gebracht und die Präferenzmatrix angepasst werden. Es gibt hier einen erheblichen Bedarf an methodischen Weiterentwicklungen. Insgesamt besteht unseres Erachtens allerdings kein Zweifel, dass es möglich wäre, hier eine befriedigende URE zu entwickeln, die in der Lage ist, Wahrscheinlichkeiten zu verarbeiten.

5.2 Berücksichtigung von Unsicherheit in der BVWP

Falls es nicht möglich ist, für alle potentiellen Wirkungen Wahrscheinlichkeiten zu ermitteln oder falls der Aufwand hierzu zu hoch ist, muss *Schritt 3* der Unsicherheitsanalyse bearbeitet werden.

3. Schritt: Einzelfallbetrachtungen

Einzelfallbetrachtungen sind erforderlich, wenn es nicht adäquat erscheint, von einer Risikosituation auszugehen, also nicht alle potentiellen Wirkungen und deren Eintrittswahrscheinlichkeiten als bekannt angenommen werden. Betrachten wir zunächst den Fall, dass zumindest eine der Wirkungen nicht genau bekannt ist und befürchtet wird, sie sei sehr schädlich. In diesem Fall sollte versucht werden, entweder kurzfristig mehr Informationen über die Wirkung zu sammeln, um doch eine fundierte Bewertung vornehmen zu können, oder es sollten alternative Projekte in Erwägung gezogen werden, bei denen man davon ausgehen kann, dass sie weniger schädlich sind. Die konkrete und begründete Befürchtung einer stark negativen Auswirkung eines Verkehrsprojektes führt also zu einer negativen Bewertung, auch wenn sich die Schäden oder deren Eintrittswahrscheinlichkeiten nicht genau quantifizieren lassen.[79]

Hier ist es ebenfalls wichtig, wie das Verfahren ausgestaltet wird, um festzustellen, dass eine Wirkung als sehr schädlich eingestuft werden muss. Eine solche Feststellung sollte nicht nur durch Gutachter des Bundesverkehrsministeriums, sondern auch durch andere Beteiligte des Verfahrens, insbesondere dem Bundesumweltministerium möglich sein. Eventuell sollte dieser Weg auch Verbänden und einzelnen Betroffenen zur Verfügung stehen, wobei allerdings sichergestellt werden muss, dass ein Missbrauch zur Durchsetzung von Privatinteressen vermieden wird. Das bedeutet, dass in ähnlicher Weise wie das Bundesumweltministerium bzw. das Bundesamt für Naturschutz bereits jetzt an Projektbewertungen beteiligt wird, diese Institutionen an Unsicherheits-, Gefährdungs- bzw. Unbedenklichkeitseinschätzungen beteiligt werden sollten. Durch Veröffentlichungen der Abschätzungen sollte Verbänden die Möglichkeit zur Kritik eröffnet werden.

---

[79] In der Tat entspricht die Betrachtung von Alternativen bei konkreter Gefährdung in vielen Fällen bereits der gängigen Praxis.

Falls alle potentiellen Wirkungen in ihren Ausprägungen zwar beschrieben werden können, es aber aufgrund der mangelnden Erfahrung inadäquat erscheint, ihnen Wahrscheinlichkeiten zuzuordnen, sollten Szenarioanalysen durchgeführt werden. Insbesondere sollten ein worst-case- und ein best-case-Szenario entwickelt werden. Wenn der ungünstigste Fall dennoch zu einer positiven Bewertung des Projektes führt, spricht nichts gegen eine Aufnahme in den BVWP. Umgekehrt sollte selbstverständlich eine Aufnahme verweigert werden, wenn selbst der günstigste Fall negativ bewertet wird. Schwierig wird es aber, wenn der günstigste Fall positiv und der ungünstigste Fall negativ bewertet wird. Hier sollten gefährdungsbezogene Strategien zum Umgang mit Unwissen und Unsicherheit zur Anwendung kommen (vgl. Abschnitt 5.2.4). Folgende Möglichkeiten bestehen:

— Prüfen, ob es alternative Projekte gibt, die die negativen Wirkungen nicht oder zumindest nicht in gleichem Maße aufweisen.

— Gezielte Untersuchungen hinsichtlich der negativen Wirkungen vornehmen, die zur genaueren Schadensabschätzung und evtl. zu einer Wahrscheinlichkeitseinschätzung führen. Wenn das nicht möglich ist, könnten Verfahren herangezogen werden, die auf dem dargestellten Reichweitenkonzept von Scheringer et al. (1998) aufbauen.

— Gefährdungshaftung oder Versicherungspflicht für Risikoerzeuger einführen.

— Vorbeugende Maßnahmen zur Begrenzung der Schadensausbreitung ergreifen.

Bei allen diesen Maßnahmen ist es wichtig, sie so auszugestalten, dass sie für andere am Prozess beteiligte Behörden und für die Verbände, Betroffen und die Öffentlichkeit transparent und nachvollziehbar sind.

Zusammenfassend halten wir fest, dass zur Berücksichtigung von Unsicherheit in der Bundesverkehrswegeplanung ein durchgängiges Konzept zu entwickeln ist. Obwohl bereits eine Reihe von Elementen einer Unsicherheitsanalyse derzeit praktiziert werden, wie z.B. die Betrachtung von Vorhabenvarianten bei konkreten Gefährdungen oder die Benutzung von „vorsichtigen" Schätzungen, erfolgt bisher keine systematische Analyse von Unwissen und Unsicherheiten. An dieser Stelle wurden einige erste Überlegungen zur Einbeziehung von Unsicherheit angestellt und es wurde ein Weg grob vorgezeichnet, auf welche Weise die Bundesverkehrswegeplanung in diese Richtung weiterentwickelt werden könnte. Unserer Auffassung nach sollte es, der Idee des WBGU folgend, auf einer Unterscheidung verschiedener Unsicherheitssituationen aufbauen. Eine Operationalisierung unserer Überlegungen müsste im Rahmen einer Methodenkonvention zur Unsicherheitsanalyse in der Bundesverkehrswegeplanung erfolgen.

5.3 Systematisierung der Zielorientierung der Bundesverkehrswegeplanung

5.3.1 Die Strategische Umweltprüfung für Pläne und Programme

Seit Juli 2004 müssen in Deutschland bestimmte öffentliche Pläne und Programme einer Strategischen Umweltprüfung (SUP) unterzogen werden. Damit wird die europäische SUP-Richtlinie (2001/42/EG) umgesetzt. Im Unterschied zur etablierten Umweltverträglichkeitsprüfung auf Projekt- oder Vorhabensebene (Projekt-UVP) zielt die SUP auf die Ermittlung und Bewertung von Umweltwirkungen auf der vorgelagerten Ebene strategischer und konzeptioneller Entscheidungen. Auf der Ebene eines Plans oder Programms wird der grundsätzliche normative und konzeptionelle Rahmen definiert, innerhalb dessen dann konkrete Vorhaben entwickelt, beurteilt und genehmigt werden. Mit der SUP soll auch ausgeschlossen werden, dass die Umweltwirkung vieler einzelner Projekte, die für sich genommen umweltverträglich sind, in ihrer Gesamtheit zu einem unerwünschten Maß von Umweltbeeinträchtigungen führen. Die SUP ist damit ein wichtiges, die Projekt-UVP ergänzendes Instrumentarium.

Momentan ist noch umstritten, ob die Bundesverkehrswegeplanung der SUP-Pflicht unterliegt. Die SUP bezieht sich nur auf rechtsverbindliche, von einer Behörde ausgearbeitete Pläne und Programme. Auf der einen Seite sind BVWP unverbindliche politische Programme der Bundesregierung, was gegen die SUP-Pflicht spricht. Auf der anderen Seite werden hier fundamentale Weichenstellungen und Grundsatzentscheidungen getroffen, die auf der nachfolgenden Ebene der Bedarfspläne in eine rechtsverbindliche Form gebracht werden. Köppel et al. (2004, 11) kommen daher zu dem Schluss, dass die SUP bereits auf Ebene der Bundesverkehrswegeplanung durchzuführen ist, da die unstrittige „Prüfpflichtigkeit der Bedarfspläne eine Vorwirkung auf die Ebene der Bundesverkehrswegeplanung [hat], womit auch der Bundesverkehrswegeplan sowie die ihn bestimmenden Weichenstellungen einer Strategischen Umweltprüfung zu unterziehen sind". Das bedeutet, dass BVWP und Bedarfspläne als Einheit betrachtet werden müssen.

Ungeachtet des Ausgangs dieser aktuellen Diskussion lenken die Erfordernisse der Strategischen Umweltprüfung und die von Köppel et al. identifizierten Anforderungen an die Verkehrsplanung den Blick auf grundsätzliche Defizite in der Zielorientierung der Bundesverkehrswegeplanung (Köppel et al. 2004, 41f.):

„Für die Strategische Umweltprüfung ist von Bedeutung, ob die für den Plan bedeutenden Ziele des Umweltschutzes vollständig zusammengetragen worden sind und welche Bedeutung diesen umweltrelevanten Zielen in dem folgenden Verfahrens- und Bewertungsschritt eingeräumt wird.

Vorab kann allerdings an dieser Stelle festgestellt werden, dass unabhängig von der recht umfänglichen Berücksichtigung von umweltrelevanten Zielen in Einzelbausteinen des Gesamtverfahrens deren Berücksichtigung bei den Entscheidungen nicht ausreichend transparent und nachvollziehbar wird. Es gibt z. B. keine Festlegung von Umweltzielen in dem Sinne, dass die Messbarkeit der Zielerfüllung durch Entscheidungen tatsächlich ermöglicht wird. Ebenso wenig gibt es eine summarische, auf festgelegte Umweltziele bezogene Gesamtdarstellung der Umweltwirkungen des Bundesverkehrswegeplans und der dort gelisteten Vorhaben bzw. Maßnahmen und den Abgleich mit den Zielen. Somit besteht hier ein strukturelles Defizit in Bezug auf die Integration der Strategischen Umweltprüfung."

Die Hauptanforderung der SUP, nämlich eine Planung so durchzuführen, dass sich die Umweltwirkungen des resultierenden Plans – und nicht nur die der Einzelprojekte – ermitteln und bewerten lassen, wird von der Bundesverkehrswegeplanung in ihrer heutigen Form nicht erfüllt. Die Umweltwirkungen, aber auch alle anderen Wirkungen des BVWP werden in ihrer Gesamtheit weder ermittelt noch bewertet. So bleibt unklar, wie sich durch die Umsetzung des BVWP Verkehrsaufkommen und -verteilung, aber auch die vom Verkehr ausgehenden Umweltbelastungen insgesamt verändern. Es lässt sich beispielsweise nicht beziffern, wie sich der CO_2-Ausstoß verändert, wie hoch der Anteil neu versiegelter Fläche ist oder in welchem Maße der Zerschneidungsgrad der Landschaft zunimmt. Köppel et al. (2004, 70f.) fordern daher die stärkere Systematisierung der Zielorientierung und die auf einem Zielsystem aufbauende Herleitung nachvollziehbarer „Qualitätsmaßstäbe im Sinne von definierten Umweltzielen, deren Erreichung eine Voraussetzung für die Aufnahme eines einzelnen Vorhabens ist". Damit ließe sich auch die Erreichung der Umweltziele durch den BVWP insgesamt bewerten.

Die vorangegangenen Ausführungen zum Zusammenhang zwischen SUP und BVWP beziehen sich ausschließlich auf Umweltziele und Umweltwirkungen. Im Folgenden möchten wir jedoch die Möglichkeiten und Grenzen einer systematischen Betrachtung der Wirkungen der Gesamtheit der Projekte auf alle Ziele der Bundesverkehrswegeplanung erörtern. Eine systematische Zielorientierung über den bislang diskutierten Umweltbezug hinaus würde die Bundesverkehrswegeplanung in dreierlei Hinsicht verbessern:

— *Stärkung der konzeptionell-strategischen Begründung des BVWP und seiner Projekte.* Im gegenwärtigen Verfahren besteht die Gefahr, dass die Diskussion um Einzelprojekte den Gesamtprozess beherrscht und ein konsequentes Verfolgen verkehrspolitischer Ziele behindert. Das Bewertungsverfahren der Bundesverkehrswegeplanung wird dominiert von einer *bottom-up* Perspektive: Im Vordergrund stehen Methoden zur Bewertung der positiven wie negativen Effekte und Wirkungen von Projekten. Die *top-down* Herleitung von Bewertungskriterien aus einem umfassenden Konzept von Mobilität und einem übergeordneten Zielsystem spielt hingegen eine untergeordnete Rolle und wird, wie in Abschnitt 2.3 gezeigt wurde, nicht systematisch vorgenommen. Würde dies geschehen, fiele es leichter, die vielfältigen Partikularinteressen den übergeordneten verkehrspolitischen Zielen unterzuordnen. Es fehlt ein durchgängiges Zielsystem, das von übergeordneten Handlungszielen ausgehend ein Verkehrskonzept zur Realisierung dieser Ziele entwickelt und sie durch möglichst quantifizierte Maßstäbe für die Plan- und Projektbewertung operationalisiert. Insbesondere gibt es bislang keine ausgearbeitete Konzeption, wie eine „dauerhaft umweltgerechte Mobilität" in Deutschland aussehen könnte.

— *Verbesserung der Nachvollziehbarkeit und Legitimität von Projektbewertungen und Bedarfseinstufungen.* Ein operationalisiertes Zielsystem ist für die Projektbewertungen und Bedarfseinstufungen in zweierlei Hinsicht relevant. Zum einen lässt sich die Projektentwicklung in systematischerer Weise aus dem Verkehrskonzept heraus betreiben. Zum anderen lassen sich in Bezug auf ein operationalisiertes Zielsystem Zielerreichungsgrade ermitteln. Jedes Projekt würde sich auch danach bewerten lassen, ob und in welchem Maße es zur Zielerreichung beiträgt. Im aktuellen Verfahren ist die Einstufung in den Vordringlichen Bedarf umso wahrscheinlicher, je positiver NKA, URE und RWA ausfallen. Die Zielorientierung ist nur teilweise und nur implizit in den Bewertungskomponenten enthalten. Durch die Ermittlung von Zielerreichungsbeiträgen wird aber die Frage, ob ein Vorhaben in das zu realisierende Verkehrskonzept passt, explizit bewertungsrelevant. Entsprechend leichter und plausibler ließen sich Bedarfseinstufungen mit den jeweiligen Beiträgen zur Zielerreichung begründen.

— *Einführung einer Bewertung der mit dem BVWP zu erzielenden Gesamtwirkung.* Die Einführung einer solchen Bewertungsebene ist gleichbedeutend mit der Ausdehnung der SUP auf alle Zielbereiche der Bundesverkehrswegeplanung, insbesondere auf das Leitbild einer dauerhaft umweltgerechten Mobilität. Die Durchführung einer Bewertung der Wirkungen des Plans würde durch ein operationalisiertes Zielsystem sehr erleichtert. Nicht nur die Umweltwirkungen, auch die verkehrlichen, strukturpolitischen und weiteren sozio-ökonomischen Wirkungen werden bislang nur auf der Projektebene bewertet und nahezu ausschließlich auf dieser Ebene diskutiert. Eine stärker konzeptionell geleitete und in ein operationalisiertes Zielsystem eingebundene Bundesverkehrswegeplanung könnte auch die Wirkungen des Planes insgesamt ermitteln, zur Diskussion stellen und bewerten.

Die Möglichkeiten und Grenzen einer stärker konzeptionell geleiteten und in ein operationalisiertes Zielkonzept eingebundenen Bundesverkehrswegeplanung wollen wir in den beiden nächsten Abschnitten erörtern.

5.3.2 Möglichkeiten einer Systematisierung der Zielorientierung

In Abschnitt 2.3 war bereits festgestellt worden, dass die vorhandenen übergeordneten Zielvorgaben der Bundesverkehrswegeplanung wenig systematisch sind und nur bedingt eine handlungsleitende Funktion über-

5.3 Systematisierung der Zielorientierung der BVWP

nehmen. Die Handlungsziele für die Überarbeitung des BVWP wurden aus der „integrierten Verkehrspolitik" der Bundesregierung, wie sie im Verkehrsbericht 2000 dokumentiert ist (BMVBW 2000), hergeleitet (vgl. Tab. 2.1). Die Elemente der „integrierten Verkehrspolitik" haben den Charakter von Leitlinien, die in groben Zügen die Inhalte und Ziele dieser Politik umreißen. Die weiter gehenden Erläuterungen dieser Elemente im Verkehrsbericht 2000 zeigen schlaglichtartig, was mit diesen Elementen jeweils gemeint ist. So wird im Hinblick auf die „Stärkung der europäischen Verkehrspolitik" gefordert: „Die Eisenbahnen müssen ebenso wie Unternehmen etwa des Straßengüterverkehrs oder der Schifffahrt die Möglichkeit erhalten, dem Verlader ein einheitliches Angebot für grenzüberschreitende Transporte zu unterbreiten" (BMVBW 2000, 15). Ergebnis der „Zusammenführung von Raum- und Verkehrsplanung" soll unter anderem ein „möglichst gleichwertiger Zugang zu Infrastrukturen" sein (BMVBW 2000, 19). Die „Bereitstellung einer leistungsfähigen Verkehrsinfrastruktur" beinhaltet unter anderem die „Aktivierung der Kapazitätsreserven der Binnenschifffahrt" (BMVBW 2000, 28). Diese Beispiele machen die unterschiedlichen Qualitäten und Aggregationsniveaus deutlich, auf denen die „integrierte Verkehrspolitik" Ziele definiert. Die Ziele haben nur in Ausnahmefällen den Charakter einer konkreten, zu erreichenden Vorgabe, vielmehr überwiegen Beschreibungen von anzustrebenden Trends oder allgemein qualitativen Aussagen im Sinne von „Verbesserung", „Erhöhung" oder „Stärkung" ohne fixiertes Ziel dieser Veränderungen.

Bei einer systematischen Zielorientierung ist es angemessen, auf der Ebene übergeordneter Leitlinien nur allgemeine und generalisierende normative Festlegungen zu treffen. Dann ist es allerdings Aufgabe nachfolgender Ebenen, diese Leitlinien zu konkretisieren. Die in Tabelle 2.1 wiedergegebenen Handlungsziele der „integrierten Verkehrspolitik" tun dies jedoch nur in sehr eingeschränktem Maße. Während das Politikelement „Verbesserung des Umweltschutzes" durch die Handlungsziele „Verringerung der Inanspruchnahme von Natur, Landschaft und nicht erneuerbaren Ressourcen" und „Reduktion der Emissionen von Lärm, Schadstoffen und Klimagasen (vor allem CO_2)" untersetzt wird, bleibt dies für andere Politikelemente aus. Das Handlungsziel „Verbesserung der Verkehrssicherheit für Verkehrsteilnehmer und Allgemeinheit" ist nur eine andere Formulierung für „Erhöhung der Verkehrssicherheit". Das Handlungsziel „Gewährleistung dauerhaft umweltgerechter Mobilität" hat schließlich wiederum den Charakter eines übergeordneten Leitbildes, das durch die übrigen Handlungsziele konkretisiert werden müsste. An keiner Stelle wird jedoch definiert, was genau unter dauerhaft umweltgerechter Mobilität zu verstehen ist. Solange dies jedoch nicht geschieht, ist die Funktion eines solchen Leitbildes oder Zieles als handlungsleitendes oder wertbestimmendes Kriterium gering.

Die obigen Ausführungen haben gezeigt, dass in der Bundesverkehrswegeplanung bislang die Möglichkeiten einer systematischen Zielorientierung nur ansatzweise genutzt werden. Die Handlungsziele stellen keine systematische Konkretisierung der „integrierten Verkehrspolitik" dar. Sie spiegeln sich zwar in den Bewertungskomponenten von NKA, URE und RWA wider, werden aber nicht so operationalisiert, dass die Bewertungsergebnisse Rückschlüsse auf die Erreichung der Ziele durch den BVWP insgesamt erlauben. Der Vorschlag von Köppel et al. (2004) zur Weiterentwicklung der Bundesverkehrswegeplanung in Richtung einer Entwicklungsplanung zeigt über den dortigen Kontext der Strategischen Umweltprüfung hinaus Möglichkeiten einer systematischen Zielorientierung auf. Wir wollen im Folgenden zunächst skizzieren, welche Schritte hierfür notwendig wären, um anschließend die Praktikabilität einer solchen Vorgehensweise zu diskutieren.

In Abbildung 5.1. ist dargestellt, wie eine Systematisierung der Zielorientierung in der Bundesverkehrswegeplanung aussehen könnte. Wir unterscheiden dabei zwei korrespondierende Bereiche – den *Ziel- und Bewertungsbereich*, in dem allgemeine Leitlinien zu operationalen Zielengrößen konkretisiert und im Zuge der Bewertungsverfahren in Form von Zielerreichungsbeiträgen auch abgebildet werden, und den *Handlungs- und Objektbereich*, in dem die übergeordneten Leitlinien zunächst in ein noch relativ abstraktes Verkehrskonzept umgesetzt werden, aus dem nachfolgend die Projekte und schließlich der BVWP entwickelt werden.

Bei der Zielkonkretisierung im *Ziel- und Bewertungsbereich* besteht der erste Schritt in der Formulierung von übergeordneten Leitlinien, wie es in der „Integrierten Verkehrspolitik" der Bundesregierung (BMVBW 2000) bereits geschehen ist. Wünschenswert wäre hierbei allerdings noch eine deutlichere und verständlichere Vision, was beispielsweise unter dem zentralen Begriff einer „dauerhaft umweltgerechten Mobilität" zu verstehen ist.

5.3 Systematisierung der Zielorientierung der BVWP

Abbildung 5.1: Systematisierung der Zielorientierung der Bundesverkehrswegeplanung

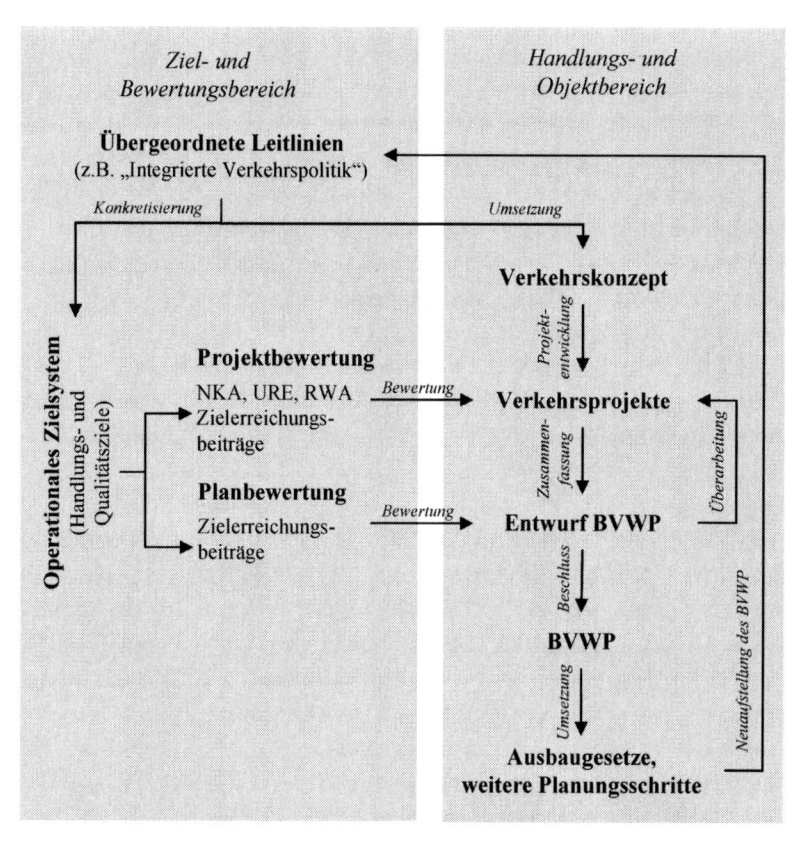

[Diagramm: Ziel- und Bewertungsbereich | Handlungs- und Objektbereich

Übergeordnete Leitlinien (z.B. „Integrierte Verkehrspolitik") — Konkretisierung / Umsetzung → Verkehrskonzept

Operationales Zielsystem (Handlungs- und Qualitätsziele):
- Projektbewertung: NKA, URE, RWA, Zielerreichungsbeiträge —Bewertung→ Verkehrsprojekte (Projektentwicklung, Zusammenfassung)
- Planbewertung: Zielerreichungsbeiträge —Bewertung→ Entwurf BVWP

Beschluss ↓ BVWP
Umsetzung ↓ Ausbaugesetze, weitere Planungsschritte

Überarbeitung / Neuaufstellung des BVWP]

Quelle: Eigene Darstellung.

Im zweiten Schritt sind die Leitlinien zu einem Zielsystem auszudifferenzieren.[80] Dieses Zielsystem besteht aus operationalen, d.h. in ihrer

---

[80] Hierbei ist zwischen Zielen zu unterscheiden, die einen bestimmten erstrebenswerten Zustand beschreiben (z.B. Lärmemissionen sollen unterhalb eines gewissen Schallpegels liegen), und solchen, die eine Verbesserung des Zustandes fordern, ohne dass es möglich wäre, einen optimalen Zustand zu erreichen (z.B. Erhöhung der Wohlfahrt).

Erreichung mess- und überprüfbaren Handlungs- und Qualitätszielen.[81] Wie das geschehen könnte, wird im nächsten Abschnitt an einigen Beispielen illustriert.

Bei Vorliegen eines operationalen Zielsystems ließe sich der Beitrag den einzelne Projekte und der Entwurf des BVWP insgesamt zu ihrer Erreichung leisten durch eine Erweiterung der bestehenden Verfahren bewerten. Als neue Bewertungsebene käme neben den Projektbewertungen die Bewertung des gesamten Entwurfs des BVWP hinzu. Damit wären die Anforderungen der SUP-Richtlinie Rechnung getragen.

Bisher stehen die Bewertungsverfahren für Verkehrsprojekte (NKA, URE, RWA) nur in einem losen, indirekten Zusammenhang zu den Leitlinien der „Integrierten Verkehrspolitik" und zu den Handlungszielen, die für die Überarbeitung des BVWP formuliert wurden. Dem hier geschilderten Vorschlag zufolge würden zusätzlich zu den Bewertungsverfahren die Beiträge für Erreichung der einzelnen Ziele des operationalen Zielsystems ermittelt und dokumentiert. Der Aufwand hierfür wird sich in Grenzen halten, da viele der notwendigen Informationen wie zum Beispiel der Flächenverbrauch bereits für die derzeitigen Projektbewertungen benötigt werden. Das bedeutet, dass für die Einordnung eines Projektes in die verschiedenen Bedarfskategorien neben den Ergebnissen der NKA, der URE und der RWA auch die Beiträge zur Erreichung der Vorgaben des Zielsystems herangezogen werden können. Von entscheidender Bedeutung sind die Zielerreichungsbeiträge jedoch bei der gesamthaften Betrachtung des Entwurfs der BVWP. Durch Zusammenfassung der Beiträge der einzelnen Projekte ergibt sich ein Überblick über die Gesamtwirkung des Planes, wie sie von der SUP-Richtlinie hinsichtlich der Umweltwirkungen gefordert wird.

Parallel zu der Zielkonkretisierung im Ziel und Bewertungsbereich erfolgt im *Handlungs- und Objektbereich* die Formulierung eines Verkehrskonzepts. Das Konzept hat im Rahmen der Zielsystematisierung eine Schlüsselstellung inne, da es eine Brückenfunktion zwischen übergeordneten strategisch-konzeptionellen Zielen und dem BVWP mit seinen konkreten Projekten leistet. Es besteht aus dem Entwurf eines Ge-

---

[81] Hierbei ist zwischen Zielen zu unterscheiden, die einen bestimmten erstrebenswerten Zustand beschreiben (z.B. Lärmemissionen sollen unterhalb eines gewissen Schallpegels liegen), und solchen, die eine Verbesserung des Zustandes fordern, ohne dass es möglich wäre, einen optimalen Zustand zu erreichen (z.B. Erhöhung der Wohlfahrt).

5.3 Systematisierung der Zielorientierung der BVWP

samtbildes des BVWP, in dem insbesondere die zentralen Verkehrsprojekte (z.B. wichtige Neubauten) skizziert werden. Idealerweise werden die Projekte des BVWP aus diesem Konzept heraus entwickelt. Man kann aber davon ausgehen, dass auch unabhängig von diesen Überlegungen Projektideen in regionalen Kontexten entwickelt werden. Natürlich sollten diese entwickelten Projekte auch Berücksichtigung finden, wie dies auch im etablierten Verfahren der Projektmeldungen durch die Bundesländer geschieht. Durch die Rückkopplung von Projektmeldungen mit dem operationalen Zielsystem im Zuge der Projektbewertung, soll eine bessere Passfähigkeit der gemeldeten Projekte zum Verkehrskonzept und den übergeordneten Leitlinien gewährleistet werden.

Die Verkehrsprojekte werden anschließend mit den etablierten und gegebenenfalls weiterentwickelten Bewertungsverfahren bewertet und es werden die Beiträge zur Erreichung der operationalen Ziele ermittelt. Schließlich erfolgt die Prüfung des BVWP-Entwurfs hinsichtlich der Erreichung der operationalen Zielvorgaben. Falls nun die Zielvorgaben von dem Planentwurf verfehlt werden, müssen sowohl die Verkehrsprojekte auf ihre Geeignetheit hin als auch die Zielvorgaben bzw. das Verkehrskonzept auf ihre Realisierbarkeit hin überprüft und gegebenenfalls angepasst werden. Wenn der Entwurf des BVWP die Zielvorgaben erfüllt, kann der BVWP beschlossen und durch Ausbaugesetze und weitere Planungsschritte umgesetzt werden. Die Erfahrungen aus der Umsetzung, die tatsächliche Erreichung oder teilweise Verfehlung der gesteckten Ziele sollten einfließen in die Neuformulierungen der übergeordneten Leitlinien, aus denen heraus wenn es erforderlich wird, der Neuaufstellungsprozess des BVWP erfolgt.

Zusammenfassend lässt sich sagen, dass die Systematisierung der Zielorientierung und ein zu entwickelndes Verkehrskonzept nicht das bislang existierende Bewertungsverfahren auf Projektebene ersetzen, sondern mit diesem verknüpft werden sollen. Damit würde ein nachvollziehbarer und plausibler Orientierungsrahmen für die Projektbewertung, aber auch für die anzustrebende Bewertung der Wirkungen des BVWP insgesamt bereitgestellt.

5.3.3 Operationalisierung des Zielsystems

Die Möglichkeiten und Grenzen zur schrittweisen Konkretisierung und Operationalisierung des Zielsystems der Bundesverkehrswegeplanung sollen am Beispiel des Politikelementes „Verbesserung des Umweltschutzes" untersucht werden. Dieser Bereich ist im Hinblick auf die Strategische Umweltprüfung von besonderem Interesse. An diesem Beispiel soll herausgearbeitet werden, ob und in welchem Maße sich aus dieser allgemeinen Zielstellung quantitative Messgrößen zur Ermittlung von Zielerreichungsbeiträgen entwickeln lassen, wie sie für eine Gesamtbewertung des BVWP wünschenswert wären. Tabelle 5.5 gibt eine Übersicht über verschiedene zur Operationalisierung des Zielsystems denkbare Schritte.

Im Rahmen dieser Operationalisierung wird zunächst eine Untergliederung der beiden Handlungsziele in Teilziele vorgenommen, die einen möglichst hohen Grad an normativer Verbindlichkeit aufweisen sollten. Köppel et al. (2004, 233) unterscheiden in Bezug auf einen Vorschlag des Arbeitskreises „Umweltorientierte Verkehrsnetzgestaltung" der Forschungsgesellschaft für Straßen und Verkehrswesen (FGSV 2002) drei Kategorien mit abnehmender Verbindlichkeit:

– Gesetze, Verordnungen, Verwaltungsvorschriften, internationale Konventionen,

– politische Beschlüsse,

– internationale, behördliche, wissenschaftliche Empfehlungen.

Die in Tabelle 5.5 definierten Teilziele sind jeweils durch Gesetze, politische Beschlüsse oder internationale Abkommen legitimiert. Auf Gesetzesebene ist beispielsweise im Bundesnaturschutzgesetz die Sicherung von mindestens 10 % der Landesfläche als ökologische Vorrangflächen zum Aufbau eines Biotopverbundsystems ein solches verbindliches Umweltziel (§ 3 BNatSchG). Allerdings lässt sich dieses nicht unmittelbar für das Zielsystem der Bundesverkehrswegeplanung operationalisieren, sondern liefert eher eine zusätzliche Begründung des Handlungszieles. Auf der Ebene politischer Beschlüsse liefert die Nachhaltigkeitsstrategie der Bundesregierung eine sehr konkrete Operationalisierung des Handlungsziels: Bis 2020 soll die Flächeninanspruchnahme durch die Siedlungs- und Verkehrsentwicklung auf 30 ha pro Tag gesenkt werden (Bundesregierung 2002, 288). Aus dieser Vorgabe lassen sich im Zuge

5.3 Systematisierung der Zielorientierung der BVWP

Tabelle 5.5: Operationalisierung von Zielen der Bundesverkehrswegeplanung am Beispiel des Politikelements „Verbesserung des Umweltschutzes"

Handlungsziele *Angabe zur Legitimierung ist kursiv gesetzt*		Operationalisierte Zielvorgabe	Informationen für Plan- und Projektbewertung
Handlungsziel: Verringerung der Inanspruchnahme von Natur, Landschaft und nicht erneuerbaren Ressourcen			
Teilziel: Reduzierung des Flächenverbrauchs in Deutschland auf 30 ha/d *Nachhaltigkeitsstrategie*	– Konkretisierung: – Anteil des Verkehrssektors – Anteile der Verkehrsträger – Anteile der Verkehrsrelationen – vom BVWP zu leistender Anteil	Max. zulässiger Flächenverbrauch durch den BVWP und seine Projekte	– Absoluter Flächenverbrauch in ha. – Beitrag zur Zielerreichung in %
Teilziel: Verringerung der Inanspruchnahme naturschutzfachlich wertvoller Flächen (Schutzgebiete, UZV-Räume) *BNatSchG, FFH-RL*	**Konkretisierung:** – Nationalpark, Naturschutzgebiet, FFH-Gebiet – Biotopverbundfläche – UZV-Raum – Biosphärenreservat, Landschaftsschutzgebiet	Keine; evtl. Ausschlussflächen sinnvoll	– Anzahl und Fläche beeinträchtigter Schutzgebiete – Anteil beeinträchtigter Fläche an Gesamtschutzgebietsfläche / an jeweiligem Biotoptypvorkommen
Handlungsziel: Reduktion der Emissionen von Lärm, Schadstoffen und Klimagasen (vor allem CO_2)			
Teilziel: Reduktion der CO_2-Emissionen in Deutschland auf *xy* t/a *Kyoto-Protokoll*	**Konkretisierung:** – Anteil des Verkehrssektors – Anteile der Verkehrsträger – Anteile der Verkehrsrelationen – vom BVWP zu leistender Anteil	Max. zulässige CO_2-Emission in t/a durch den BVWP und seine Projekte	– Absolute CO_2-Emission – Beitrag zur Zielerreichung in %

Quelle: Eigene Zusammenstellung in Anlehnung an Finke et al. (2000), Planungsgruppe Ökologie + Umwelt (2000) sowie Köppel et al. (2004).

der Entwicklung eines übergreifenden Verkehrskonzeptes zulässige Inanspruchnahmen für den Verkehrssektor, die verschiedenen Verkehrsträgerrelationen sowie die davon jeweils auf Ebene der Bundesverkehrswegeplanung maximal zu realisierenden Flächenverbräuche definieren. Letztlich bedarf es für eine befriedigende Operationalisierung einer Verknüpfung der Verkehrspolitik mit der sich entwickelnden Flächenhaushaltspolitik (Köck 2002). Auf der Ebene von Empfehlungen können existierende und in der Diskussion befindliche Umweltqualitäts- und Umwelthandlungsziele der Operationalisierung dienen (Finke et al. 2000). In Bezug auf das Handlungsziel „Verringerung der Inanspruchnahme von Natur, [...]" würde die Zieloperationalisierung also in einer konkreten Begrenzung der maximal zulässigen Flächeninanspruchnahme durch den BVWP und seine einzelnen Projekte bestehen. Sowohl auf der aggregierten Planebene als auch auf Projektebene wäre der jeweilige Anteil an der Ausschöpfung dieses „Flächenbudgets" oder – positiv formuliert – des jeweiligen Zielerreichungsbeitrags leicht zu ermitteln. Auf ähnliche Weise könnte die Operationalisierung des Handlungsziels zur Emissionsreduzierung bei Lärm, Schadstoffen und Klimagasen vorgenommen werden, was in Tabelle 5.5 exemplarisch für CO_2-Emissionen dargestellt ist.

Schwieriger wird die Operationalisierung im Hinblick auf den Schutz bzw. die Beeinträchtigung von Umweltqualitäten. Ein wichtiger Indikator sind Beeinträchtigungen naturschutzfachlich wertvoller Flächen, die über die verschiedenen, nach ihrer naturschutzfachlichen Bedeutung unterschiedenen Schutzgebietskategorien operationalisiert werden können. Im Unterschied zum Flächenverbrauch und zu den CO_2-Emissionen erscheint es in diesem Zusammenhang jedoch nicht angemessen, Vorgaben nach dem Schema „durch den BVWP dürfen maximal 10 % der vorhandenen NSG-, FFH- und Nationalparkflächen beeinträchtigt werden" zu formulieren. Für eine derartige Festlegung existieren weder normative Rahmenvorgaben noch fachliche Begründungen. Nichtsdestotrotz ist die Gesamtfläche der beeinträchtigten Gebiete ein wichtiger Indikator für die Abnahme von Umweltqualität, auch wenn keine Zielvorgabe gegeben werden kann.[82]

---

[82] Unabhängig davon kann es jedoch sinnvoll sein, Tabuzonen oder Ausschlussflächen zu definieren, die in keinem Fall durch Projekte der Bundesverkehrswegeplanung beeinträchtigt oder zumindest nicht erheblich beeinträchtigt werden dürfen. Letzteres wird durch die im Zuge der Umweltrisikoeinschätzung durchgeführte FFH-Verträglichkeitseinschätzung geprüft und liegt daher als Ergebnis bereits jetzt für alle relevanten Projekte vor. Ob solche Ausschlussdefinitionen für bestimmte

5.3.4 Fazit

Der Bundesverkehrswegeplanung fehlt es bislang an einer Gesamtperspektive für die Entwicklung von Mobilität und Verkehr. Das Verkehrskonzept der Bundesregierung erfüllt diese Aufgabe nur unzureichend. Insbesondere wird darin keine Vorstellung entwickelt, was unter dem zentralen Begriff einer „dauerhaft-umweltgerechten Mobilität" (BMVBW 2002, 12) verstanden kann und wie sie gewährleistet werden kann. Ebenso fehlen konkrete Zielvorgaben, an denen sich ein Erfolg messen ließe. Die Zielvorgaben wären Teil der Operationalisierung eines umfassenden Verkehrskonzeptes. Aufgrund der unterschiedlichen Abstraktionsniveaus von Verkehrskonzept und konkreten Zielvorgaben ist die Operationalisierung nicht einfach, sondern erfordert in besonderem Maße politisches Urteilsvermögen. Eine solche stärkere Zielorientierung der Bundesverkehrswegeplanung wäre wünschenswert, auch wenn sie eine nicht unerhebliche Überarbeitung des derzeitigen Verfahrens erfordern würde. Eine systematische Zielorientierung ließe eine deutliche Verbesserung hinsichtlich der Rationalität und der Nachvollziehbarkeit erwarten. Die Bewertung von Projektwirkungen und damit die Bedarfseinstufung würden sich stärker als bislang am zugrunde liegenden Verkehrskonzept und den Beiträgen zur Zielerreichung orientieren. Vor allem aber würde eine Gesamtbetrachtung der vom BVWP insgesamt ausgehenden Wirkungen ermöglicht. Darüber hinaus kann die Systematisierung der Zielorientierung bei der Integration der verschiedenen Teilbewertungen im Zuge der Einordnung von Verkehrsprojekten in Bedarfsstufen behilflich sein, wie noch eingehender im Abschnitt 5.4.7 erläutert werden wird.

Schutzgebietskategorien oder für Biotop- oder Lebensraumtypen definiert werden, kann an dieser Stelle nicht geklärt werden. Entscheidend wäre jedoch die Herstellung eines politikfeldübergreifenden Konsenses, da eine solche Priorisierung des Naturschutzes weit reichende Konsequenzen für andere Nutzungsinteressen hätte. Fachlich begründen ließe sie sich jedoch durchaus aus den vorhandenen rechtlichen Regelungen des Bundesnaturschutzgesetzes. Danach sind zwar Ausgliederungen aus Schutzgebieten und Ausnahmen von Schutzgebietsverordnungen möglich. Ihre Legitimierung fällt jedoch zunehmend schwer, wenn sich Schutzgebiete in das zu schaffende Biotopverbundsystem auf 10 % der Landesfläche einordnen und zusätzlich nach FFH-Richtlinie von europaweiter Bedeutung sind.

5.4 Integration der ökonomischen und ökologischen Bewertungen

5.4.1 Die Integration als multikriterielles Bewertungsproblem

Die Bewertungen der Verkehrsprojekte mit NKA, URE und RWA bilden die Grundlage für die Entscheidung über ihre Aufnahme in den BVWP. Im Einzelfall werden dabei zusätzliche Kriterien wie z.b. „netzkonzeptionelle Erfordernisse" oder „Planungsstand" berücksichtigt. Wie die Einzelbewertungen bzw. -kriterien miteinander verknüpft werden und in die Bedarfseinstufung münden, haben wir in Abschnitt 2.3.3 erläutert. In Abschnitt 2.3.4 haben wir bereits festgestellt, dass die Umweltwirkungen bei der Bedarfseinstufung ein vergleichsweise geringes Gewicht erhalten und die Verknüpfung der verschiedenen Teilbewertungen insgesamt Plausibilität und insbesondere Transparenz vermissen lässt. Im Folgenden soll auf diese Punkte genauer eingegangen, mögliche Ursachen von Defiziten erörtert und Lösungsmöglichkeiten vorgestellt werden.

Die Verknüpfung der verschiedenen Teilbewertungen ist aus verschiedenen Gründen schwierig. Die einzelnen Bewertungskriterien dienen der Operationalisierung der übergeordneten Handlungsziele der Bundesverkehrswegeplanung – z.B. „Gewährleistung dauerhaft umweltgerechter Mobilität", „Stärkung des Wirtschaftsstandortes Deutschland", „Förderung nachhaltiger Raum- und Siedlungsstrukturen", „Verringerung der Inanspruchnahme von Natur, Landschaft und nicht erneuerbaren Ressourcen" usw. (vgl. Tab. 2.1). Diese stehen jedoch teilweise miteinander im Konflikt: Die „Stärkung des Wirtschaftsstandortes Deutschland" lässt sich nicht problemlos mit der „Verringerung der Inanspruchnahme von Natur, Landschaft und nicht erneuerbaren Ressourcen" verbinden, und beides ist nicht zwangsläufig deckungsgleich mit der „Förderung nachhaltiger Raum- und Siedlungsstrukturen". Ein nutzen-kosten-analytisch rentables Projekt kann aus umwelt- und naturschutzfachlichen Gründen nicht vertretbar sein, und ein raumordnungspolitisch vordringliches Vorhaben zur Entwicklung eines strukturschwachen Raumes kann nutzen-kosten-analytisch vergleichsweise schlecht abschneiden.

Das Erfordernis, unter Berücksichtigung aller Kriterien zu einer Entscheidung über ein Vorhaben kommen zu müssen, lässt unweigerlich die Möglichkeit einer alle Teilbewertungen integrierenden Gesamtbewertung in den Blickpunkt rücken. Dabei stellt sich die methodisch keineswegs einfach zu beantwortende Frage, wie aus den Partialbeurteilungen ein Gesamturteil abgeleitet werden kann. In der Darstellung des Bundesver-

5.4 Integration der ökonomischen und ökologischen Bewertungen 191

kehrsministeriums zur Methodik der „Gesamtwirtschaftlichen Bewertung von Verkehrswegeinvestitionen" für den BVWP 1992 (BMV 1993, 20) heißt es zum Themenkomplex „Zusammenfassung der Einzelbeurteilungen":

> „Die Verschiedenartigkeit der Einzelkriterien – allokative, distributive, betriebswirtschaftliche, fiskalische und qualitativ-nominale – steht ihrer Zusammenfassung in einem Gesamtkriterium, nach dem sich die Wertigkeit der geplanten Vorhaben eindeutig ordnen ließe, im Wege. Damit dennoch alle Kriterien Berücksichtigung finden können, vermitteln projektspezifische Tabellen je eine Übersicht über ihre Ausprägungen. Sie stellen eine Orientierungshilfe für die abschließende politische Entscheidung dar, können diese aber nicht ersetzen."

An dieser Einschätzung ist auch für den BWVP 2003 festgehalten worden. Nach wie vor gibt es keine integrierte Gesamtbewertung, sondern eine schwach formalisierte und zum Teil intransparente Verknüpfung der Teilbewertungen auf dem Weg zur Bedarfseinstufung in den BVWP. Das Kriterium „Nutzen-Kosten-Verhältnis" dominiert derzeit in der Bundesverkehrswegeplanung: Die URE kann einerseits nicht mehr zu einer Rückstufung eines Verkehrsprojektes führen und andererseits werden einige Umweltwirkungen auch nicht in der NKA berücksichtigt. Obwohl auch einige Verbesserungen zu verzeichnen sind, hat das Integrationsverfahren für den BVWP 2003 im Vergleich zum BVWP 1992 insgesamt an Transparenz und teilweise auch an Plausibilität verloren, wie wir in den Abschnitten 2.3.3 und 2.4 dargelegt haben.

Es stehen eine Reihe von Methoden der Entscheidungshilfe zur Auswahl, um diese Einzelbewertungen zusammenzuführen. Es handelt sich um den typischen Fall eines multikriteriellen Problems: Es gilt, eine bestimmte Zahl von Vorhaben anhand mehrerer Kriterien zu bewerten und darauf aufbauend zu einer Gesamtbewertung zu integrieren. Die Ergebnisse der NKA, der URE, der RWA sowie die Erreichung weiterer Ziele können hierbei jeweils als unterschiedliche Bewertungskriterien betrachtet werden. In den folgenden Abschnitten werden verschiedene Integrationsverfahren vorgestellt (einen Überblick gibt Tabelle 5.6) und auf ihre Eignung bei der Bundesverkehrswegeplanung eingeschätzt.

Tabelle 5.6: Alternative Verfahren zur erwünschten Verknüpfung der in unterschiedlichen Dimensionen vorliegenden Beurteilungskriterien

Separater Ausweis der Beurteilungskriterien: Es wird auf eine formalisierte Verknüpfung der verschiedenen Beurteilungskriterien vollständig verzichtet. Die Gewichtung der unterschiedlichen Wirkungen und die Integration zu einer Gesamtbeurteilung bleiben den politischen Entscheidungsträgern vorbehalten.
Bonus-/Malusverfahren: Der BVWP 1992 und in eingeschränkter Form auch im BVWP 2003 wurden nach diesem Verfahren aufgestellt. Ausgangspunkt ist die Einschätzung der Projekte aufgrund ihres NKV. Wenn die Ergebnisse der URE, der Raumwirksamkeit oder eines ergänzenden Kriteriums erheblich hiervon abweichen, können Rück- bzw. Hochstufungen vorgenommen werden.
Umfassende Nutzen-Kosten-Analyse: Eine NKA, die dem theoretischen Ideal zumindest nahe kommt, versucht alle Effekte eines Verkehrsprojektes in monetären Einheiten auszudrücken, die dann gegeneinander verrechnet werden können. Falls die Nutzen die Kosten übersteigen, sollte ein Projekt durchgeführt werden.
Nutzwertanalyse: Die Bewertungen hinsichtlich der einzelnen Kriterien werden in einer Punkteskala ausgedrückt und jedem Kriterium wird gemäß seiner Bedeutung ein Gewicht zugeordnet. Das Gesamtbewertungsergebnis ergibt sich dann als gewichtete Summe der Punktwerte.
Weitere Verfahren der multikriteriellen Analyse: Eine wichtige Gruppe sind sind die Verfahren der Multiattribute utility theory (MAUT), bei der sich das Gesamtergebnis als gewichtete Summe partieller (d.h. auf Einzelkriterien bezogener) Nutzenfunktionen ergibt.

Quelle: Eigene Zusammenstellung.

Die Beurteilungen von Verkehrsinvestitionsvorhaben stellen öffentliche Entscheidungen dar, d.h. deren Auswirkungen betreffen viele Menschen, und sie werden von Behörden oder politischen Entscheidungsträgern stellvertretend für die gesamte Bevölkerung getroffen. Aus diesem Grund sollten die Wege, auf denen eine Entscheidung zustande kommt, nachvollziehbar sein – unbeschadet der Tatsache, dass die Verantwortung für die Entscheidung von der Politik getragen wird und diese auch das letzte Wort haben sollte. Auf dieser Überlegung aufbauend werden wir zur Beurteilung der verschiedenen Integrationsverfahren vier Kriterien anwenden:

– *Praktikabilität*: Die Integration sollte mit möglichst geringem Aufwand durchgeführt werden können. Es sollte möglich sein, durch De-

5.4 Integration der ökonomischen und ökologischen Bewertungen   193

finition geeigneter Kriterien im Rahmen einer Methodenkonvention eine Zuordnung in die Bedarfskategorien vorzunehmen.

– *Theoretische Fundierung und Konsistenz*: Das Integrationsverfahren sollte auf klaren und allgemein akzeptierten Grundprinzipien beruhen und dessen Ergebnisse sich aus diesen ohne logische Widersprüche ableiten.

– *Transparenz*: Die Einstufungen von Projekten in den Vordringlichen oder Weiteren Bedarf sollte auf nachvollziehbarem Wege vorgenommen werden.

– *Flexibilität, Einräumen von Ermessens- und Handlungsspielräumen*: In vielen Fällen ist es wichtig, den Entscheidern Ermessensspielräume einzuräumen und von starren Aggregationsregeln abzuweichen. In Konfliktsituationen können Handlungsspielräume das Finden von Lösungen vereinfachen.

5.4.2 Separater Ausweis der Einzelergebnisse

Die einfachste Möglichkeit ist, kein formalisiertes Verfahren der Integration anzuwenden, sondern die Ableitung des Gesamturteils den Entscheidern zu überlassen. Die Integration erfolgt dann in einem Abstimmungsprozess zwischen Behörden, politischen Entscheidungsträgern unter formeller wie informeller Beteiligung der Träger öffentlicher Belange, Verbände und Interessensgruppen. Für diesen Abstimmungsprozess müssen sich gewisse formelle oder informelle Regeln herausbilden, die Wege zu einer Einigung zwischen den Entscheidungsträgern skizzieren und Ergebnisse in angemessenen Zeiträumen sicherstellen.

Die Komplexität der Aufgabe, drei Einzelbewertungen zu einem Gesamturteil zusammenzufassen (vorausgesetzt weitere Kriterien spielen keine Rolle), erscheint so gering, dass es auf den ersten Blick keiner formalen, theoretisch fundierten Integrationsmethode bedarf. In vielen politischen Bereichen haben sich solche informellen Abstimmungsprozesse beispielsweise zwischen Ministerien bei der Ausarbeitung von Gesetzesvorlagen als praktikabel erwiesen. Feste Regeln haben in der Tat den Nachteil, dass sie unflexibel sind und daher Informationen, die nicht bereits in den Einzelbewertungen ausgewertet wurden, nur in standardisierter Form (etwa bei der Gewichtung der Einzelergebnisse) berücksichtigt werden können.

Allerdings bedingt gerade die Flexibilität, dass das Zustandekommen der Entscheidung nicht von anderen nachvollzogen werden kann. Selbst verbale Rechtfertigungen können die Transparenz des Verfahrens nicht in jedem Fall sicherstellen. Dies gilt um so mehr, wie die Entscheidungen über die Einordnung von Projekten in den BVWP selten konfliktfrei und in der Regel in komplexe lokale und regionale Meinungsbildungs- und Entscheidungsprozesse eingebunden sind.

5.4.3 Bonus-Malus-Verfahren

Das Verfahren, das für den BVWP 1992 und in eingeschränkter Form auch für den BVWP 2003 verwendet wurde, ist das Bonus-Malus-Verfahren. Es wurde bereits in Kapitel 2 in seiner spezifischen Ausprägung skizziert. An dieser Stelle vertiefen wir die Darstellung, um einen Vergleich mit alternativen Integrationsverfahren zu ermöglichen.

Das Bonus-Malus-Verfahren nimmt das Ergebnis der NKA zum Ausgangspunkt einer Gesamtbewertung. Für den BVWP 1992 wurde ein Vorhaben, dessen NKV bei 3 oder darüber lag, vorläufig in den Vordringlichen Bedarf eingeordnet. Überstiegen die Kosten die Nutzen, wird das Projekt abgelehnt. Alle Projekte mit einem NKV zwischen 3 und 1 wurden zunächst in den Weiteren Bedarf aufgenommen. Wenn jedoch URE oder die städtebauliche Beurteilung zu einem abweichenden Ergebnis führten, konnte eine Auf- oder Abstufung in der Bedarfskategorie vorgenommen werden.

Beim BVWP 2003 wurde auf der Grundlage des NKV eine Rangfolge der Vorhaben gebildet, die dann entsprechend ihres Rangplatzes bis zur Ausschöpfung des zur Verfügung stehenden Budgets vorläufig in den Vordringlichen Bedarf aufgenommen wurden. Das Bonus-Malus-Prinzip gilt für den aktuellen BVWP nur noch eingeschränkt, da die Raumwirksamkeit (die die städtebauliche Beurteilung ersetzte) nur zu einer Aufstufung in Rangfolge oder Bedarfskategorie führen kann und das Umweltrisiko keine Auf- oder Abstufungen mehr zur Folge hat.

5.4 Integration der ökonomischen und ökologischen Bewertungen 195

Im BVWP 1992 heißt es:

„Die ökologische Beurteilung muß bereits im großräumigen Planungsmaßstab der Bundesverkehrswegeplanung ergeben, daß bei sorgfältiger Abstimmung auf den nachfolgenden Planungsstufen (Linienbestimmung/Planfeststellung) eine ökologisch tragbare und relative konfliktarme Trassenführung mit Ausgleich verbleibender Beeinträchtigungen erwartet werden kann. Ist dies nicht der Fall, erfolgt eine Rückstufung in „Weiterer Bedarf" oder gar Verzicht auf dieses Projekt.

Wird trotz erkennbarer erheblicher Umweltprobleme nach Abwägung aller Belange dem verkehrspolitischen Ziel der Maßnahme Vorrang eingeräumt, so erfolgt keine Rückstufung des Projektes. Den Umweltproblemen ist im Rahmen der weiteren Planung Rechnung zu tragen. [...]

Die städtebauliche Beurteilung sowie die zusätzlichen Kriterien [...] können zur Veränderung des Einstufungsvorschlages (Auf- bzw. Abstufung) führen" (BMV 1992, 33f.)

In der damaligen Praxis gibt es eine Reihe von Anzeichen, die für eine Dominanz der NKA und einer Unterrepräsentation der Umwelt- und städtebaulichen Belange sprechen, die den Zielen der Bundesverkehrswegeplanung zuwider läuft:

— Die scheinbar klaren Bewertungen der NKA suggerieren eine größere Präzision als die der ökologischen Bewertungen.

— Die unscharfen Regeln für eine Auf- oder Abstufung können zu einem erhöhten Rechtfertigungsdruck führen. Die „Beweislast" für eine Veränderung des Einstufungsvorschlages liegt bei der ökologischen Bewertung.

Aus den oben zitierten Formulierungen des BVWP 1992 wird deutlich, dass es keine Richtlinien und Schwellenwerte für eine Umstufung gibt, sondern ein großer Ermessensspielraum für die Entscheider besteht. Dies ist insbesondere auf den lediglich optionalen Charakter des Bonus-Malus-Verfahrens und seine teilweise Auflösung im aktuellen Verfahren zurückzuführen. Insgesamt gesehen erscheint diese Art der Integration zwar praktikabel, aber die Transparenz und theoretische Fundierung lassen stark zu wünschen übrig.

5.4.4 Umfassende Nutzen-Kosten-Analyse

Eine NKA zielt – wie in Kapitel 3 ausführlich erläutert – ihrem theoretischen Anspruch nach auf eine vollständige Erfassung aller Effekte, die die Wohlfahrt von Menschen beeinflussen. Alle Effekte sollen in Geldeinheiten ausgedrückt werden, damit sie anschließend gegeneinander verrechnet werden können. Eine Integration wirtschaftlicher, ökologischer, raumordnerischer, städtebaulicher und weiterer Einzelbewertungen wäre dann trivial, denn es müssten nur noch Geldsummen addiert oder subtrahiert werden. Wenn im Ergebnis dann die Nutzen die Kosten übersteigen, sollte ein Projekt durchgeführt werden.

Für die NKAs des BVWP 2003 werden in einer Methodenkonvention (BMVBW 2002) diejenigen Nutzen- und Kostenkategorien festgelegt, die berücksichtigt werden. Gemäß den Vorgaben für den BVWP 2003 werden die wirtschaftlichen Folgen und einige Umwelteffekte wie beispielsweise eine Verringerung von Lärm- und Abgasbelastungen beim Bau von Ortsumgehungen oder der verkehrsbedingte CO_2-Ausstoß über Vermeidungskostenansätze reflektiert. Andere ökologische und städtebauliche Effekte werden in Nutzen- oder Kostenkategorien bewusst nicht (z.B. raumordnerische Vorteile und die nutzungsunabhängige Bewertung von Umweltwirkungen) oder nicht hinreichend (z.B. Auswirkungen auf Natur und Landschaft, vgl. Abschnitt 5.1.1) erfasst, sondern getrennt mittels der URE und der RWA bewertet. Das bedeutet, dass man sich in der Bundesverkehrswegeplanung bisher dagegen entschieden hat, das Aggregationsproblem zu lösen, indem man eine umfassende, dem Idealtypus möglichst nahe kommende NKA durchführt.

Wäre eine solche umfassende NKA für die Bundesverkehrswegeplanung geeignet? Im Fall der NKA handelt es sich um eine konsistente und theoretisch hervorragend untersuchte Bewertungsmethode. Zwar gibt es einige grundsätzliche konzeptionelle Probleme (z.B. zeitliche Aggregation von Bewertungen, Berücksichtigung von Gerechtigkeitsaspekten, Substituierbarkeit von Werten bzw. Nutzen, Monetarisierung qualitativer Größen), aber viele dieser Probleme sind keine spezifischen Probleme der NKA, sondern stellen sich auch bei den alternativen Integrationsverfahren. Um eine umfassende NKA in der Bundesverkehrswegeplanung verwenden zu können, muss allerdings die Praktikabilität der bisherigen Methoden verbessert werden. Insbesondere die Bewertung ökologischer Auswirkungen ist, wie in Abschnitt 5.1 ausgeführt, schwierig und auf-

5.4 Integration der ökonomischen und ökologischen Bewertungen 197

wändig, aber möglich. Falls die Methoden und die einzelnen Bewertungsschritte offen gelegt werden, ist eine umfassende NKA auch im Detail weitgehend nachvollziehbar. Nachteilig für die politische Praxis mögen allerdings auch gerade diese hohe Transparenz und die geringe Möglichkeiten zur Einflussnahme sein, da auf diese Weise politisch motivierte, aber nicht artikulierte Gründe für oder gegen eine einzelne Maßnahme aus dem Verfahren herausgehalten werden.

Festzuhalten bleibt aber, dass eine auf bestimmte Effekte eingeschränkte NKA nicht dem theoretischen Anspruch der Wohlfahrtsmessung entspricht. Wenn eine Planungsvariante bei einer Analyse, die eine Reihe von ökologischen Effekten ausklammert, ein NKV größer 1 erreicht, so ist die Interpretation, dass die Variante in jedem Fall als wirtschaftlich vorteilhaft anzusehen ist, aus wohlfahrtstheoretischer Sicht abzulehnen. Denn falls negative ökologische Auswirkungen auftreten, werden diese bei einer eingeschränkten NKA nur selten adäquat erfasst. Sie beeinflussen aber dennoch das Wohlbefinden von Menschen. Betrachten wir den hypothetischen Fall einer Planungsvariante, die bei einer eingeschränkten Analyse ein NKV_E [83] von 3,1 und bei einer umfassenden Analyse ein NKV_U von 2,5 erreicht. Gemäß dem für den BVWP 1992 praktizierten Bonus-Malus-Verfahren mit klaren NKV als Schwellenwerten der Bedarfseinstufung könnte es geschehen, dass die Einbeziehung der URE und der ergänzenden Kriterien nicht zu einer Herunterstufung führen und daher die Maßnahme in den Vordringlichen Bedarf eingeordnet würde. Aus wohlfahrtstheoretischer Sicht ist diese Einordnung aber nicht zu rechtfertigen.

Umgekehrt wäre es denkbar und sogar begrüßenswert, wenn im damaligen Bonus-Malus-Verfahren statt einer eingeschränkten eine umfassende NKA angewendet worden wäre. Man könnte einwenden, es käme hierbei zu Doppelzählungen der ökologischen Effekte, weil sie einerseits in der NKA einbezogen und andererseits in der URE gemessen werden. Diese Bedenken können jedoch ausgeräumt werden, wenn man genauer betrachtet, unter welchen Umständen eine Einordnung in den Vordringlichen Bedarf gemäß den beiden Alternativen – Bonus-Malus-Verfahren mit eingeschränkter bzw. umfassender NKA – erfolgen würde. Drei Fälle sind zu unterscheiden:

---

[83] Das Subskript U steht für umfassende und E für eingeschränkte Nutzen-Kosten-Analyse.

1. $NKV_U > 3$. In diesem Fall ist auch $NKV_E > 3$, denn es sind negative und keine positiven ökologischen Effekte einer Infrastrukturmaßnahme, die von einer umfassenden NKA zusätzlich in die Monetarisierung einbezogen werden. Das Ergebnis ist also in beiden Fällen identisch (unabhängig davon, ob eines der weiteren Kriterien eine Herunterstufung fordert oder nicht).
2. $NKV_E < 3$. Aus analogen Gründen wie im Fall 1 folgt hier $NKV_U < 3$ und die Ergebnisse sind wieder bei beiden Alternativen identisch.
3. $NKV_U < 3$ und $NKV_E > 3$. Wie in dem Beispiel oben erläutert wurde, ist in diesem Fall eine Einordnung in den Vordringlichen Bedarf aus wohlfahrtstheoretischer Sicht nicht zu befürworten.

In den beiden ersten Fällen ist das Ergebnis nicht davon abhängig, ob eine umfassende oder eingeschränkte NKA durchgeführt wurde. Wenn also bei einer eingeschränkten NKA keine Doppelzählung ökologischer Effekte vorliegt, dann in diesen beiden Fällen auch nicht bei einer umfassenden Analyse. Aber auch im dritten Fall greift der Vorwurf einer Doppelzählung nicht, da die Maßnahme aus wohlfahrtstheoretischer Sicht unter allen Umständen abzulehnen ist. Das Ergebnis der URE spielt in diesem Fall also keine Rolle.

Es liegt also keine Doppelzählung der ökologischen Effekte vor, wenn man statt einer eingeschränkten NKA eine umfassende vornimmt. Eine umfassende NKA ist zwar aufwändiger und es bedarf noch der Entwicklung einer praktikablen Methodenkonvention, bevor sie in der Bundesverkehrswegeplanung eingesetzt werden könnte. Das Ergebnis unserer Ausführungen ist aber, dass das Bonus-Malus-Verfahren unter Verwendung einer umfassenden NKA dem Bonus-Malus-Verfahren der BVWP 1992 mit eingeschränkter NKA klar vorzuziehen ist.

Festzuhalten ist aber auch, dass die Verwendung einer (umfassenden) NKA abzulehnen ist, wenn sie nicht durch eine URE ergänzt wird, denn auch eine aufwändige NKA unterliegt grundsätzlichen theoretischen und praktischen Beschränkungen insbesondere bei der Bewertung durch Umwelteffekten. Die URE erlaubt hingegen eine wesentlich differenziertere Beurteilung der ökologischen Auswirkungen einer Maßnahme, wie in Kapitel 4 ausführlich dargelegt wurde.

5.4.5 Nutzwertanalyse

Die Nutzwertanalyse ist ein sehr einfaches multikriterielles Bewertungsverfahren. Es erfolgt in drei Stufen. Zunächst werden die Handlungsalternativen in jedem Kriterium auf einer Punkteskala bewertet. Dann werden für die einzelnen Kriterien, je nach ihrer Bedeutung, Gewichte bestimmt. Schließlich erhält man die Gesamtbeurteilung aus der gewichteten Summe der Punkte, die die Alternativen erreicht haben.[84] Das in Abschnitt 2.3.3 dargestellte Verfahren zur Verknüpfung von NKA und RWA, wie es ursprünglich für die Projektbewertungen im BVWP 2003 vorgesehen war, ist ein Beispiel für eine einfache nutzwertanalytische Verknüpfung.

Eine Nutzwertanalyse kann mit geringem Aufwand durchgeführt werden. Ihre Funktionsweise ist einfach zu verstehen und ihre Ergebnisse sind leicht nachzuvollziehen. Diesen Eigenschaften verdankt die Nutzwertanalyse ihre weite Verbreitung. Trotzdem birgt die Nutzwertanalyse aus theoretischer Sicht eine Reihe von Unzulänglichkeiten. Hierbei ist zu nennen, dass das Punkteraster der Bewertung in der Regel sehr grob ist (typischer Weise 3-7 Stufen), so dass unter Umständen für eine Entscheidung wichtige Informationen verloren gehen. Die URE hat zwar als Ergebnis bereits eine Klasseneinteilung, nicht aber die NKA. Die Information, die sich hinter dem NKV verbirgt, wird also durch die Klassenbildung teilweise unterdrückt. Weiterhin ist häufig die implizite Annahme der Nutzwertanalyse nicht gerechtfertigt, nach der ein schlechtes Abschneiden in einem Kriterium durch ein gutes Abschneiden in einem anderen Kriterium kompensiert werden kann. Ein weiterer Nachteil der Nutzwertanalyse ist, dass die starren Aggregationsregeln Handlungsspielräume in Konfliktsituationen weitgehend ausschließen. Diese Kritikpunkte treffen allerdings auch für eine NKA zu.

5.4.6 Weitere Verfahren der multikriteriellen Analyse

Unter dem Namen multikriterielle Analyse werden Verfahren zusammengefasst, bei denen die Alternativen zunächst unabhängig nach einzel-

---

[84] Vgl. zur Nutzwertanalyse grundsätzlich die Ausführungen bei Hanusch (1987, 167ff.) sowie bei Rürup/Körner (1985, 74ff.).

nen Kriterien beurteilt und anschließend diese Partialbeurteilungen mit Hilfe eines Aggregationsmechanismus zu einem Gesamturteil zusammengefasst werden. Dabei gibt es Verfahren, die als Ergebnis eine beste Alternative oder sogar eine vollständige Rangfolge aller Alternativen vorschlagen. Andere Verfahren geben lediglich eine Entscheidungshilfe, was bedeutet, dass sie sich nicht unbedingt auf eine beste Alternative festlegen, sondern vielleicht nur den Kreis der in Frage kommenden Alternativen einengen.

Die multikriterielle Analyse ist in der Zeit nach dem Zweiten Weltkrieg als ein Teilgebiet des Operations Research entstanden, wobei der Blick vor allem auf betriebswirtschaftliche Entscheidungsprobleme gerichtet war. In der Zwischenzeit sind multikriterielle Bewertungsverfahren auch in den Planungswissenschaften weit verbreitet und beginnen in der Volkswirtschaftslehre mehr und mehr Anhänger zu finden. Es gibt eine fast unüberschaubare Vielzahl von Verfahren.[85] Wie oben bereits erwähnt, ist die Nutzwertanalyse ein Verfahren der multikriteriellen Analyse – und zwar ein besonders einfaches. Die multikriterielle Analyse grenzt sich von monokriteriellen Verfahren ab. Letztere verwenden lediglich ein einziges Kriterium zur Beurteilung, weshalb dabei das Problem der Aggregation von Partialbewertungen trivial ist. Die NKA ist ein monokriterielles Verfahren, denn der in Geldeinheiten gemessene Nutzen ist das einzige Kriterium.[86]

Eine wichtige Klasse von multikriteriellen Verfahren sind diejenigen der Multi attribute utility theory (MAUT). Hierbei werden die Bewertungen hinsichtlich der einzelnen Kriterien durch partielle, dimensionslose Nutzenfunktionen ausgedrückt. Das Gesamtergebnis ergibt sich aus diesen partiellen Nutzenfunktionen durch gewichtete Addition. Die verschiedenen MAUT-Ansätze unterscheiden sich vor allem danach, wie die partiellen Nutzenfunktionen definiert werden.

---

[85] Als Einstieg in die multikriterielle Analyse ist Vincke (1992) besonders geeignet. Ein umfangreicheres Lehrbuch ist Roy (1996).

[86] Allerdings ist die Grenze zwischen mono- und multikriteriellen Verfahren nicht scharf, wie es auf den ersten Blick erscheinen könnte, sondern eher fließend, denn die Aufgabe, die zu lösen ist, ist die gleiche: Unterschiedliche, vieldimensionale Auswirkungen der Alternativen müssen berücksichtigt werden und zu einem Gesamturteil – einer Rangfolge – aggregiert werden. Kein Verfahren sollte irgendwelche Auswirkungen vernachlässigen. Die Verfahren unterscheiden sich also nur danach, auf welche Weise aggregiert wird.

5.4 Integration der ökonomischen und ökologischen Bewertungen

Für die Zwecke der Bundesverkehrswegeplanung erscheinen die teilweise komplexen und aufwändigen Verfahren der multikriteriellen Analyse nur dann sinnvoll, wenn als Ergebnis der URE und der RWA nicht – wie es derzeit der Fall ist – nur wenige Risiko- bzw. Wertstufen zugelassen werden, sondern eine differenziertere Beurteilung nach einer Reihe von Kriterien vorgenommen wird. Beispielsweise könnten die Auswirkungen auf einzelne Schutzgüter getrennt betrachtet und durch Kriterien erfasst werden. Es wäre sogar möglich, die Ergebnisse der NKA nach verschiedenen Nutzenkategorien aufzuspalten und als Einzelergebnisse in eine multikriterielle Analyse eingehen zu lassen. In einem solchen Fall erscheint insbesondere MAUT als ein gut handhabbares, leicht nachvollziehbares Verfahren, das gegenüber der einfachen Nutzwertanalyse den Vorteil besitzt, dass die Partialbewertungen nicht unbedingt in Klassen ausgedrückt werden müssen. Demgegenüber scheinen andere multikriterielle Verfahren (z.B. interaktive Methoden, Outranking Verfahren) nicht ohne weiteres geeignet.[87]

Zusammenfassend stellen wir fest: Eine Anwendung von Verfahren der multikriteriellen Analyse wäre zwar im Prinzip möglich, erfordert aber umfangreiche konzeptionelle Anpassungen der bisherigen Bewertungspraxis. NKA, URE und RWA liefern jeweils hoch aggregierte und das Bewertungsproblem in seiner Komplexität bereits sehr stark reduzierende Ergebnisse. Für eine Verknüpfung dieser Ergebnisse sind die multikriteriellen Verfahren zu komplex, zu aufwändig und eventuell sogar zu undurchsichtig, um eine Verbesserung gegenüber den Bonus-Malus-Verfahren in den BVWP 1992 und 2003 darzustellen. Prinzipiell denkbar wäre hingegen eine Multikriterienanalyse anstelle der Aggregationsmechanismen von NKA, URE und RWA. Das heißt, Eingang in die Bewertung könnten die nicht aggregierten Einzelgrößen finden, also beispielsweise die diversen Nutzen- und Kostenkomponenten, Empfindlichkeiten und Qualitäten diverser Schutzgüter und Raumausschnitte etc. Eine solche Vorgehensweise hätte allerdings zur Konsequenz, dass die eigentliche Bewertung sowohl für die politischen Entscheidungsträger als auch für die Öffentlichkeit den Charakter einer Black box annehmen

---

[87] So weisen etwa die beiden beispielhaft genannten Verfahren den Nachteil auf, dass die Aggregationsmechanismen für Nicht-Experten nur schwer nachvollziehbar sind.

würde. Der Einsatz komplexer multikriterieller Verfahren für die integrierte Gesamtbewertung ist somit insgesamt kritisch zu sehen.

5.4.7 Vorschläge für ein verbessertes Integrationsverfahren

Das derzeit praktizierte Verfahren zur Integration der ökonomischen, ökologischen und raumbezogenen Partialbeurteilungen – das eingeschränkte, optionale Bonus-Malus-Verfahren – ist unseres Erachtens nicht befriedigend. Zu kritisieren sind vor allem der dominierende Einfluss der (eingeschränkten) NKA auf das Gesamtergebnis und die mangelnde Transparenz der Auf- und Abstufungen. Nach der Vorstellung alternativer Ansätze zur Integration der Einzelbewertungen in den vorangegangenen Teilkapiteln stellt sich die Frage, ob eine der Methoden als Grundlage für eine Verbesserung der derzeitigen Praxis geeignet ist.

Ein separater Ausweis der verschiedenen monetären und nicht-monetären Beurteilungskriterien würde im Vergleich zum Status quo einen klaren Rückschritt bedeuten, weil das Zustandekommen des Ergebnisses noch weniger nachvollziehbar wäre. Umgekehrt erscheint eine dem Idealtypus nahe kommende NKA, in der alle Auswirkungen eines Vorhabens in Geldeinheiten ausgedrückt werden, nicht praktikabel. Zudem gibt es grundsätzliche Probleme der NKA bei der Bewertung von Umwelteffekten. Die Nutzwertanalyse zeichnet sich gegenüber dem separaten Ausweis und der gegenwärtigen Praxis durch eine höhere Transparenz aus und erscheint zugleich in der Praxis umsetzbar. Allerdings ist mit der Einordnung in Bewertungsklassen ein vermeidbarer Informationsverlust gegeben, der das Endergebnis erheblich verzerren kann. Andere, komplexere Verfahren der multikriteriellen Analyse erscheinen nur dann sinnvoll, wenn auch die Methoden der ökonomischen, ökologischen und raumordnerischen Bewertung disaggregiert werden. Darüber hinaus sind sie noch mit einem massiven Nachvollziehbarkeitsdefizit verbunden.

Wir haben verschiedene Verfahren zur Integration der ökonomischen, ökologischen und raumordnerischen Bewertungen nach vier Kriterien beurteilt: 1. Praktikabilität, 2. theoretische Fundierung und Konsistenz, 3. Transparenz und Nachvollziehbarkeit sowie 4. Flexibilität und Einräumung von Ermessens- und Handlungsspielräumen. Dabei ist deutlich geworden, dass insbesondere Zielkonflikte zwischen Transparenz und

5.4 Integration der ökonomischen und ökologischen Bewertungen

Flexibilität auftreten. Einerseits ist es wünschenswert, den Entscheidungsträgern politische Ermessensspielräume zu belassen, um methodische Schwächen auszugleichen und insbesondere Sachverhalte berücksichtigen zu können, die nicht adäquat in den Ergebnissen der formalen Bewertungsverfahren reflektiert werden. Andererseits führt gerade die Einräumung von Ermessensspielräumen zu Intransparenzen und mangelnder Nachvollziehbarkeit.

Die vorgenannten Möglichkeiten integrierter Bewertung haben im Hinblick auf die Bewertungsproblematik der Bundesverkehrswegeplanung ihre jeweiligen Vor- und Nachteile. Die unter bewertungsmethodischen, Plausibilitäts-, Transparenz- und Praktikabilitätsgesichtspunkten ideale Lösung scheint es nicht zu geben. Dennoch wollen wir an dieser Stelle drei verschiedene Vorschläge unterbreiten, die gegenüber der bisherigen Praxis eine Verbesserung der Plausibilität und Transparenz bedeuten. Ihre Praktikabilität und bewertungstheoretische Fundierung erörtern wir ebenfalls. Die Vorschläge sind nach ihrer „Nähe" zum derzeitigen Verfahren geordnet.

a) *Nachvollziehbar begründete Auf- und Abstufungen im aktuellen Bonus-Malus-Verfahren.* Die für den BVWP 2003 gewählte Vorgehensweise einer vom NKV ausgehenden Rangfolgenbildung der Projekte bleibt bestehen. Es werden lediglich für die dort vorgesehenen Auf- und Abstufungen, die je nach Ergebnis der anderen Teilbewertungen und zusätzlicher Kriterien optional möglich sind, nachvollziehbare Bewertungsschritte eingeführt.

b) *Freie Einstufung durch die Entscheidungsträger kombiniert mit Plausibilitätskontrolle durch ein formales Integrationsverfahren.* Mit Hilfe eines formalen Integrationsverfahrens wird eine Einstufung vorgenommen. Von dieser Einstufung können die Verkehrsbehörden bzw. Politiker abweichen, müssen in diesem Fall aber ihre Abweichung begründen.

c) *Ermittlung der Beiträge zur Zielerreichung auf der Grundlage eines operationalisierten Zielsystems.* Dieser Vorschlag bedeutet eine weitgehende Überarbeitung des gesamten Verfahrens der Bundesverkehrswegeplanung. Die stärkere Ausrichtung auf konkrete Ziele würde es erlauben, jedes Projekt und durch Aggregation auch einen ganzen Verkehrsträger sowie den BWVP insgesamt im Hinblick auf die Erreichung übergeordneter Ziele zu bewerten.

zu a) Begründete Auf- und Abstufungen in der Rangfolgenbildung

Ausgangspunkt der Bedarfseinstufung im aktuellen Bonus-Malus-Verfahren ist die Bildung einer verkehrsträgerspezifischen Rangfolge der Projekte in Abhängigkeit von ihrem NKV (vgl. Abschnitte 2.3.3 und 2.4). Bis zur Ausschöpfung des für jeden Verkehrsträger voraussichtlich zur Verfügung stehenden Investitionsvolumens werden Vorhaben in den Vordringlichen Bedarf aufgenommen, alle weiteren Projekte mit einem NKV > 1 werden in den Weiteren Bedarf eingeordnet. Hinsichtlich Rangfolge und Bedarfseinstufung sind jedoch in Abhängigkeit vom jeweiligen Planungsstand, netzkonzeptionellen Erfordernissen und Raumwirksamkeit Auf- und Abstufungen möglich. Sehr hohes Umweltrisiko und fehlende FFH-Verträglichkeit können zudem zu einem besonderen naturschutzfachlichen Planungsauftrag führen. Damit ist jedoch keine Abstufung in der Rangfolge oder der Bedarfskategorie verbunden.

Die nutzen-kosten-analytisch bestimmte Rangfolge als Ausgangspunkt der Bedarfseinstufung erscheint zunächst eine plausible und transparente Vorgehensweise. Allerdings dokumentiert sie auch die Dominanz der (eingeschränkten) NKA in der gesamtwirtschaftlichen Bewertung. Der entscheidende Verlust an Plausibilität und Transparenz entsteht jedoch durch die diversen, nicht an ein formales Verfahren gebundenen Möglichkeiten zur Auf- und Abstufung von Rangplatz und Bedarfskategorie. Es gibt keine klaren Kriterien für die Auf- und Abstufungen. Unterschiedliche Planungsstände, netzkonzeptionelle und strukturpolitische Erfordernisse ermöglichen bei entsprechender Interpretation und Argumentation eine enorme Flexibilität bei der Bedarfseinstufung, die von Außenstehenden weder kontrolliert noch nachvollzogen werden kann. Zudem ist die Ungleichbehandlung der Umweltwirkungen in diesem Zusammenhang entweder Ausdruck einer methodischen Inkonsistenz oder einer normativen, dann aber zu begründenden, geringeren Gewichtung gegenüber den Bewertungskomponenten Wirtschaftlichkeit und Raumwirksamkeit. Als eine Art Mindestanforderung an die Integration der verschiedenen Teilbewertungen und Zusatzkriterien für die Bedarfseinstufung ist die folgende in Tabelle 5.7 dargestellte mehrstufige Vorgehensweise denkbar, bei der die verschiedenen, im aktuelle Verfah-

5.4 Integration der ökonomischen und ökologischen Bewertungen

ren möglichen Auf- und Abstufungsoptionen dokumentiert und begründet werden. Ausgangspunkt ist dabei das NKV. Danach werden schrittweise weitere Kriterien und Teilbewertungen berücksichtigt.

Tabelle 5.7: Dokumentation und Begründung von Auf- und Abstufungen in Rangfolge und Bedarfseinstufung anhand eines fiktiven Beispiels

Bewertungsschritt	Rangfolge u. Bedarfskategorie		NKV	Kosten in Mio. €	Begründung
1. Rangfolge nach NKV	1.	Projekt A	18,7	20	Bei einem Investitionsvolumen von 1 Mrd. € ließen sich alle Vorhaben bis einschließlich Rangplatz 6 realisieren. Mit der verbleibenden Restsumme von 120 Mio. € ließe sich Projekt G auf Rang 7 nicht mehr finanzieren. Es wäre zu diskutieren, ob dann nicht Projekt H auf Rang 7 vorgezogen werden könnte.
	2.	Projekt B	16,3	5	
	3.	Projekt C	15,8	100	
	4.	Projekt D	12,1	500	
	5.	Projekt E	9,5	75	
	6.	Projekt F	5,9	180	
	7.	Projekt G	3,5	200	
	8.	Projekt H	2,8	90	
2. Zusatzkriterien (Netzkonzept und Planungsstand)	1.	Projekt A	18,7	20	Netzkonzeptionell bedürfen die Projekte B und D der Realisierung von H, dass daher auf Rang 6 vorgezogen wird. Jetzt wären alle Projekte bis Rang 7 finanzierbar. Wegen eines unzureichenden Planungsstandes lässt sich Projekt F in der Laufzeit des BVWP nicht realisieren und wird zurückgestuft. Nun käme auch Projekt G in den VB.
	2.	Projekt B	16,3	5	
	3.	Projekt C	15,8	100	
	4.	Projekt D	12,1	500	
	5.	Projekt E	9,5	75	
	6.	*Projekt H*	*2,8*	*90*	
	7.	Projekt G	3,5	200	
	8.	*Projekt F*	*5,9*	*180*	
3. Raumwirksamkeit	1.	Projekt A	18,7	20	Aufgrund besonderer strukturpolitischer Erfordernisse und sehr hoher Raumwirksamkeit soll Projekt E bevorzugt realisiert werden und wird im Rangplatz vorgezogen. Der VB umfasst weiterhin alle Projekte bis einschließlich Rang 7.
	2.	*Projekt E*	*9,5*	*75*	
	3.	Projekt B	16,3	5	
	4.	Projekt C	15,8	100	
	5.	Projekt D	12,1	500	
	6.	Projekt H	2,8	90	
	7.	Projekt G	3,5	200	
	8.	Projekt F	5,9	180	
4. Umweltrisiko	1.	Projekt A*	18,7	20	Projekt A erhält einen besonderen naturschutzfachlichen Planungsauftrag für die Entwicklung einer umweltverträglicheren Trassenvariante. Project C hat ein sehr hohes Umweltrisiko, das nur durch einen Verzicht auf das Projekt oder eine völlige Neukonzipierung verringert werden könnte. *Im Unterschied zum aktuellen Verfahren sollte eine Rückstufung in der Rangfolge oder der Verzicht auf das Projekt erwogen werden.*
	2.	*Projekt E*	*9,5*	*75*	
	3.	Projekt B	16,3	5	
	4.	~~Projekt C~~	~~15,8~~	~~100~~	
	5.	Projekt D	12,1	500	
	6.	Projekt H	2,8	90	
	7.	Projekt G	3,5	200	
	8.	Projekt F	5,9	180	

Quelle: Eigene Darstellung.

Durch Dokumentation und Begründung der nach den verschiedenen Bewertungskriterien vorgenommenen Auf- und Abstufungen werden Außenstehende in die Lage versetzt, den Bewertungsprozess und die Bedarfseinstufungen nachzuvollziehen. Auf diese Weise ließe sich dem vom BMVBW erhobenen Anspruch an ein transparentes Verfahren besser als bislang gerecht werden. Im Unterschied zum aktuellen Verfahren sieht unser Vorschlag jedoch auch die Möglichkeit der Rückstufung eines Projektes oder sogar der Verzicht auf dessen Realisierung bei einem sehr hohen Umweltrisiko vor. Wie bereits in Abschnitt 2.3.3 erläutert folgen wir nicht der Argumentation des BMVBW, nach der Rückstufungen aufgrund des Umweltrisikos nicht gerechtfertigt sind, weil sich die mit einem Vorhaben verbundenen Umweltwirkungen durch Anpassungen auf den nachfolgenden Planungsebenen verringern ließen. Wir sind vielmehr der Auffassung, dass zum einen Projektanpassungen immer auch eine Veränderung des NKV zur Folge haben und somit eine, die ursprüngliche Bedarfseinstufung im BVWP eventuell in Frage stellende Neubewertung des Projektes erforderlich machen würden. Zum anderen lassen sich nicht alle Umweltwirkungen beispielsweise durch alternative Trassenführungen – soweit diese überhaupt möglich sind – verringern. Der Verweis auf die nachfolgenden Planungsebenen ist also weder grundsätzlich noch in seiner ausschließlichen Anwendung auf das Umweltrisiko plausibel.

zu b) Freie Einstufung durch die Entscheidungsträger kombiniert mit formalem Integrationsverfahren

Die Diskussion der verschiedenen Integrationsverfahren hat ergeben, dass es einen grundsätzlichen Konflikt zwischen Flexibilität und Gewährung von Ermessensspielräumen für die politischen Entscheidungsträger auf der einen Seite und Transparenz und Nachvollziehbarkeit von Bewertungen und Entscheidungen auf der anderen Seite gibt. Eine Lösung dieses Konfliktes könnte in einem Verfahren liegen, das analog zu der Bewertung der Gewässerstrukturgüte (vgl. Abschnitt 4.4.2) konzipiert wird. Dort wird dem Experten die volle Kompetenz einer Zuordnung in die Beurteilungsklassen zugesprochen. Gleichzeitig wird aber eine auf einem formalen Bewertungsverfahren basierende Plausibilitätsrechnung durchgeführt. Falls es zu einer Abweichung der Ergebnisse des formalen Verfahrens und der Experteneinschätzung kommt, gilt das Expertenurteil, aber die Abweichung ist ausführlich zu rechtfertigen.

5.4 Integration der ökonomischen und ökologischen Bewertungen

In Analogie zu diesem Verfahren der Gewässerstrukturgütebewertung könnte man in der Bundesverkehrswegeplanung den Behörden und letztlich den Politikern die Entscheidung über die Einordnung voll überlassen, wie das bei einem separaten Ausweis der Partialbeurteilungen der Fall gewesen wäre. Aber zusätzlich wird mit Hilfe eines formalen Integrationsverfahrens eine Plausibilitätsprüfung vorgenommen. Ein Abweichen der Ergebnisse würde entsprechend eine ausführliche Begründung erforderlich machen. Dieses Verfahren hätte den Vorteil, dass den Entscheidungsträgern ein für politisches Handeln notwendiger Ermessensspielraum eingeräumt wird, aber die Transparenz der Einordnung aufgrund des formalen Integrationsverfahrens und der gegebenenfalls beigefügten ausführlichen Begründung für ein Abweichen dennoch gewährleistet ist. Anderen Behörden, Verbänden und ggf. einzelnen Betroffenen könnte zusätzlich das Recht eingeräumt werden, bei guter Begründung die Einschätzung der Entscheidungsträger anzufechten. Dazu ist es wichtig, dass ihnen die Projektbewertungen frühzeitig und vollständig, d.h. nicht nur aggregierte Ergebnisse, sondern auch Grundannahmen und Eingangsgrößen, zugänglich gemacht werden. Letzteres war sowohl beim BVWP 1992 als auch beim BVWP 2003 nicht der Fall.

Im Folgenden skizzieren wir, wie ein solches formales Integrationsverfahren aussehen könnte. Betrachten wir dazu noch einmal die Aufgabe der Integration. Es gilt, für jedes potentielle Projekt die Ergebnisse von NKA, URE, RWA und ggf. weiterer Kriterien zu einer abschließenden Einordnung in die Kategorien „Vordringlicher Bedarf", „Weiterer Bedarf" und „Kein Bedarf" zusammenzuführen. Das Ergebnis der NKA ist eine Angabe des Verhältnisses von Nutzen und Kosten, also ein positiver Bruch. Ist der Bruch größer als 1, sind die Nutzen größer als die Kosten. Am Ende einer URE steht eine Einordnung in eine der fünf Umweltrisikostufen von „kein erkennbares entscheidungserhebliches Umweltrisiko (Umweltrisikostufe 1)" bis „großräumige entscheidungserhebliche Umweltrisiken zu erwarten (Stufe 5)".[88] Die RWA differenziert – ähnlich wie die URE – sechs Klassen, so genannte Raumordnungspunkte. Die Skala der Einschätzungen rangiert dabei von „keine raumordnerische

---

[88] Zusätzlich wird im Zuge der URE eine FFH-Verträglichkeitseinschätzung durchgeführt, die auf einer dreistufigen Skala die erhebliche Beeinträchtigung von Natura-2000-Gebieten als „unvermeidbar", „nicht auszuschließen" und „auszuschließen" beurteilt.

Bedeutung (0 Raumordnungspunkte)" bis „herausragende raumordnerische Bedeutung (5 Raumordnungspunkte)".

Weil die Aufgabe der Integration im aktuellen Verfahren darin besteht, nur eine Einteilung in die drei Bedarfsklassen Vordringlicher, Weiterer und Kein Bedarf vorzunehmen, stellt sich für jede der fünf Risikostufen der URE und für jede der sechs Raumordnungsstufen die Frage, innerhalb welcher Schranken das NKV liegen muss, damit ein Vorhaben in eine der drei Bedarfsklassen eingeordnet wird. Beispielsweise stellt sich für ein potentielles Projekt, das ein mittleres Umweltrisiko (Stufe 3) und eine hohe raumordnerische Bedeutung (4 Raumordnungspunkte) aufweist, die Frage, welches NKV erreicht werden muss, um das Projekt als vordringlich zu beurteilen. In Tabelle 5.8 wird an einem Beispiel illustriert, wie eine solche Zuordnung von den Ergebnisstufen der URE und der RWA zu der NKV-Schwelle für die Aufnahme in den Vordringlichen Bedarf prinzipiell aussehen könnte. Ist das zu erwartende Umweltrisiko sehr hoch (Stufe 5), sollte unseres Erachtens sogar die Schwelle zum Vordringlichen Bedarf auf unendlich gesetzt werden. Dass heißt, auch ein noch so großes NKV kann nicht zu einer Einordnung des Projektes in den „Vordringlichen Bedarf" führen.[89] Wenn nur ein sehr geringes Umweltrisiko und eine herausragende raumordnerische Wirkung vorliegen, sollte eine Einordnung in den „Vordringlichen Bedarf" bereits bei einem niedrigen NKV – in der Tabelle bei einem Verhältnis von 1,2 – erfolgen.

---

[89] Man beachte, dass diese automatische Abwertung nur in der formalen Integration stattfindet und eine Abweichung von der endgültigen Einordnung möglich ist, aber begründet werden muss. Zu einer ähnlichen Einschätzung gelangt auch die Planungsgruppe Ökologie + Umwelt (2000, 48), die federführend die Methodik der Umweltrisikoeinschätzung für Straße und Schiene entwickelt hat. Dort heißt es:

„Die Einstufung des Umweltrisikos eines Vorhabens in Stufe 5 ist Hinweis auf **schwerwiegende** Umweltrisiken in großen Teilen des von dem Vorhaben betroffenen Gebietes. Eine Vermeidbarkeit bzw. Ausgleichbarkeit der Beeinträchtigungen ist nicht ausreichend gegeben. Denkbar ist, bei einem hinreichend überzeugenden Nutzen-Kosten-Verhältnis die weitere Planung zunächst auf die Machbarkeit und umweltfachliche Vermeidungseffizienz grundsätzlicher (z.B. bzgl. des Verkehrsträgers), räumlicher und technischer Alternativen zu konzentrieren" (Hervorhebung im Original).

Das bedeutet, dass das Projekt bei sehr hohem Umweltrisiko und zugleich hohem Nutzen-Kosten-Verhältnis nicht in der ursprünglichen Form, sondern höchstens in erheblich veränderter Form, also z.B. durch die Wahl eines anderen Verkehrsträgers, realisiert werden sollte.

5.4 Integration der ökonomischen und ökologischen Bewertungen

Tabelle 5.8: Beispiel einer Zuordnungstabelle zur Ermittlung der NKV-Schwelle für die Einordnung in den Vordringlichen Bedarf in Abhängigkeit vom Ergebnis der URE und der RWA

		Raumwirksamkeitsanalyse					
		5	4	3	2	1	0
Umweltrisikoein-schätzung	1	1,2	1,4	1,6	1,8	2,0	2,2
	2	1,4	1,6	1,8	2,1	2,3	2,5
	3	1,8	2,0	2,3	2,6	3	3,5
	4	2,0	2,4	2,8	3,6	4,2	5
	5	∞, d.h. keine Einordnung in den Vordringlichen Bedarf unabhängig vom NKV					

Quelle: Eigene Zusammenstellung.

Wie die Tabelle tatsächlich aussehen würde, wenn sie zur Anwendung käme, müsste in einer Methodenkonvention politisch festgelegt werden. Auf jeden Fall aber sollte ein höheres Umweltrisiko zu einer höheren Schwelle und entsprechend eine höhere raumordnerische Bedeutung zu einer niedrigeren Schwelle führen. Für die Schwellwerte einer Einordnung in den Weiteren Bedarf müsste ebenfalls eine entsprechende Tabelle in der Methodenkonvention bestimmt werden.

Bei diesem Vorschlag für ein Integrationsverfahren ist das NKV das zentrale Beurteilungskriterium für die Verkehrsprojekte. URE und RWA werden indirekt durch die Veränderung der NKV-Schwelle für die Einordnung in den Weiteren und Vordringlichen Bedarf berücksichtigt. Aufgrund ihrer zentralen Bedeutung sollte unseres Erachtens – wie in Abschnitt 5.3.4 erläutert wurde – eine umfassende NKA durchgeführt werden. Das bedeutet insbesondere, dass möglichst alle Umweltwirkungen zu monetarisieren sind.

Wenn neben NKV, Umweltrisiko und Raumwirksamkeit weitere Kriterien bei der formalen Integration der Bewertungsergebnisse berücksichtigt werden sollen, kann analog vorgegangen und die NKV-Schwelle angepasst werden. Voraussetzung ist allerdings, dass auch die Bewertungsergebnisse der weiteren Kriterien in Klassen ausgedrückt werden können: Für jede Kombination von Klassen sind Schwellen für die NKVs zu bestimmen.

Falls das Integrationsverfahren dazu führt, dass zu viele Projekte dem Vordringlichen Bedarf zugeordnet sind, also die veranschlagte Investitionssumme nicht ausreicht, um alle ausgewählten Projekte zu finanzieren, kann das NKV dazu benutzt werden, eine Rangfolge unter den Projekten festzulegen: Die Projekte mit dem schlechtesten NKV könnten dann in den Weiteren Bedarf abgestuft werden. Falls es umgekehrt zu wenige Projekte im Vordringlichen Bedarf gibt, sollten aber nicht automatisch Projekte aus dem Weiteren Bedarf hochgestuft werden. Die Fülle an Projekten mit einem hohen NKV einerseits und die Knappheit der öffentlichen Kassen andererseits legen es nahe, entweder bestehende Projekte substanziell zu verbessern oder das Geld anderweitig zu verausgaben.

Die von uns vorgeschlagene Kombination von formalem Integrationsmechanismus und der Möglichkeit einer begründeten Abweichung vom formalen Ergebnis trägt unseres Erachtens den Kriterien Transparenz und Konsistenz Rechnung. Es eröffnet aber auch den Raum für Abwägungen, der angesichts politischer Erfordernisse für die Praktikabilität des Verfahrens absolut notwendig erscheint.

zu c) Operationalisiertes Zielsystem

In Abschnitt 5.3 wurden einige Überlegungen und Vorschläge zu einer stärkeren Systematisierung der Zielorientierung in der Bundesverkehrswegeplanung diskutiert. Falls es gelingt diese Vorschläge – zumindest teilweise – umzusetzen, würde das auch für die Integration der Teilbewertungen und die darauf aufbauende Bedarfseinstufung neue Perspektiven eröffnen. An dieser Stelle können wir hierzu allerdings noch keinen konkreten Vorschlag unterbreiten, sondern wollen lediglich einige Elemente einer integrierten Bewertungsmethodik betrachten, die auf einem systematischen Zielkonzept aufbauen.

– *Vergleich von Verkehrsprojekten auf der Grundlage des Zielerreichungsbeitrages*: Die Operationalisierung von Leitlinien und Handlungszielen der Verkehrspolitik zu konkreten, quantitativen Zielvor-

5.4 Integration der ökonomischen und ökologischen Bewertungen 211

gaben – soweit möglich und sinnvoll[90] – würde es ermöglichen, den Beitrag einzelner Verkehrsprojekte zur Zielerreichung zu bestimmen. Er lässt sich in absoluten Zahlen und in prozentualen Anteilen an der Zielvorgabe ausdrücken. Das könnte beispielsweise der durch die Bundesverkehrswegeplanung zu realisierende Beitrag zur Erreichung des Klimaschutzzieles oder zur Begrenzung des Flächenverbrauchs sein. Beides sind Größen, die bereits heute im Zuge der Projektbewertung ermittelt werden. Es bedarf also nur des zusätzlichen Schrittes, diese Größen zu einer zu definierenden Zielvorgabe in Bezug zu setzen. Indem man die Zielerreichung in Relation zu den Investitionskosten und weiteren Kostenarten setzt, lassen sich auch Aussagen über die Kostenwirksamkeit der Projekte treffen.[91]

Wenn es gelänge, für alle wesentlichen Ziele der Bundesverkehrswegeplanung Zielvorgaben zu treffen, hätte dies Konsequenzen für die Integration von Teilbewertungen, denn die Aufgabe der Integration würde modifiziert. Sie bestünde dann nicht mehr nur darin, Projekte den Kategorien Vordringlicher, Weiterer und Kein Bedarf so zuzuordnen, dass die verfügbaren Investitionsmittel bestmöglich im Sinne der etablierten Bewertungsverfahren eingesetzt werden. Es wäre darüber hinaus auf die Erreichung der Zielvorgaben zu achten. Das bedeutet, dass der BVWP ein Bündel von Verkehrsprojekten enthalten müsste, das insgesamt den Zielvorgaben entspricht. Um die Erreichung der Zielvorgaben bei geringstmöglichen Kosten sicherzustellen, müssten die bestehenden Verfahren fundamental überarbeitet werden.[92]

– *Netzbetrachtung*: Untersuchungen der Wirkungen einzelner Verkehrsprojekte vernachlässigen die zwischen diesen Projekten bestehenden

---

[90] Zu Schwierigkeiten der Operationalisierung vgl. nochmals Abschnitt 5.3.3.

[91] Es ist allerdings zu beachten, dass das Zielsystem eine Reihe verschiedener Zielvorgaben enthalten wird und daher entsprechend viele Kosten-Wirksamkeits-Relationen aufgestellt werden können, so dass sich ein unübersichtliches Gesamtbild ergeben kann.

[92] Eine vergleichbare Aufgabe der integrierten Bewertung stellt sich neuerdings im Flussgebietsmanagement nach EU-Wasserrahmenrichtlinie (2000/60/EG). Dort wird als Zielvorgabe ein „guter Zustand der Gewässer" gefordert. Für jedes Flussgebiet ist von den Mitgliedstaaten ein Plan aufzustellen, der – vereinfacht gesagt – sicherstellt, dass das Ziel in den nächsten sechs Jahren zu den geringstmöglichen Kosten erreicht wird (Interwies et al. 2004, Klauer/Schiller 2004, 94 f.).

Interdependenzen. Offensichtlich sind aber Netzbetrachtungen bei Verkehrsprojekten von erheblicher Bedeutung. Die Schwierigkeit bei Netzbetrachtungen liegt zwar in erster Linie darin, die gegenseitigen Abhängigkeiten verschiedener Verkehrsprojekte herauszufinden und zu quantifizieren. Wenn dies aber gelungen ist, können die Interdependenzen bei der Zielerreichung des gesamten BVWP berücksichtigt werden. Das wäre bei der ausschließlichen Verwendung der derzeitigen Bewertungsverfahren nicht möglich.

Zusammenfassend lässt sich sagen, dass durch die Ermittlung von Beiträgen zur Zielerreichung allein das Integrationsproblem noch nicht gelöst ist. Unklar bleibt, wie die Beiträge zur Erreichung unterschiedlicher Ziele verglichen und zu einer Gesamtbewertung *eines Projektes* integriert werden kann. An dieser Stelle ging es vielmehr darum zu zeigen,

– wie die in Abschnitt 5.3 entwickelten Vorstellungen zu einer umfassenden Systematisierung und Operationalisierung der Zielorientierung der Bundesverkehrswegeplanung dazu dienen können, den Vergleich verschiedener Projekte im Hinblick auf den Gesamtplan zu ermöglichen,

– wie die Systematisierung die Integrationsaufgabe modifiziert und

– welcher Bedarf an Methodenneuentwicklungen sich daraus ergibt.

6 Zusammenfassung – die Bewertung in der Bundesverkehrswegeplanung und Möglichkeiten zu ihrer Verbesserung

Mit der Bundesverkehrswegeplanung werden die Investitionen des Bundes in die Erhaltung sowie den Aus- und Neubau der Verkehrsinfrastruktur gesteuert und koordiniert. Welche Projekte aus dem Pool der Vorschläge in eine der beiden Bedarfskategorien Vordringlicher und Weiterer Bedarf aufgenommen und welche nicht in den BVWP aufgenommen werden, wird nach ökonomischen, ökologischen, raumordnerischen und städtebaulichen sowie weiteren Bewertungskriterien bestimmt. Im ersten Teil der vorliegenden Studie haben wir die Methodik der ökonomischen und der ökologischen Bewertungsverfahren der Bundesverkehrswegeplanung kritisch überprüft, wobei besonderes Augenmerk auf Umweltaspekte gelegt wurde. Darüber hinaus haben wir hinterfragt, inwiefern Unsicherheit über die Einschätzung der Vorhaben systematisch berücksichtigt wird und ob die Methoden der Integration der Partialbewertungen zu einem Gesamturteil methodisch konsistent, plausibel und transparent ist sowie den Flexibilitätsanforderungen komplexer Entscheidungsprozesse im politischen Raum Rechnung trägt. Zusammenfassend kamen wir bei unserer Analyse der derzeitigen Methodik der Bundesverkehrswegeplanung zu folgenden Hauptergebnissen:

1. *Zielsystem.* Dem bisherigen Verfahren der Bundesverkehrswegeplanung fehlt eine systematische Zielorientierung. Zwar wurden aus der integrierten Verkehrspolitik des Bundes Handlungsziele für die Überarbeitung der Bundesverkehrswegeplanung entwickelt. Aber wir haben gezeigt, dass diese Handlungsziele weder systematisch hergeleitet noch systematisch weiter zu einer operationalisierten Grundlage der Projektbewertung konkretisiert werden. Auf der Zielebene wird nicht definiert, was genau durch die Bundesverkehrswegeplanung erreicht werden soll, und entsprechend ist es auch nicht möglich zu er-

mitteln, welchen Beitrag die Projekte jeweils zur Erreichung der übergeordneten Ziele leisten. In Bezug auf die Umweltziele und Umweltwirkungen erhält dieser Aspekt in Zukunft besondere Relevanz, weil sich die Einführung der Strategischen Umweltprüfung von Plänen und Programmen auch auf die Bundesverkehrswegeplanung auswirken wird.

2. *Nutzen-Kosten-Analyse.* Die NKAs der Bundesverkehrswegeplanung streben derzeit nicht nach dem idealtypischen Ziel einer vollständigen Erfassung aller wohlfahrtsbeeinflussenden Wirkungen der potentiellen Vorhaben. Zwar werden einige Umweltwirkungen (z.B. Reduktion oder Erhöhung von CO_2-Emissionen) berücksichtigt, negative Umweltwirkungen werden aber größtenteils ausgeklammert bzw. aufgrund der verwendeten Methoden tendenziell unterschätzt. Gemäß der Konzeption der Bewertung in der Bundesverkehrswegeplanung sollen negative Umweltwirkungen in der URE erfasst und bewertet werden. Unseres Erachtens ist aber eine Einschränkung der NKA auf bestimmte Wirkungen nicht zu rechtfertigen. Es wurde gezeigt, dass das Bonus-Malus-Verfahren des BVWP 1992 zur Integration der Einzelbewertungen aufbauend auf eine umfassende, dem Idealtypus nahe kommende NKA nicht zu Doppelzählungen negativer Umwelteffekte führt. Der Stand der Forschung zur Monetarisierung von Umwelteffekten hat sich noch nicht ausreichend in der Methodenkonvention niedergeschlagen.

3. *Umweltrisikoeinschätzung.* Die Auswirkungen auf Natur und Landschaft von Verkehrsvorhaben werden in einer Art vereinfachter Umweltverträglichkeitsstudie qualitativ bewertet. Der Generalisierungsgrad der URE ist dabei der Generalplanungsebene des Bundesverkehrswegeplans angepasst, ermöglicht aber gleichzeitig gerade für Wasserstraßenprojekte auch Einzelfalluntersuchungen. Das methodische Grundprinzip ist die ökologische Risikoanalyse womit auch deren unscharfer Risikobegriff übernommen und damit keine systematische Einbeziehung von Unsicherheit möglich ist. Weiterhin fehlt es der URE teilweise an Plausibilität (verkehrsträgerübergreifende Vergleichbarkeit, Fehlen absoluter Wertmaßstäbe). Dies gilt insbesondere mit Blick auf das Verfahren für Wasserstraßen, bei dem die Aggregation zum Gesamt-Umweltrisiko eines Projektes nur schwer nachvollziehbar ist, da sie rein verbal-argumentativ erfolgt.

4. *Unsicherheit.* Um erfolgreich planen zu können, ist es wesentlich, dass man sich der Tatsache bewusst wird, dass Planung stets unter Unwissen und Unsicherheit geschieht, weil die Auswirkungen der Planungsvarianten nicht perfekt vorhergesagt werden können. Bisher werden in der Bundesverkehrswegeplanung Unwissen über die Auswirkungen potentieller Verkehrsvorhaben sowie Unsicherheit in deren Prognosen und Bewertungen weder in der NKA noch in der URE noch an anderer Stelle systematisch berücksichtigt.

5. *Integration der Partialbewertungen.* Das optionale Bonus-Malus-Verfahren führt zu einem dominanten Einfluss der (eingeschränkten) NKA auf das Gesamturteil. Darüber hinaus eröffnet es zwar den Entscheidungsträgern Ermessensspielräume, die dafür genutzt werden können, weitere beurteilungsrelevante Kriterien zu berücksichtigen. Allerdings sind die Kriterien für eine Auf- oder Abstufung nicht klar formuliert, und somit ist das Zustandekommen des Endergebnisses für Außenstehende kaum nachvollziehbar. Zu kritisieren ist außerdem, dass die Ergebnisse der URE keinen Einfluss auf die Bedarfseinstufung haben.

Ausgehend von diesen Kritikpunkten wurden einige methodische Weiterentwicklungen vorgeschlagen.

1. *Operationalisiertes Zielsystem.* In den Abschnitten 5.3 haben wir erläutert, wie sich die Zielorientierung der Bundesverkehrswegeplanung stärken und systematisch aufbauen lässt. Damit wäre eine Umorientierung hin zu einer stärker entwicklungsbezogenen, strategisch-konzeptionellen Verkehrsplanung verbunden. Die Projektbewertung würde sich vornehmlich daran orientieren, ob ein Projekt einen Beitrag zum Erreichen der übergeordneten Ziele leistet und ob es zum aus diesen Zielen abgeleiteten Verkehrskonzept passt. Diese Bewertung orientiert sich an quantitativen Zielerreichungsbeiträgen, die nicht nur auf Projektebene, sondern in aggregierter Form für den gesamten BVWP oder für einzelne Verkehrsträger oder Verkehrsrelationen ermittelt werden können,.

2. *Nutzen-Kosten-Analyse.* Die NKA der Bundesverkehrswegeplanung sollte alle Auswirkungen der potenziellen Verkehrsprojekte erfassen, denn nur dann ist das NKV ein theoretisch gut fundierter Indikator für die gesamtgesellschaftliche Wohlfahrt. Um das zu tun, muss die

Methodik zur monetären Bewertung von Umweltwirkungen modifiziert und die Methodenkonvention zur „Gesamtwirtschaftlichen Bewertung von Verkehrswegeinvestitionen" (BMVBW 2002) überarbeitet werden. Dabei sollte auf die Aufstellung aller potenziellen Beeinträchtigungen der betroffen Ökosysteme, die in der URE erarbeitet wird, aufgebaut werden. Für die Beeinträchtigungen sind jeweils geeignete monetäre Bewertungsmethoden festzulegen. Für die Abschätzung nutzungsunabhängiger Werte ist zu erwägen, ob ein Nutzentransfer herangezogen werden sollte. In Einzelfällen, insbesondere bei erwarteten hohen Umweltschäden, kann es sinnvoll sein, eine kontingente Bewertungsstudie durchzuführen. Aufgrund der praktischen und teilweise auch konzeptionellen Schwierigkeiten von Umweltbewertung mittels einer NKA sollte auch eine umfassende NKA mit einer URE ergänzt werden

3. *Umweltrisikoeinschätzung.* Eine Verbesserung der verkehrsträgerübergreifenden Vergleichbarkeit und der Nachvollziehbarkeit der Aggregationsschritte bei der URE kann durch eine Weiterentwicklung des Verfahrens für Wasserstraßen in Richtung der Methodik für Straße und Schiene erzielt werden. Das bedeutet konkret, die Bewertung an Flächenbilanzen für die Beeinträchtigung von Flächen unterschiedlicher naturschutzfachlicher Schutzniveaus zu orientieren. Eine solche Vorgehensweise kann auch als Plausibilitätskontrolle der in der aktuellen Praxis gängigen verbal-argumentativen Herleitung des Umweltrisikos von Wasserstraßenprojekten dienen. Das Fehlen absoluter Wertmaßstäbe, die aktuell nur einen relativen und keinen absoluten Vergleich der Umweltwirkungen verschiedener Vorhaben erlauben, ließe sich durch die Operationalisierung der übergeordneten Handlungsziele der Bundesverkehrswegeplanung erreichen.

4. *Unsicherheit.* Die Einbeziehung von Unsicherheit sollte – der Idee des WBGU folgend – auf einer Unterscheidung verschiedener Unsicherheitssituationen aufbauen. Für Entscheidungssituationen im Normalbereich, in denen alle möglichen Folgen eines Verkehrsprojektes und deren Eintrittswahrscheinlichkeiten bekannt sind (Risikosituationen) und das Schadensausmaß vergleichsweise gering ist, bilden die klassische Risikoanalyse oder – falls es sich um monetäre Größen handelt – die Erwartungsnutzentheorie eine geeignete Grundlage für die Integration von Wahrscheinlichkeiten in die Methoden der Bundesver-

kehrswegeplanung. In Entscheidungssituationen im Grenzbereich (Ungewissheits- und Unwissenheitssituationen) können statistische Methoden nicht verwendet werden. Unter diesen Umständen sind Einzelfallbetrachtungen z.b. mit Hilfe von Szenarioanalysen vorzunehmen. In Bezug auf die URE wäre zu erwägen, ob eine konsequente Verlagerung zur Gefährdungsabschätzung nach dem Reichweitenkonzept von Scheringer et al. (1998) erfolgen kann. Im Grenzbereich ist die Urteilskraft der Gutachter und Entscheidungsträger von großer Bedeutung, denn häufig sind Abwägungen auf der Grundlage persönlicher, nichtübertragbarer Informationen zu treffen. Um Nachvollziehbarkeit und Transparenz zu gewährleisten, sollten die Einschätzungen und Entscheidungen begründet, Leitlinien für den Entscheidungsprozess erarbeitet und Einspruchsmöglichkeiten für andere Behörden, Verbände und Betroffene geschaffen werden.

5. *Integration der Partialbewertungen.* Es wurden verschiedene Möglichkeiten diskutiert und drei Vorschläge genauer ausgearbeitet. Der erste nimmt – wie das bestehende Bonus-Malus-Verfahren – das NKV zum Ausgangspunkt der Einordnung von Projekten in die Bedarfsstufen Vordringlicher, Weiterer und Kein Bedarf. Auf der Grundlage des NKV werden die Projekte in eine Rangfolge gebracht und die Abgrenzung zwischen den Bedarfsstufen erfolgt in Abhängigkeit vom zur Verfügung stehenden Investitionsbudget. Im Unterschied zur derzeitigen Praxis können sich bei der Einbeziehung der weiteren Kriterien (URE, RWA) durch Auf- und Abstufungen der Rangplatz und damit auch die Bedarfskategorie eines Vorhabens verändern. Diese Auf- und Abstufungen bzw. auch der Verzicht darauf müssen schrittweise dokumentiert und begründet werden.

Als zweites wird vorgeschlagen, die Letztentscheidung über die Einordnung in die Bedarfskategorien – wie in der aktuellen Praxis auch – allein den Entscheidern zu überlassen, aber mit Hilfe eines formalen Integrationsverfahrens die Plausibilität der Einordnung zu überprüfen. Das formale Verfahren bestimmt eine Schwelle des NKV für die Aufnahme eines Verkehrsprojektes in den Vordringlichen Bedarf in Abhängigkeit von den Ergebnissen der URE, der RWA und gegebenenfalls weiterer Kriterien: Je besser das Ergebnis in URE und RWA desto niedriger die NKV-Schwelle. Wenn die Ergebnisse des formalen Verfahrens und die freie Einschätzung der Entscheider voneinander abweichen, muss die Entscheidung ausführlich begründet werden. Auf diese Weise wird den Entscheidungsträgern ein Ermessensspielraum eingeräumt, aber gleichzeitig bleibt das Verfahren hinlänglich nachvollziehbar, weil sie gezwungen werden, ihre Abwägungsentscheidungen einerseits zu reflektieren und andererseits transparent zu machen.

Der dritte Vorschlag skizziert lediglich die Möglichkeiten, die sich aus einer Systematisierung und Operationalisierung der Zielorientierung der Bundesverkehrswegeplanung für die Lösung des Integrationsproblems bei der Projektbewertung ergeben. Durch die Operationalisierung von Leitlinien und Handlungszielen der Verkehrspolitik zu quantitativen Zielvorgaben – so weit möglich und sinnvoll – wird es möglich, sowohl die Beiträge einzelner Verkehrsprojekte zur Zielerreichung zu ermitteln als auch die gesamten Wirkungen des BVWP zu betrachten. Damit modifiziert sich die Integrationsaufgabe, denn die Beiträge eines Projektes zur Erreichung der Zielvorgaben werden zu den entscheidenden Bewertungskriterien. NKA, URE und RWA können über dessen Zielerreichungsbeiträge nur bedingt Aussagen treffen.

In dieser Studie wird den Auswirkungen von Verkehrsprojekten auf die Umwelt und deren Berücksichtigung bei der Bewertung besondere Aufmerksamkeit geschenkt. Hierbei wiederum spielten die Umweltwirkungen von Wasserstraßenprojekten eine herausgehobene Rolle, weil das Fallbeispiel aus diesem Bereich gewählt wurde. Allerdings sind die meisten Ergebnisse bezüglich der Analysen der Bewertungsmethodiken und die daraus abgeleiteten Verbesserungsvorschläge von allgemeiner Natur. Im folgenden zweiten Teil werden wir die Bewertungspraxis am Beispiel der Saale vertieft betrachten.

Teil II

Fallstudie: Der geplante Ausbau der Saale für die Schifffahrt

7 Ziel und Vorgehensweise der Fallstudie

7.1 Umweltbewertung im politischen Diskussions- und Entscheidungsprozess

Im ersten Teil dieses Buches wurden die Methoden der Projektbewertung und speziell der Umweltbewertung in der Bundesverkehrswegeplanung vorgestellt und diskutiert. Formal sind die mit diesen Methoden ermittelten Bewertungen der Projekte ausschlaggebend für ihre Ablehnung oder ihre Aufnahme in den BVWP. Tatsächlich verbinden sich jedoch mit nahezu allen neuen Verkehrsvorhaben langjährige und konfliktreiche Auseinandersetzungen, die sich nicht einfach durch Anwendung der Bewertungsmethoden schlichten lassen. Es scheint darauf anzukommen, wie man die Methoden einsetzt. Die nüchtern anmutende Entscheidung, ein bestimmtes Projekt in den Vordringlichen Bedarf aufzunehmen oder nicht, entpuppt sich bei genauerem Hinsehen als Zwischenergebnis eines nahezu undurchschaubaren Interaktionsprozesses zwischen unterschiedlichsten Akteuren und Interessen auf verschiedenen Handlungsebenen. Obwohl oder gerade weil die Aufnahme eines Vorhabens in den BVWP eine rein politische Entscheidung ohne jegliche Bindungswirkung ist, wird damit eine zentrale Weichenstellung für den Fortgang eines Vorhabens vorgenommen. Der formale Akt der Aufstellung eines BVWP ist daher auf das Engste verwoben mit anderen Handlungsebenen sowie anderen als verkehrspolitischen Interessensabwägungen. Beteiligte Akteure, seien es Lobbyisten wie Verbände, mit der Durchführung befasste Ministerien und Fachbehörden, beauftragte Gutachter und gewählte Volksvertreter argumentieren im Sinne eines Gesamtwohls, vertreten jedoch auch ihre Eigeninteressen und Interessen der eigenen Klientel.

Als Beispiel für einen langjährigen und konfliktreichen Diskurs um ein Verkehrsvorhaben haben wir den geplanten Ausbau der Saale gewählt. Die öffentliche Auseinandersetzung dreht sich seit rund 15 Jahren um letztlich zwei zentrale Punkte: Die Wirtschaftlichkeit und die Umweltverträglichkeit des Ausbaus. In der betroffenen Region ist das Thema

„vermintes Gelände". Ausbaubefürworter und -gegner stehen sich in einer zum Teil hoch emotional geführten Debatte mit nicht zu vereinbarenden Positionen gegenüber: Was für die einen der dringend erforderliche Entwicklungsschub für eine strukturschwache Region ist, bedeutet für die anderen den unwiederbringlichen Verlust eines europaweit einmaligen Naturerbes, den Hartholzauen im Unterlauf der Saale. Wo diese den Ausbau als gezielte und unverzichtbare Investition in neue Arbeitsplätze fordern, befürchten jene eine unverantwortliche Verschwendung von Steuergeldern. Im Frühjahr 2003 erlangte der Saaleausbau sogar bundesweite Aufmerksamkeit in den Medien und wurde zur koalitionsinternen Hürde für die Verabschiedung des neuen BVWP. Diese Hürde ist schließlich mit dem Kompromiss der Aufnahme in den Vordringlichen Bedarf unter dem Vorbehalt weiterer Untersuchungen genommen worden.

In der jahrelangen Diskussion wurden immer wieder Argumente angeführt, die in direktem Zusammenhang mit der Bewertungsmethodik der Bundesverkehrswegeplanung stehen: Ein NKV größer 1 stand für die Wirtschaftlichkeit des Vorhabens. Unzulänglichkeiten in der Verkehrsprognose, die wiederum Grundlage für die NKA waren, wurden umgekehrt reklamiert und dazu benutzt, die Wirtschaftlichkeit des Projektes in Frage zu stellen. In ähnlicher Weise wurden die Ergebnisse der URE und Kritik an deren Methodik von Befürwortern und Gegnern als Indikatoren für die Umweltverträglichkeit des Vorhabens verwendet.

Vor diesem Hintergrund erscheint die Diskussion um den Saaleausbau als sehr gut geeignet, um die Rolle zu verdeutlichen, die Bewertungen und damit auch die ihnen zugrunde liegenden Methoden in politischen Prozessen spielen und welche wechselseitigen Einflüsse Bewertungen und politische Prozesse aufeinander ausüben.

7.2 Vorgehensweise bei der Bearbeitung der Fallstudie

Parallel zur Beschäftigung mit den Methoden der Umweltbewertung in der Bundesverkehrswegeplanung, begannen wir im Sommer 2001, uns mit der Diskussion um den Saaleausbau zu beschäftigen. Um die Analyse des Planungs- und Entscheidungsprozesses um den Saaleausbau zu systematisieren, wurden zunächst folgende Schritte unternommen:

- *Konkretisierung des Diskussionsgegenstandes:* Welche Varianten eines Ausbaus der Saale werden jeweils gleichzeitig diskutiert? Wie verändern sich die diskutierten Varianten über die Zeit hinweg? Wie konkret im technischen Sinne sind die Planungen, die Gegenstand der Diskussion und der Bewertungen sind?

- *Identifizierung zentraler Akteure:* Welche Institutionen und Akteure sind mit welcher Funktion und/oder mit welchem Interesse an dem Prozess beteiligt?

- *Nachvollziehen des Prozesses:* Wie ist der politische und historische Kontext des Saaleausbaus? Wie hat sich die Diskussion vom ersten gesamtdeutschen BVWP 1992 über den BVWP 2003 bis heute entwickelt?

Auf dieser ersten Analyse aufbauend lassen sich folgende Fragen beantworten:

- Welche Vernetzungs- und Interaktionsmuster bestehen zwischen den Akteuren?

- Lassen sich bestimmte Argumentationslinien und -muster identifizieren, die bestimmten Akteursgruppen zugewiesen werden können?

- Wie beeinflussen wissenschaftlich begründete Bewertungsmethoden und die mit ihnen erzielten Ergebnisse den Diskussions- und Entscheidungsprozess?

- Welche weiteren Faktoren wirken auf diesen Prozess ein?

Begonnen wurde mit einer Internetrecherche, die einen ersten Überblick über den Diskussionsprozess, die daran beteiligten Akteure sowie die verschiedenen Konflikt- und Argumentationslinien geliefert hat. Auf dieser Grundlage war eine vorläufige Grobstrukturierung der Konflikt- und Akteursstruktur möglich. Darauf aufbauend wurden die wissenschaftliche und nicht-wissenschaftliche Literatur und Materialien, wie z.B. unveröffentlichte Wirtschaftlichkeitsgutachten für das Bundesverkehrsministerium, Projektbewertungen und Stellungnahmen von Fachbehörden sowie Materialien des Raumordnungsverfahrens, beschafft und ausgewertet. Allerdings sind in der Regel auf diesem letztgenannten Wege nur ältere, für die aktuelle Diskussion jeweils nicht mehr relevante Gutachten erhältlich. Der Zugang zu aktuellen Gutachten wird in der Regel mit dem Hinweis auf ein noch nicht abgeschlossenes Verfahren verwehrt. Weitere

Informationen und auch Interpretationen wurden mit Hilfe von Experteninterviews erschlossen. Die Interviews wurden so ausgewählt, dass Befürworter wie Gegner des Saaleausbaus befragt wurden und gleichzeitig eine große Bandbreite institutioneller Hintergründe abgedeckt werden konnte (siehe Tabelle 7.1). Die Interviews wurden mit einer Reihe von Telefonaten mit weiteren Akteuren (unter anderem aus dem Bundesverkehrsministerium, dem Bundesamt für Naturschutz, dem Bundesamt für Gewässerkunde, der Wasser- und Schifffahrtsdirektion Ost, dem Biosphärenreservat Mittlere Elbe) ergänzt, in denen spezifische Fragestellungen abgeklärt wurden.

Tab. 7.1: Durchgeführte Interviews

Interviewpartner	Funktion bzw. Position des Interviewpartners	Datum
MdB (SPD) Ulrich Kasparick	Bundestagsabgeordneter des Wahlkreises 70 (Landkreise Aschersleben-Staßfurt, Bördekreis und Schönebeck) in dem der Saaleausbau geplant ist. Herr Kasparick hat sich immer wieder gegen den Saaleausbau positioniert.	30.8.2001
Verein zur Hebung der Saaleschifffahrt, Präsident Herr Manfred Sprinzek	Der VHdS als regionaler Zusammenschluss von den Ausbau befürwortenden Unternehmen spielt eine zentrale Rolle im Diskussionsprozess	6.7.2001
Wasser- und Schifffahrtsamt (WSA) Magdeburg	Das WSA hat als Behörde der dem BMVBW nachgeordneten Wasser- und Schifffahrtsverwaltung die regionale Zuständigkeit für den Neu- und Ausbau von Wasserstraßen. Das WSA befürwortet den Ausbau der Saale und ist ein zentraler Akteur des Planungs- und Entscheidungsprozesses.	21.8.2001
Bund für Umwelt und Naturschutz Deutschland (BUND), Herr Dr. Ernst Paul Dörfler	Leiter des BUND-Elbeprojektes; einer der zentralen Akteure auf Seiten der Ausbaugegner	2.7.2001

Quelle: Eigene Zusammenstellung (zur Rolle der genannten Institutionen siehe ausführlicher Kap. 8.3).

Tab. 7.2: Seit 1990 erschienene Gutachten zum Saaleausbau

Autor und Jahr	Bezeichnung	Auftraggeber	Bemerkungen
PLANCO 1992	Gesamtwirtschaftliche Bewertung vordringlicher Wasserstraßenprojekte in den neuen Bundesländern	BMV	Projektbewertungen für den BVWP 1992
Scholz 1995	Beiträge zum Forschungsthema Simulation der Saalestaustufe von Klein-Rosenburg	Umweltmin. Sachsen-Anhalt	
Meyerhoff et al. 1994	Ökonomisch-ökologische Bewertung des Saaleausbaus	WWF, Aueninstitut Rastatt	Auftragnehmer ist das IÖW
PLANCO 1996	Aktualisierung der Bewertungsrechnungen zum Ausbau der Saale sowie zur Fertigstellung des Saale-Leipzig-Kanals	BMV	Teil der vom WSA Magdeburg erstellten Unterlagen für das Raumordnungsverfahrens zum Saaleausbau
BfG/BfN 1997	Gemeinsame Stellungnahme zu Projekten des Bedarfsplanentwurfes für den Ausbau von Bundeswasserstraßen		
PLANCO 1998	Verkehrliche und regionalwirtschaftliche Perspektiven des Hafens Halle	Hafen Halle GmbH	
DIW 1998	Evaluierung von Prognosen zur Entwicklung der Binnenschiffstransporte auf der Saale	Verkehrsministerium Sachsen-Anhalt	
IUS 1998	UVS zum Raumordnungsverfahren mit integrierter UVP für den Ausbau der unteren Saale	WSA Magdeburg	
BMVBW 2003	Informationen des Projektinformationssystems (PRINS) im Internet zum BVWP 2003 (Ergebnisse der URE und Hauptkennzahlen der NKA)		
PLANCO 2004	Neubewertung des Ausbaus der Saale unterhalb Calbe bei Verzicht auf Ausbaumaßnahmen an der Elbe	BMVBW	Untersuchung, die im Vorbehalt der Bedarfseinstufung des Saaleausbaus im BVWP 2003 gefordert ist.

Quelle: Eigene Zusammenstellung.

Neben den Interviews galt es eine Fülle an – zum großen Teil auch so genannter „grauer" – Literatur zu beschaffen und auszuwerten. Besonderes Augenmerk haben wir dabei auf die im Laufe des Diskussionsprozesses erschienenen Gutachten zu den verkehrlichen, ökonomischen und/ oder ökologischen Effekten des Saaleausbaus gelegt. Tabelle 7.2 gibt einen Überblick über die für diese Studie ausgewerteten Gutachten. Dabei waren diese in zweierlei Hinsicht von Interesse. Zum Einen im Hinblick auf die darin enthaltenen Informationen über den geplanten Saaleausbau und zum Anderen im Hinblick auf Ihre Rolle im Diskussions- und Entscheidungsprozess.

7.3 Exkurs: Anmerkungen zum Verhältnis von Wissenschaft und Politik

In der vorliegenden Studie reflektieren wir, die Autoren, den politischen Planungs- und Entscheidungsprozess um den Ausbau der Saale für die Schifffahrt vor dem Hintergrund der in Teil I diskutierten Bewertungsmethoden. Nach welchen Maßstäben sollten Bewertungsmethoden und deren Ergebnisse – die Projektbewertungen – beurteilt werden? Ein wichtiges Kriterium sollte sicherlich die Wissenschaftlichkeit der Methoden und ihrer Anwendung sein. Folgt daraus, dass unsere persönliche Meinung, ob ein Saaleausbau wünschenswert sei oder nicht, dabei keine Rolle spielen sollte?

Im Laufe der Auseinandersetzungen wurden wir mehrfach aufgefordert, als Experten in Podiumsdiskussionen aufzutreten und wir formulierten eine Stellungnahme des UFZ zum Saaleausbau, worin wir verfahrenstechnische, methodische, fachliche und rechtliche Bedenken gegen den Zeitpunkt, zu dem die Behörden die Aufnahme der Kanalvariante in den Vordringlichen Bedarf vorbrachten. In diesen Situationen äußerten wir unsere Einschätzungen, die notwendiger Weise auch subjektive Elemente enthielten. Wir wurden damit vom Beobachter selbst zum Akteur. Unsere Äußerungen bzw. die Stellungnahme des UFZ wurden sofort von den Akteuren des Diskussionsprozesses aufgegriffen und in ihrem jeweiligen Sinne weiterverwendet. Von den Einen wurde dies als „mutige Einmischung im Sinne kritischer Wissenschaft" gelobt und von den Anderen als unwissenschaftliche Parteilichkeit verurteilt. Es wurde der Vorwurf laut, dass wir uns für einseitige politische Interessen unter dem Deckmantel der Wissenschaftlichkeit vereinnahmen lassen.

7.3 Exkurs: das Verhältnis von Wissenschaft und Politik

Was für uns als Autoren dieses Buches gilt, stimmt in gleicher Weise für die Experten, die mit ihren Gutachten in den politischen Willensbildungsprozess eingriffen: Der wissenschaftliche Politikberater nimmt eine Zwischenstellung zwischen Wissenschaft und Politik, zwischen Nachvollziehbarkeit und persönlicher Erfahrung, zwischen Objektivität und Subjektivität, zwischen gesellschaftlichem Interesse und Eigeninteresse ein. Dieses Spannungsfeld wollen wir in diesem Exkurs zumindest kurz anreißen und problematisieren. Eine Reflexion hierüber ist wichtig, um Zweck und Bedeutung der verschiedenen Gutachten zum Saaleausbau, die wir in dieser Fallstudie vorstellen und diskutieren werden, zu verstehen und beurteilen zu können. Sie hilft zugleich dem Leser, die Aussagen dieses Buches besser einzuordnen.

Dem Selbstverständnis vieler Wissenschaftler folgend werden in der Wissenschaft Behauptungen als Thesen formuliert und mit Hilfe logischer Schlussregeln aus gegebenen Prämissen abgeleitet bzw. durch Beobachtungen und Experimente empirisch erhärtet. Von einer wissenschaftlichen Aussage wird gefordert, dass der Weg, auf dem diese Aussage gewonnen wurde, von jeder vernünftigen Person nachprüfbar ist und sie zu genau derselben Aussage gelangt wäre, wenn sie diesen Weg beschritten hätte. Wissenschaftliche Erkenntnis ist somit intersubjektiv.[93] Das bedeutet, dass Gegenstände wissenschaftlicher Untersuchungen, wie der ökonomische Nutzen oder die ökologischen Effekte eines Verkehrsvorhabens, idealerweise von allen Personen in den gleichen Formen oder Aussagen dargestellt werden (vgl. Faber/Manstetten, 2003, 49f.). Subjektive Bewertungen stehen Wissenschaftlern demgegenüber nicht zu, sondern können höchstens als Prämissen in wissenschaftliche Überlegungen Eingang finden.[94]

Diesem Ideal einer wissenschaftlichen Vorgehensweise wird am ehesten in den Naturwissenschaften und dort vor allem in der klassischen

---

[93] Die hier angesprochenen philosophischen Grundlagen für die modernen Wissenschaften wurden im Wesentlichen durch Kants *Kritik der reinen Vernunft* geschaffen, in der er Kriterien für wissenschaftliche Erkenntnis beschreibt (Kant 1787/1999).

[94] Normative Wissenschaften wie z.B. die Wohlfahrtsökonomik führen normative Aussagen auf allgemeine normative Postulate und Prinzipien zurück. Die Begründung dieser Postulate und Prinzipien selbst ist nicht Gegenstand dieser Wissenschaften, sondern ist eine Aufgabe der Ethik.

Physik entsprochen.[95] Unter den Sozialwissenschaften richten sich die Wirtschaftswissenschaften am stärksten daran aus (Faber/Manstetten, 2003, 51). Stark anwendungsorientierte Wissenschaften wie die Planungswissenschaften oder die Ingenieurswissenschaften geraten häufig in Konflikt mit diesem Ideal.[96] In den anwendungsorientierten Wissenschaften spielt die persönliche, nicht übertragbare Erfahrung des Experten – seine persönliche Einschätzung – oft eine wichtige Rolle bei der Begründung von Aussagen. Bei der Anwendung wissenschaftlicher Methoden müssen nämlich die lebensweltlichen Probleme zunächst so beschrieben und stilisiert werden, dass sie in den Analyserahmen der Methoden passen. Die gute, dem Problem gemäße Anwendung allgemeiner wissenschaftlicher Regeln und Aussagen auf konkrete Probleme erfordert Urteilskraft. Die Annahmen, die bei einer Anwendung auf konkrete Probleme notwendigerweise zu treffen sind, beruhen auf Urteilen von Wissenschaftlern, die wiederum auf der Grundlage ihrer Erfahrungen gefällt werden. Diese Annahmen sind damit zwar nicht willkürlich, können aber dennoch nur bedingt nachvollzogen werden. Urteilskraft ist eine Eigenschaft von Personen, die im Gegensatz zu wissenschaftlichen Erkenntnissen nicht ohne weiteres auf andere Personen übertragen werden kann. Eine Möglichkeit, sich Urteilskraft zu erwerben, sind persönliche Erfahrungen. Eine persönlich jeweils unterschiedliche Urteilskraft von Wissenschaftlern bzw. Gutachtern muss somit auch die Aussagen wissenschaftlicher Politikberatung beeinflussen.

Aussagen von Wissenschaftlern werden im Allgemeinen dennoch sowohl von den Wissenschaftlern selbst als auch von der Öffentlichkeit für in besonderer Weise „wahr" gehalten. In der Öffentlichkeit genießen solche Aussagen zumeist hohe Glaubwürdigkeit, auch wenn sie – etwa aufgrund des hohen Aufwandes – nicht überprüft wurden oder – etwa aufgrund der mangelnden Dokumentation oder der Subjektivität der Urteile – von vornherein nicht nachvollziehbar waren. Daher werden Aussagen von wissenschaftlichen Experten von Politikern und Interessenvertretern

---

[95] Die Quantenmechanik hat allerdings eine Reihe von erkenntnistheoretischen Problemen aufgeworfen, die sich mit den Kantschen Ansätzen nicht befriedigend lösen lassen. Diese Probleme waren Anlass für Karl Popper (1966), einen wissenschaftlichen Wahrheitsbegriff auf dem Prinzip der Falsifizierbarkeit aufzubauen.

[96] Beispielsweise kann bei der Berechnung der Statik einer Brücke der Sicherheitsfaktor nicht wissenschaftlich begründet werden.

7.3 Exkurs: das Verhältnis von Wissenschaft und Politik

oft als Argumente benutzt, um deren Interessen durchzusetzen. Häufig geschieht dies in Form wissenschaftlicher Gutachten, die gezielt zu dem Sachverhalt in Auftrag gegeben werden. Weil Gutachten zwangsläufig auch auf subjektiven Urteilen beruhen, kommt es auch immer wieder vor, dass es zu demselben Sachverhalt sich widersprechende Expertenmeinungen und Gutachten gibt.[97] Dabei erheben beide Seiten Anspruch auf Wissenschaftlichkeit.[98]

Es zeigt sich, dass das Ideal einer wertfreien, intersubjektiven wissenschaftlichen Politikberatung in der Praxis grundsätzlich nicht vollständig umgesetzt werden kann. Allerdings ist die Nachvollziehbarkeit oftmals deutlich stärker eingeschränkt als notwendig. Dennoch wäre es aber grundlegend falsch, die positive Rolle von Gutachten und von wissenschaftlichen, weitgehend nachvollziehbaren Bewertungsmethoden für politische Planungs- und Entscheidungsprozesse zu negieren. Die auf persönlicher Erfahrung beruhende Urteilskraft von Experten ist vielmehr eine wichtige Basis für gute politische Entscheidungen. Gutachten können einen wesentlichen Beitrag zur Versachlichung von kontroversen und emotional geführten Diskussionen leisten. Es gilt einen Zwischenweg zu beschreiten, der eine naive Wissenschaftsgläubigkeit vermeidet und zugleich die Möglichkeiten ausnutzt, um die Nachvollziehbarkeit und Transparenz von Politik mit Hilfe von Gutachten zu erhöhen. Eine wesentliche Forderung an die wissenschaftliche Politikberatung muss daher sein, die Annahmen – insbesondere normative Postulate und Prinzipien – offen zu legen, Schlussfolgerungen nachvollziehbar darzustellen sowie Einschätzungen und Urteile möglichst ausführlich zu begründen. Mit anderen Worten: Politikberatung sollte transparent und einer öffentlichen Kritik zugänglich gestaltet werden.

In der vorliegenden Fallstudie zum Ausbau der Saale für die Schifffahrt wird gleichsam ein Gutachten über andere Gutachten erstellt. Damit gilt auch für diese Analyse, dass sie sowohl auf der Anwendung wissenschaftlicher Methoden wie auf persönlichen Erfahrungen und Urteilen der Autoren beruht. In der Fallstudie beschäftigen sich die Autoren mit den verschiedenen Gutachten und Gegengutachten zum Saaleausbau und den darin jeweils verwendeten Methoden. Es wird untersucht, wie Ex-

---

[97] Vgl. z.B. Kirchgässner 1999, der dies für die Wirtschaftswissenschaften darlegt.
[98] Vgl. zur Interaktion von Wissenschaftlern und politischen Akteuren im Prozess der wissenschaftlichen Politikberatung darüber hinaus auch Döring (2001b, 117ff.).

pertenurteile zu Stande kommen und welchen Einfluss sie insgesamt auf Planungs- und Entscheidungsprozesse haben.

8 Vorgeschichte und Grundlinien des Konflikts um den Saaleausbau

8.1 Fluss und Wasserstraße: die Schiffbarmachung der Saale bis zur Wiedervereinigung

Die Saale ist nach der Moldau der größte Nebenfluss der Elbe, sowohl die Lauflänge als auch die Menge der Wasserführung betreffend. Sie ist ein typischer Niedrigwasserfluss mit episodischen Niedrigwasserperioden in den Sommer- und Herbstmonaten. Das Flussgebiet der mittleren und insbesondere unteren Saale ist durch eine besondere Niederschlagsarmut gekennzeichnet. Das mitteldeutsche Trockengebiet im östlichen Regenschatten des Harzes ist die niederschlagsärmste Region Deutschlands mit weniger als 500 mm mittlerem Jahresniederschlag.

Die Entwicklung der Schifffahrt hat das zunächst nicht behindert. Die erste urkundliche Erwähnung von Schifffahrt auf der Saale stammt aus dem Jahre 941, und seit 1152 besteht das kaiserliche Privileg, in und um Halle gewonnenes Salz per Schiff abzutransportieren. Verschifft wurden aber auch Holz, Getreide und in späteren Jahrhunderten zusätzlich Kohle. Erste Flussbaumaßnahmen zur Verbesserung der Schiffbarkeit sind für das 14. Jahrhundert belegt, als man im verzweigten Flusssystem begann, die kürzeren und strömungsstärkeren Flussarme abzusperren und somit Fließgeschwindigkeiten zu verringern und in den längeren Flussarmen Wassertiefen zu erhöhen. Erste hölzerne Schleusenbauten an den Umgehungsgerinnen von Mühlstauen werden ebenfalls im 14. Jahrhundert vermutet, so 1366 in Halle-Trotha und 1336 in Calbe (Schich 1994). Im 16. Jahrhundert erteilt der Erzbischof Albrecht von Magdeburg Privilegien zum weiteren Ausbau der Saale, was zum Bau der Aslebener, Bernburger und Calber Schleuse sowie der Einführung von Unterhaltungsabgaben führt. Der sächsische Kurfürst August III. gibt dann im Jahre 1790 die Order zur weiteren Schiffbarmachung von Saale und Unstrut. In den Folgejahren werden auf sein Geheiß 15 zusätzliche

Schleusen an der Saale zwischen Halle und Naumburg sowie an der Unstrut gebaut. Ab Mitte des 19. Jahrhunderts wurden die Saaleschleusen ausgebaut und den Anforderungen der aufkommenden Dampfschifffahrt angepasst.

Im Jahre 1922 startete der Reichspräsident Friedrich Ebert eine Initiative zur durchgehenden Schiffbarkeit der Saale für große Frachtschiffe von der Mündung in die Elbe bis zur Unstrut. Der Ausbau zu dem Zustand, der im Wesentlichen auch heute noch besteht, erfolgte daraufhin zwischen 1926 und 1942. Ziel war die Schiffbarmachung des Flusses für den so genannten Saalemaßkahn mit bis zu 80 m Länge, 9,20 m Breite, 2 m Tiefgang und einer Ladekapazität von bis zu 1000 Tonnen. Als Maßnahmen wurden unter anderem ergriffen:

— Umfangreiche Flussbegradigungen mit der Anlage von Durchstichen und dem Abschnüren von Mäanderbögen zur Laufverkürzung und -begradigung (z.B. am Saalhorn oberhalb der Saalemündung),
— Errichtung von Talsperren u.a. zur Gewährleistung von Mindestabflüssen bei Niedrigwasser (Bleiloch- und Hohenwartetalsperre),
— Bau von Kurzkopfbuhnen und Ufersicherungen zur Fixierung der Fahrrinne,
— Aus- und Neubau von Staustufen und Schleusenkanälen bei Wettin, Rothenburg, Alsleben, Bernburg und Calbe,
— Bau des Hafens Trotha im Norden von Halle zur Entlastung des Sophienhafens im Stadtzentrum (Fertigstellung 1929) sowie
— Beginn des Baus eines Stichkanals nach Leipzig (1934) und des Hafens Leipzig-Lindenau.

Auch für den Bau einer Staustufe bei Klein-Rosenburg im Unterlauf der Saale lagen in den 1930er Jahren bereits Planungen vor, die jedoch in Folge des 2. Weltkrieges nicht realisiert wurden. Der vollständige Ausbau der Saale wurde – ebenso wie der Stichkanal nach Leipzig – auch zu DDR-Zeiten aus Kostengründen nicht vollendet.

Heute ist die Saale zwischen Bad Dürrenberg und ihrer Mündung in die Elbe eine Wasserstraße im Zuständigkeitsbereich der Wasser- und Schifffahrtsverwaltung des Bundes. Während der Gütertransport auf der Saale oberhalb des Hafens Halle-Trotha seit langer Zeit faktisch keinerlei Bedeutung mehr hat, ist der 88 km lange Abschnitt von Halle bis zur

Mündung als Wasserstraßenklasse IV für den Verkehr mit Motorschiffen mit bis zu 85 m Länge, 9,5 m Breite und 2,5 m Tiefgang zugelassen. Allerdings kann dieser Tiefgang auf der Saale wasserstandsabhängig nicht ganzjährig realisiert werden. Die möglichen Tauchtiefen liegen an durchschnittlich 112 Tagen im Jahr unter 1,40 m.[99]

Die wirtschaftliche Bedeutung der Saaleschifffahrt ist vor allem in den 1990er Jahren stark zurückgegangen. Wurden bis in die 1970er Jahre hinein noch zwischen 250.000 und 300.000 Tonnen pro Jahr über die Saale transportiert, waren es spätestens ab Mitte der 1990er Jahre nur noch max. 100.000 Tonnen pro Jahr. Seit 2000 liegen die Transportmengen sogar nur noch bei ca. 20.000 bis 30.000 Jahrestonnen. Die Ursachen hierfür sind neben dem Niedergang der binnenschiffsaffinen Industrien und des Bergbaus nach 1990 auch der Strukturwandel in der Binnenschifffahrt. Der gestiegene Kostendruck hat in der Binnenschifffahrt eine Tendenz zu immer größeren Schiffen bewirkt, die auf der Saale nur zeitweise voll ausgelastet fahren können.

8.2 Ziel und Varianten des geplanten Saaleausbaus

Mit der Wiedervereinigung wurden die Ausbauplanungen für die untere Saale wieder aktuell. Allerdings ist der Saaleausbau kein klar definiertes Bauprojekt, sondern es existiert eine große Zahl unterschiedlicher Varianten, die zeitgleich oder nacheinander in den letzten 15 Jahren diskutiert wurden. Da sich die verschiedenen Varianten in ihren Umweltwirkungen und ihrem verkehrlichen Nutzen teilweise stark unterscheiden, haben sie auch die Entwicklung des Diskussionsprozesses stark beeinflusst. Daher soll im Folgenden ein kurzer Überblick über die diskutierten Varianten gegeben werden (vgl. Tab. 8.1 und Abb. 8.1). In den Folgekapiteln wird auf die jeweiligen Varianten immer wieder Bezug genommen, da viele Gutachten oder spezielle Diskussionspunkte nur im Zusammenhang mit einer bestimmten Variante zu verstehen sind.

---

[99] In Zukunft werden sich die Abflussmengen der Saale durch die Flutung des Tagebaus Merseburg-Ost mit 3,0 m³/s aus der Weißen Elster weiter verringern. Allerdings kommt das Landesamt für Umweltschutz Sachsen-Anhalt durch Berechnungen mit dem Langfristbewirtschaftungsmodell zu dem Ergebnis, dass der Bilanzabfluss im Jahre 2005 noch über dem des Jahres 1989 – vor Beginn der Tagebauflutungen und vor dem Rückgang der industriellen Brauchwassernutzung nach 1990 – liegen wird (Reimann/Seiert 2001, 14).

Bei aller Unterschiedlichkeit der nachfolgend vorgestellten Varianten ist das *Ausbauziel* klar definiert: Die Schifffahrt auf der Saale sollte nicht länger durch die starken Wasserstandsschwankungen behindert werden. Von Anfang an wurde von der Wasser- und Schifffahrtsverwaltung als Ausbauziel eine mittlere Ablade- bzw. Tauchtiefe von 2,50 m angestrebt, um eine möglichst gute Schiffbarkeit für das so genannte Regel- oder Europaschiff mit einer Länge von 90 m, einer Breite von 9,50 m und einem Tiefgang von 2,50 m erreichen zu können. Wichtig ist jedoch neben der Befahrbarkeit bei mittlerem Wasserstand (MW) vor allem der so genannte niedrigste Ausbauwasserstand (NAW). Der NAW entspricht der Fahrrinnentiefe bei mittlerem Niedrigwasser und definiert gewissermaßen die Mindestwassertiefe, die der Schifffahrt ganzjährig garantiert werden kann. Ganzjährig bedeutet, dass die jeweilige Fahrrinnentiefe im langjährigen statistischen Mittel an max. 20 Tagen im Jahr unterschritten oder umgekehrt formuliert an 95 % der Tage eines Jahres überschritten wird. Als Ausbauziel soll ein NAW von 2,30 m erreicht werden. Bei dieser Fahrrinnentiefe beträgt die maximale Ablade- oder Tauchtiefe eines Schiffes 2,00 m. Trotz der Vielfalt der nachfolgend vorgestellten Varianten konzentrierte sich der politische und öffentliche Diskurs der letzten 15 Jahre auf zwei mögliche Lösungen: Die frühere Staustufenlösung des BVWP 1992 und die aktuelle Seitenkanallösung des BVWP 2003 (vgl. Abb. 8.1 und Tab. 8.1). Nachfolgend werden die in den vergangenen 15 Jahren diskutierten Ausbauvarianten erläutert:

— Bis zum Herbst 2002 stand der Bau einer *Staustufe mit Schleusenkanal bei Klein-Rosenburg* im Mittelpunkt der Diskussion. Die Staustufenvariante wurde bereits 1992 in den Vordringlichen Bedarf des BVWP aufgenommen und stellte die Vorzugsvariante der Wasser- und Schifffahrtsverwaltung dar. Es wurden zwei verschiedene Standorte für die Staustufe erwogen. Der ursprüngliche Standort unterhalb von Klein-Rosenburg wurde wegen der befürchteten Beeinträchtigung ökologisch wertvoller Auenbereiche schließlich zu Gunsten einer Variante mit einer 2 km stromaufwärts bei Saale-km 5,2 gelegenen Staustufe aufgegeben. Die Schifffahrt sollte durch einen Schleusenkanal um die Staustufe herum geführt werden (siehe Abb. 8.1). Allerdings blieb die Staustufenvariante in der öffentlichen Diskussion umstritten, da Beeinträchtigungen ökologisch wertvoller Auen von Naturschützern und Naturschutzbehörden befürchtet wurden. Wie in Abschnitt

8.2 Ziele und Varianten des geplanten Saaleausbaus

7.4.2 ausführlicher erläutert werden wird, benötigen die naturschutzfachlich sehr wertvollen Hartholzauen am Unterlauf der Saale stark schwankende Wasserstände und anhaltende Niedrigwasserphasen.

Abbildung 8.1: Überblick über die Varianten des Saaleausbaus

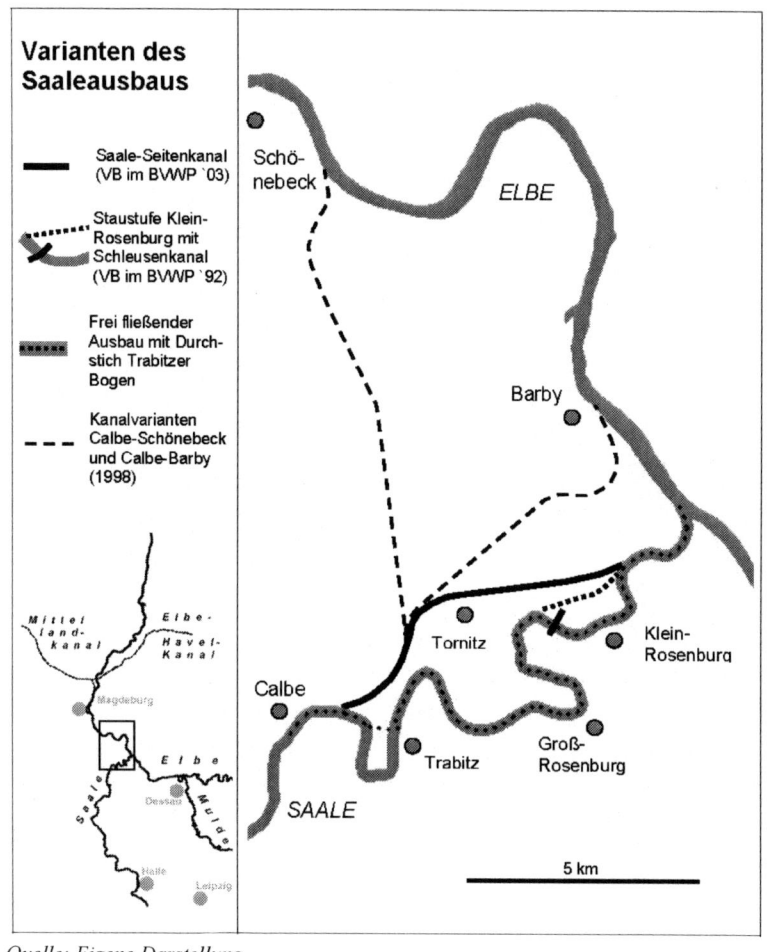

Quelle: Eigene Darstellung.

Um dies trotz Aufstauung zu gewährleisten, wurde Ende der 1990er Jahre von den Ausbaubefürwortern die Kombination der Staustufe mit einem technischen Grundwassermanagement vorgeschlagen: Entlang des eingestauten Flussabschnittes sollte durch eine Brunnen- und Pumpengalerie die ursprüngliche Wasserstandsdynamik in den Auen künstlich erzeugt werden. Diese „Untervariante" wurde als so genannte „Öko-Staustufe" fester Bestandteil der öffentlichen Diskussion, obwohl zu keiner Zeit Gutachten oder Bewertungen über ihre ökologische wie ökonomische Vorteilhaftigkeit veröffentlicht wurden.

Tabelle 8.1: Zwischen 1992 und 2004 diskutierte Varianten des Saaleausbaus

Bezeichnung	Quelle	Ausbauziel F = Fahrrinnentiefe; A = Abladetiefe; MW = Mittelwasserstand; NAW = niedrigster Ausbauwasserstand	Investitionskosten (in Mio. €)			NKV	Transportprognose (Mio. t)
			Gesamtkosten	Ersatzinvestitionen[100]	Ausbauinvestitionen[101]		
Frei fließender Ausbau	PLANCO (1992)	2,0 m MW (A)	48,1	41,9	7,2	13,1	2,9
	PLANCO (1996)	1,80 m NAW, 2,80 m MW (F)			46,1	2,71	2,9
Staustufe mit Schleusenkanal bei Klein-Rosenburg (BVWP 92)	PLANCO (1992)	2,50 m MW (A)	111,5	41,9	69,5 (64,6)	5,3	5,2
	IÖW (1994)				83,4	1,9	1,8
	PLANCO (1996)				61,4	3,96	2,9
	DIW (1998)					-	~1,9
Kanalvariante Calbe-Schönebeck		> 2,50 m an 365 Tagen (A)			203,8 – 209,4	1,1	
Kanalvariante Calbe-Barby		> 2,50 m an 365 Tagen (A)			156,6 – 159,8	1,4	
Saale-Seitenkanal (BVWP '03)	BMVBW (2003)	2,0 m NAW, 2,50 m MW (A)	75,3	1,5	73,8	2,7	1,7
	PLANCO (2004)	2,0 m NAW, 2,50 m MW (A)	72,6		72,6	2,3	1,5

Quelle: Eigene Zusammenstellung aus den genannten Quellen.

---

[100] Investitionen zum Erhalt oder zur Modernisierung bestehender Anlagen, die nicht bewertungsrelevant sind.
[101] Bewertungsrelevante Investitionskosten.

8.2 Ziele und Varianten des geplanten Saaleausbaus

– Parallel zur Staustufenvariante wurde bereits im Vorfeld der Aufstellung des BVWP 1992 neben dem Staustufenbau die Variante „*Frei fließender Ausbau*" untersucht. Hier sollte allein durch Strombaumaßnahmen (Sohlvertiefungen, Buhnen, Ufersicherungen, Durchstich einer engen Flussschlinge, dem so genannten Trabitzer Bogen) eine mittlere Abladetiefe von 2,0 m erreicht werden. Von PLANCO (1992) zunächst als überaus wirtschaftlich mit einem NKV von 13,1 bewertet, wurde die Variante mit veränderten Ausbaumaßen später deutlich schlechter mit einem NKV von 2,7 eingestuft (PLANCO 1996). Im Unterschied zu dieser zweiten Bewertung wurden bei der ersten Bewertung knapp 93 % der Investitionskosten als ohnehin anfallende Kosten für Unterhaltungs- und Erneuerungsmaßnahmen an der Saale (so genannte indisponible Ersatzkosten) veranschlagt und somit als eigentliche Baukosten nur 7,2 Mio. Euro in die NKA eingestellt.

– Für die seit 1996 laufenden Vorbereitungen eines Raumordnungsverfahrens (ROV) wurden zusätzlich zwei *Kanalvarianten* mit jeweils mehreren Untervarianten untersucht. Wegen der hohen Investitionskosten und des schlechten NKV wurden diese Varianten jedoch von der Wasser- und Schifffahrtsverwaltung bereits in den Antragsunterlagen zum Raumordnungsverfahren als unwirtschaftlich verworfen (WSV/WSA Magdeburg 1998). Die Kanäle sollten unterhalb der Schleuse Calbe beginnen und zur Elbe bei Barby bzw. bei Schönebeck geführt werden.

– Mit der Hochwasserkatastrophe im Sommer 2002, von der vor allem die Elbe mit ihren Zuflüssen betroffen war, kam das politische Aus für die bis dahin favorisierte Staustufenvariante. Allerdings wurde kurz danach eine neue Variante in die Diskussion eingebracht, der so genannte *Saale-Seitenkanal* von Calbe bis unterhalb von Klein-Rosenburg ca. 2 km oberhalb der Saalemündung in die Elbe. Mit diesem Kanal sollen Beeinträchtigungen der ökologisch wertvollen Auenbereiche vermieden werden. Der Saale-Seitenkanal ist nach heftigen Kontroversen unter dem Vorbehalt des Ergebnisses laufender nutzen-kosten-analytischer und naturschutzfachlicher Untersuchungen am 2. Juli 2003 in den Vordringlichen Bedarf des BVWP 2003 aufgenommen worden. Den dortigen Angaben zufolge sollen mit 73,8 Mio. € Investitionskosten Transportmengen in Höhe von 1,7 Mio. Tonnen pro Jahr realisiert werden. Das NKV liegt bei 2,7. Die im Vorbehalt geforderte Neubewertung des Saaleausbaus unter Berücksichtigung des Verzichts auf einen weiteren Elbeausbau korrigierte im März 2004 die Zahlen leicht nach unten. Die Transportmenge wurde auf 1,5 Mio. Jahrestonnen und das NKV auf 2,3 verringert (PLANCO 2004). Seit August 2004 gibt es schließlich verstärkte Bemühungen des Landes Sachsen-Anhalt das Raumordnungsverfahren (ROV) zum Saale-Seitenkanal zu eröffnen.

8.3 Akteure und Akteurskonstellationen

Wir möchten im Folgenden einen Überblick über die wichtigsten Akteure und Akteursgruppen in der Diskussion um den Saaleausbau geben (vgl. Tab. 8.2). Dabei unterscheiden wir vier Gruppen von Akteuren: staatliche Akteure, Interessenvertreter, Gutachter und Medien. Die Beschreibung von Akteuren und Akteurskonstellationen muss zwangsläufig unvollständig und generalisierend bleiben. Das liegt an der Komplexität und Dauer des Prozesses, der gleichzeitig auf verschiedenen Ebenen stattfindet. Hinzu kommt, dass ein großer Teil des Diskussionsprozesses „hinter den Kulissen" stattfindet, also nur bedingt in der Öffentlichkeit bekannt wird.

Die wichtigsten *staatlichen Akteure* sind zunächst die Bundesregierung, die den BVWP per Kabinettsbeschluss beschließt, und das Bundesministerium für Verkehr, Bauen und Wohnen (BMVBW), das die Federführung bei der Erarbeitung des Plans innehat und in dessen Verantwortung auch die weitere Durchführung der in den Plan aufgenommenen Projekte liegt. Im Zuge der Planaufstellung vergibt das BMVBW Aufträge zur Methodenentwicklung und zu Projektbewertungen an nachgeordnete Behörden, wie die Bundesanstalt für Gewässerkunde (BfG), oder an freie Gutachter, wie die PLANCO-Consulting GmbH. Gleichzeitig beteiligt das BMVBW andere Ressorts am Aufstellungsprozess, wie das Bundesfinanzministerium und das Bundesumweltministerium. In engem Austausch steht das BMVBW zudem mit den Landesregierungen, die im Vorfeld Verkehrsprojekte für den BVWP „anmelden" können. Nachdem der Saaleausbau bereits in den BVWP 1992 aufgenommen worden war, wurde ab Mitte der 1990er Jahre mit dem Raumordnungsverfahren ein weiterer Verfahrensschritt des Entscheidungsprozesses vorbereitet, aber bis heute noch nicht eingeleitet.

8.3 Akteure und Akteurskonstellationen

Tabelle 8.2: Akteure des Diskussions- und Entscheidungsprozesses

Staatliche Akteure	
Bundesregierung	Die Bundesregierung verabschiedet den BVWP und ist somit oberste Entscheidungsinstanz.
Bundesministerium für Verkehr, Bau- und Wohnungswesen (BMVBW)	Beim BMVBW liegt die Federführung für das gesamte Verfahren der Bundesverkehrswegeplanung. Dies betrifft nicht nur Projektanmeldungen und -bewertungen, sondern auch die Bereitstellung erforderlicher Datengrundlagen (z.B. Verkehrsprognose 2015) und die Entwicklung der Bewertungsmethodik. Das BMVBW bezieht nachgeordnete Behörden (BfG, BBR) ein und gibt Gutachten bei Consultingbüros (wie z.B. PLANCO, Planungsgruppe Ökologie + Umwelt) in Auftrag.
Landesregierung Sachsen-Anhalt	Die Landesregierung Sachsen-Anhalt hat auf politischer und verwaltungsrechtlicher Ebene Einfluss auf den Diskussions- und Entscheidungsprozess. Zum einen hat sie den Saaleausbau jeweils für den BVWP 1992 und 2003 angemeldet. Zum anderen ist das Verkehrs- und Raumordnungsministerium zugleich oberste Raumordnungsbehörde und als solches Träger des Raumordnungsverfahrens. Allerdings hat es diese Trägerschaft jeweils an nachgeordnete Behörden delegiert (Regierungspräsidium Magdeburg und nach dessen Auflösung das neu geschaffene Landesverwaltungsamt).
Wasser- und Schifffahrtsamt Magdeburg (WSA)	Das WSA hat als Behörde der dem BMVBW nachgeordneten Wasser- und Schifffahrtsverwaltung die regionale Zuständigkeit für die Überwachung der Schifffahrt sowie die Unterhaltung und den Neu- und Ausbau von Wasserstraßen. Planungsrechtlich tritt das WSA als Vorhabensträger, d.h. als „Bauherr", auf, koordiniert die technische Bauplanung und beantragt die erforderlichen Verfahren und Genehmigungen (Raumordnungsverfahren, Planfeststellung) für die Durchführung des Saaleausbaus. Formal ist das WSA eine reine Ausführungsbehörde ohne politischen Gestaltungsauftrag. Trotzdem ist es auch ein meinungsbildender Akteur, der mit Informationsmaterial, Präsentationen u.ä. für die Durchführung des Vorhabens in der Öffentlichkeit eintritt.
Bundesamt für Bauwesen und Raumordnung (BBR)	Das BBR ist eine Fachbehörde im Zuständigkeitsbereich des BMVBW. Ihr obliegt die Entwicklung und Durchführung der RWA.
Bundesanstalt für Gewässerkunde (BfG)	Die BfG ist eine Fachbehörde im Zuständigkeitsbereich des BMVBW. Sie ist in die Durchführung der Bundesverkehrswegeplanung direkt eingebunden und führt die URE und die FFH-Verträglichkeitseinschätzungen bei Wasserstraßenprojekten durch.
Bundesamt für Naturschutz (BfN)	Das BfN ist eine Fachbehörde im Zuständigkeitsbereich des Bundesumweltministeriums. Als solche wird sie an den Projektbewertungen der BVWP beteiligt, insbesondere an der Erstellung der URE und der FFH-Verträglichkeitseinschätzung, hat bei der URE jedoch nicht die Federführung. Das BfN hat eine

	eigenständige Methodik zur Bewertung der Auswirkungen des Wasserstraßenausbaus auf Natur und Landschaft entwickeln lassen (BfN 1999), die jedoch nicht in die BVWP-Methodik eingeflossen ist.
Verbände, Interessensgruppen	
Verein zur Hebung der Saaleschifffahrt (VHdS)	Im VHdS haben sich seit seiner Gründung im Jahre 1996 Unternehmen und Körperschaften der Region, wie die Hafen Halle GmbH oder die SOLVAY-Werke Bernburg, zu einer Interessensgemeinschaft zusammengeschlossen, die für den Saaleausbau eintritt. Der VHdS betreibt eine entsprechende Öffentlichkeitsarbeit und versucht auf diese Weise den Entscheidungsprozess zu beeinflussen.
Bund für Umwelt und Naturschutz Deutschland (BUND)	Neben verschiedenen Bürgerinitiativen und Verbänden ist der BUND der prominenteste Akteur auf Seiten der Ausbaugegner. Sowohl auf Bundesebene als auch regional betreibt der BUND Lobbyarbeit zur Verhinderung des Saaleausbaus.
Gutachter, Ingenieur- und Planungsbüros	
PLANCO-Consulting GmbH	Die Firma PLANCO-Consulting, Essen, ist der zentrale Akteur bei der Entwicklung und Anwendung der Bewertungsmethoden der Bundesverkehrswegeplanung seit den 1980er Jahren. Sie entwickelte im Auftrag des BMVBW einen großen Teil der Bewertungsmethodik der Bundesverkehrswegeplanung (NKA; PLANCO 1995a, 1999a, 2000, BMV 1993) und führt die NKAs u.a. des Saaleausbaus durch. PLANCO hat weiterhin Prognosen zur Entwicklung der Binnenschifffahrt in Deutschland im Auftrag des BMVBW (PLANCO 1998c, 2003), Bewertungen von Schifffahrtsprojekten (PLANCO 1995b, 1998a) sowie Untersuchungen zu den Perspektiven des Hafens Halle (PLANCO 1998b) im Auftrag der Hafen Halle GmbH erarbeitet.
Planungsgruppe Ökologie + Umwelt	Die Planungsgruppe Ökologie + Umwelt, Hannover, hat im Auftrag des BMVBW die URE für Straßen- und Schienenprojekte entwickelt (Planungsgruppe Ökologie + Umwelt 2000) und durchgeführt. Weiterhin sind von der Planungsgruppe im Auftrag des Umweltbundesamtes Vorschläge für eine Monetarisierung der Auswirkungen von Verkehrsvorhaben auf Natur und Landschaft als Voraussetzung für deren Integration in NKAs gemacht worden (IWW et al. 1999).
Deutsches Institut für Wirtschaftsforschung (DIW)	Das DIW hat 1998 im Auftrag des Verkehrsministeriums Sachsen-Anhalt die vorliegenden Verkehrs- und Transportmengenprognosen zur Saale untersucht. Dabei wurden insbesondere die Berechnungen von PLANCO, die der Projektbewertung für den BVWP 1992 zugrunde lagen, als zu hoch kritisiert.
Institut für ökologische Wirtschaftsforschung (IÖW)	Das IÖW hat als privatwirtschaftliches Forschungsinstitut im Auftrag der Umweltstiftung WWF – Deutschland 1994 ein Gutachten zur ökonomisch-ökologischen Bewertung des Saaleausbaus durchgeführt. Darin wurde das damals aktuelle PLANCO-Gutachten zum Saaleausbau kritisiert.

Quelle: Eigene Zusammenstellung.

8.3 Akteure und Akteurskonstellationen

Damit wurden weitere Akteure in den Diskussionsprozess eingebunden. Das Wasser- und Schifffahrtsamt Magdeburg musste als Vorhabensträger die erforderlichen Unterlagen für die Eröffnung des Raumordnungsverfahrens bereitstellen. Im Auftrag des Wasser- und Schifffahrtsamtes erarbeitete die Bundesanstalt für Wasserbau Gutachten zur technischen Ausgestaltung und Ingenieur- und Planungsbüros erstellten eine Umweltverträglichkeitsstudie für die in das Raumordnungsverfahren integrierte Umweltverträglichkeitsprüfung (UVP).

Eine große Zahl von *Interessensgruppen und Verbänden* versucht das Handeln der staatlichen und politischen Akteure zu beeinflussen. Sowohl die Bundesverkehrswegeplanung als auch die gesetzlichen Prüfungs- und Genehmigungsverfahren wie das Raumordnungsverfahren sehen eine Öffentlichkeitsbeteiligung vor. Bei der Aufstellung des BVWP besteht diese in der Beteiligung der Länder, der parlamentarischen Ausschüsse und der Interessensverbände (Naturschutzverbände wie BUND und NABU, Bundesverband der Binnenschifffahrt etc.). Weitere lokale, regionale und überregionale Interessenvertreter wie Unternehmen, Industrie- und Handelskammern, der Verein zur Hebung der Saaleschifffahrt (VHdS), Bürgerinitiativen oder auch Kirchen versuchen mit Veranstaltungen, Stellungnahmen, Kampagnen ihre Argumente für oder gegen den Saaleausbau möglichst prominent und überzeugend zu platzieren und so den Aufstellungsprozess zu beeinflussen. Eine wichtige Mittelrolle nehmen Landtags- und Bundestagsabgeordnete aus der Region ein, die sich an der lokalen Diskussion beteiligen und gleichzeitig ihre jeweilige Position in ihren Fraktionen und politischen Gremien vertreten und dort unmittelbaren Zugriff auf den Entscheidungsprozess um den BVWP haben.

Die dritte Gruppe von Akteuren umfasst das Spektrum der freien *Gutachter*. Dabei handelt es sich um Ingenieur- und Planungsbüros, Consultingunternehmen und Forschungseinrichtungen, die meist im Auftrag öffentlicher Stellen, aber auch der Interessengruppen und Verbände, Gutachten zur Methodenentwicklung, zu Verkehrsprognosen, Wirtschaftlichkeit, Umweltwirkungen etc. erstellen. Im Laufe der Jahre ist eine große Zahl von Untersuchungen und Gutachten erstellt worden und es entsteht der für politisch brisante Prozesse typische Eindruck einer Abfolge von Gutachten und Gegengutachten. Bei genauerem Hinsehen (vgl. Kap. 9) zeigt sich jedoch, dass dieser Eindruck nur teilweise stimmt, denn die Abfolge von Gutachten ist auch Ausdruck der sich verändernder Rahmenbedingungen und des sich weiter entwickelnden Diskussionsprozesses. Der zentrale Akteur in dieser Gruppe ist die Firma PLANCO-Consulting, die seit den 1980er Jahren im Auftrag des Bundesverkehrsministeriums die Methodik der gesamtwirtschaftlichen Bewertung des BVWP entwickelt und weiterentwickelt hat. Gleichzeitig führt PLANCO die Verkehrsprognosen und Projektbewertungen im Wasserstraßenbereich durch. Die Ergebnisse der PLANCO-Gutachten (Transportmengenprognosen, NKV) sind Schlüsselgrößen der öffentlichen Diskussion und werden entsprechend kontrovers diskutiert.

Häufig sind daher Gutachten beauftragt und veröffentlicht worden, mit denen die Ergebnisse von PLANCO-Gutachten in Frage gestellt wurden. So hat das Institut für ökologische Wirtschaftsforschung (IÖW) bereits 1994 im Auftrag des WWF sowohl Methodik als auch Ergebnis der PLANCO-Bewertung von 1992 kritisiert und eine alternative Wirtschaftlichkeitsberechnung mit geringeren prognostizierten Transportmengen und höheren Baukosten durchgeführt. 1998 hat das Deutsche Institut für Wirtschaftsforschung (DIW 1998) im Auftrag des sachsen-anhaltinischen Verkehrsministeriums die Höhe des für den BVWP 1992 von PLANCO prognostizierten und zwischenzeitlich von diesen nach unten korrigierten Verkehrsaufkommens für die Saale hinterfragt und vor dem Hintergrund veränderter wirtschaftlicher und verkehrlicher Bedingungen als unrealistisch hoch eingeschätzt.[102]

Im Bereich der Umweltwirkungen des Saaleausbaus sind freie Gutachter eher bei der Methodenentwicklung involviert und damit weniger Teil der öffentlichen als Teil einer fachinternen Diskussion. So hat die Planungsgruppe Ökologie + Umwelt die URE für die Verkehrsträger Straße und Schiene entwickelt. Die Projekt-URE zum Saaleausbau wurde jedoch von einer Behörde, der BfG, durchgeführt, die zudem die Methodik an die besonderen Gegebenheiten bei Wasserstraßenprojekten angepasst hat. Eine Sonderrolle nimmt in diesem Zusammenhang das UFZ-Umweltforschungszentrum Leipzig-Halle GmbH ein, das ohne speziellen Auftrag eines Dritten mit dem vorliegenden Buch eine Analyse des Diskussionsprozesses vornimmt, gleichzeitig aber durch seine von den Autoren dieses Buches verfassten Stellungnahme zur Aufnahme des Saaleausbaus in den BVWP 2003 sowie die Teilnahme an Veranstaltungen zum Saaleausbau zum Akteur des Diskussionsprozesses geworden ist.

---

[102] Vgl. auch die Stellungnahme von PLANCO zum DIW-Gutachten (PLANCO 1999c).

8.3 Akteure und Akteurskonstellationen

Als eine vierte Akteursgruppe lassen sich die *Medien* bezeichnen, die durch ihre Berichterstattung einerseits Öffentlichkeit schaffen und andererseits die öffentliche Diskussion durch die Art und Weise der Berichterstattung mit gestalten. Der Saaleausbau ist ein relativ kleines Vorhaben von regionaler Bedeutung. Von daher hat sich die Berichterstattung über den Saaleausbau größtenteils auf lokale und regionale Tageszeitungen (Magdeburger Volksstimme, Mitteldeutsche Zeitung, Leipziger Volkszeitung) und den Mitteldeutschen Rundfunk beschränkt. Allerdings wurde die Diskussion um den Saaleausbau in den Wochen vor dem Kabinettsbeschluss des BVWP 2003 auch von überregionalen Medien aufgegriffen (Der Spiegel, Frankfurter Rundschau, Süddeutsche Zeitung). Die Entscheidung über die Aufnahme des Saaleausbaus in den BVWP drohte zum Streitpunkt innerhalb der Koalition zu werden und erhielt daher bundesweite Aufmerksamkeit. Der Tenor der Berichterstattung waren Zweifel an der Wirtschaftlichkeit des Vorhabens. Damit wird auch die Rolle deutlich, die den Medien durch die Auswahl der veröffentlichten Informationen sowie der Art und Weise ihrer Präsentation zukommt. Die eher ausbaukritische bundesweite Medienberichterstattung im Frühjahr 2003 wird dazu beigetragen haben, dass der Saaleausbau nur unter dem Vorbehalt weiterer Untersuchungen zur Wirtschaftlichkeit und Umweltverträglichkeit in den BVWP 2003 aufgenommen worden ist. Im Gegenzug hat der VHdS dem MDR einseitige und verzerrte Berichterstattung vorgeworfen und im Februar 2004 eine Beschwerde beim MDR-Rundfunkrat eingereicht. Gleichzeitig lässt sich seit Anfang 2004 in den regionalen Printmedien eine tendenziell Ausbau befürwortende Berichterstattung feststellen (vgl. Mitteldeutsche Zeitung am 18.3.2004, Leipziger Volkszeitung am 13.5.2004).

Wenn man die *Akteurskonstellationen* beschreiben möchte, liegt eine Orientierung an den Kategorien „Ausbaubefürworter" und „Ausbaugegner" nahe. Danach würden in der aktuellen Situation (Mai 2005) das BMVBW, die sachsen-anhaltinische Landesregierung, die Wasser- und Schifffahrtsverwaltung des Bundes (speziell das WSA Magdeburg), die Interessensverbände der Binnenschifffahrt, Verbände und Unternehmen der regionalen Wirtschaft zur Gruppe der Ausbaubefürworter gehören. Diese Gruppe stützt sich auf die positiven Wirtschaftlichkeitsberechnungen von PLANCO, ohne dass diese eindeutig als Teil der Gruppe gelten können. Auf der anderen Seite bilden die großen Umweltverbände wie BUND, NABU und WWF mit mehreren regionalen und lokalen Bürgerinitiativen die Gruppe der Ausbaugegner. Sie erhalten Unterstützung vom Bundesumweltministerium und dem Bundesamt für Naturschutz, die eine ausbaukritische Haltung einnehmen, ohne jedoch einen kategorischen Ausbauverzicht zu fordern.

Bei den gewählten politischen Interessensvertretern wie Landtags- und Bundestagsabgeordneten existieren nicht immer klare Zuordnungen auf der Grundlage von Parteizugehörigkeiten. Beispielsweise haben sich zwar die Landtags- und Bundestagsfraktionen von CDU und SPD für den Saaleausbau ausgesprochen, einzelne Abgeordnete aller Fraktionen argumentieren jedoch mehr oder weniger deutlich ausbaukritisch. Bündnis 90/Die Grünen haben sich aber klar gegen und die FDP für einen Ausbau positioniert.

Betrachtet man den Diskussionsprozess über die Zeit, so stellt man fest, dass die Lager von Ausbaubefürwortern und -gegnern über die Jahre hinweg ziemlich stabil geblieben sind. Allein die beiden Regierungswechsel in Sachsen-Anhalt führten zu leichten Positionswechseln der Landesregierung, was Auswirkungen auf die Zielstrebigkeit hatte, ein Raumordnungsverfahren einzuleiten.

8.4 Hauptkonflikte und Argumentationslinien der politischen Diskussion

Befürworter und Gegner des Saaleausbaus stehen einander mit teilweise unvereinbarenden Positionen in einer oft sehr emotional geführten Debatte gegenüber. In diesem Abschnitt werden daher die Argumentationslinien der Befürworter und Gegner in der politischen Diskussion um den Ausbau der Saale wiedergegeben und die sich daraus ergebenden Hauptkonflikte näher beschrieben.

8.4.1 Argumentationslinien der Ausbaubefürworter und Ausbaugegner

Die Hauptargumente der Ausbaubefürworter sind wirtschafts- und strukturpolitischer Natur. Danach ist der Saaleausbau eine dringend erforderliche Investition in die Verkehrsinfrastruktur. Damit soll einerseits die Wettbewerbsfähigkeit sowohl der Wirtschaft in Mitteldeutschland gestärkt und Anreize für weitere Investitionen in der Region geschaffen

8.4 Hauptkonflikte und Argumentationslinien

werden. Andererseits soll – so die weitere Argumentation – die Binnenschifffahrt durch den Ausbau fairere Wettbewerbschancen erhalten, da sie in Ostdeutschland durch den im Vergleich zu Westdeutschland geringen Ausbaustandard der Wasserstraßen gegenüber anderen Verkehrsträgern benachteiligt ist. Voraussetzung für eine wettbewerbsfähige Binnenschifffahrt seien ganzjährig befahrbare Wasserstraßen. Unterstützend wird darauf hingewiesen, dass das Binnenschiff der umweltfreundlichste Verkehrsträger und daher sein weiterer Ausbau auch aus ökologischen Gründen zu begrüßen sei. Beim Ausbau würden zudem die Erfordernisse des Naturschutzes berücksichtigt. Gerade in den letzten Jahren mehren sich auf Seiten der Ausbaubefürworter zudem verfahrenstechnische Argumente. Nach den langjährigen Diskussionen um den Saaleausbau sei es an der Zeit, in die förmlichen Planungsverfahren (Raumordnungsverfahren und Planfeststellung) einzusteigen. Diese dienten dem Zweck, das Für und Wider des Ausbaus abzuwägen und eine Entscheidung im Sinne des Allgemeinwohls zu treffen.

Auf der anderen Seite befürchten die Ausbaugegner die unwiederbringliche Zerstörung wertvoller Auen und Auwälder an Saale und Elbe, die ein europaweit einmaliges Naturerbe darstellen. Zudem trage der Ausbau zu einer Erhöhung von Hochwassergefahren bei und verringere die Möglichkeiten eines besseren Hochwasserschutzes. Es wird geargwöhnt, dass der Saaleausbau einen weiteren Ausbau der Elbe nach sich zieht, da diese schlechtere Schifffahrtsbedingungen aufweise als eine ausgebaute Saale. Gleichzeitig werden die ermittelten Transportmengen für die ausgebaute Saale und damit die Wirtschaftlichkeit insgesamt in Frage gestellt. Es wird mit der allgemein rückläufigen Bedeutung der Schifffahrt argumentiert. Zudem ließen sich auch durch den Ausbau von Flüssen in Ostdeutschland keine den Wasserstraßensystemen Westdeutschlands vergleichbare Schifffahrtsverhältnisse herstellen. Außerdem seien durch die wirtschaftlichen Umbrüche nach der Wiedervereinigung kaum noch Unternehmen vorhanden, die in nennenswertem Umfang Gütermengen auf die Wasserstraße verlagern könnten.

In den folgenden Teilkapiteln sollen die Argumentationslinien in Bezug auf die Hauptkonflikte Umwelteffekte, Wirtschaftlichkeit und strittiger Zusammenhang mit einem Ausbau der Elbe näher erläutert werden.

8.4.2 Auswirkungen auf Natur und Landschaft

Die Nutzung eines Flusses als Wasserstraße ist in der Regel mit mehr oder weniger großen Veränderungen seiner Morphologie verbunden. Ziel dieser Veränderungen ist die Herstellung bestimmter Fahrrinnentiefen und -breiten sowie Kurvenradien. Die Art der erforderlichen Maßnahmen richtet sich nach den natürlichen Gegebenheiten (Abflussregime, Gefälle, Geologie, Ufer- und Sohlenstruktur) und dem Ausbauziel, d.h. derjenigen Schiffsgrößenklasse, auf die der Ausbau ausgerichtet ist. Hier findet seit einigen Jahrzehnten eine kontinuierliche Entwicklung statt: um gegenüber anderen Verkehrsträgern konkurrenzfähig zu bleiben, muss die Transportkapazität eines Schiffes immer weiter erhöht werden, was zu größeren Längen, Breiten und Tiefgängen der verwendeten Schiffstypen führt. Typische Ausbaumaßnahmen sind Laufbegradigungen[103], Vertiefungen und Stabilisierungen der Sohle durch Ausbaggerungen und den Bau von Buhnen, künstliche Zugabe von Sedimenten, um einer unkontrollierten Erosion entgegen zu wirken, oder der Uferverbau. Lassen sich die erforderlichen Fahrrinnentiefen und -breiten auf diese Weise nicht erreichen, steht als weitere Möglichkeit der Bau von Staustufen oder Wehren zur Verfügung, mit denen die Wassertiefen flussaufwärts gezielt und dauerhaft erhöht werden können.

Die genannten Ausbaumaßnahmen verändern die Morphologie eines Flusses und sein Abflussregime, also die Menge und Geschwindigkeit des abfließenden Wassers, sowie die zeitliche und räumliche Verteilung von Hoch- und Niedrigwasserphasen. Von diesen Veränderungen sind ebenfalls die Auen, die natürlichen Überflutungsräume, betroffen, mit denen ein Fluss in einem direkten morphologischen, stofflichen und hydrologischen Zusammenhang steht. Diese Zusammenhänge lassen ein im Vergleich zum Straßen- oder Schienenwegebau sehr komplexes und schwierig zu prognostizierendes Wirkungsgefüge des Wasserstraßenbaus entstehen. Beim Bau eines Kanals handelt es sich hingegen nicht um den Ausbau eines Flusses, sondern um den Neubau einer Wasserstraße.

---

[103] Laufbegradigungen werden beim heute erreichten Ausbaustandard mitteleuropäischer Flüsse jedoch nur noch vereinzelt durchgeführt. Im Wasserstraßenbau vergangener Jahrhunderte waren Laufbegradigungen und -verkürzungen zentrale Maßnahmen zur Verbesserung der Schiffbarkeit. Bekanntestes Beispiel sind die Tullaschen Korrektionen des Oberrheins im 18. Jahrhundert.

8.4 Hauptkonflikte und Argumentationslinien

Alle Varianten des Saaleausbaus beziehen sich auf den frei fließenden, 20 km langen Abschnitt der Saale zwischen Calbe und der Mündung in die Elbe. Ziel ist die bereits erläuterte Verbesserung der Schifffahrtsverhältnisse bzw. bei der Variante Saale-Seitenkanal die Umgehung des Saaleabschnittes mit unzureichenden Schifffahrtsbedingungen. Auch in ihrem heutigen Zustand ist die untere Saale ein relativ naturferner, durch massive Ufersicherungen, Sohlvertiefungen und Laufverkürzungen ausgebauter Fluss. Die ökologische Wertigkeit erzielt die Saale aus ihrer vergleichsweise unbeeinflussten Auendynamik. Neben den periodischen Überschwemmungen sind dafür vor allem die im hydraulischen Zusammenhang mit dem Fluss stehenden schwankenden Grundwasserstände in den bewaldeten oder extensiv landwirtschaftlich genutzten Auen verantwortlich. Dadurch konnte sich hier ein auentypisches Mosaik aquatischer, wechsel-feuchter und trockener Lebensräume mit zahlreichen Altarmen und Flutrinnen erhalten. Die arten- und strukturreichen Auen zwischen Groß-Rosenburg und Saalemündung bilden im Verbund mit den Auwäldern der Elbe eine ökologisch wertvolle Kulturlandschaft mit vergleichsweise naturnaher Dynamik. Aufgrund dieses naturschutzfachlichen Wertes gehört die untere Saale zum Biosphärenreservat „Flusslandschaft Elbe", in Teilen auch zu dessen Kernzone, und ist gleichzeitig Bestandteil des NATURA-2000-Netzwerks europäischer Naturschutzgebiete. Auch alle Gutachten zu den ökologischen Auswirkungen des Saaleausbaus betonen diesen naturschutzfachlichen Wert der Saaleauen (Scholz 1995; BfG/BfN 1997; IUS 1998; URE im BVWP 2003).

Auswirkungen eines Staustufenbaus

Die vom Saaleausbau ausgehende Beeinträchtigung dieser Auen stand dementsprechend von Anfang an im Mittelpunkt der Diskussion um dessen ökologische Auswirkungen. In Bezug auf die frühzeitig favorisierte Staustufe sahen die Ausbaugegner und auch die Gutachten zu den ökologischen Auswirkungen die größte Gefährdung für die Auen in der veränderten Grundwasserdynamik. Durch die Staustufe wird der Wasserstand der Saale am Wehr dauerhaft auf ca. 1 m oberhalb des Mittelwasserstandes erhöht. Zwischen Stauwasserstand und mittlerem Niedrigwasserabfluss beträgt der Unterschied im wehrnahen Bereich ca. 2,50 m. Dadurch ergibt sich zwischen Wehr und Saale-km 19 (Calbe) ein nahezu gleicher Wasserstand, wodurch insbesondere die charakteristischen lang anhaltenden Niedrigwasserphasen entfallen würden. Da auch die Grundwasserstände der Auen von der Wasserführung der Saale abhängig sind, erhöhen sich in der Folge der Stauhaltung oberhalb des Wehres die Grundwasserstände erheblich gegenüber den derzeitigen Niedrig- und Mittelwasserständen.[104]

In den Auen würden somit die charakteristischen Schwankungen zwischen hohen und niedrigen Grundwasserständen vermindert und die mittleren Grundwasserstände erhöht. Die den heutigen ökologischen Wert bestimmenden Lebensräume und Biotope würden sich zu – aus naturschutzfachlicher Perspektive – weniger wertvollen Lebensräumen verändern. So würden sich die standorttypischen, seltenen Hartholzauwälder zu nicht-standorttypischen und weniger seltenen Bruchwäldern weiterentwickeln. Alle anderen ökologischen Auswirkungen des Staustufenbaus, wie die Unterbrechung des Fließgewässerkontinuums oder die Verringerung des Selbstreinigungsvermögens des Flusses, wurden demgegenüber sowohl in den vorliegenden Gutachten als auch in der öffentlichen Wahrnehmung als im Vergleich zur Auenproblematik weniger gravierend erachtet.

Zur Verminderung der ökologischen Auswirkungen wurde von der Wasser- und Schifffahrtsverwaltung im Zuge der seit 1996 laufenden Vorbereitungen des Raumordnungsverfahrens eine stromaufwärtige Verlagerung des Staustufenstandortes der im BVWP 1992 enthaltenen Variante vorgesehen. Dadurch sollten Beeinträchtigungen der zur Kernzone des Biosphärenreservates gehörenden Bereiche der Saaleaue zwischen Klein-Rosenburg und Mündung vermieden bzw. vermindert werden. Ob dies gelingen würde, blieb umstritten. 1997 kamen BfG und BfN in ihrer gemeinsamen Stellungnahme zu dem Ergebnis, dass der Saaleausbau nach wie vor als „aus Umwelt- und Naturschutzgesichtspunkten nicht vertretbar" zu bewerten ist (BfG/BfN 1997, 2).

Ende der 1990er Jahre wurde von der Wasser- und Schifffahrtsverwaltung eine technische Lösung zur Minderung der hydrologischen Dynamikverluste in der Aue in die Diskussion gebracht. Die favorisierte Staustufe bei Saale-km 5,26 sollte durch Entwässerungsgräben, Sickergruben und 54 Brunnen entlang des eingestauten Saaleabschnittes ergänzt werden. Ziel dieser in der öffentlichen Diskussion teilweise als „Öko-Staustufe" bezeichneten modifizierten Variante ist die Simulation

---

[104] Für detailliertere Ausführungen vgl. IUS (1998).

8.4 Hauptkonflikte und Argumentationslinien

natürlicher Grundwasserschwankungen in den von der Stauregelung betroffenen Auenbereichen und damit die Verminderung der erwarteten negativen ökologischen Auswirkungen. Bei Niedrig- und Mittelwasser soll Grundwasser aus der Aue in die aufgestaute Saale gepumpt werden und bei Hochwasser umgekehrt von der Saale in die Aue. Die Machbarkeit und Funktionsfähigkeit eines solchen technischen Grundwassermanagements indes blieb umstritten. Das Wasser- und Schifffahrtsamt Magdeburg hält diese für erwiesen und beruft sich auf nicht veröffentlichte Untersuchungen von Ingenieurbüros, die von der Bundesanstalt für Wasserbau sowie der Bundesanstalt für Gewässerkunde begleitet wurden (WSA Magdeburg, mündl. Mitteilung 21.8.2001). Gleichzeitig wird auf entsprechende Erfahrungen an der Donau (Wien-Freudenau) verwiesen.

Das BfN weist hingegen darauf hin, dass zu der in Wien-Freudenau 1996 in Betrieb genommenen Brunnenanlage frühestens nach 10 Jahren verlässliche Untersuchungsergebnisse vorliegen und diese aufgrund gänzlich anderer Standortbedingungen nicht auf die Saale übertragen werden könnten (Henrichfreise 2001, 154f). Das BfN schlug stattdessen vor, die Funktionsfähigkeit des Grundwassermanagements zunächst an der vorhandenen Stauhaltung Calbe über einen längeren Zeitraum zu testen. Die Bedenken des Bundesamtes für Naturschutz (BfN) bezogen sich auf die sukzessive Abdichtung der Brunnen durch Schwebstoffe im zu versickernden Flusswasser (Kolmation). Gleichzeitig sei die direkte Einleitung kritisch belasteten Saalewassers in das Grundwasser unter Umgehung der Bodenpassage als natürlichem Filter unter Gütegesichtspunkten kritisch zu sehen (BfN, mündl. Mitteilung 27.8.2001). Die vom BfN befürchteten Kolmationsprobleme sind an der Staustufe Wien-Freudenau tatsächlich aufgetreten. Deren Betreiber haben technische Probleme eingeräumt, die durch die Kolmation der Brunnen verursacht werden und zur fortlaufenden Verringerung der Wasseraustauschkapazitäten der Brunnen führen (Dreher/Gunatilaka 2001). Diese Probleme sind bis heute nicht befriedigend gelöst und implizieren eine große Unsicherheit von Aussagen über den Erfolg der damals an der Saale geplanten Maßnahme. Zudem ist das Ziel der Staustufe Wien-Freudenau nicht die Erhaltung einer natürlichen Wasserstandsdynamik von Auen, die sich durch hohe Schwankungen auszeichnet, sondern es sollen im Gegenteil extrem hohe und niedrige Grundwasserstände zum Schutz der Gebäudefundamente eines Stadtteils verhindert werden.

Auswirkungen der Seitenkanallösung

Durch den Saale-Seitenkanal werden die oben beschriebenen Veränderungen der Grundwasserdynamik in den Auen größtenteils vermieden. Die Saale bleibt frei fließend und ist nur oberhalb des Kanals zwischen den Saale-km 17,5 und 20,0 sowie zwischen der Wiedereinmündung des Kanals bei Saale-km 2,0 und der Mündung in die Elbe von Ausbaumaßnahmen betroffen. Vom 7,5 km langen Kanal werden in erster Linie intensiv landwirtschaftlich genutzte Flächen, mit einer in der aktuellen Nutzungsform geringen naturschutzfachlichen Bedeutung, in Anspruch genommen und zerschnitten. Die URE für den BVWP 2003 weist der Seitenkanallösung daher nur ein mittleres Umweltrisiko zu. Die Staustufenvariante war hingegen noch mit einem sehr hohen Umweltrisiko bewertet worden, was zwangsläufig einen besonderen naturschutzfachlichen Planungsauftrag für diese Variante bedeutet hätte. Entsprechend wird der Seitenkanallösung von Seiten der Ausbaubefürworter auch eine besondere Umweltverträglichkeit bescheinigt, mit der es gelungen sei, die gravierenden ökologischen Wirkungen der Vorgängervarianten zu vermeiden. Damit – so der allgemeine Tenor – stünden dem Saaleausbau keine ökologischen Bedenken mehr im Wege.

Die Ausbaugegner räumen ein, dass bei der Kanalvariante die Beeinträchtigungen der Saaleauen deutlich geringer als bei einer Staustufe wären. Sie machen jedoch auf neue, vom Saale-Seitenkanal ausgehende Gefahren aufmerksam, die von einer Veränderung der Grundwasserströmungsverhältnisse und einer Beeinträchtigung des Hochwasserschutzes ausgehen. Das BfN gibt in einer Stellungnahme zu Bedenken, dass durch den Kanal eine mögliche Erweiterung des Hochwasserrückhalteraumes im besonders hochwassersensiblen Mündungsbereich der Saale verhindert würde. Gleichzeitig wird auf einen möglichen Aufstau des Grundwassers hingewiesen, da der Kanal in den Grundwasserkörper hinein ragt. Darüber hinaus seien die möglichen Beeinträchtigungen betroffener FFH-Gebiete, vor allem der Kernzone des Biosphärenreservates unterhalb der Wiedereinmündung des Kanals in die Saale, nur unzureichend spezifiziert (BfN 2003).

Insgesamt gesehen lehnen die Umweltverbände den Kanal ab, allerdings vorrangig, weil die prognostizierten Transportmengen angezweifelt werden und die zu schaffenden Schifffahrtsverhältnisse auf der Saale in keinem Verhältnis zu den geringeren Fahrrinnentiefen der Elbe stünden.

8.4 Hauptkonflikte und Argumentationslinien

8.4.3 Wirtschaftlichkeit und verkehrlicher Nutzen des Saaleausbaus

Der verkehrliche Nutzen und daraus zum Teil resultierend die Wirtschaftlichkeit sind Schlüsselgrößen für die Bewertung von Verkehrsvorhaben. Entsprechend stehen auch beim Saaleausbau die prognostizierten Transportmengen sowie das Nutzen-Kosten-Verhältnis (NKV) im Mittelpunkt der Diskussion. Waren in den 1960er und 1970er Jahren noch über 300.000 Tonnen pro Jahr auf der Saale transportiert worden, sanken die Mengen bereits in den 1980er Jahren deutlich ab und erreichten in den 1990er Jahren maximale Größenordnungen um 100.000 Tonnen pro Jahr. In der zweiten Hälfte der 1990er Jahre und in den ersten Jahren des 21. Jahrhunderts wurden nur noch zwischen ca. 20.000 und 30.000 Jahrestonnen verschifft. Laut PLANCO (1996) betrug im Jahr 1991 der Anteil der Binnenschifffahrt am Güteraufkommen der Saale lediglich 0,01 %. Den Ausbaubefürwortern gilt der Saaleausbau aber gerade deshalb als unverzichtbare Investition in die Verkehrsinfrastruktur, die wichtige Impulse für die Wirtschaftsentwicklung der Region setzt und die Wettbewerbsfähigkeit der Binnenschifffahrt entscheidend verbessert.

Angaben zu Gütertransportmengen auf der Saale im Falle des Saaleausbaus erfolgen für die Bundesverkehrswegeplanung auf der Grundlage von Verkehrsmengenprognosen vor dem Hintergrund so genannter Strukturdatenprognosen (wie z.B. Prognosen der Wirtschafts- und Bevölkerungsentwicklung). Darauf aufbauend sind von PLANCO für den Saaleausbau seit 1992 mehrere Transportmengenprognosen und Wirtschaftlichkeitsberechnungen durchgeführt worden. Der NKA für den BVWP 1992 hat PLANCO ein prognostiziertes Güteraufkommen von 5,2 Mio. Tonnen pro Jahr zugrunde gelegt. In den Folgejahren wurde das prognostizierte Güteraufkommen mehrfach korrigiert, da sowohl die gesamtdeutsche als auch die regionale Wirtschaftsentwicklung deutlich hinter den Prognosen Anfang der 1990er Jahre zurückblieb. 1996 reduzierte PLANCO das Güteraufkommen für den Planfall Saaleausbau variantenunabhängig auf 2,9 Mio. Tonnen pro Jahr.

Die Bedarfseinstufung in den aktuellen BVWP 2003 basiert auf einer Transportmenge von 1,7 Mio. Jahrestonnen. Bei dieser Prognose wurde allerdings unterstellt, dass gleichzeitig die Elbe ausgebaut wird, obwohl sich die gegenwärtige Bundesregierung in ihrem Koalitionsvertrag auf einen Stopp des Elbeausbaus verständigt hat (vgl. Abschnitt 8.4.4). Unter Berücksichtigung des Verzichts auf weitere Ausbaumaßnahmen an der

Elbe reduziert sich diese Annahme in der überarbeiteten PLANCO-Bewertung weiter auf 1,5 Mio. Tonnen im Jahr. Gerade die frühen PLANCO-Prognosen aus den Jahren 1992 und 1996 wurden von Seiten der Ausbaugegner als überhöht und an den wirtschaftlichen Realitäten vorbei gehend kritisiert. Gutachten des IÖW (1994) und des DIW (1998) stellten die Ergebnisse in Frage und kamen zu deutlich geringeren Prognosen (1,8 bzw. 1,9 Mio. Tonnen pro Jahr). Dem stellte der Verein zur Hebung der Saaleschifffahrt (VHdS) auf der Grundlage von Unternehmensbefragungen im Jahre 1997 ein Verlagerungspotenzial in Höhe von 4,7 Mio. Jahrestonnen entgegen.

Auf eine ausführliche Auseinandersetzung mit dieser Diskussion soll an dieser Stelle verzichtet werden, da der Schwerpunkt der vorliegenden Studie auf den Umweltwirkungen von Wasserstraßenprojekten und deren Bewertung liegt und nicht auf der Analyse von Verkehrsprognosen und deren methodischen wie empirischen Grundlagen. Im Hinblick auf die geforderte Transparenz und Plausibilität des Entscheidungprozesses um die Aufnahme von Verkehrsvorhaben in den BVWP muss jedoch auf die mangelnde Nachvollziehbarkeit des Zustandekommens der Gütermengenprognosen für die Saale hingewiesen werden. Es werden die Methoden und grundlegenden Annahmen der Prognosen lediglich in Umrissen veröffentlicht. Auf der Grundlage der publizierten Informationen ist eine Rekonstruktion der Prognosen nicht möglich. Dies gilt sowohl für die älteren PLANCO-Prognosen, bei denen dies von IÖW (1994) und DIW (1998) kritisiert wurde, als auch die Transportmengenprognose für den BVWP 2003. Letztere stellte sich kurz vor der Beschlussfassung des BVWP als auf falschen, nämlich den Elbeausbau einschließenden, Annahmen beruhend heraus. Dem Aspekt der Nachvollziehbarkeit kommt besondere Bedeutung zu, da die Verkehrsmengenprognose sowohl in der politischen Diskussion als auch für das NKV eine Schlüsselgröße darstellt.

8.4.4 Zusammenhang von Saale- und Elbeausbau

Seit Beginn der Diskussion um den Saaleausbau ist der Zusammenhang zwischen den Schifffahrtsverhältnissen und Ausbauzielen auf Saale und Elbe umstritten. Der Gütertransport auf der Saale ist für alle Verkehrsbeziehungen zwangsläufig auf die Elbe als Schifffahrtsweg angewiesen

8.4 Hauptkonflikte und Argumentationslinien

(siehe Abb. 8.1). Über die Elbe erfolgt der Anschluss an das weitere Wasserstraßennetz. Daher liegt es auf der Hand, dass die Ausbauziele für die Saale auf die Schifffahrtsverhältnisse auf der Elbe bzw. ggf. deren gesicherten weiteren Ausbau abgestimmt sein müssen. Während Ausbaubefürworter und Wasser- und Schifffahrtsverwaltung betonen, dass eine solche Abstimmung vorliegt, stellen die Ausbaugegner dies in Frage. Es gehört zu den Eigentümlichkeiten des Diskussionsprozesses um den Saaleausbau, dass sich dieses scheinbar einfache technische Detail bis heute nicht hat zweifelsfrei klären lassen. Im Folgenden werden daher die recherchierbaren Fakten zusammengestellt.

Das Ausbauziel für die Saale ist sowohl für die ehemals favorisierte Staustufe als auch den aktuellen Saale-Seitenkanal eine Fahrrinnentiefe von mindestens 2,30 m beim so genannten niedrigsten Ausbauwasserstand (NAW)[105]. Damit wäre die Saale im Ausbaufall für Schiffe mit einer Abladetiefe von 2 m ganzjährig schiffbar. Bis zum Beschluss der Bundesregierung über einen Ausbaustopp im Oktober 2002 war das Ausbauziel für die Elbe die Gewährleistung einer Fahrrinnentiefe von 1,60 m an 95 % aller Tage eines Jahres (NAW) und von 2,50 m an 50 % aller Tage des Jahres. Damit wird die ganzjährige Schiffbarkeit der Elbe für Schiffe mit einer Abladetiefe von 1,40 m gewährleistet. Nachdem die Bundesregierung 2002 den Verzicht auf den weiteren Ausbau der Elbe beschlossen hat, geht die Wasser- und Schifffahrtsverwaltung inzwischen davon aus, die oben genannten Schifffahrtverhältnisse auch durch Unterhaltungsmaßnahmen[106] erreichen zu können.

Trotz der offenkundigen Unterschiede in den Ausbauzielen ging das Wasser- und Schifffahrtsamt Magdeburg nicht von einer Einschränkung der Saaleschifffahrt durch die Abflussverhältnisse auf der Elbe aus. Das Wasser- und Schifffahrtsamt stützt sich dabei auf die durchschnittlichen Monatsmittel der Fahrrinntiefe des Pegels Barby der Jahre 1976 bis 1995. Danach unterschreitet kein Monatsmittel eine Fahrrinnentiefe von 2,0 m, das Mittel der Monate November bis Mai liegt teilweise sogar deutlich

---

[105] Vgl. Erläuterungen zum NAW in Abschnitt 1.1.

[106] Es besteht ein entscheidender verwaltungsrechtlicher Unterschied zwischen Ausbau- und Unterhaltungsmaßnahmen, da erstere genehmigungspflichtig sind und einer Planfeststellung mit Umweltverträglichkeitsprüfung bedürfen und letztere nicht. Als Unterhaltungsmaßnahmen werden an der Elbe Instandhaltungs- und Erneuerungsarbeiten vorhandener Ausbauten wie Buhnen durchgeführt.

über dem für die Saale angestrebten Mindestwert von 2,30 m (WSA Magdeburg, mündl. Mitteilung 21.8.2001). Statistische Monatsmittel von Fahrrinnentiefen erlauben jedoch keine zuverlässigen Rückschlüsse auf die durchschnittliche Zahl von Tagen pro Jahr, an denen bestimmte Fahrrinnentiefen unter- bzw. überschritten werden. Die vom Wasser- und Schifffahrtsamt angeführten durchschnittlichen Monatsmittel bieten daher keine ausreichende Aussagegenauigkeit.

Das Wasser- und Schifffahrtsamt sah keine Möglichkeit, statistische Angaben über die Schiffbarkeit der Elbe für Schiffe mit einer bestimmten Abladetiefe zu machen, weder für den jetzigen Ausbauzustand noch unter Berücksichtigung der bis Herbst 2002 geplanten Ausbaumaßnahmen wie dem Abschleifen des Domfelsens in der Stadtstrecke Magdeburg (WSA Magdeburg, mündl. Mitteilung 21.8.2001). Hingegen nimmt Knoll (1993)[107] eine Auswertung der Fahrwasserverhältnisse auf der Elbe vor und benennt Tauchtiefenunterschreitungstage mehrerer Jahresreihen für die Elbe oberhalb und unterhalb der Saalemündung. Legt man beide Jahresreihen zur Bestimmung des NAW im Ist-Zustand zugrunde (vgl. Tab. 8.3), so ergibt sich für den Abschnitt Saalemündung bis Havelmündung eine Tauchtiefe von weniger als 1,20 m.

Tabelle 8.3: Tauchtiefenunterschreitungstage ausgewählter Elbeabschnitte für die Jahresreihen 1976–1985 und 1981–1990

Elbe-abschnitt	Durchschnittliche Unterschreitungstage pro Jahr (kumulativ)									
	< 100 cm		< 120 cm		< 150 cm		< 200 cm		< 250 cm	
	1976-1985	1981-1990	1976-1985	1981-1990	1976-1985	1981-1990	1976-1985	1981-1990	1976-1985	1981-1990
Schöna – Saalemündung	8	28	28	63	78	116	167	225	255	356
Saalemündung – Havelmündung	10	11	22	39	70	101	167	215	248	365

Quelle: Meyerhoff et al. (1994, 86).

---

[107] Zitiert im IÖW-Gutachten (IÖW 1994, 86f.), das die PLANCO-Prognose zur Saale für den BVWP 1992 in Frage stellt.

8.4 Hauptkonflikte und Argumentationslinien

PLANCO (2004, 6) merkt in seiner Neubewertung des Saale-Seitenkanals an, dass nach dessen Bau „für die Wechselverkehre mit der Elbe nicht mehr die Bedingungen auf der Saale, sondern diejenigen auf den jeweils zu passierenden Elbabschnitten die wasserstandsabhängig maximale Abladung der Binnenschiffe begrenzen". PLANCO gibt in seinem Gutachten die von der WSV zur Verfügung gestellten Dauerlinien der Fahrrinnentiefen und Abladetiefen für relevante Elbabschnitte wieder (PLANCO 2004, 9). Danach ergeben sich für eine Abladetiefe von 2,0 m, also derjenigen Abladetiefe, die Schiffe auf der Saale ganzjährig ausnutzen können, je nach Elbabschnitt zwischen ca. 140 und ca. 170 Unterschreitungstage. Bei der Berechnung der Transportmengenprognose für die Saale geht PLANCO davon aus, dass bei Unterschreitung einer möglichen Abladetiefe von 1,80 m wegen fehlender Wirtschaftlichkeit keine Transporte per Binnenschiff mehr erfolgen; je nach Elbabschnitt ist dies an 29% bzw. 37% der Tage eines Jahres der Fall (PLANCO 2004, 20).

Eine abschließende Klärung der strittigen Frage der Abhängigkeit der Saaleschifffahrt von den Schifffahrtsbedingungen auf der Elbe ist an dieser Stelle nicht möglich. Die zurückliegenden Ausführungen sollten lediglich zeigen, dass die Klärung nicht trivial ist und die in der öffentlichen Diskussion stehende Argumentation, die Ausbauziele für die Saale seien mit den Schifffahrtsbedingungen auf der Elbe abgestimmt, bei genauerem Hinsehen nicht plausibel sind.

9 Der Diskussionsprozess um den Saaleausbau zwischen 1990 und 2005

Nachdem im 8. Kapitel einige wichtige Elemente des Konfliktes um den Ausbau der Saale für die Schifffahrt vorgestellt wurden, um einen systematischen Überblick über die vielen Details zu geben, soll in diesem Kapitel der Ablauf des Diskussionsprozesses weitgehend in chronologischer Reihenfolge wiedergeben werden. Diese Beschreibung des Ablaufs ermöglicht es, den Einfluss der Bewertungsmethoden und ihrer Ergebnisse auf den politischen Planungs- und Entscheidungsprozess herauszuarbeiten und nachzuvollziehen.

Die Beschreibung des Ablaufs ist in fünf Schritte gegliedert, deren Anfang und Ende jeweils durch einschneidende Ereignisse markiert wird. Einen Überblick über den Zeitablauf der Geschehnisse liefert Tabelle 8.1.

Tab. 8.1: Zeittafel des Konfliktes um den Saaleausbau

3. Oktober 1990	Wiedervereinigung Deutschlands
April 1991	Verkehrsprojekte Deutsche Einheit (VDE) von der Bundesregierung beschlossen
Juli 1992	Verabschiedung des BVWP 1992. Darin ist der Saaleausbau in der Variante Staustufe Klein-Rosenburg mit einem Investitionsvolumen von 220 Mio. DM im Vordringlichen Bedarf enthalten.
August 1993	Erste Bemühungen zur Einleitung des Raumordnungsverfahrens für den Saaleausbau.
Juni 1994	Landtagswahlen in Sachsen-Anhalt. Die CDU/FDP-Regierung wird von einer rot-grünen Koalition abgelöst.
28. März 1996	Gründung des Vereins zur Hebung der Saaleschifffahrt e.V.
19. September 1996	Das Regierungspräsidium Magdeburg führt Antragskonferenz zum Raumordnungsverfahren durch. In den Antragsunterlagen werden mehrere Ausbauvarianten vorgestellt: Staustufe, frei fließender Ausbau und zwei Kanalvarianten.

1998	- Das DIW (1998) kritisiert in einem Gutachten im Auftrag der Landesregierung Sachsen-Anhalt die Wirtschaftlichkeitsberechnungen von PLANCO, die Grundlage der Aufnahme des Saaleausbaus in den BVWP 1992 waren. - Im Rahmen der Vorbereitung des Raumordnungsverfahrens wird eine Umweltverträglichkeitsstudie (IUS 1998) angefertigt, die Bedenken gegen die Umweltverträglichkeit einer Staustufe erhebt. - Von der Wasser- und Schifffahrtsverwaltung wird Staustufe mit technischem Grundwasserregime (die so genannte „Öko-Staustufe") in die Diskussion gebracht.
27. September 1998	Bundestagswahl. Die Koalition aus SPD und Bündnis 90/Die Grünen übernimmt die Regierung.
Herbst 2001	Kontroverse im sachsen-anhaltinischen Landtag um die Einleitung des Raumordnungsverfahrens. Die Landesregierung verweist darauf, dass notwendige Untersuchungen hierzu noch nicht abgeschlossen sind.
21. April 2002	Landtagswahl in Sachsen-Anhalt. Die rot-grüne Regierung wird durch CDU/FDP-Regierung abgelöst.
August 2002	Hochwasserkatastrophe an Donau, Elbe und einigen ihrer Nebenflüsse.
15. September 2002	Die von der Bundesregierung einberufene nationale Flusskonferenz fordert Verbesserung des vorsorgenden Hochwasserschutzes und kritische Revision des Flussausbaus für die Schifffahrt.
22. September 2002	Bundestagswahl unter dem Eindruck der Hochwasserkatastrophe und des Irakkonfliktes. Bestätigung der rot-grünen Koalition.
16. Oktober 2002	Die Koalitionsvereinbarung schreibt fest, dass die Staustufe an der Saale nicht gebaut und die Ausbaumaßnahmen an der Elbe nicht umgesetzt werden.
März 2003	Veröffentlichung des Entwurfs des BVWP 2003. Darin ist der Ausbau der Saale in der Variante Saale-Seitenkanal Tornitz mit einem Investitionsvolumen von 80 Mio. € in den vordringlichen Bedarf aufgenommen.
Frühjahr 2003	In der Folgezeit verstärkt Protestaktionen der Umweltverbände gegen den Ausbau. Gleichzeitig forcieren die Ausbaubefürworter ihre Unterstützung des BVWP-Entwurfs. Bundesweites Medienecho
2. Juli 2003	Die Bundesregierung beschließt den BVWP 2003. Der Saale-Seitenkanal steht unter Vorbehalt weiterer Untersuchungen im Vordringlichen Bedarf.
10. Dezember 2004	Das Landesverwaltungsamt Sachsen-Anhalt führt erneut eine Antragskonferenz zum Raumordnungsverfahren durch, in der der Saale-Seitenkanal als Ausbauvariante vorgeschlagen wird.

Quelle: Eigene Zusammenstellung.

9.1 Die Aufnahme des Staustufenbaus an der Saale in den ersten gesamtdeutschen Bundesverkehrswegeplan von 1992

Zu Beginn der 1990er Jahre herrschte in ganz Deutschland noch die Euphorie über den Fall der Mauer und die Wiedervereinigung. Bundeskanzler Helmut Kohl versprach „blühende Landschaften" in den neuen Bundesländern. Erst nach und nach in der Mitte der neunziger Jahre rückten die Kosten der Wiedervereinigung und die Schwierigkeiten des „Aufbaus Ost" ins allgemeine Bewusstsein. Es blieb aber Konsens, dass die Schaffung von Infrastruktur eine, wenn nicht *die* wesentliche Voraussetzung für eine positive wirtschaftliche Entwicklung der neuen Bundesländer ist. Dies galt vor allem für die Schaffung eines modernen Telefon- und Kommunikationsnetzes sowie für die Instandsetzung, Lückenschließung und Erweiterung des Straßen- und Schienennetzes. Viele Politiker versprachen sich auch von einem Ausbau der Wasserstraßen wichtige Impulse für die ostdeutsche Wirtschaft, nachdem die meisten der großen Betriebe der Chemischen Industrie und der übrigen Grundstoffindustrie geschlossen worden waren. Insbesondere für das mitteldeutsche Chemiedreieck zwischen Bitterfeld, Leuna und Zeitz sowie Buna und Böhlen mussten neue Entwicklungsmöglichkeiten gesucht und Anreize zur Ansiedlung gegeben werden. Der Ausbau der Saale und der Elbe wurden von den Befürwortern hierfür als essentiell angesehen.

Unmittelbar nach der Wende wurden von der Bundesregierung umfangreiche Überlegungen angestellt, wie die Verkehrsinfrastruktur in den neuen Bundesländern den Anforderungen des wiedervereinigten Deutschlands angepasst werden kann. Auf ihrer ersten gemeinsamen Konferenz forderten die Verkehrsminister der fünf neuen Länder den Ausbau der ostdeutschen Wasserstraßen nach westlichem Standard (Landtag von Sachsen-Anhalt, Drs. 1/247, 1991). Weitere Anforderungen an die Entwicklung der Verkehrsinfrastruktur ergaben sich durch die damals bevorstehende Vollendung des EG-Binnenmarktes und die wirtschaftliche Öffnung der osteuropäischen Staaten. Insbesondere mangelte es an Verbindungen in Ost-West-Richtung. Diese Überlegungen führten zur Aufstellung des ersten gesamtdeutschen BVWP im Jahr 1992. Im Vorgriff auf den BVWP 1992 wurde vom Bundeskabinett im April 1991 eine Reihe von Verkehrsprojekten herausgegriffen, denen eine Schlüsselfunktion für das Zusammenwachsen der alten und neuen Bundesländer zukam. Diese 17 „Verkehrsprojekte Deutsche Einheit" (VDE) mit einem geschätzten Gesamtvolumen von etwa 28 Mrd. € (57 Mrd. DM) wurden ohne Verzug geplant und in Angriff genommen (BMV 1992, 18ff.).

Durch den Beschluss über die VDE stand sowohl regional als auch national als einziges Wasserstraßenprojekt das VDE 17 im Mittelpunkt der Diskussion: Die Schaffung einer leistungsfähigen Ost-West-Verbindung durch den Ausbau von Mittellandkanal, Elbe-Havel-Kanal, Untere Havel-Wasserstraße und Berliner Wasserstraße. Besondere Bedeutung kam dabei dem Magdeburger Wasserstraßenkreuz zu, das inzwischen durch die im Sommer 2003 eröffnete Kanalbrücke über die Elbe realisiert ist. Das VDE 17 lenkte die politische und öffentliche Aufmerksamkeit auch auf den Ausbau von Elbe und Saale. In jenen Jahren lag der Fokus auf dem Ausbau der Elbe, den damit verbundenen Potenzialen der Elbschifffahrt, aber auch auf den ökologischen Risiken. Gedacht war zunächst an Staustufen auf der Elbe zwischen Magdeburg und Saalemündung zur besseren Anbindung des Ballungsraumes Leizig/Halle sowie des sächsischen und tschechischen Raumes.[108] Anfang 1992 beauftragt der sachsen-anhaltinische Landtag die Landesregierung, „die Bundeswasserstraßenverwaltung zu veranlassen, daß für den Ausbau des Wasserstraßenkreuzes Planungsvarianten erarbeitet werden, welche den ökologischen Gegebenheiten der Elbauenlandschaft Rechnung tragen und zugleich eine verstärkte Nutzung der Oberelbe und der Saale als Wasserstraße zulassen" (Landtag von Sachsen-Anhalt, Drs. 1/27/1062 B, 1992). Diese Varianten sollten einen nicht näher definierten Ausbau der Saale umfassen.

Hinter der Formulierung des Beschlusses verbirgt sich bereits der Grundkonflikt zwischen ökonomischem Nutzen und ökologischen Risiken des Wasserstraßenausbaus, wie er bereits damals im Landtag kontrovers diskutiert wurde. Im Mai bestätigt die Landesregierung bezüglich des Landtagsbeschlusses: „Für den Ausbau von Elbe und Saale ist eine Option herzustellen. Es ist gesichert, daß die zu treffenden Entscheidungen fachtechnische, sicherheitsrelevante, ökologische und ökonomische Gesichtspunkte beachten" (Landtag von Sachsen-Anhalt, Drs. 1/1456, 1992). Im Juli 1992 beschließt die Bundesregierung die Aufnahme des Saaleausbaus in der Variante Staustufe Klein-Rosenburg in den Vordringlichen Bedarf des BVWP 1992. Grundlage dafür waren die bereits

---

[108] So die Aussage von Landesverkehrsminister Rehberger im Landtag von Sachsen-Anhalt am 21. März 1991 (Landtag von Sachsen-Anhalt, PlPr. 1/12, 1991).

1991 vom Bundesverkehrsministerium in Auftrag gegebenen Bewertungsrechnungen von PLANCO, die für den Saaleausbau in der Staustufenvariante mit bewertungsrelevanten Investitionskosten von umgerechnet 69,5 Mio. Euro und einer prognostizierten Verkehrsmenge von 5,2 Mio. Jahrestonnen ein NKV von 5,3 ergaben (PLANCO 1992, 4.53).

9.2 Das politische Tauziehen bis Mitte der 1990er Jahre

Mit der Aufnahme in den Vordringlichen Bedarf des BVWP 1992 war ein erster, rechtlich unverbindlicher, aber politisch elementarer Schritt des Entscheidungsprozesses um den Saaleausbau vollzogen. Die Fachbehörden des Bundesverkehrsministeriums begannen nun für Elbe- und Saaleausbau verschiedene Varianten genauer zu untersuchen.[109] Die weitere Vorgehensweise indes ist von Beginn an in der politischen wie öffentlichen Diskussion heftig umstritten. Anfang 1993 beantragt die Landtagsfraktion von Bündnis 90/Die Grünen einen Beschluss des Landtags von Sachsen-Anhalt zum Verzicht auf den Staustufenbau an der Saale, da dieser „wirtschafts-, verkehrs- und strukturpolitisch nicht notwendig, finanzpolitisch sowohl kontraproduktiv als auch gefährlich und umweltpolitisch sehr bedenklich" sei (Landtag von Sachsen-Anhalt, Drs. 1/2333, 1993). Während die PDS-Fraktion den Antrag unterstützte, forderte die SPD-Fraktion, zunächst das Ergebnis laufender Untersuchungen abzuwarten. Die Landesregierung stellte sich hingegen hinter das Vorhaben und Landesverkehrsminister Daehre forderte, weitere Planungsverfahren einzuleiten und alle strittigen Punkte in einem Raumordnungsverfahren überprüfen zu lassen. Der Landtag überweist am 12. März 1993 das Thema Saaleausbau an den Ausschuss für Raumordnung, Wohnungswesen und Städtebau. Ein Dreivierteljahr später beschließt der Landtag am 16. Dezember 1993 auf Empfehlung dieses Ausschusses eine Entscheidung über den Antrag der Landtagsfraktion von Bündnis 90/Die Grünen, in dem ein Verzicht auf den Saaleausbau gefordert wird, zurückzustellen:

---

[109] Vgl. Mitteilung der Landesregierung Sachsen-Anhalt vom 30.11.1992 (Landtag von Sachsen-Anhalt, Drs. 1/2089, 1992).

„Auf Grund der Tatsache, daß aussagekräftige Unterlagen, die eine abschließende objektive Bewertung zulassen, zur Zeit noch nicht vorliegen, andererseits bekannt geworden ist, daß der Bund durch seine nachgeordneten Behörden umfangreiche Untersuchungen, insbesondere auch zu Fragen der Umweltverträglichkeit, in Auftrag gegeben hat, ist dieses Thema bis zur Vorlage der in Auftrag gegebenen Unterlagen zurückzustellen" (Landtag von Sachsen-Anhalt, Drs. 1/56/3236 B, 1992).[110]

Unterdessen hatte der sachsen-anhaltinische Landtag im Juni 1993 zusätzlich beschlossen, die Landesregierung mit der Vergabe einer Vorstudie zu möglichen Varianten des Saaleausbaus und zur Versachlichung der Diskussion zu beauftragen (Landtag von Sachsen-Anhalt, Drs. 1/49/ 2732 B, 1992). Im Herbst informiert die Landesregierung den Landtag, dass diesbezügliche Vorbereitungen in Kürze abgeschlossen sein würden. Im Frühjahr 1994 gibt das Magdeburger Umweltministerium durch das Biosphärenreservat „Mittlere Elbe" eine Untersuchung der ökologischen Auswirkungen eines möglichen Staustufenbaus an der Saale in Auftrag (Scholz 1995).

Nicht nur die parlamentarische, sondern auch die öffentliche Diskussion verlief bereits 1993 ausgesprochen kontrovers. So organisierten der Magdeburger Domprediger Giselher Quast, der Grüne Bundestagsabgeordnete Dr. Ernst-Paul Dörfer und der SPD-Bundestagsabgeordnete Ulrich Kasparick Protestaktionen gegen den Elbe- und Saaleausbau. Auch die Umweltverbände wurden aktiv: Der World Wildlife Fund Deutschland (WWF), vertreten durch das Aueninstitut Rastatt, gab beim Institut für ökologische Wirtschaftsforschung ein Gutachten „Ökonomisch-ökologische Bewertung des Saaleausbaus" in Auftrag (IÖW 1994), das die Wirtschaftlichkeit des Ausbaus untersuchen soll. Es kommt im Wesentlichen zu dem Schluss, „daß unter ökonomischen Gesichtspunkten die geplanten Ausbaumaßnahmen an der Saale gemäß der Kriterien des BVWP in Frage zu stellen sind. Das den NKAs zugrunde gelegte Verkehrsaufkommen wird als eindeutig zu hoch angesehen."

Im Juni 1994 kommt es zum Regierungswechsel in Sachsen-Anhalt. Die CDU/FDP-Landesregierung wird von der Koalition aus SPD und

---

[110] Mit den angesprochenen „umfangreichen Untersuchungen" sind vermutlich die im Zuge der Vorbereitung des Raumordnungsverfahrens vom WSA Magdeburg in Auftrag gegebenen wasserbaulichen, ökologischen und ökonomischen Gutachten gemeint, die erst 1998 fertig gestellt und den Planungsbehörden übergeben werden.

Bündnis 90/Die Grünen abgelöst. Während die alte Landesregierung die zügige Durchführung der verbindlichen Planungsverfahren gefordert hatte, ohne sich jedoch vorbehaltlos für den Ausbau auszusprechen, legte die neue Landesregierung eine deutlich zurückhaltendere Haltung an den Tag. Umweltministerin Heidecke bekundete Anfang 1995 im Landtag die ablehnende Haltung der Landesregierung gegenüber dem Saaleausbau, sprach sich aber dennoch für die Durchführung eines Raumordnungsverfahrens als nächstem Planungsschritt aus.[111]

Unterdessen war der Ausschuss für Raumordnung, Wohnungswesen und Städtebau nach wie vor mit der Diskussion des Saaleausbaus befasst. Am 17. August 1995 führte der Ausschuss eine Anhörung zum Saaleausbau durch, an der neben den beteiligten Landtagsabgeordneten Vertreter der betroffenen Bundes- und Landesbehörden, den Saaleausbau untersuchende Forschungsinstitute und Planungsbüros sowie Verbands- und Wirtschaftsvertreter teilnehmen. Es wurden die fertig gestellten und laufenden Untersuchungen zum Saaleausbau vorgestellt und diskutiert – so auch die Wirtschaftlichkeitsberechnungen von PLANCO im Auftrag des Bundesverkehrsministeriums und die raumordnerische Grobanalyse des Instituts für Umweltstudien GmbH (IUS) im Auftrag des Wasser- und Schifffahrtsamtes Magdeburg. Auch das später vom sachsen-anhaltinischen Verkehrsministerium mit einer Evaluierung der Bewertungsrechnungen beauftragte Deutsche Institut für Wirtschaftsforschung (DIW) gab bei der Anhörung eine Stellungnahme ab, der zufolge die Verkehrsprognosen für die Bundesverkehrswegeplanung in Bezug auf die Binnenschifffahrt als „völlig unrealistisch" eingeschätzt werden (Landtag von Sachsen-Anhalt 1995, 13).

In Auswertung dieser Anhörung stellte der Ausschuss für Verkehr, Wohnungswesen und Städtebau im Oktober 1995 fest, dass die vorliegenden Untersuchungen keine abschließende Bewertung des Saaleausbaus mit einer ausreichenden Rechts- und Planungssicherheit zulassen (Landtag von Sachsen-Anhalt, Drs. 2/1491, 1995). Gleichzeitig wurde das Einvernehmen zwischen Landesregierung und Wasser- und Schifffahrtsverwaltung zur Durchführung eines Raumordnungsverfahrens begrüßt.

---

[111] Das Land bzw. seine Planungsbehörden sind verpflichtet, ein Raumordnungsverfahren durchzuführen, wenn dies vom Träger des Vorhabens, der Wasser- und Schifffahrtsverwaltung des Bundes, beantragt wird.

9.3 Von der Vorbereitung weiterer Planungsschritte bis zum Beschluss der Überarbeitung des Bundesverkehrswegeplans

Nachdem bereits kurz nach der Aufnahme des Saaleausbaus in den BVWP 1992 erste Rufe nach der Durchführung eines Raumordnungsverfahrens laut geworden waren und auch die neu gewählte Landesregierung – wie bereits erwähnt – 1995 die Durchführung befürwortete, wurde am 19. September 1996 vom Regierungspräsidium Magdeburg als zuständiger Planungsbehörde die Antragskonferenz zum Raumordnungsverfahren abgehalten (zu näheren Erläuterungen zum Raumordnungsverfahren siehe den Kasten auf der nächsten Seite). Dabei wurde unter Beteiligung der Träger öffentlicher Belange der Untersuchungsrahmen für das Raumordnungsverfahren abgesteckt und die vom Träger des Vorhabens, der Wasser- und Schifffahrtsverwaltung vertreten durch das Wasser- und Schifffahrtsamt Magdeburg, dafür zu erstellenden Projektunterlagen festgelegt. Im Laufe des Jahres 1998 legt das Magdeburger Amt diese Unterlagen zusammen mit einem zusammenfassenden Erläuterungsbericht vor. Die Unterlagen enthalten wasserbaulich-technische, ökologische und ökonomische Untersuchungen verschiedener Varianten des Saaleausbaus (frei fließender Ausbau, Kanalvarianten Calbe-Barby und Calbe-Schönebeck, Staustufenvarianten). Die ökologischen Untersuchungen bestehen aus der Umweltverträglichkeitsstudie (IUS 1998) und den ökonomischen Untersuchungen in der zwischenzeitlich von PLANCO (1996) aktualisierten Fassung der Bewertungsrechnungen für den BVWP 1992.

Die Umweltverträglichkeitsstudie erstellt eine Rangfolge der untersuchten Varianten hinsichtlich ihrer Umweltverträglichkeit. Danach werden die beiden Kanalvarianten als am umweltverträglichsten eingeschätzt, da sie mit den relativ geringsten Eingriffen in die naturnahen Auenbereiche verbunden sind. Der einschiffige Ausbau nimmt eine Mittelstellung ein. Die geringste Umweltverträglichkeit besitzen die Staustufenvarianten, wobei die weiter flussabwärts gelegene Staustufe der Variante B mit größeren Eingriffen durch ihre Nähe zum Naturschutzgebiet Steckby-Lödderitzer Forst verbunden ist. Die abflussabhängige Wasserstandsdynamik der Auen wird als zentraler wertbestimmender Faktor an der Unteren Saale anerkannt, dessen Beeinträchtigung durch die Staustufenvarianten am größten ist. Die eingriffsbedingten Wertverluste im Auenbereich sind laut Umweltverträglichkeitsstudie nicht ausgleichbar und nur bedingt ersetzbar (IUS 1998, 309f).

9.3 Vorbereitung weiterer Planungsschritte

**Das Raumordnungsverfahren –
Ziel, Inhalt und Ablauf eines verwaltungsrechtlichen Planungsverfahrens**

Ziel und Inhalt

Bauvorhaben aller Art bedürfen vor Baubeginn einer behördlichen Zulassung in Form einer Genehmigung oder – wie im Falle des Aus- oder Neubaus von Wasserstraßen – der Planfeststellung. Dem Planfeststellungsverfahren wird bei Vorhaben von überörtlicher Bedeutung – und um solche handelt es sich bei Vorhaben des Wasserstraßenbaus häufig – ein Raumordnungsverfahren (ROV) vorgeschaltet. Mit Hilfe eines ROV nach § 15 ROG prüfen die Landesplanungsbehörden, ob ein geplantes Vorhaben mit den Erfordernissen der Raumordnung in Einklang zu bringen ist. Das bedeutet konkret die Abwägung zwischen den mit dem Vorhaben verfolgten Interessen und den von diesem Vorhaben betroffenen öffentlichen und privaten Interessen. Es wird geprüft, mit welchen „erheblichen Auswirkungen [positiver wie negativer Art; Anm. d. Autoren] eines Vorhabens, insbesondere auf die Wirtschafts-, Siedlungs- und Infrastruktur sowie auf die Umwelt" zu rechnen ist (Höhnberg 1998, 226). Das Ergebnis eines ROV ist die so genannte landesplanerische Beurteilung des Vorhabens, wonach dieses den raumordnerischen Erfordernissen entspricht, nur unter bestimmten Bedingungen entspricht oder nicht entspricht. Allerdings ist das Ergebnis des ROV für die Planfeststellungs- und Genehmigungsbehörde – im Falle des Wasserstraßenbaus ist das die Wasser- und Schifffahrtsdirektion – nicht verbindlich, sie hat das Ergebnis lediglich bei ihrer Entscheidung zu berücksichtigen.

Kritik am Sinn von Raumordnungsverfahren

Die mangelnde Verbindlichkeit führt dazu, dass das ROV in der öffentlichen, aber auch der planungswissenschaftlichen Debatte, teilweise als „stumpfes Schwert" der ohnehin nicht sehr durchsetzungsstarken Raumordnung kritisiert wird. Diese negative Einschätzung wird von Planungspraktikern nicht unbedingt geteilt. Die raumordnerische Abwägung im Rahmen eines ROV dient schließlich dazu, die potenziell mit einem Vorhaben verbundenen Konflikte frühzeitig aufzudecken, zu untersuchen und in einem Planungsstadium nach Lösungsmöglichkeiten zu suchen, in dem nicht durch Variantenwahl und technische Festlegungen Einflussnahmen auf das Vorhaben bereits faktisch nahezu unmöglich geworden sind. Auf der Ebene der Planfeststellung ist letzteres in der Regel bereits der Fall. Allerdings sind die Fälle selten, in denen ein ROV zu dem Ergebnis kommt, dass ein Vorhaben den raumordnerischen Erfordernissen generell nicht entspricht. In der Regel werden nur bestimmte Maßgaben und Bedingungen formuliert (vgl. Höhnberg 1998, 229). Dies ist sicherlich auch mit dem politischen Druck zu erklären, unter dem die Raumordnungsbehörden bei raumbedeutsamen Vorhaben wie dem Saaleausbau stehen. Aber auch ohne verbindliche Wirkungen auf den entscheidenden Schritt der Planfeststellung übt das ROV eine steuernde Wirkung aus. Dies geschieht nicht zuletzt dadurch, dass Planfeststellungsbeschlüsse anfechtbar sind, wenn nachgewiesen werden kann, dass die geforderte Berücksichtigung des ROV-Ergebnisses nicht im erforderlichen Maß stattgefunden hat.

Ablauf

Der Ablauf eines ROV soll hier kurz am Beispiel des Saaleausbaus veranschaulicht werden. Die Durchführung eines ROV kann vom Projekt- oder Vorhabensträger, im Falle des Saaleausbaus ist dies die Wasser- und Schifffahrtsdirektion, vertreten durch

das Wasser- und Schifffahrtsamt Magdeburg, vom zuständigen Fachplanungsträger, in diesem Fall ebenfalls die Wasser- und Schifffahrtsdirektion bzw. dem Wasser- und Schifffahrtsamt, oder anderen betroffenen Fachplanungsträgern, wie Naturschutz- oder Wasserbehörden, beantragt werden.
Die Landesplanungsbehörden können aber auch selbst die Durchführung eines ROV beschließen. Allerdings bedürfen sie bei Vorhaben des Bundes zuvor dessen Zustimmung. Die formale Einleitung und Durchführung des ROV liegt in der Regel bei den so genannten raumordnerischen Mittelbehörden, also den zwischen Landes- und Kreisebene angesiedelten Mittelinstanzen, wie zum Beispiel Regierungspräsidien. In dem seit 1996 vorbereiteten ROV zum Saaleausbau ist dies das Regierungspräsidium Magdeburg gewesen. Nach der Verwaltungsreform in Sachsen-Anhalt, in deren Zuge auch die Mittelinstanzen abgeschafft wurden, kommt diese Aufgabe heute dem Landesverwaltungsamt zu. Vor Einleitung des ROV kann eine Antragskonferenz durchgeführt werden, so wie dies in Bezug auf den Saaleausbau bereits 1996 geschehen ist. Dabei wird unter Beteiligung des Vorhabensträgers und betroffener Fachbehörden und Planungsträgern – beim Wasserstraßenausbau sind das regelmäßig die Naturschutz- und Wasserwirtschaftsbehörden – entschieden, welche Projektunterlagen der Vorhabensträger vorlegen muss sowie welche Varianten darin beschrieben und in ihren Auswirkungen charakterisiert werden müssen. Die Projektunterlagen bilden dann die Informationsgrundlage für die Durchführung des Verfahrens, an dessen Ende die bereits erwähnte landesplanerische Beurteilung des Vorhabens steht. Zwischen 1996 und 1998 hat die Vorbereitung eines ROV zum Saaleausbau stattgefunden, es ist allerdings nie förmlich eingeleitet worden. Zunächst, weil die Landesregierung die vom WSA Magdeburg vorgelegten Unterlagen für nicht ausreichend und vollständig hielt, und schließlich, weil der Bund, dessen Zustimmung für die Einleitung erforderlich ist, vor Einleitung des Verfahrens die Neubewertung des Saaleausbaus im Zuge der Überarbeitung des BVWP abwarten wollte. Da inzwischen mit dem Saale-Seitenkanal eine vollständig neue Variante vom Vorhabensträger favorisiert wird, müssen neue Projektunterlagen erstellt werden. Die Vorbereitungen dafür haben im Sommer 2004 und mit der Durchführung der Antragskonferenz im Dezember 2004 begonnen. Eine förmliche Eröffnung des Verfahrens hat bis Mai 2005 jedoch nicht stattgefunden. Die Dauer eines ROV wurde vom Gesetzgeber auf maximal sechs Monate begrenzt. Danach könnte das abschließende Zulassungsverfahren beginnen.

Allerdings wird bereits die Möglichkeit technischer Anpassungsmaßnahmen zur Erhaltung der natürlichen Grundwasserdynamik („Öko-Staustaustufe") angesprochen. Diese hätten in jedem Fall „Pioniercharakter", und ihre Funktionsfähigkeit wäre im nachfolgenden Planfeststellungsverfahren detailliert zu untersuchen (IUS 1998, 310). Die aktualisierten Bewertungsrechnungen von PLANCO (1996) gehen von einem im Vergleich zum BVWP 1992 veränderten Verkehrsmengengerüst mit reduzierten Transportmengen von 2,9 Mio. statt 5,2 Mio. Gütertonnen pro Jahr für die Binnenschifffahrt auf der Saale aus. Für die Variante Staustufenbau reduziert sich damit das NKV von 5,3 auf 3,96, für den frei fließenden Ausbau auf 2,7. Im Erläuterungsbericht des Wasser- und Schifffahrtsamtes Magdeburg zur Einleitung des Raumordnungsverfahrens sind zusätzlich die NKVs für die Kanalvarianten angegeben, die zwischen 1,1 und 1,4 liegen (WSV/WSA Magdeburg 1998, 10). Auf dieser Grundlage erklärt das Wasser- und Schifffahrtsamt Magdeburg die Staustufenlösung zur Vorzugsvariante, da diese die höchste Rentabilität aufweise (ebenda, 12). Auf das Ergebnis der Umweltverträglichkeitsstudie wird in der Begründung nicht eingegangen.

9.4 Von der „Öko-Staustufe" bis zum Beschluss zur Neubewertung des Saaleausbaus nach der Bundestagswahl 1998

Mit dem Einreichen der Unterlagen bestand für die Planungsbehörde formal die Möglichkeit, das Raumordnungsverfahren einzuleiten bzw. zu „eröffnen". Im März 1999 stellt das BMVBW fest, dass vor der Eröffnung eines Raumordnungsverfahrens die ökologische und ökonomische Neubewertung des Saaleausbaus im Zuge der Überarbeitung des BVWP abzuwarten sei. Dieser Haltung schließt sich auch die sachsen-anhaltinische Landesregierung an.[112] Dieser Beschluss ist vor dem Hintergrund des sich zuspitzenden Diskussionsprozesses und der Veränderung politischer Rahmenbedingungen durch den Regierungswechsel in Berlin nach der Bundestagswahl 1998 zu sehen.

Die Ausbaubefürworter gerieten nach der Aufstellung des BVWP 1992 und vor allem nach dem Regierungswechsel 1994 in Sachsen-Anhalt unter zunehmenden Druck, den Saaleausbau ökonomisch und ökologisch zu rechtfertigen. Bereits 1994 bezeichnete das IÖW in seiner bereits erwähnten Studie im Auftrag des WWF die Transportprognosen und damit auch das NKV als deutlich überhöht. In der vom Bundesverkehrsministerium beauftragten Aktualisierung seiner Bewertungsrechnungen für den Saaleausbau kommt PLANCO (1996) mit einem an die tatsächliche wirtschaftliche und verkehrliche Entwicklung angepassten Verkehrsmengengerüst zu reduzierten Aufkommensprognosen für den Gütertransport auf einer potenziell ausgebauten Saale. Die Ergebnisse liegen jedoch deutlich über denjenigen des IÖW und rechtfertigen nach wie vor die Einordnung in den Vordringlichen Bedarf des BVWP, wofür

---

[112] Landesumweltminister Keller (SPD) im Landtag am 14. September 2001; er verweist auf ein entsprechendes Schreiben des BMVBW an sein Ministerium (Landtag von Sachsen-Anhalt, PlPr. 3/62, 2001).

nach der damals gültigen Methodik mindestens ein NKV von 3,0 erforderlich war. Der 1996 gegründete Verein zur Hebung der Saaleschifffahrt (VHdS) ermittelte 1997 in einer Unternehmensbefragung ein Verlagerungspotenzial für die Schifffahrt auf der Saale von 4,6 Mio. Jahrestonnen für den Fall der Realisierung des geplanten Ausbaus. Das DIW stellt in seiner Evaluierung der Bewertungsrechnungen zum Saaleausbau im Auftrag des sachsen-anhaltinischen Verkehrsministeriums aber auch die Neuberechnungen von PLANCO als überhöht in Frage. In Bezug auf die genannte VHdS-Prognose schlussfolgert das DIW, dass die dort verwendeten Daten einer kritischen Überprüfung nicht standhalten (DIW 1998, 14). In der politischen und öffentlichen Diskussion überwogen spätestens nach Vorliegen des DIW-Gutachtens Stimmen, die die Wirtschaftlichkeit des Saaleausbaus in Frage stellten.

Die ökologischen Auswirkungen des Saaleausbaus wurden zwar seit Beginn der 1990er Jahre intensiv diskutiert, aber spätestens seit dem Regierungswechsel 1994 in Sachsen-Anhalt bekommen die Stimmen ein immer größeres Gewicht, die gerade den Staustufenbau als in seinen ökologischen Folgen zu gravierend ablehnen bzw. deren besonders kritische Prüfung fordern. Die Studie von Scholz (1995) im Auftrag des – zur Zeit der Auftragsvergabe noch CDU-geführten – sachsen-anhaltinischen Umweltministeriums unterstreicht den hohen naturschutzfachlichen Wert der von einem Staustufenbau potenziell betroffenen Auen. Allerdings wird keine explizite Bewertung der ökologischen Auswirkungen des Saaleausbaus vorgenommen. Die Umweltverträglichkeitsstudie (IUS 1998) geht – wie erwähnt – in diesem Zusammenhang weiter und wertet die Auswirkungen des Staustufenbaus als nicht ausgleichbar und nur bedingt ersetzbar. Eine abschließende Bewertung über die Vertretbarkeit des Ausbaus unter dem Gesichtspunkt des Umweltschutzes nimmt jedoch auch die Umweltverträglichkeitsstudie nicht vor.

In einem anderen Zusammenhang, nämlich der 1997 diskutierten, aber letztlich nicht durchgeführten Verabschiedung eines Ausbaugesetzes für Bundeswasserstraßen, kommen das Bundesamt für Naturschutz und die Bundesanstalt für Gewässerkunde in ihrer gemeinsamen Stellungnahme zu dem Ergebnis, dass der Saaleausbau in der favorisierten Staustufenvariante unter Umwelt- und Naturschutzgesichtspunkten nicht vertretbar sei und empfehlen daher die Prüfung weniger Umwelt belastender Alternativen (BfG/BfN 1997). Von der Wasser- und Schifffahrtsverwaltung wurden daher die unter dem Stichwort „Öko-Staustufe" kontrovers dis-

9.4 Bis zur Neubewertung nach der Bundestagswahl 1998

kutierten Maßnahmen des technischen Grundwassermanagements vorgeschlagen. In der Umweltverträglichkeitsstudie von 1998 wurden diese Maßnahmen als möglicherweise zur Erhaltung der naturnahen Auendynamik geeignet eingeschätzt. Allerdings seien detaillierte Untersuchungen im Planfeststellungsverfahren erforderlich. Fortan beherrschte die so genannte Öko-Staustufe bzw. die Staustufe mit Brunnengalerie die Diskussion um den Saaleausbau zwischen 1998 und 2002 – von den Befürwortern wie dem VHdS wurde sie vehement mit dem Argument, hiermit endlich eine umweltverträgliche und den Forderungen der Ausbaugegner gerecht werdende Ausbauvariante gefunden zu haben, unterstützt (VHdS, mündl. Mitteilung 6.7.2001). Auf Seiten der Ausbaugegner wird die Funktionsfähigkeit einer nicht erprobten Technologie in Frage gestellt, für die es keinen Vergleichsfall gebe (z.B. Henrichfreise 2001) (vgl. Abschnitt 8.2).

Im Herbst 2001 forderte der sachsen-anhaltinische Landtag die Landesregierung auf, sich nach Vorliegen der laufenden Wirtschaftlichkeitsuntersuchungen durch die Wasser- und Schifffahrtsverwaltung erneut für die Einleitung eines Raumordnungsverfahrens zum Staustufenbau an der Saale einzusetzen. Dem war eine kontroverse Debatte im Landtag vorausgegangen. Die Landesregierung war der Auffassung, dass vor Einleiten des Verfahrens alle erforderlichen Unterlagen durch den Antragsteller beigebracht werden müssten und dass ein solches Verfahren nur Sinn mache, wenn die laufenden Untersuchungen abgeschlossen seien. Die CDU-Opposition im Landtag warf der Landesregierung eine Verschleppungstaktik vor, da sie zwar den Saaleausbau erneut für den aufzustellenden BVWP 2003 angemeldet hat, es aber an politischen Willensbekundungen, den Ausbau auch tatsächlich zu wollen, fehlen lasse. (vgl. Landtag von Sachsen-Anhalt, Drs. 3/62, 2001)

9.5 Das politische Aus für den Staustufenbau nach der Hochwasserkatastrophe im August 2002

Eine völlig unerwartete Wende in der Diskussion um den Ausbau der Saale ergab sich durch die Hochwasserkatastrophe im August 2002. Während an der Donau und vor allem an der oberen und mittleren Elbe und ihren erzgebirgischen Zuflüssen sowie Moldau und Mulde verheerende Überschwemmungen zu beklagen waren, blieb die Saale selbst vom Hochwasser weitestgehend verschont. Die unmittelbar einsetzende öffentliche Debatte um die Ursachen und zu ergreifende politische Maßnahmen wurde, neben Fragen des Katastrophenmanagements und der materiellen Hilfe für die Flutopfer, vom Hochwasserschutz und seinen künftigen Anforderungen beherrscht. Die Umweltverbände deuteten sehr schnell auf einen Zusammenhang zwischen Hochwasser und dem Ausbau der Flüsse hin und forderten in der Konsequenz einen Verzicht auf Ausbaumaßnahmen an der Elbe, aber auch einen Verzicht auf den Staustufenbau an der Saale.

Eine besondere Rolle spielte auch die Ende September 2002 anstehende Bundestagswahl. Sie sorgte für eine schnelle politische Willensbildung. Bereits wenige Tage nach dem Rückgang des Hochwassers an den meisten Elbeabschnitten veröffentlichten das Bundesumweltministerium und das Bundesamt für Naturschutz am 20.8.2002 ein Hintergrundpapier „Hochwasserschutz und Flutkatastrophen" (BMU/BfN 2002). Als Ursachen wurden neben dem Verlust von Überschwemmungsflächen, der Kanalisierung und Begradigung von Flüssen auch der Bau von Staustufen explizit genannt. Als Forderungen für den künftigen Hochwasserschutz werden beispielsweise für den Rhein und die Donau der Verzicht auf weitere Staustufen und für die Elbe ein Stopp der laufenden Strombaumaßnahmen sowie die Vorlage eines Gesamtkonzepts für die Elbe gefordert, das Verkehrs-, Hochwasserschutz- und Naturschutzziele integriert.

Noch vor der Bundestagswahl fand unter großem Medienecho am 15. September 2002 die „Nationale Flusskonferenz" statt, an der Vertreter der Bundesregierung und der Elbeanrainerländer teilnahmen. Ergebnis war ein 5-Punkte-Programm der Bundesregierung zur Verbesserung des vorsorgenden Hochwasserschutzes. Punkt 4 des Programms sieht eine kritische Revision des Flussausbaus für die Schifffahrt vor und greift zentrale Forderungen der Umweltverbände, aber auch des BMU/BfN-Hintergrundpapieres (2002) auf, ohne jedoch explizit auf den Saaleausbau einzugehen. Die Bundesregierung betonte den Verzicht auf den Staustufenbau an der Donau sowie den vorläufigen Stopp der Strombaumaßnahmen an der Elbe. Für die Elbe wurde ein alle Belange berücksichtigendes Gesamtkonzept gefordert. Gleichzeitig wurden alle Ausbauplanungen – also auch der Saaleausbau – im Hinblick auf ihre Wirkungen auf den Hochwasserschutz im Zuge der Aufstellung des BVWP 2003 überprüft.

9.5 Das politische Aus für den Staustufenbau

Nach der Wahl veröffentlichte die neue Bundesregierung am 16. Oktober 2002 dann die Koalitionsvereinbarung zwischen SPD und Bündnis 90/Die Grünen für die 15. Legislaturperiode und erklärte darin den Verzicht auf den Staustufenbau an der Saale:

> „Die Befahrbarkeit der Flüsse sollte durch die Entwicklung flussangepasster Binnenschiffe verbessert werden. Auf der Donau zwischen Straubing und Vilshofen wird die Schiffbarkeit ohne den Bau weiterer Staustufen verbessert. Staustufen an der Saale werden nicht gebaut. Die Ausbaumaßnahmen und in ihren Auswirkungen vergleichbare Unterhaltungsmaßnahmen auf der Elbe werden nicht umgesetzt." (SPD, Bündnis 90/Die Grünen 2002, 42)

Diese Aussagen sind Ausdruck der durch die Hochwasserkatastrophe veränderten bundespolitischen Prioritäten auch auf dem Gebiet der Verkehrspolitik.

Die Landesregierung von Sachsen-Anhalt beharrte unterdessen auf der Notwendigkeit des Staustufenbaus an der Saale. Verkehrsminister Daehre wird in einer Pressemitteilung seines Ministeriums wie folgt zitiert:

> „‚Die Aussagen von SPD und Grünen suggerieren, dass bei uns die Bagger schon rollen', sagte der Minister mit Blick auf die geplante Staustufe an der Saale. ‚Uns geht es darum, ein Raumordnungsverfahren einzuleiten, dessen Ende völlig offen ist.' Wenn das Ergebnis besage, dass die Maßnahmen ökologisch nicht zu vertreten seien, müsse das akzeptiert werden. Bei der Saale handle es sich jedoch um die sechste und letzte Staustufe von 80 Zentimetern. Trotz der bereits vorhandenen Staustufen sei die Natur entlang des Flusses völlig intakt. Die geplante Staustufe diene der wirtschaftlichen Entwicklung des Landes, für die erhebliche Mittel aufgewendet worden seien. ‚Ziel dieser Bemühungen kann doch nicht sein, dass wir hier die größte Badewanne Deutschlands haben', betonte Daehre." (Ministerium für Verkehr des Landes Sachsen-Anhalt, Pressemitteilung Nr. 219/02 vom 10.10.2002)

Ähnlich ablehnend standen der Bundesverband der Deutschen Binnenschifffahrt[113] und der Verein zur Hebung der Saaleschifffahrt (VHdS) der

---

[113] Vgl. Pressemitteilung des Bundesverbandes der Deutschen Binnenschifffahrt vom 9. Oktober 2002 „BDB fordert Aufhebung des Elbe-Ausbau-Stopps".

Haltung der Bundesregierung gegenüber. Die Wasser- und Schifffahrtsdirektion Ost bezeichnete Äußerungen als voreilig, die den Strombaumaßnahmen an der Elbe eine Mitschuld an der Hochwasserkatastrophe geben und verwies darauf, dass alle im Wasserstraßenbau durchgeführten Maßnahmen auf ihre Hochwasserneutralität hin geprüft werden (WSD Ost, Pressemitteilung vom 2.9.2002).

9.6 Die Aufnahme des Saale-Seitenkanals in den Bundesverkehrswegeplan 2003

Zunächst schien mit der Koalitionsvereinbarung das Aus für den Saaleausbau besiegelt zu sein. Genau zu diesem Zeitpunkt wurde aber eine neue Ausbauvariante für die Saale in die Diskussion gebracht: Die Schiffbarkeit der Saale soll durch den Bau eines Seitenkanals zwischen Calbe und Saalemündung anstelle der Staustufe sichergestellt werden. In einem Schreiben an den VHdS erklärte das Wasser- und Schifffahrtsamt Magdeburg im Oktober 2003, dass aktuell „alternative Planungsvarianten" zur Staustufenlösung untersucht würden. Am 29. Oktober verwies die SPD-Landtagsfraktion von Sachsen-Anhalt auf eine Kanallösung als mögliche Alternative zum Staustufenbau. Die Kanalvariante wurde erst in die Diskussion gebracht, als das politische Aus des Staustufenbaus absehbar geworden war. Ministerielle und behördliche Untersuchungen bezüglich einer solchen Alternative haben aber vermutlich bereits lange vor Verabschiedung der Koalitionsvereinbarung stattgefunden. Dafür spricht, dass die Koalitionsvereinbarung keinen generellen Ausbaustopp für die Saale festlegt, sondern lediglich den Staustufenbau an der Saale kategorisch ausschließt. So lässt sich auch die Antwort der parlamentarischen Staatssekretärin im BMVBW, Gleicke, auf die Anfrage des Bundestagsabgeordneten Büttner, CDU, verstehen, in der es unter anderem heißt: „Im Rahmen der Überarbeitung des Bundesverkehrswegeplans 92 wurden alternative Konzepte zur Verbesserung der Schifffahrtsverhältnisse ohne Staustufen an der Saale – so auch Seitenkanallösungen – untersucht" (Deutscher Bundestag, Drs. 15/116, 2002). Landesverkehrsminister Daehre bestätigte am 15. November 2002 im Landtag, dass die Suche nach Alternativen zum Staustufenbau im Frühjahr 2002 begonnen habe und er zu dieser Zeit erstmals mit der Kanalvariante konfrontiert worden sei (Landtag von Sachsen-Anhalt, PlPr. 4/10, 2002).

9.6 Aufnahme des Saale-Seitenkanals in den BVWP 2003

In ihrer Koalitionsvereinbarung legte sich die Bundesregierung auch auf einen zügigen Abschluss der seit 1999 laufenden Arbeiten für den neuen BVWP im Jahre 2003 fest. Im März 2003 veröffentlichte das Verkehrsministerium den *Entwurf des Bundesverkehrswegeplans 2003* (BMVBW 2003a). Der Entwurf dient der bundesministeriellen Ressortabstimmung sowie der Anhörung der Länder und der Verbände. Der Saaleausbau ist in der Variante „Schleusenkanal Tornitz (ohne Staustufe)" mit 80 Mio. € Vorhabenskosten im Vordringlichen Bedarf enthalten. Das NKV und das Ergebnis der URE wurden zu diesem Zeitpunkt allerdings noch nicht veröffentlicht.

Mit der Veröffentlichung des BVWP-Entwurfs gewinnt die nach der Bundestagswahl im Herbst 2002 begonnene Diskussion um die Kanalvariante des Saaleausbaus an Intensität und Schärfe. Am 19. März 2003 protestierten der BUND und die Bürgerinitiative Pro Elbe in einer Pressemitteilung gegen die geplante Aufnahme des Saale-Seitenkanals in den BVWP und bezeichnen darin das Vorhaben als wirtschaftlich unsinnigen „Geisterkanal" und „krasse Fehlinvestition", der zudem die Bemühungen um den Hochwasserschutz gefährde. In einem offenen Brief wandten sich auch die Bundesverbände von BUND und NABU sowie der Deutsche Naturschutzring an die Bundesregierung und warnen vor einer verfehlten Flusspolitik und dem Bau des Saale-Seitenkanals (gemeinsame Presseerklärung von BUND, NABU und DNR, 12.5.2003). Am 12. Juni 2003 übergaben die Umweltverbände Bundesverkehrsminister Stolpe 22.000 Unterschriften gegen den Saaleausbau. Auch die Bundestagsfraktion von Bündnis 90/Die Grünen hatte sich zwischenzeitlich gegen den Bau des Saale-Seitenkanals ausgesprochen.

Auf der anderen Seite begrüßten die Ausbaubefürworter die Aufnahme des Saale-Seitenkanals in den Entwurf des BVWP. In einem Schreiben vom 8. Mai 2003 an alle Bundestagsabgeordneten bat der VHdS diese um Unterstützung bei der Aufnahme des Vorhabens in den endgültigen Plan. Unterstützt wurde dies auch von Teilen der SPD-Bundestagsfraktion und dem Bundesverkehrsministerium. Die Arbeitsgruppe Verkehr der SPD-Bundestagsfraktion erklärte, dass mit dem Saaleausbau „dem erheblichen Nachfragepotenzial der im Raum Halle ansässigen Unternehmen der Chemie- und Baustoffbranche Rechnung getragen" wird und die Kanalvariante „die Vorgaben der Koalitionsvereinbarung und der Flusskonferenz" erfülle.[114] Die parlamentarische Staatssekretärin im BMVBW, Gleicke, erklärte laut Meldung der Presseagentur AP, dass es darum gehe, der Grundstoffindustrie in den neuen Ländern einen Standortvorteil zu verschaffen und der Ausbau der Saale keinen weiteren Ausbau der Elbe nach sich ziehe. Der Besuch der Parlamentarischen Gruppe Binnenschifffahrt des Bundestages am 2. Juni 2003 in Halle wurde von den Ausbaubefürwortern, so dem VHdS, regionalen Unternehmen und Gewerkschaftsvertretern genutzt, um die Aufnahme des Saale-Seitenkanals in den BVWP zu unterstützen. In ihrer Pressemitteilung vom 4. Juni 2003 unter dem Titel „Demonstration für den Saaleausbau" zu dieser Veranstaltung stellte die Hafen Halle GmbH fest: „Es ist legitim, wirtschaftliche und ökologische Lösungen anzustreben, die den Aufschwung und damit die Schaffung von Arbeitsplätzen in unserem Land unterstützen."

Die der Einordnung des Saale-Seitenkanals in den Vordringlichen Bedarf des BVWP-Entwurfs zugrunde liegenden Ergebnisse der NKA und der URE wurden vom BMVBW erst im Mai 2003 auf der Internetplattform des Projektinformationssystems (Prins) veröffentlicht. Bei bewertungsrelevanten Investitionskosten von knapp 74 Mio. Euro erhielt das Vorhaben ein NKV von 2,7.[115] Laut URE ist das Projekt mit einem mittleren Umweltrisiko verbunden. Anfang Mai 2003 stellte PLANCO-Consult im Bundestag die Ergebnisse der Projektbewertungen vor, die Grundlage der Bedarfseinstufungen der Projekte im Entwurf des BVWP sind. Diese Bewertungen beruhen auf den vorläufigen Ergebnissen ihrer im Auftrag des BMVBW durchgeführten Studie „Potenziale und Zukunft der deutschen Binnenschifffahrt" (PLANCO 2002). Für die Saale prognostizierte PLANCO im Falle des Baus eines Saalekanals das Güteraufkommen im Jahre 2015 auf 1,7 Mio. Tonnen pro Jahr. Allerdings stellte sich überraschend heraus, dass diese Prognose nach wie vor von einem weiteren Ausbau der Elbe ausging, worauf der Bundestagsabgeordnete Kasparick (SPD) in einer Pressemitteilung vom 8. Mai 2003 hinweist. Da

---

[114] Pressemitteilung der AG Verkehr, Bau- und Wohnungswesen der SPD-Bundestagsfraktion vom 13.05.2003.

[115] Gemäß der Bewertungsmethodik der Bundesverkehrswegeplanung 1992 würde diese Nutzen-Kosten-Verhältnis zu keiner Einstufung in den Vordringlichen Bedarf führen, weil die Schwelle von 3 unterschritten wird. In der Methodik des BVWP 2003 wurde diese Schwelle abgeschafft (vgl. Abschnitte 2.5 und 5.3).

9.6 Aufnahme des Saale-Seitenkanals in den BVWP 2003

ein weiterer Elbeausbau aber von der Bundesregierung abgelehnt werde, beruhe die Verkehrsprognose für die Saale auf falschen Zahlen.[116] Auf diesen Aspekt konzentrierte sich auch das nun einsetzende bundesweite Medienecho auf die Diskussion um den Saaleausbau. Der SPIEGEL berichtet am 12. Mai 2003 unter dem Titel „Stolpes Geisterkanal" über den Saaleausbau und kommt zu dem Schluss, dass die Verkehrsprognosen für die Saale von einem weiteren Ausbau der Elbe beruhten. Auch die Frankfurter Rundschau kommt am 13. Mai 2003 in einem Beitrag zu einem ähnlichen Fazit: „80 Millionen Euro in den Sand gesetzt – In Sachsen-Anhalt wird ein Kanal gebaut, den vermutlich kein Mensch braucht".

Die wenig transparente Vorgehensweise der Bundesregierung bei der Veröffentlichung der Bewertungsergebnisse zum Saaleausbau wurde in der Presse, von anderen Interessensvertretern und auch vom UFZ-Umweltforschungszentrum Leipzig-Halle in einer von den Autoren dieses Buches verfassten Stellungnahme kritisiert. In den Wochen vor dem Kabinettsbeschluss kristallisiert sich der Saaleausbau als das Verkehrsprojekt im BVWP heraus, über das koalitionsintern kein Konsens besteht. Am 20. Mai sprach sich die Bundestagsfraktion von Bündnis 90/Die Grünen in einem Positionspapier „aus volkswirtschaftlichen, verkehrspolitischen und ökologischen Gründen" gegen die Aufnahme des Saale-Seitenkanals in den Vordringlichen Bedarf des BVWP aus. Begründet wurde dies unter anderem mit der fehlerhaften Verkehrsprognose von 1,7 Mio. Tonnen pro Jahr, die noch auf dem gestoppten Elbeausbau beruhe. Der Koalitionsstreit wurde in den folgenden Wochen nach Verhandlungen zwischen den Ministerien beigelegt. Eine Woche vor der Kabinettsentscheidung erklärte Bundesumweltminister Trittin in einem Schreiben an den Bundestagsabgeordneten Kasparick (SPD), dass sich Verkehrs- und Umweltressort darauf verständigt hätten, den Saaleausbau im BVWP unter Vorbehalt zu stellen.[117]

Am 2. Juli 2003 wurde der BVWP von der Bundesregierung beschlossen (BMVBW 2003b). Der Saaleausbau in der Variante „Schleusenkanal

---

[116] Die Hintergründe dieses methodischen Fehlers können nicht ganz aufgeklärt werden. In einem Artikel vom 24. Juni 2003 berichtet die Frankfurter Rundschau, dass PLANCO im August 2002 den Auftrag für ein Gutachten zur Wirtschaftlichkeit des Saaleausbaus erhielt und im November laut BMVBW angewiesen wurde, die Wirtschaftlichkeit ohne Elbeausbau zu berechnen. Daran könne man sich bei PLANCO aber nicht erinnern.

[117] Vgl. Pressemitteilung des MdB Ulrich Kasparick (SPD) vom 26.6.2003.

Tornitz" wird mit einem NKV von 2,7 in den Vordringlichen Bedarf aufgenommen. Die Einstufung wird jedoch in einem Zusatz unter Vorbehalt gestellt:

> „Der Ausbau ist abhängig vom Ergebnis der laufenden Untersuchungen einschließlich der damit verbundenen naturschutzfachlichen Fragestellungen. Die Dimensionierung des Saalekanals orientiert sich an der mittleren Abladetiefe der nicht ausgebauten, frei fließenden Elbe. Darüber hinaus ist vor der Einleitung förmlicher Planungsschritte das Einvernehmen des Landes Sachsen-Anhalt erforderlich, den Flussabschnitt zwischen Abzweigung des Kanals und seiner Wiedereinmündung nach Fertigstellung des Kanals verkehrlich zu entwidmen" (BMVBW 2003b, 67, Fußnote 69 zu Tabelle 19).

Das Ergebnis kann als politischer Kompromiss gewertet werden, der für das zwischen Verkehrs- und Umweltressort umstrittene Projekt erzielt werden konnte. Die Ausbaubefürworter können auf die erfolgreiche Aufnahme des Saaleausbaus in den Vordringlichen Bedarf verweisen, während sich die Ausbaugegner den Vorbehaltszusatz als Erfolg anrechnen. Entsprechend unterschiedlich fallen die Interpretationen des BVWP aus. Nach Aussagen des Umweltministeriums wird wegen der begrenzten Finanzmittel für den Wasserstraßenbereich auch unabhängig von diesem Vorbehalt eine Realisierung des Projektes erst nach 2015 in Betracht kommen (Pressemitteilung MdB Kasparick, SPD, vom 25.6.2003).

Die Neubewertung des Seitenkanals auf der Grundlage der Ergebnisse der im Vorbehalt des BVWP genannten laufenden Untersuchungen werden am 13. März 2003 auf einem Workshop des Instituts für Wirtschaftsforschung Halle (IWH) von der parlamentarischen Staatssekretärin Gleicke (BMVBW) und der PLANCO-GmbH vorgestellt. Danach ergibt sich bei einer leicht reduzierten Transportprognose von 1,5 Mio. Jahrestonnen ein im Vergleich zum BVWP 2003 von 2,7 auf 2,3 reduziertes NKV. Landesverkehrsminister Daehre spricht sich für den Bau des Saale-Seitenkanals aus und setzt sich für die Einleitung eines Raumordnungsverfahrens ein, um offene Fragen klären zu können. Auch das regionale Presseecho fällt positiv zugunsten des Saaleausbaus aus (Mitteldeutsche Zeitung, 18.3.2004). Auf dieser Veranstaltung wird den Anwesenden vom BMVBW zugesichert, dass PLANCO-Gutachten zur Verfügung gestellt zu bekommen. Allerdings dauert es noch bis Ende Juli 2004 (also 1 Jahr und 4 Monate), bis dies tatsächlich geschieht. Wenige Wochen später fällt die Entscheidung seitens des Landes Sachsen-Anhalt, ein Raumordnungsverfahren durchzuführen. Am 10. Dezember 2004 hat in Halle die entsprechende Antragskonferenz unter Beteiligung der Träger öffentlicher Belange, der Verbände und der Kommunen stattgefunden. Zum Redaktionsschluss dieses Buches (Mai 2005) steht die formale Eröffnung des Verfahrens allerdings noch aus.

10 Auswertung des Diskussionsprozesses

Die Geschichte der Diskussion um den geplanten Ausbau der Saale für die Schifffahrt spiegelt in beinahe idealtypischer Weise einen Konflikt zwischen wirtschaftlichen Entwicklungszielen und Naturschutz wider. Nachdem wir in den beiden letzten Kapiteln den Diskussionsprozess um den Saaleausbau mit seiner Vorgeschichte und seinen sachlichen Hintergründen ausführlich dargestellt haben, möchten wir in diesem das Material auswerten. Dabei interessieren wir uns insbesondere für den Einfluss der Bewertungsmethoden und ihrer Ergebnisse auf den Planungs- und Entscheidungsprozess, die in ihrer Anwendung offenkundig werdenden Defizite der Methoden in ihrer Anwendung und die Auswirkungen ihrer möglichen Weiterentwicklung auf die Bewertung des Wasserstraßenausbaus. Auf der Grundlage unserer kritischen Analyse wird es dann möglich sein, einige Schlussfolgerungen zu einer Gesamteinschätzung des Saaleausbaus zu ziehen.

10.1 Auffälligkeiten des Diskussionsprozesses

Wenn man den Konflikt um den Saaleausbau seit der Wiedervereinigung betrachtet, fällt auf, dass er von Anfang an von den Fragen geprägt war, die auch heute noch kontrovers diskutiert werden:

— Wie groß ist der verkehrliche Nutzen und rechtfertigt dieser die Investitionen?

— Wie gravierend sind die ökologischen Auswirkungen und sprechen sie insgesamt gegen einen Ausbau?

— In welchem Maße ist die Saaleschifffahrt von den Schifffahrtsbedingungen auf der Elbe abhängig und inwiefern ist der Ausbau der Saale nur sinnvoll, falls auch die Elbe ausgebaut wird?

Eine weitere Konstante des Diskussionsprozesses ist die ebenfalls seit Anfang der 1990er Jahre erhobene Forderung, nicht im Rahmen der Aufstellung der Bundesverkehrswegepläne die strittigen Fragen zu klären, sondern in einem Raumordnungsverfahren konkretere Planungsvarianten einer detaillierten Prüfung zu unterziehen.

Was sich im Laufe der Zeit verändert hat, sind die Vorzugsvarianten des Ausbaus, also die Varianten, die von der Wasser- und Schifffahrtsverwaltung zu den jeweiligen Zeitpunkten konkret vorgeschlagen und favorisiert wurden. Anfang der 1990er Jahre setzte sich die Wasser- und Schifffahrtsverwaltung vor allem für den Bau einer Staustufe ein. Aufgrund des öffentlichen und politischen Drucks konnte der ursprünglich im BVWP 1992 vorgesehene Staustufenstandort nicht durchgesetzt werden. Daraufhin wurde der geplante Standort ca. 2 km flussaufwärts verlagert, um negative Auswirkungen auf die besonders wertvollen Auenbereiche der Kernzone des Biosphärenreservates zu verhindern bzw. zu mindern. Da die Auseinandersetzung um die ökologischen Auswirkungen trotzdem nicht abriss, wurde Ende der 1990er Jahre die so genannte Öko-Staustufe von der Wasser- und Schifffahrtsverwaltung ins Spiel gebracht und favorisiert. Schließlich war es die Hochwasserkatastrophe des Sommers 2002, die das politische Aus für den Staustufenbau herbeiführte. Zeitgleich wurde die Kanallösung in die Diskussion eingeführt und seither kontrovers diskutiert. Der Saale-Seitenkanal wurde dann in den Vordringlichen Bedarf des BVWP 2003 aufgenommen und seither laufen die Vorbereitungen zur Durchführung des Raumordnungsverfahrens.

Betrachtet man die Entwicklung der Vorzugsvarianten, so ist festzustellen, dass die ökologische Gefährdung der Hartholzauen an der unteren Saale von der zunächst geplanten Staustufe nahe der Mündung bis hin zur Variante Saale-Seitenkanal deutlich abgenommen hat. Interessant dabei ist, dass der Saale-Seitenkanal zwar unter ökologischen Gesichtspunkten einer Staustufe vorzuziehen ist, aber auch die Investitionskosten zumindest in derselben Größenordnung liegen. Die öffentliche Diskussion hat also nicht nur zu einer Verzögerung der Entscheidung über einen Saaleausbau, sondern auch zu einer Verbesserung der favorisierten Ausbauvariante geführt.

10.2 Die Bedeutung der Bewertungsmethoden für den politischen Planungs- und Entscheidungsprozess – fünf Thesen

Welche Rolle haben die Ergebnisse der Projektbewertungen und die dabei verwendeten Methoden der Umweltbewertung für den Verlauf des Prozesses und die getroffenen Entscheidungen gespielt? Liegt es beispielsweise an den Gutachten zur ökologischen Bewertung, dass die Gefährdung der Auen durch die Vorzugsvarianten so stark zurückgegangen ist?

Dem Selbstverständnis der Entscheidungstheorie und der Planungswissenschaften nach werden Bewertungsmethoden zur Entscheidungsunterstützung angewendet. Man geht also davon aus, dass der oder die Entscheidungsträger die Methoden dazu verwenden, systematisch Fakten, Einschätzungen und normative Wertungen zu analysieren, um dann auf der Grundlage einer umfassenderen Informationsbasis eine bessere Entscheidung zu treffen. Es wird zwar nicht erwartet, dass die Entscheidungsträger die Ergebnisse der Bewertungsmethoden automatisch und unreflektiert übernehmen. Aber die Entscheidungstheorie ebenso wie die Planungswissenschaften gehen davon aus, dass die Entscheidungsträger den Bewertungsergebnissen offen und unvoreingenommen gegenüberstehen und diese in ihre Entscheidungen einfließen lassen.[118]

Die hier vorgenommene Analyse der Diskussion um den Saaleausbau und des Einflusses der Bewertungsmethoden veranlasst zu der Aussage, dass die oben skizzierte Vorstellung des Zweckes von Bewertungsmethoden revidiert oder zumindest korrigiert werden muss. Statt der Hypothese, die Entscheidungsträger stünden den Bewertungsergebnissen offen gegenüber und ließen sich durch sie in ihren Entscheidungen helfen,

---

[118] Diese Vermutung unterstützt Mysiak (2004) durch eine Literaturstudie, in der er 16 empirische Anwendungen multikriterieller Entscheidungshilfeverfahren in experimentellen oder realen Entscheidungssituationen verglichen und dabei festgestellt hat, dass die Entscheidungsträger nach der Anwendung andere Entscheidungen treffen als vorher, obwohl die Ergebnisse der Entscheidungshilfeverfahren selten direkt übernommen werden. Mit anderen Worten beeinflussen die Ergebnisse der Entscheidungshilfeverfahren die Entscheider. Allerdings war in den von Mysiak untersuchten Anwendungsbeispielen die Präferenzbildung der Entscheider typischerweise noch in einem frühen Stadium, denn die Versuchspersonen hatten sich mit dem Bewertungsgegenstand noch nicht sehr lange auseinandergesetzt. Im Unterschied hierzu scheinen im Fall des Saaleausbaus die Positionen vieler der für den Planungsprozess entscheidenden Personen schon lange verfestigt gewesen zu sein.

scheint eher die Beschreibung zuzutreffen, die Bewertungsergebnisse würden dazu benutzt, bestehende Meinungen zu untermauern und Verhandlungspositionen zu festigen oder zu unterminieren. Wir möchten unsere Ergebnisse in den folgenden fünf Thesen zusammenfassen:

1. Die wesentlichen Wendungen und Entscheidungen innerhalb des Diskussionsprozesses um den Saaleausbau wurden nicht durch die Veröffentlichung von Ergebnissen der Projektbewertungen bestimmt. Großen Einfluss hatten hingegen Faktoren und Ereignisse, die in keinem direkten Zusammenhang zur Ausbau der Saale stehen.

2. Die Ergebnisse der Projektbewertungen der Bundesverkehrswegeplanungen oder auch anderer Gutachten haben dem Planungsprozess in der Regel keine neue Richtung gegeben, sondern bestehende Argumentationslinien gefestigt bzw. in Frage gestellt und Positionen gestärkt bzw. geschwächt.

3. Bewertungsergebnisse werden nicht nur von den verwendeten Methoden der Bewertung, sondern auch von den empirischen und normativen Annahmen, die den Bewertungen zugrunde liegen, wesentlich beeinflusst. Daher ist es wichtig, die Annahmen offen zu legen und zu begründen sowie bei der Bewertung plausibel vorzugehen.

4. Das Zustandekommen der Bewertungsergebnisse ist nicht hinreichend transparent, obwohl viele Informationen öffentlich zugänglich sind.

Insgesamt gesehen:

5. Entscheidend für das Zustandekommen guter Entscheidungen in der Bundesverkehrswegeplanung ist neben guten Bewertungsmethoden vor allem eine gute – d.h. insbesondere transparente und nachvollziehbare – Gestaltung des Planungs-, Bewertungs-, Diskussions- und Entscheidungsprozesses. Die Analyse der Diskussion um die Aufnahme des Saaleausbaus in den BVWP offenbart hier neben einer Reihe von positiven Aspekten einige gravierende Mängel.

Diese Thesen, die aus der detaillierten Untersuchung des Fallbeispiels Saaleausbau extrahiert wurden, lassen sich nicht in vollen Umfang für die gesamte Bundesverkehrswegeplanung verallgemeinern. Dennoch erlauben sie in gewissem Maße Rückschlüsse auf die Bedeutung der Bewertungsmethoden und ermöglichen einige Schlussfolgerungen hinsichtlich der Bewertung des Saaleausbaus. Bevor wir hierzu kommen betrachten wir die Thesen im Einzelnen.

Zu These 1: Wesentliche Wendungen im Diskussionsprozess wurden nicht durch die Veröffentlichung von Bewertungsergebnissen herbeigeführt.

Die Favorisierung der Staustufenvariante durch die Wasser- und Schifffahrtsverwaltung und das jahrelange Festhalten daran erfolgten bereits bevor detaillierte, belastbare Untersuchungen und Projektbewertungen vorlagen. Die Staustufenvariante wurde in den BVWP 1992 aufgenommen, obwohl die Alternative „freifließende Ausbau" mit einem deutlich besseren NKV bewertet wurde (vgl. Tab. 7.1).[119] Auch wurde der Staustufenstandort vor Durchführung der Umweltverträglichkeitsstudie im Zuge der laufenden Diskussion flussaufwärts verlegt. Ähnliches gilt für die Diskussion um die Simulation der natürlichen Grundwasserdynamik in den Auen mittels Brunnengalerie. Zur so genannten Öko-Staustufe sind nie Projektbewertungen veröffentlicht worden. Allerdings wird das Ergebnis der Umweltverträglichkeitsstudie, die die Umweltwirkungen der Staustufenvarianten gravierender als bei den anderen untersuchten Varianten bewertet hatte, die Wasser- und Schifffahrtsverwaltung darin bestärkt haben, die Möglichkeiten des technischen Grundwassermanagements genauer zu untersuchen und stärker in die Diskussion zu bringen.

Besonders offensichtlich ist der Einfluss externer Faktoren beim Wechsel von der Staustufenvariante zur Kanalvariante. Zwar wurden seit Frühjahr 2002 auch Untersuchungen zu einer Kanalvariante durchgeführt, doch scheinen diese zunächst keinen Einfluss auf die Vorzugsvariante zu haben, da noch im Juli 2002 der Staustufenbau gefordert wurde. Erst nach der Hochwasserkatastrophe im August, den nachfolgenden Diskussionen um einen verbesserten Hochwasserschutz und der daraus

---

[119] Wie in Abschnitt 7.2 diskutiert wurde, ist das außerordentlich hohe Nutzen-Kosten-Verhältnis des freifließenden Ausbaus von 13,1 auf die Interpretation von über 80 % der Investitionen als Ersatzinvestitionen zurückzuführen (PLANCO 1992), was später korrigiert wurde (PLANCO 1996). Es bleibt unklar, ob dieser methodische Mangel bereits frühzeitig erkannt wurde oder ob andere Gründe dafür ausschlaggebend waren, dass nicht der freifließende Ausbau, sondern eine Staustufe von den Ausbaubefürwortern favorisiert wurde.

resultierenden Ablehnung des Staustufenbaus in der Koalitionsvereinbarung der wieder gewählten Bundesregierung im Oktober 2002 wird der Saale-Seitenkanal zur Vorzugsvariante. Hier hat also nicht das Ergebnis einer Projektbewertung, sondern die politische Diskussion um den Schutz vor Hochwässern, die inhaltlich nur in einem losen Zusammenhang zu einem Bau von Staustufen steht, den Verzicht der Bundesregierung auf den Staustufenbau bewirkt. Der Saale-Seitenkanal ist im Vergleich zu einer Staustufe ökologisch deutlich weniger schädlich und die Höhe der (Ausbau-)investitionen des Kanals entsprichen in etwa denen der Staustufe. Die überlegene Ausbauvariante wurde also nicht automatisch zur Vorzugsvariante. Vielmehr bedurfte es hierzu eines Anstoßes von außen.

Zu These 2: Die Bewertungsergebnisse haben dem Planungsprozess keine neue Richtung gegeben, aber sie können bestehende Argumentationslinien und Positionen stärken oder schwächen sowie die Legitimation von Entscheidungen unterstützen

In Fortführung der Erörterungen zu These 1 lässt sich postulieren, dass die vorliegenden Projektbewertungen den Ablauf des Diskussionsprozesses und die getroffenen Entscheidungen im Grundsatz nur wenig beeinflusst haben. Vielmehr scheinen die bislang getroffenen Entscheidungen vornehmlich auf politischen Willensbildungen und methodenunabhängigen Einschätzungen von Akteuren und Experten gegründet zu sein. Ein wichtiges Beispiel hierfür ist, dass nach dem Beschluss des BVWP 1992 trotz der damaligen Bewertungsergebnisse die Widerstände gegen einen Saaleausbau immer stärker wurden. Die wachsenden Zweifel an den Transportmengenprognosen wurden in den Folgejahren durch alle vorgelegten Gutachten bestätigt. Das gilt für das IÖW-Gutachten und das DIW-Gutachten genauso wie für die Aktualisierung der Bewertungsrechnungen durch PLANCO im Auftrag des BMVBW.

Für die These spricht weiterhin, dass bei der Neuaufstellung des BVWP 2003 die Ergebnisse von NKA und URE erst vorlagen, nachdem die Kanalvariante bereits öffentliche und politische Aufmerksamkeit erlangt hat. Beide Bewertungen kommen denn auch zu dem Ergebnis, dass die Kanalvariante dem Staustufenbau hinsichtlich der ökologischen Kriterien überlegen und hinsichtlich der ökonomischen Kriterien zumindest gleichwertig ist.

Damit soll die Berechtigung der Projektbewertungen keineswegs in Frage gestellt, sondern der Stellenwert, der ihnen in einem politischen Entscheidungsprozess zukommt, veranschaulicht werden. Idealtypischerweise kommt man in einer Projektbewertung zu dem Ergebnis, dass eine Variante ungeeignet oder aus einer Auswahl von Varianten eine Bestimmte zu bevorzugen ist und trifft darauf aufbauend die Entscheidung, eine neue Variante zu erarbeiten bzw. die beste Variante umzusetzen. Das Fallbeispiel Saaleausbau zeigt hingegen, dass der öffentliche und politische Diskussionsprozess über eine starke Eigendynamik verfügt und politische Zwänge generiert, so dass in ihm bewertungsunabhängig Entscheidungen, Vorauswahlen oder Ablehnungen getroffen werden. Pointiert gesagt bereiten methodisch fundierte Projektbewertungen Entscheidungen selten vor, sondern dienen eher im Nachhinein zu deren Legitimierung, Festigung und zur Feinabstimmung (vgl. Weingart 2001, 142).

Folglich können methodische Fehler bei Bewertungen von den Antagonisten dazu verwendet werden, Positionen zu schwächen. Ein deutliches Beispiel ist hier die Missachtung der politischen Maßgabe, bei den Wirtschaftlichkeitsberechnungen des Saaleausbaus für den BVWP 2003 nicht von einem Ausbau der Elbe auszugehen. Entsprechend mussten die Transportmengenprognose und das NKV nach unten korrigiert werden. Das Ergebnis der Korrektur wurde aber erst im März 2004 vom Verkehrsministerium bekannt gegeben. Nach der bestehenden Bewertungsmethodik hätte diese Korrektur nicht zu einer Veränderung der Gesamteinschätzung geführt, denn das NKV wurde nur von 2,7 auf 2,3 vermindert. Dennoch hatte dieser offensichtliche methodische Fehler Konsequenzen. Er wurde von den Ausbaugegnern sofort aufgegriffen und führte mit dazu, dass sich die Bundestagsfraktion Bündnis 90/Die Grünen gegen den Saaleausbau aussprach. In der Folgezeit kam es zu einem Konflikt zwischen dem von den Grünen geführten Umweltministerium und dem SPD-geführten Verkehrsministerium. Dieser koalitionsinterne Konflikt konnte erst durch den von den Ministerien ausgehandelten Kompromiss zur vorbehaltlichen Aufnahme des Saaleausbaus in den Vordringlichen Bedarf beigelegt werden.

Zu These 3: Nicht nur die Methoden, sondern auch empirische und normative Annahmen beeinflussen die Bewertungsergebnisse stark weshalb sie offengelegt und begründet werden sollten

Zunächst ist es grundsätzlich klar, dass unterschiedliche Annahmen und Methoden auch zu unterschiedlichen Ergebnissen führen. Um allerdings die Ausmaße solcher Änderungen und die Konsequenzen abschätzen zu können, ist es nützlich, sich einige empirische Beispiele anzusehen. Alle vorliegenden ökonomischen und ökologischen Bewertungen des Saaleausbaus kommen zu unterschiedlichen Ergebnissen. Natürlich war der Bewertungsgegenstand nicht immer der gleiche, vielmehr haben sich die Projektvarianten im Laufe der Zeit weiterentwickelt. Es gibt aber auch Fälle, bei denen derselbe Untersuchungsgegenstand mit derselben Methode von unterschiedlichen Gutachten unterschiedlich bewertet wird. Diese Differenzen sind auf Unterschiede in den empirischen oder normativen Annahmen zurückzuführen. Wir geben hierfür zwei Beispiele

– Die Staustufenlösung wurde im BVWP 1992 mit einem NKV von 5,3 bewertet. Diese Zahl basiert auf einer prognostizierten Transportmenge von 5,2 Mio. Jahrestonnen. In den Jahren danach stellte sich heraus, dass die 1992 zugrunde gelegten Annahmen zur Wirtschaftsentwicklung gerade für Ostdeutschland überhöht waren. Das IÖW (1994) kritisiert diese Annahmen und kommt in seinem Gutachten, in dem es dasselbe nutzen-kosten-analytische Verfahren wie PLANCO, aber mit veränderten Annahmen anwendet, zu einem NKV von nur 1,9 bei einer jährlichen Transportmenge von nur 1,8 Mio. t. PLANCO (1996) korrigiert selbst seine ursprüngliche Transportmengenprognose auf 2,9 Mio. Jahrestonnen und das NKV auf 3,96. In einem anderen Gutachten untersucht das DIW (1998) nur die Verkehrsprognose und kommt auf eine jährliche Transportmenge von ca. 1,9 Mio. t. Die Unterschiede in den Bewertungsergebnissen sind also ausschließlich durch unterschiedliche Grundannahmen bedingt.

– PLANCO (1992) bewertet den frei fließenden Ausbau der Saale in dem frühen Gutachten mit einem NKV von 13,1 und in dem späteren Gutachten (PLANCO 1996) mit einem Verhältnis von nur noch 2,71. Dieser große Unterschied ist hauptsächlich auf die Annahme im Gutachten von 1992 zurückzuführen, dass der bei weitem größte Teil der Investitionen als Ersatzinvestitionen zu betrachten und daher bei den

10.2 Fünf Thesen

Wirtschaftlichkeitsabschätzungen nicht zu berücksichtigen sei. Diese Annahme wurde in dem späteren Gutachten fallen gelassen.

Nachdem wir eben die Auswirkungen unterschiedlicher Annahmen auf die Bewertungsergebnisse illustriert haben, betrachten wir nun Beispiele, die den Einfluss von Methodenveränderungen auf die Bewertungen dokumentieren. Leider wurde im bisherigen Verlauf der Diskussion keine der Ausbauvarianten in einem Gutachten sowohl mit der Methodik des BVWP 1992 als auch mit der des BVWP 2003 bewertet, so dass kein direkter Vergleich der Ergebnisse möglich ist. Es lassen sich aber hypothetische Vergleiche der Auswirkungen von Änderungen in der Methodik anstellen:

— Eine wesentliche Veränderung hat bei der Zusammenführung der ökonomischen und der ökologischen Einzelbewertungen zu einer Gesamteinschätzung über eine Aufnahme in den Vordringlichen Bedarf stattgefunden. In der Bundesverkehrswegeplanung 1992 musste ein Projekt ein NKV größer 3 erzielen, um in den Vordringlichen Bedarf aufgenommen zu werden. Für den BVWP 2003 entfällt diese Schwellenwertregelung. Dies führt dazu, dass der Saale-Seitenkanal mit einem NKV von 2,7 in den Vordringlichen Bedarf aufgenommen wird. Später wird das Verhältnis sogar noch auf 2,3 korrigiert. Wenn man die Methodik des BVWP 1992 angewendet hätte, wäre folglich die Kanallösung wegen zu geringer Wirtschaftlichkeit nur in den Weiteren Bedarf eingeordnet worden.

— Wie in Kapitel 3 und Abschnitt 5.1 ausgeführt wurde, versucht eine idealtypische NKA alle Wirkungen eines Projektes zu erfassen. Es ist unumstritten, dass der Bau einer Staustufe die Grundwasserdynamik beeinflusst und insbesondere die Schwankungen und periodischen Niedrigwasserstände unterbindet, was zu einer ernsthaften Gefährdung der ökologisch wertvollen Hartholzauen führen würde. In einer umfassenden NKA müssten diese negativen Umweltwirkungen in Geldeinheiten ausgedrückt und dem Nutzen des Staustufenbaus gegengerechnet werden. Studien zur Wertschätzung von Auenwäldern (Hampicke/Schäfer 1997) lassen vermuten, dass eine Berücksichtigung dieser negativen Umwelteffekte einer Staustufe zu einem deutlich schlechteren NKV geführt hätte. Die Feststellung trifft für die Kanallösung natürlich nicht mehr zu, denn durch sie wird die natürliche Grundwasserstandsdynamik der Auen in der Unteren Saale nicht so stark beeinflusst.

— In Abschnitt 5.2 haben wir argumentiert, dass bei der Bundesverkehrswegeplanung bisher Unsicherheit nicht systematisch bei den Bewertungen berücksichtigt wurde. Am Beispiel der Diskussion um die so genannte Öko-Staustufe kann man erläutern, wie die Berücksichtigung von Unsicherheit deren Einschätzung verändert hätte. Die Öko-Staustufe sollte die negativen Auswirkungen auf die ökologisch wertvollen Hartholzauen vermeiden, indem durch Brunnengalerien die für das Überleben der geschützten Auenvegetation notwendigen Grundwasserschwankungen künstlich simuliert werden. Ob eine solche technische Lösung dauerhaft funktioniert hätte, war nicht sicher. Einige Erfahrungen gab es zwar mit einer ähnlichen Staustufe in Wien-Freudenau, aber diese Erfahrungen waren nur partiell übertragbar und deuteten zudem auf eine eingeschränkte Funktionsfähigkeit dieser Technologie hin (Dreher/Gunatilaka, 2001). Hinsichtlich der Funktionsfähigkeit des technischen Grundwasserstandmanagements lag also Unsicherheit vor. Wie wir in Abschnitt 5.2 dargelegt haben, wäre es nicht angemessen, diese Unsicherheit bei der Bewertung zu ignorieren.[120] Die Berücksichtigung der Unsicherheit würde also zu einer schlechteren ökologischen Bewertung der Staustufe führen als unter der Annahme eines sicheren Funktionierens des technischen Grundwassermanagements. Ob die Berücksichtigung von Unsicherheit auch negativen Einfluss auf die ökonomische Bewertung gehabt hätte, hängt davon ab, ob man den Verlust der Auen auch monetär bewertet.

— Seit der Wiedervereinigung sind an der Saale bereits große Summen investiert worden. So ist der Hafen in Halle-Trotha, nachdem er der Stadt Halle 1993 zurück übertragen wurde und seitdem von der Hafen Halle GmbH betrieben wird, modernisiert und zu einem trimodalen Umschlagplatz ausgebaut worden. Die Investitionen für den Hafen betrugen 29,8 Mio €. Weitere Investitionen in ähnlicher Höhe wurden in die Instandsetzung und Modernisierung des vorhandenen Wasserstraßenausbaus der Saale, insbesondere die existierenden Staustufen

---

[120] Unseres Erachtens wäre auch die Verwendung von Wahrscheinlichkeiten nicht angemessen, denn es bestehen über die Möglichkeiten eines solchen technischen Grundwasserstandsmanagement keine ausgeprägten Erfahrungen.

10.2 Fünf Thesen

und Schleusen, investiert. Wenn es darum geht, die Wirtschaftlichkeit zukünftiger Investitionen zu beurteilen, ist es aus volkswirtschaftlicher Sicht nicht statthaft, die bereits erfolgten Investitionen als Kosten in die NKA einfließen zu lassen. Basis für die heutige Investitionsentscheidung sollte der Status quo sein. Dennoch ist die Frage von Interesse, ob die Investitionen in den Hafen und die Staustufen zum damaligen Zeitpunkt gerechtfertigt waren und wie sie aus heutiger Sicht einzuschätzen sind. Für solche Überlegungen sollten die Entscheidungen über den Ausbau des Unterlaufs der Saale durch Staustufe oder Kanal und die über die Modernisierung von Hafen und bestehenden Staustufen als gekoppelt betrachtet werden, denn die Saale ist nur dann eine leistungsfähige Wasserstraße, wenn alle Investitionen realisiert werden.[121] Legt man die Wirtschaftlichkeitsberechnung des Saale-Seitenkanals des BVWP 2003 mit Ausbauinvestitionskosten von 73,8 Mio. € und einem NKV 2,3 zugrunde, kommt man auf einen Nutzen von 73,8 Mio. € $\times$ 2,3 = 168,7 Mio. €. Setzt man diesen Gesamtnutzen des Ausbaus[122] in Relation zu den Gesamtkosten (die die Kosten der Instandsetzung und Modernisierung der bestehenden Staustufen und des Hafens Halle-Trotha enthalten), kommt man zu einem NKV von nur 1,3, wenn man Gesamtinvestitionen für Hafen und Staustufen von 50 Mio. € unterstellt. Das bedeutet, dass der Nutzen die Kosten nur in geringem Maße übersteigt. Das NKV ist also deutlich geringer, wenn man den Ausbau des Hafens in die Berechnungen einbezieht. Weil Hafen- und Staustufenmodernisierung ohne einen Ausbau der unteren Saale keinen Sinn machen, hätten aus volkswirtschaftlicher Sicht bereits in den Wirtschaftlichkeitsberechnungen des BVWP 1992 diese Modernisierungskosten berücksichtigt werden müssen. Eine Entkopplung der Modernisierungsentscheidung über Hafen und bestehenden Staustufen von der Investitionsentscheidung

---

[121] Der Vorhabensträger für die Modernisierung des Hafens war die Hafen Halle GmbH, nicht der Bund. Die finanziellen Mittel stammen größtenteils aus Fördertöpfen der EU. Inwiefern die EU die Subventionen an die Auflage geknüpft hat, dass die Saale ausgebaut wird, ist den Autoren nicht bekannt.

[122] Es wird an dieser Stelle vorausgesetzt, dass der Nutzen von Ausbaumaßnahmen die Kosten nicht nennenswert übersteigt, was aber bei den derzeitigen Transport- und Umschlagsmengen als Näherung gerechtfertigt erscheint.

über den Ausbau der Unteren Saale war aus volkswirtschaftlicher Sicht ein methodischer Fehler.[123]

Wie wir in Abschnitt 6.3 und in ähnlicher Weise in den Abschnitten 5.2 und 5.3 ausgeführt haben, beruhen Bewertungen immer auch auf persönlichen Präferenzen, Erfahrungen und Einschätzungen. Um dennoch Willkür zu vermeiden und um einen demokratisch legitimen Entscheidungsprozess zu ermöglichen, sollten bei Einschätzungen und Bewertungen

– die Annahmen und insbesondere die normativen Postulate und Prinzipien offen gelegt werden,

– Bewertungsmethoden verwendet werden, die allgemein anerkannt sind,

– Schlussfolgerungen nachvollziehbar dargestellt und

– Urteile plausibel begründet werden.

Das Zustandekommen der Bewertungsergebnisse sollte also transparent und einer möglichen Kritik zugänglich sein.

Zu These 4: Das Zustandekommen der Bewertungsergebnisse ist nicht hinreichend transparent

Da der BVWP ein politisches Dokument von großer Tragweite ist, stellt das BMVBW an das Verfahren der Bundesverkehrswegeplanung den Anspruch größtmöglicher Transparenz (BMVBW 2002, 9), um die damit verbundenen Entscheidungen politisch legitimieren zu können. In der Tat sind einige wesentliche Forderungen einer transparenten und nachvollziehbaren Planung erfüllt:

– Die Bewertungsmethoden werden dokumentiert und bereits in der Aufstellungsphase des BVWP veröffentlicht (BMVBW 2002).

---

[123] Unbeschadet dieser Einschätzung sind die bereits erfolgten Modernisierungen für heutige Wirtschaftlichkeitsüberlegungen als Fakten (so genannte „Sunk costs") hinzunehmen und nicht in die Kosten einzubeziehen. Falls von der EU verlangt werden würde, die Fördermittel für den Hallenser Hafen zurückzuzahlen, wenn der Saaleausbau nicht weiter betrieben würde, müssten aus volkswirtschaftlicher Sicht die vermiedenen Rückzahlungen grotesker Weise sogar als Nutzen des Saaleausbaus veranschlagt werden.

10.2 Fünf Thesen

– Drei Monate vor dem Beschluss des BVWP wurde am 20. März 2003 der Entwurf mit den vorläufigen Bedarfseinstufungen und fast allen Bewertungsergebnissen veröffentlicht.

Dadurch konnte sich die interessierte Öffentlichkeit sowohl an der Methodendiskussion beteiligen als auch vor der Beschlussfassung Stellung zu einzelnen Projektbewertungen und dem BVWP insgesamt nehmen. Eine Vielzahl von Stellungnahmen unterschiedlicher Verbände und ein breites Medienecho sind Zeichen dafür, dass die Öffentlichkeit von dieser Möglichkeit regen Gebrauch gemacht hat.

Dennoch ist die Aufstellung des BVWP mit den damit verbundenen Projektbewertungen insgesamt als nicht in hinreichendem Maße nachvollziehbar für die interessierte und betroffene Öffentlichkeit zu kritisieren. Ganz entscheidend hierfür ist der Umstand, dass vor der Beschlussfassung über den BVWP in der Regel nur Bewertungsergebnisse und nicht die gesamten der Bewertung zugrunde liegenden Gutachten veröffentlicht werden. So sind die Ergebnisse von NKA und URE zum Saaleausbau frühestens 2 Monate vor dem Kabinettsbeschluss über den BVWP im so genannten Prins[124] publiziert worden. Veröffentlicht wurden zudem nur die aggregierten Ergebnisse. So war beispielsweise nicht erkennbar, welchen Anteil monetarisierte ökologische Effekte an den bewertungsrelevanten Investitionskosten haben und mit welchem methodischen Ansatz (pauschale Baukostenzuschläge oder differenziert ermittelte Kompensationskosten) die ökologischen Kosten ermittelt worden sind. Welche Entscheidungsrelevanz dieser beschränkte Informationszugang der Öffentlichkeit haben kann, zeigt das bereits erwähnte Beispiel der Präsentation der Projektbewertungen von PLANCO im Deutschen Bundestag am 7. Mai 2003. Dabei hat sich überraschend herausgestellt, dass die Transportmengenprognose auf einem weiteren Elbeausbau beruht, der jedoch zu diesem Zeitpunkt bereits seit einem halben Jahr aufgrund geltender Beschlüsse der Bundesregierung dauerhaft gestoppt war. Ein derart schwerwiegender Bewertungsfehler ist den veröffentlichten Ergebnissen nicht anzusehen. Dazu muss der gesamte Bewertungsvorgang im Detail nachvollzogen werden können.

Die vollständigen Gutachten werden der interessierten Öffentlichkeit im Allgemeinen erst nach Abschluss der Entscheidungsfindung zugäng-

---

[124] Projektinformationssystem des BMVBW zum BVWP im Internet.

lich gemacht. Vor dem BVWP-Beschluss im Juli 2003 war die NKA zum Saale-Seitenkanal – auch auf Anfrage hin – der Öffentlichkeit nicht zugänglich. Der BVWP-Beschluss forderte dann die Neubewertung des Vorhabens. Deren Ergebnisse wurden, wie bereits erläutert, von der parlamentarischen Staatssekretärin im BMVBW, Gleicke, und der PLANCO GmbH auf einem Workshop des IWH Halle am 17. März 2004 in Halle vorgestellt. Sie erklärte dort gegenüber Öffentlichkeit und Medienvertretern, dass das vollständige Gutachten sofort zur Verfügung gestellt werden kann. Trotz mehrfacher schriftlicher und telefonischer Anfragen wurde das Gutachten vom BMVBW aber erst Anfang August 2004 freigegeben. Das war auch der Zeitpunkt, zu dem die Entscheidung über den nächsten Schritt des Planungsprozesses, nämlich die Durchführung einer Antragskonferenz zur Eröffnung des Raumordnungsverfahrens, gefallen war. Folge des Vorenthaltens der Untersuchung war jedoch, dass die Wirtschaftlichkeitsabschätzungen der aktuellen Planungsvariante lange Zeit nicht überprüft werden konnten.

Es ist also festzustellen, dass es die fortgesetzte fehlende Transparenz des Entscheidungsprozesses der interessierten Öffentlichkeit lange nicht ermöglichte, eine qualifizierte und differenzierte Auseinandersetzung über den Saaleausbau zu führen. Weitere Defizite in der Nachvollziehbarkeit von Projektbewertungen, die ihre Ursachen in den Bewertungsmethoden selbst oder in ihrer Dokumentation haben, sind in Teil I dieses Buches umfassend dargestellt worden. Hervorzuheben sind hier beispielsweise:

— Die Bewertungsmethodik des BVWP 2003 ist nur in ihren Grundzügen veröffentlicht (BMVBW 2002). Daher lassen sich die genauen Berechnungen und Abschätzungen nicht nachvollziehen.

— Die Grundzüge der Bewertungsmethodik wurden zudem für die tatsächlich durchgeführten Projektbewertungen noch verändert, ohne dass diese Veränderungen dokumentiert sind: Laut BMVBW (2002) war eine nutzwertanalytische Verknüpfung der Einzelergebnisse von NKA und RWA vorgesehen. In der im BVWP 2003 ansatzweise dokumentierten, endgültigen Vorgehensweise hat man von dieser nutzwertanalytischen Verknüpfung, die eine starke Formalisierung bedeutet hätte, offenbar abgesehen. Diese Änderung des Bewertungskonzepts ist nicht begründet worden.

- Eine Zielorientierung des BVWP und seiner Projekte ist in weiten Teilen nicht erkennbar, weil die übergeordneten Handlungsziele weder systematisch hergeleitet noch systematisch konkretisiert werden. Eine Bewertung und Begründung von Projekten im Hinblick auf die mit dem BVWP verfolgten Zielen ist nicht möglich.

- Zur Methodik der ökonomischen Bewertung des BVWP 2003 gab es eine umfassende Vorstudie von PLANCO (2000). Diese Studie stellt die Methodik detaillierter dar als es in BMVBW (2002) geschieht. Offensichtlich wurden einige der dort enthaltenden Vorschläge (z.B. zur Berücksichtigung der Auswirkungen auf Natur und Landschaft mit Hilfe von Kompensationskosten) nicht umgesetzt, so dass auch von dieser Vorstudie nicht auf die genaue Methodik der NKA des BVWP 2003 geschlossen werden kann.

- Anders als die bundesweite Verkehrsprognose (BVU et al. 2001, Prognos 2001) sind das Gutachten und die zugrunde liegende Methodik der regionalen Transportmengenprognose für die Saale nicht publiziert.

- In der URE führt das Fehlen absoluter Wertmaßstäbe zu einer nur relativen Vergleichbarkeit der Umweltrisiken verschiedener Projekte. Bei der URE für Wasserstraßen kommt das Problem der schwierigen Nachvollziehbarkeit der Verknüpfung der einzelnen Bewertungsschritte, insbesondere von der schutzgutbezogenen zur schutzgutübergreifenden Bewertung, hinzu.

Zu These 5: Entscheidend für das Zustandekommen guter Entscheidungen in der Bundesverkehrswegeplanung ist eine gute und transparente Gestaltung des Planungs- und Entscheidungsprozesses

Fehlende Nachvollziehbarkeit von Methoden, Bewertungsergebnissen und Entscheidungsprozessen ist ein immer wieder kehrender Kritikpunkt in den vorangegangenen Thesen. In der Tat ist es keine leichte Aufgabe, die Bundesverkehrswegeplanung in jeder Hinsicht transparent und nachvollziehbar auszugestalten. Man hat es mit einem sehr komplexen Prozess und einer Fülle von Akteuren zu tun. Es treten vor allem vier Schwierigkeiten auf:

- *Informationsflut*: Die interessierte Öffentlichkeit ist zunächst einmal nicht mit einem Informationsdefizit, sondern vielmehr mit einem Überangebot von Informationen unterschiedlichster Art konfrontiert. Es stellt sich daher die Frage, wie die Informationen in geeigneter Weise für die verschiedenen Adressaten dargestellt werden können.

- *Politische Zwänge*: Einer transparenten Gestaltung des Planungs- und Entscheidungsprozesses stellen sich weiterhin diverse politische Zwänge entgegen, unter denen die Entscheidung über die Aufnahme eines Verkehrsvorhabens in den BVWP fällt. Der BVWP verfolgt neben verkehrspolitischen Zielen auch strukturpolitische Ziele (BMVBW 2003, III). Die Länder achten argwöhnisch auf die gerechte Verteilung der Mittel auf ihre Regionen, und Lobbyisten versuchen auf verschiedensten Ebenen die Interessen ihrer Klientel durchzusetzen.

- *Vorgeschichte einer Entscheidung*: Nahezu alle Vorhaben sind Teil von langjährigen lokalen und regionalen Diskussions- und Entscheidungsprozessen – sie haben eine Geschichte. Beispielsweise ist der Saaleausbau kaum von der Diskussion um den Elbeausbau zu trennen und unabhängig vom BVWP wurden bereits beträchtliche Investitionen in die Erneuerung und Modernisierung von Hafen- und Schleusenanlagen getätigt. Daher beginnt der Entscheidungsprozess über die Aufnahme eines Vorhabens in den BWVP nicht bei „Null" und es ist für die Entscheidungsträger schwer, bei Bewertungen und Entscheidungen frühere Positionen außer Acht zu lassen.

- *Unvermeidliche Subjektivität von Bewertungen*: Bewertungen beruhen aber neben Fakten immer auch auf subjektiven Einschätzungen und Präferenzen. Selbst die Gutachten von Experten enthalten notwendiger Weise subjektive Wertungen und fußen auf Annahmen, die nicht bewiesen werden können, sowie auf persönlichen Erfahrungen, die von anderen nicht unbedingt nachvollzogen werden können. Die Güte einer Bewertung hängt damit wesentlich von der Urteilskraft der beteiligten Gutachter und Entscheidungsträger ab.

Natürlich birgt Subjektivität die Gefahr der Willkür. Um diese Gefahr einzudämmen, ist es wiederum von großer Bedeutung, wie der Bewertungs- und Entscheidungsprozess insgesamt ausgestaltet wird. Insbesondere stellt sich die Frage, wie Bewertungen und Entscheidungen legitimiert werden. In einem demokratischen Gemeinwesen ist die weitgehende Transparenz und Nachvollziehbarkeit eine wichtige Voraussetzung für die Legitimität einer Entscheidung. Weiterhin gehört dazu die Möglichkeit, in begründeten Fällen gegen Entscheidungen Einspruch zu erheben. Nicht zuletzt spielt das Timing für einen guten Entscheidungsprozess eine große Rolle.

Trotz der genannten Schwierigkeiten bleibt die Praxis der Bundesverkehrswegeplanung hinter den Möglichkeiten und den vom BMVBW selbst gesteckten Ansprüchen an Transparenz zurück. Verbesserungen wären auf drei thematischen Ebenen wünschenswert und realisierbar:

– *Zielkonzept*: Die in Abschnitt 5.3 skizzierte systematische Zielorientierung der BVWP, die in ein der Projektbewertung dienendes operationalisiertes Zielsystem mündet, würde helfen, viele der aktuellen Begründungszwänge und -lücken zu überwinden. Es würde für jedes Projekt dokumentiert werden können, welchen Beitrag es zur Erreichung der Ziele der Bundesverkehrswegeplanung leistet und vor allem könnten die Wirkungen des gesamten BVWP auf Verkehr, Umwelt und Raumentwicklung betrachtet werden.

– *Methoden*: Die Verbesserung der Transparenz der Bewertungsmethoden in der Bundesverkehrswegeplanung ist im Teil I dieses Buches ausführlich thematisiert worden. Im aktuellen Verfahren sind es vor allem die fehlende Systematik bei der Berücksichtigung von Unsicherheit, das Fehlen nachvollziehbar aus einem Zielkonzept hergeleiteter und operationalisierter Bewertungskriterien – was sich mit den obigen Vorschläge zum Zielkonzept verbessern ließe – und die fehlende Nachvollziehbarkeit der Integration der Teilbewertungen von NKA, URE und RWA als Grundlage der Bedarfseinstufung. Hinzu kommt die rechtzeitige Veröffentlichung der gesamten Bewertungsmethodik.

– *Bewertungsergebnisse und deren Verwendung im Entscheidungsprozess*: Nur die frühzeitige Offenlegung von Gutachten und Prognosen mit allen technischen, methodischen und normativen Details ermöglicht eine aktive Teilhabe der interessierten Öffentlichkeit am Entscheidungsprozess. Um diese zu ermöglichen, muss Folgendes gewährleistet sein:
  - Bewertungsmethodik, Gutachten und Bewertungsergebnisse müssen vor der Bedarfseinstufung und Beschlussfassung des BVWP

veröffentlicht werden, am besten zusammen mit der Veröffentlichung des BVWP-Entwurfs.
- In den Gutachten selbst sollten in stärkerem Maße als bisher die zugrunde liegenden normativen und empirischen Annahmen detailliert offen gelegt und die Berechnungen und Bewertungen im Einzelnen nachvollziehbar dargestellt werden. Das gilt insbesondere für die Transportmengenprognose, die ein wesentliches und in der Regel mit hohen Unsicherheiten behaftetes Element der Bewertung ist.

Da die Bundesverkehrswegeplanung kein verwaltungsrechtlich formalisiertes Planungsverfahren, sondern eine rein politische Programmplanung ist, gibt es keine gesetzlich vorgegebenen Formen der Öffentlichkeitsbeteiligung. Dennoch hat sich eine Beteiligungspraxis etabliert, die sich an derjenigen formaler Verfahren orientiert – was positiv hervorzuheben ist. So wurde im März 2003 mehrere Monate vor der Beschlussfassung ein BVWP-Entwurf veröffentlicht und damit den Verbänden die Möglichkeit zur Stellungnahme gegeben. Weiterhin nehmen bereits im Vorfeld unterschiedlichste Akteure von anderen betroffenen Ressorts auf Bundesebene, über die Länder und Kommunen bis hin zu den Interessensverbänden Einfluss auf die Bundesverkehrswegeplanung. Allerdings hat der Planungsträger, das BMVBW, im Unterschied zu formalen Planungsverfahren nicht die Pflicht zu dokumentieren, wie die im Beteiligungsprozess eingereichten Stellungnahmen im Entscheidungsprozess berücksichtigt worden sind. Es wäre wünschenswert, wenn die Beteiligung in ähnlicher Weise wie bei einem formalen Verfahren ausgestaltet wäre, insbesondere was die Dokumentation der Berücksichtigung von Stellungnahmen angeht. Das würde angesichts des zu bewältigenden Abwägungsmaterials bedeuten, den Zeitraum zwischen Entwurfsveröffentlichung und Beschlussfassung von derzeit 3 Monaten auf mindestens 6 Monate auszudehnen. Da BVWP nur alle ca. 10 Jahre aufgestellt werden und einen entsprechend lange Gültigkeitsdauer haben, erscheint dies – auch unter dem Gesichtspunkt der politischen Bedeutung des BVWP – durchaus gerechtfertigt.

11 Resümee

11.1 Bewertungsmethoden und Politikprozess

Im zweiten Teil der vorliegenden Studie haben wir anhand des Beispiels Saaleausbau die Rolle von Bewertungsmethoden und der mit ihnen erzielten Ergebnisse im Politikprozess analysiert. Es hat sich gezeigt, dass wissenschaftliche Bewertungsmethoden und deren Ergebnisse den Prozess zwar beeinflussen, aber nicht so stark wie man es aus der Sicht eines Entscheidungstheoretikers vermuten könnte. Es scheint nicht generell der Fall zu sein, dass Entscheidungen auf der Grundlage wissenschaftlich gestützter Bewertungen in einem systematischen Prozess gefällt werden. Vielmehr erscheinen solche Bewertungen nur ein Teilaspekt in komplexen Entscheidungsfindungsprozessen zu sein. Die Prozesse enthalten Elemente traditionellen, hierarchisch geprägten staatlichen Handelns, haben insgesamt jedoch vielmehr den Charakter von *Multi-level* und *Multi-actor Governance* (vgl. Mayntz/Scharpf 1995, Scharpf 1997, Benz 2004): Die Bundesverkehrswegeplanung ist zwar ein verkehrspolitisches Planungsinstrument der Bundesregierung, steht jedoch in Wechselwirkung mit anderen formellen wir informellen Diskussions- und Entscheidungsprozessen auf anderen politischen Ebenen und in anderen räumlichen Kontexten. Gleichzeitig versucht eine Vielzahl von Akteuren die Ergebnisse der Bundesverkehrswegeplanung zu beeinflussen und für ihre Interessen zu instrumentalisieren. In Bezug auf konkrete Vorhaben wie den Saaleausbau werden die Bewertungsergebnisse der Bundesverkehrswegeplanung und die Ergebnisse anderer Gutachten von den Akteuren zur Durchsetzung ihrer Interessen verwendet. Sie werden zur Stärkung der eigenen und zur Schwächung der gegnerischen Position oder zur – oft nachträglichen – Legitimation von Entscheidungen eingesetzt. Die Auseinandersetzungen spielen sich in der Öffentlichkeit z.B. auf Informationsveranstaltungen und in den Medien, aber auch hinter verschlossenen Türen innerhalb von Regierung und Verwaltung ab. In Bezug auf den formalen Bewertungs- und Entscheidungsprozess der Bundesverkehrswegeplanung haben wir am Beispiel des Saaleausbaus einen erheblichen

Mangel an Transparenz festgestellt. Modifikationen halten wir in folgenden methodischen wie prozeduralen Punkten für notwendig und praktikabel:

– *Verbesserung der Berücksichtigung von Umwelteffekten* in NKA und URE,

– Verfeinerung der publizierten *Darstellung der Bewertungsmethodik*,

– *rechtzeitige und detaillierte Veröffentlichung Projektbewertungen* und zwar nicht nur der Bewertungsergebnisse, sondern auch der zugrunde liegenden Bewertungsstudien. Das umfasst insbesondere die *Offenlegung der normativen und empirischen Annahmen*, auf denen die NKV, URE und RWA sowie die Bedarfseinstufung basieren;

– plausible und transparente Gestaltung der Verknüpfung der Teilbewertungen zur Gesamtbewertung und Bedarfseinstufung.

11.2 Einschätzung des Saaleausbaus

Die Ausführungen der vorliegenden Studie schließen wir mit einigen Bemerkungen zur Bewertung des Saaleausbaus ab. In Tabelle 7.2 haben wir bereits einen Überblick über die meist in Gutachtenform vorliegenden Bewertungen des Saaleausbaus gegeben, die im Laufe der letzten 15 Jahre in den Diskussions- und Entscheidungsprozess eingegangen sind. Es ist bereits mehrfach betont worden, dass mit der vorliegenden Studie dieser Liste kein weiteres Gutachten hinzugefügt werden soll. Vielmehr geht es uns darum, auf einige aus unserer Sicht für den weiteren Planungsprozess entscheidende Punkte im Zusammenhang mit der Bewertung ökologischer, verkehrlicher und ökonomischer Effekte des Saaleausbaus hinzuweisen.

Die *Umweltwirkungen* der aktuell favorisierten Seitenkanalvariante des Saaleausbaus sind unseres Erachtens als weniger gravierend als bei den zuvor favorisierten Staustufenvarianten einzustufen. Dies liegt zum großen Teil daran, dass die Wasserstandsdynamik des Flusses und der mit ihm verbundenen Aue weitgehend unbeeinflusst bleibt. Die URE stellt zudem fest, dass „die größten Beeinträchtigungen in den Bereichen mit geringerer Raumbedeutung zu erwarten sind".[125] Allerdings weist das BfN in einer fachlichen Stellungnahme vom März 2003 bereits darauf hin, dass die Hochwasserschutzrelevanz und die FFH-Verträglichkeit des Vorhabens nicht hinreichend berücksichtigt wurden. Eine abschließende Einschätzung des BMVBW hierzu und zum ebenfalls umstrittenen Grundwassereinfluss des Kanals ist bis heute nicht veröffentlicht. Die im Vorbehalt des BVWP 2003 für den nicht mehr als Wasserstraße benötigten Teil der Saale geforderte verkehrliche Entwidmung eröffnet neue Möglichkeiten einer naturnäheren Unterhaltung und eines teilweisen Rückbaus vorhandener Ausbauten. Dies ist aus naturschutzfachlicher Perspektive zu begrüßen. Allerdings kann nicht von einer, wie in der öffentlichen Diskussion bisweilen anklingenden „Renaturierung" der Saale die Rede sein. Insbesondere der gewässerökologisch besonders relevante Geschiebehaushalt des Flusses bliebe gestört. Die Erreichung und Erhaltung der Fahrrinnentiefe auf den letzten zwei Saalekilometern von der Wiedereinmündung des Kanals bis zur Mündung in die Elbe würde auch eine entsprechende Gewässerunterhaltung im verkehrlich entwidmeten Oberliegerbereich erfordern. Zudem liegen die naturschutzfachlich wertvollsten Bereiche der Saaleauen am weiterhin als Schifffahrtsstraße benötigten Mündungsbereich der Saale.

Die Bewertung der *verkehrlichen und ökonomischen Effekte* des Saaleausbaus hängt maßgeblich von den kommenden Transportmengenprognosen ab. Während für den BVWP 2003 noch von 1,7 Mio. Jahrestonnen ausgegangen worden war, geht die Neubewertung von PLANCO (2004) unter Berücksichtigung des Verzichts auf einen weiteren Elbeausbau von 1,5 Mio. Tonnen transportierter Güter im Jahr auf der ausgebauten Saale aus. Neben den ökologischen Effekten waren gerade die Transportmengenprognosen Gegenstand heftiger Kontroversen im Diskussionsprozess der vergangenen 15 Jahre. Die prognostizierten Transportmengen variierten je nach Gutachten in großen Spannweiten und haben sich in der zeitlichen Abfolge kontinuierlich verringert (vgl. Tabelle 8.1). Vor diesem Hintergrund erscheint auch eine kritische Reflektion der aktuellen Zahl angebracht zu sein. An dieser Stelle kann das der Prognose zugrunde liegende Verkehrsmengengerüst nicht analysiert werden, es soll lediglich auf zwei Aspekte hingewiesen werden.

---

[125] Umweltrisikoeinschätzung zum Projekt-Nr. W 07-02 in der Fassung vom Frühjahr 2003 (Projektinformationssystem (Prins) des BMVBW zum BVWP 2003).

Zum einen basiert die Prognose auf Verlagerungspotenzialen, d.h. sie identifiziert zunächst die auf die Wasserstraße verlagerbare, im Einzugsbereich der Saale anfallende Gütermenge. Daraufhin wird das insgesamt in einem Jahr vorhandene Verlagerungspotenzial um diejenige Menge reduziert, die aller Voraussicht nach nicht mit Schiff transportiert werden, wenn zu geringe Abladetiefen der Elbe einen wirtschaftlichen Gütertransport nicht zulassen. Wie in Abschnitt 8.4.4 bereits erläutert ist das je nach Verkehrsrelation bzw. Elbeabschnitt an durchschnittlich 140 bis 170 Tagen der Fall. Die Prognose berücksichtigt nicht, dass die Unternehmen Verlagerungspotentiale eventuell aufgrund der auch nach einem Ausbau der Saale vorhandenen Unwägbarkeiten nicht voll ausnutzen, sondern – wie sie es bisher getan haben – Schiene und Straße zum Transport benutzen.

Zum anderen geht mit dem letztgenannten Punkt die kontroverse Debatte über die Ausrichtung der Ausbauziele für die Saale auf die Schifffahrtsverhältnisse auf der Elbe einher. Wie in Abschnitt 8.4.4 bereits erläutert, argumentieren die Ausbaugegner, dass der Saale-Seitenkanal den Engpass für die Schifffahrt auf die Elbe verlagere und damit mittelfristig der öffentliche und politische Druck auf einen weiteren Ausbau der Elbe, der heute noch von Bundesregierung und BMVBW abgelehnt wird, zunehmen werde. Dem halten die Ausbaubefürworter entgegen, dass die Ausbauziele für die Saale auf die Schifffahrtsverhältnisse der Elbe abgestimmt seien und sich der Saaleausbau auch ohne weiteren Elbeausbau als wirtschaftlich erwiesen habe. In diesem Zusammenhang möchten wir auf Folgendes hinweisen: Der BVWP (2003, 67, Fußnote 69) schreibt für den Saaleausbau ausdrücklich fest: „Die Dimensionierung des Saalekanals orientiert sich an der mittleren Abladetiefe der nicht ausgebauten, frei fließenden Elbe." Da der Saalekanal eine ganzjährige Fahrrinnentiefe von 2,30 m auf der Saale gewährleistet, diese nur der mittleren nicht aber der ganzjährigen Abladetiefe der Elbe entspricht, wird der Engpass für die Schifffahrt tatsächlich von der Saale auf die Elbe verlagert, was auch von PLANCO (2004, 9) bei der Neubewertung des Saaleausbaus bestätigt wird. Es ist also nicht auszuschließen, dass es im Zuge oder nach der Realisierung des Saaleausbaus wachsenden öffentlichen und politischen Druck auf einen Elbeausbau geben wird, um die mit dem Saale-Seitenkanal für die Schifffahrt geschaffenen Potenziale auch ausnutzen zu können. Dieser Zusammenhang ist mit der Bundesverkehrswegeplanung in ihrer heutigen, stark auf Einzelprojektbewertungen konzentrierten Form

11.2 Einschätzung des Saaleausbaus

kaum zu berücksichtigen. Dennoch ist dessen Relevanz für die ökologischen, ökonomischen wie verkehrlichen Effekte eines Vorhabens nicht von der Hand zu weisen.

Ob es in naher Zukunft eine endgültige Entscheidung über den Ausbau der Saale geben wird und wenn ja, welche Rolle die gerade aufgezeigten Aspekte dabei spielen werden, ist derzeit noch offen. Insgesamt gesehen konnten aber die Gutachten, Stellungnahmen und Bewertungsstudien Zweifel an der Vordringlichkeit des Saaleausbaus nicht völlig ausräumen.

Literatur

Ahlheim, M. (2003): Zur ökonomischen Bewertung von Umweltveränderungen. In: Genser, B. (Hrsg.): Finanzpolitik und Umwelt, Schriften des Vereins für Socialpolitik, Band 295, Berlin, 9-71.

Ahlheim, M., Rose, M. (1989): Messung individueller Wohlfahrt, Berlin et al.

Ahlheim, M., Buchholz, W. (2000): WTP or WTA – Is that the Question? Reflections on the Difference between „Willingness to Pay" and „Willingness to Accept". In: Zeitschrift für Umweltpolitik und Umweltrecht 23, 253-271.

Bal, F., Nijkamp, P. (2001): In search of valid results in a complex economic environment: The potential of meta-analysis and value transfer. In: European Journal of Operations Research 128, 364-384.

Bachfischer, R. (1978): Die ökologische Risikoanalyse. Dissertation, TU München.

Bachfischer, R., David, J., Kiemstedt, H. (1980): Die ökologische Risikoanalyse als Entscheidungsgrundlage für die räumliche Gesamtplanung – dargestellt am Beispiel der Industrieregion Mittelfranken. In: Buchwald, K. und W. Engelhardt (Hrsg.): Handbuch für Planung, Gestaltung und Schutz der Umwelt, Band 3: Die Bewertung und Planung der Umwelt, München, 524-545.

Barbier, E.B., Acreman, M., Knowler, D. (1996): Economic Valuation of Wetlands: A Guide for Policy Makers and Planners, Gland.

Bartmann, H., Busch, A.A. (1999): Ökonomische Bewertung und Nachhaltigkeit, Johannes Gutenberg-Universität Mainz, Beiträge zur Wirtschaftsforschung, Mainz.

Bastian, O., Schreiber, K.-F. (1999)(Hrsg.): Analyse und ökologische Bewertung der Landschaft, 2. Auflage, Heidelberg, Berlin.

Bateman, I.J., A.P. Jones, N. Nishikawa, Brouwer, R. (2000): Benefits Transfer in Theory and Practice: A Review, University of East Anglia: CSERGE working paper 2000-25.

Bechmann, A. (1998): Zur Bewertung für die Umweltverträglichkeitsprüfung – Wie zeitgemäß ist die Ökologische Risikoanalyse? In: Lachmann, S.,

Rösel, B. (Hrsg.): Vom Krisenmanagement zum vorsorgenden Umweltschutz. Sammelband zur Tagung am 4. Juli 1997 in Halle/Saale, 27-59.

Beirat UGR – Beirat „Umweltökonomische Gesamtrechnung" beim Bundesministerium für Umwelt, Naturschutz und Reaktorsicherheit (2001): Umweltökonomische Gesamtrechung – Vierte und abschließende Stellungnahme zu den Umsetzungskonzepten des Statistischen Bundesamtes, Wiesbaden.

Benz, A. (Hrsg., 2004): Governance – Regieren in komplexen Regelsystemen. VS Verlag für Sozialwissenschaften, Wiesbaden.

Bernotat, D., Herbert, M. (2001): Methodische Anforderungen an naturschutzfachliche Beiträge zum Bundesverkehrswegeplan. Erfahrungsbericht zur Auswahl von Verkehrsprojekten für eine Umweltrisikoeinschätzung. In: Natur und Landschaft 76, 352-357.

BfG – Bundesanstalt für Gewässerkunde (Hrsg., 1996): Umweltverträglichkeitsuntersuchungen an Bundeswasserstraßen. Materialien zur Bewertung von Umweltauswirkungen. BfG-Mitteilung Nr. 9.

BfG – Bundesanstalt für Gewässerkunde (Hrsg., 1999): Umwelt-/Sozioökonomie im Forschungsprogramm Elbe-Ökologie. Projektgruppe Elbe-Ökologie Mitteilung Nr. 2.

BfG – Bundesanstalt für Gewässerkunde (2001): Umweltrisikoeinschätzung für Projekte an Bundeswasserstraßen – Methode. Entwurf in der Fassung vom 4.5.2001. Koblenz.

BfG/BfN – Bundesanstalt für Gewässerkunde und Bundesamt für Naturschutz (1997): Gemeinsame Stellungnahme zu Projekten des Bedarfsplanentwurfes für den Ausbau von Bundeswasserstraßen, Koblenz, Bonn.

BfN – Bundesamt für Naturschutz (Hrsg., 1999): Beurteilungskriterien für die Auswirkungen des Bundeswasserstraßenbaus auf Natur und Landschaft. Ergebnisse aus dem F+E-Vorhaben 809 01 001 des Bundesamtes für Naturschutz, Schlußbericht Juli 1998. Angewandte Landschaftsökologie 28.

BfN – Bundesamt für Naturschutz (2000): Daten zur Natur 1999, Bonn.

BfN – Bundesamt für Naturschutz (2003): URE beim Ausbau von Wasserstraßen im Rahmen des BVWP, Entwurf zur Saale, „Variante Schleusenkanal mit Schleuse bei Tornitz, ohne Wehr", fachliche Stellungnahme, Bonn.

BMU/BfN Bundesministerium für Umwelt, Naturschutz und Reaktorsicherheit und Bundesamt für Naturschutz (2002): Flutkatastrophen und Hochwasserschutz. Hintergrundpapier BMU/BfN, Bonn.

BMV – Bundesministerium für Verkehr (1992): Der Bundesverkehrswegeplan, Bonn.

BMV – Bundesministerium für Verkehr (Hrsg., 1993): Gesamtwirtschaftliche Bewertung von Verkehrswegeinvestitionen – Bewertungsverfahren für den Bundesverkehrswegeplan 1992. Schlussbericht zum FE-Vorhaben 90372/92, PLANCO-Consulting GmbH. In: Schriftenreihe des BMV, Heft 72, Essen, Bonn.

BMV – Bundesministerium für Verkehr (1994): Richtlinien für das Planfeststellungsverfahren zum Ausbau oder Neubau von Bundeswasserstraßen – Teil B: Umweltverträglichkeitsprüfungen an Bundeswasserstraßen (VV-WSV 14 01), Bonn.

BMVBW – Bundesministerium für Verkehr, Bau- und Wohnungswesen (1999): Bericht des BMVBW im Ausschuss für Verkehr, Bau- und Wohnungswesen am 21.4.1999, Berlin.

BMVBW – Bundesministerium für Verkehr, Bau- und Wohnungswesen (2000): Verkehrsbericht 2000 – Integrierte Verkehrspolitik: Unser Konzept für eine mobile Zukunft, Berlin.

BMVBW – Bundesministerium für Verkehr, Bau- und Wohnungswesen (2002): Grundzüge der gesamtwirtschaftlichen Bewertungsmethodik. Bundesverkehrswegeplan 2003, Berlin.

BMVBW – Bundesministerium für Verkehr, Bau- und Wohnungswesen (2003a): Bundesverkehrswegeplan 2003, ohne Ort.

BMVBW – Bundesministerium für Verkehr, Bau- und Wohnungswesen (2003b): Bundesverkehrswegeplan 2003 (Entwurf), Ohne Ort.

Bohnen, A. (1964): Die utilitaristische Ethik als Grundlage der modernen Wohlfahrtsökonomik, Göttingen.

Brouwer, R., Langford, I.H., Bateman, I.J., Turner, R.K. (1999): A Meta-Analysis of Wetland Contingent Valuation Studies. In: Regional Environmental Change 1, 47-57.

Bundesregierung (2002): Perspektiven für Deutschland. Unsere Strategie für eine nachhaltige Entwicklung, Berlin.

BVU, ifo, ITP, PLANCO (2001): Verkehrsprognose 2015 für die Bundesverkehrswegeplanung. FE-Vorhaben im Auftrag des Bundesministeriums für Verkehr, Bau- und Wohnungswesen, München et al.

Cansier, D. (1996): Umweltökonomie, 2. Auflage, Stuttgart.

DIW – Deutsches Institut für Wirtschaftsforschung (Hrsg., 1998): Evaluierung von Prognosen zur Entwicklung der Binnenschifftransporte auf der Saale. Gutachten im Auftrag des Ministeriums für Wohnungswesen, Städtebau und Verkehr des Landes Sachsen-Anhalt, Berlin.

Döring, T. (1998): Möglichkeiten zur Dezentralisierung umweltpolitischer Kompetenzen im Bereich globaler Umweltprobleme – Das Beispiel des

Natur- und Artenschutzes in Deutschland. In: Renner, A., Hinterberger, F. (Hrsg.): Zukunftsfähigkeit und Neoliberalismus – Zur Vereinbarkeit von Umweltschutz und Wettbewerbswirtschaft, Baden-Baden, S. 425-441.

Döring, T. (2001a): Die Berücksichtigung von Umweltwirkungen in der gesamtwirtschaftlichen Bewertung der Bundesverkehrswegeplanung – eine ökonomische Betrachtung unter Berücksichtigung des geplanten Ausbaus der Saale. Forschungsbericht, Marburg.

Döring, T. (2001b): Institutionenökonomische Fundierung finanzwissenschaftlicher Politikberatung, Marburg.

Dreher, J.E., Gunatilaka, A. (1999): Management of Urban Groundwater Part I: Quantitative Aspects. In: Griebler, C., Danielopol, D.L., Gibert, J., Nachtnebel, H.P., Notenboom, J. (Hrsg.): Groundwater Ecology – A tool for Management of Water Resources. EC Advanced Study Course 1999, European commission environment and climate programme and Austrian Academy of Sciences, Wien-Mondsee, ohne Seitenangabe.

Elsasser, P. (2001): Der ökonomische Wert der Wälder in Deutschland für die Naherholung: Eine „Benefit Function Transfer"-Schätzung. In: Zeitschrift für Umweltpolitik und Umweltrecht 24, 417-442.

Elsasser, P., Meyerhoff, J. (2001)(Hrsg.): Ökonomische Bewertung von Umweltgütern – Methodenfragen zur Kontingenten Bewertung und praktische Erfahrungen im deutschsprachigen Raum, Marburg.

Endres, A., Holm-Müller, K. (1998): Die Bewertung von Umweltschäden. Theorie und Praxis sozioökonomischer Verfahren, Stuttgart et al.

Enneking, U. (1999): Ökonomische Verfahren im Naturschutz, Frankfurt.

Esser, B. (2001): Umweltrisikoeinschätzung von Wasserstraßenprojekten. Das Beispiel der Überarbeitung des Bundesverkehrswegeplans 1992. In: Reiter, S. (Hrsg.): Neue Wege in der UVP, Bonn, 277-288.

Faber, M., Manstetten, R. (2003): Mensch – Natur – Wissen: Grundlagen der Umweltbildung, Göttingen.

Faber, M., Manstetten, R., Proops, J.L.R. (1992): Humankind and the Environment: An Anatomy of Surprise and Ignorance. In: Environmental Values 1, 217-241.

Faber, M., Proops, J.L.R. (1998): Evolution, Time, Production and the Environment. 3. Auflage, Berlin et al.

FGSV – Forschungsgesellschaft für Straßen- und Verkehrswesen (2002): Strategische Umweltprüfung von Plänen und Programmen im Verkehrssektor (ASUP), FGSV-Arbeitspapier, Stand: Mai 2002.

Finck, P. Hauke, U., Schröder, E., Forst, R., Woithe, G (1997): Naturschutzfachliche Landschafts-Leitbilder. Rahmenorstellungen für das Nordwestdeutsche Tiefland aus bundesweiter Sicht. Schriftenreihe für Landschaftspflege und Naturschutz, Heft 50/1.

Finke, L., Kieslich, W., Neumeyer, H.-P. (2000): Stand und Weiterentwicklung von Umweltqualitätszielen, Umwelthandlungszielen und Umweltindikatoren der Raum- und Siedlungsentwicklung, UBA-Texte 45/00

Fromm, O. (1997): Möglichkeiten und Grenzen einer ökonomischen Bewertung des Ökosystems Boden, Frankfurt am Main et al.

Funtowicz, S.O., Ravetz, J.R. (1991): Methodology for Global Environmental Issues. In: Costanza, R. (Hrsg.): Ecological Economics – The Science and Managment of Sustainability, New York, 137-152

Fürst, D., Scholles, F. (2001)(Hrsg.): Handbuch Theorien und Methoden der Raum- und Umweltplanung, Dortmund.

Günnewig, D., Hoppenstedt, A. (2001): Methodische Weiterentwicklung der Umweltrisikoeinschätzung. Bericht über ein abgeschlossenes F+E-Vorhaben im Auftrag des BMV. In: Natur und Landschaft 76, 358-365.

Hackl, F., Pruckner, G.J. (2000): Braucht die deutsche Umweltpolitik einen Exxon Valdez Tankerunfall? Perspektiven der Wirtschaftspolitik 1(1), 93-114.

Hampicke, U. (1989): Was darf und was kann monetarisiert werden? In: Institut für ökologischer Wirtschaftsforschung (Hrsg.), Möglichkeiten und Grenzen der Monetarisierung von Natur und Umwelt, Berlin, 19-41.

Hampicke, U., Schäfer, A. (1997): Forstliche, finanzmathematische und ökologische Bewertung des Auwaldes Isarmündung, Schriftenreihe des IÖW 117/97, Berlin.

Hanley, N., Spash, C. L. (1993): Cost-Benefit Analysis and the Environment, Aldershot.

Hanley, N., Shogren, J.F., White, B.(1997): Environmental Economics in Theory and Practice, Houndmills et al.

Hansjürgens, B. (2004): Economic valuation through cost-benefit analysis – possibilities and limitations. Toxicology 205, 241-252.

Hanusch, H. (1987): Nutzen-Kosten-Analyse, München.

Henrichfreise, A. (2001): Zur Problematik von Stauhaltungen unter besonderer Berücksichtigung der Saale. In: Nova Acta Leopoldina, Neue Folge, Nummer 319, Band 84, 149-156.

Heusch/Boesefeld GmbH (1997): Ergänzungen und Aktualisierungen der Verfahren zur Bewertung von Fernstraßenprojekten für die Bundesverkehrswegeplanung. FE-Vorhaben im Auftrag des Bundesministeriums für Verkehr, Aachen.

Holm-Müller, K., Muthke, T. (2001): Aktueller Einsatz und Perspektiven der Nutzen-Kosten-Untersuchung zur Vorbereitung von Investitionsentscheidungen in der Wasserwirtschaft. In: Zeitschrift für Umweltpolitik und Umweltrecht 24, 455-473.

Höhnberg, U. (1998): Raumordnungsverfahren. In: ARL – Akademie für Raumordnung und Landesplanung (Hrsg.): Methoden und Instrumente räumlicher Planung. Hannover, 222-236.

Hübner, D. (2001): Entscheidung und Geschichte – Rationale Prinzipien, narrative Strukturen und ein Streit in der Ökologischen Ethik, Freiburg, München.

Interwies, E., Kraemer, R.A., Kranz, N. Görlach, B., Dworak, T., Borchardt, D., Richter, S., Willecke, J. (2004): Grundlagen für die Auswahl der kosteneffizientesten Maßnahmenkombination zur Aufnahme in das Maßnahmenprogramm nach Artikel 11 der Wasserrahmenrichtlinie – Handbuch. UBA-Texte 02/04, Berlin.

IÖW – Institut für Ökologische Wirtschaftsforschung (Hrsg.) (1994): Ökonomische Alternativen zum Ausbau der Elbe: Konzept für eine nachhaltige Entwicklung der Region Elbtalaue, Schriftenreihe des IÖW 75/94, Berlin.

IÖW – Institut für Ökologische Wirtschaftsforschung (2001): Ökonomisch-ökologische Bewertung der Strombaumaßnahmen an der Elbe. Studie im Auftrag des Bundes für Umwelt und Naturschutz (BUND), Berlin.

IUS – Institut für Umweltstudien Weisser & Ness GmbH (1998): UVS zum Raumordnungsverfahren mit integrierter UVP für den Ausbau der Unteren Saale. Heidelberg et. al.

IWW – Institut für Wirtschaftspolitik und Wirtschaftsforschung, Universität Karlsruhe (Gühnemann, A., Kuchenbecker, K., Rothengatter, W., Schade, W.), IFEU – Institut für Energie- und Umweltforschung Heidelberg GmbH (Borken, J., Höpfner, U., Lambrecht, U.), KuP Kessel + Partner, Freiburg (Kessel, P., Kienzler, H.-P., Selz, T.), PÖU – Planungsgruppe Ökologie + Umwelt, Hannover (Hoppenstedt, A., Kraetzschmer, D., Preising, A.), PTV Consult GmbH Beratende Verkehrsingenieure, Karlsruhe (Brannolte, U., Puschner, F.) (1999): Entwicklung eines Verfahrens zur Aufstellung umweltorientierter Fernverkehrskonzepte als Beitrag zur Bundesverkehrswegeplanung. UBA-Berichte 4/99, Berlin.

Jaeger, J. (2000): Bedarf nach Unsicherheits-Unterscheidungen: Eine empirische Untersuchung zum Umgang mit Unsicherheit bei der Eingriffsbewertung. In: Naturschutz und Landschaftsplanung 32, 204-212.

Jessel, B., Tobias, K. (2002): Ökologisch orientierte Planung. Eine Einführung in Theorien, Daten und Methoden, Stuttgart.

Kant, I. (1787/1999): Kritik der reinen Vernunft, Köln.

Kirchgässner, G. (1999): Wirtschaftspolitische Beratung aus Sicht des kritischen Rationalismus: vierzehn Thesen. In: Karl Poppers kritischer Rationalismus, Tübingen, 193-225.

Klaphake, A., Hartje, V., Meyerhoff, J. (2005): Die Monetarisierung ökologischer Schäden in einer europäischen Haftungsregelung: Anmerkungen zur Schadensbewertung angesichts der Erfahrungen in den USA. Perspektiven der Wirtschaftspolitik 6(1), 23-39.

Klauer, B. (1998): Nachhaltigkeit und Naturbewertung, Heidelberg.

Klauer, B., Brown, J. (2004): Conceptualising imperfect knowledge in public decision making: ignorance, uncertainty, error and 'risk situations'. In: Environmental Research, Engineering and Management 27, 124-128.

Klauer, B., Schiller, J. (2004): Entscheidungsunterstützung bei der Aufstellung von Maßnahmeprogrammen gemäß EU-Wasserrahmenrichtlinie. In: Möltgen, J., Petry, D. (Hrsg.): Interdisziplinäre Methoden des Flussgebietsmanagements, Schriftenreihe des Instituts für Geoinformatik, Band 21, Münster, 89-96.

Kloepfer, M. (1993): Handeln unter Unsicherheit im Umweltstaat. In: Gethmann, C.F., Kloepfer, M. (Hrsg.): Handeln unter Risiko im Umweltstaat, Berlin, 55-98.

Knetsch, J.L. (2001): Environmental valuations and standard theory: behavioural findings, context dependence and implications. In: Tietenberg, T., Folmer, H. (Hrsg.): The International Yearbook of Environmental and Resource Economics, Aldershot, Vermont, 267-299.

Knight, F. (1921): Risk, Uncertainty and Profit, Boston.

Knoll (1993): Quo vadis Elbe? In: Zeitschrift für Binnenschiffahrt und Wasserstraßen, 12-22

Köck, W. (Hrsg.) (2002): Flächenhaushaltspolitik: Bodenschutz durch Flächenverbrauchsbegrenzung, Sonderheft der Zeitschrift für Umweltrecht (ZUR).

Köppel, J., Langenheld, A., Peters, W., Wende, W., Günnewig, D., Hanusch, M., Hoppenstedt, A., Kraetzschmer, D., Lambrecht, H., Gassner, E. (2004): Anforderungen der SUP-Richtlinie an Bundesverkehrswegeplanung und Verkehrsentwicklungsplanung der Länder. Forschungsbericht 206 96 185 im Auftrag des UBA. Berlin et al.

Kühling, W. (1992): Notwendige Anmerkungen zum Entwurf der allgemeinen Verwaltungsvorschrift zur Ausführung des Gesetzes über die Umweltverträglichkeitsprüfung. In: UVP-report 1/92, 2-6.

Lange, H., Hoppenstedt, A., Stolz, M., Harders, J. (1986): Verfahrenskonzept zur ökologischen Risikoeinschätzung von Straßenbauprojekten der Bundesverkehrswegeplanung, Bonn.

Laux, H. (1998): Entscheidungstheorie. 4. Auflage, Berlin et al.

LAWA – Länderarbeitsgemeinschaft Wasser (2000): Gewässerstrukturgütekartierung in der Bundesrepublik Deutschland, Verfahren für kleine und mittelgroße Fließgewässer, Berlin.

Layard, R., Glaister, S. (1996): Cost-Benefit Analysis, 2. Auflage, Cambridge.

LUA – Landesumweltamt Nordrhein-Westfalen (Hrsg.) (1998): Gewässerstrukturgütekartierung in Nordrhein-Westfalen – Kartieranleitung. Essen.

Marggraf, R., Streb, S. (1997): Ökonomische Bewertung der natürlichen Umwelt. Theorie, politische Bedeutung, ethische Diskussion, Heidelberg, Berlin.

Mayntz, R., Scharpf, F. (Hrsg., 1995): Gesellschaftliche Selbstregelung und politische Steuerung. Campus-Verlag, Frankfurt am Main.

Messner, F. (1999): Ökologisch-ökonomische Bewertung von nicht-erneuerbaren Ressourcen einer Region – dargestellt am Beispiel dies Kiesabbaus im Altkreis Torgau. In: Horsch, H. Ring, I. (Hrsg.), Naturressourcenschutz und wirtschaftliche Entwicklung, UFZ-Bericht 16/1999, Leipzig, 157-186.

Meyerhoff, J. (1997): Ökonomische Bewertung biologischer Vielfalt – aufgezeigt an der Nutzen-Kosten-Analyse der Bundesverkehrswegeplanung, in: Ökonomie und Gesellschaft, Jahrbuch 14: Nachhaltigkeit in der ökonomischen Theorie, Frankfurt am Main, New York, 208-238.

Meyerhoff, J. (2001): Nicht-nutzenabhängige Wertschätzungen und ihre Aufnahme in die Kosten-Nutzen-Analyse. In: Zeitschrift für Umweltpolitik und Umweltrecht 24, 393-416.

Meyerhoff, J. (2004): Der Einfluss von Einstellungen auf die Zahlungsbereitschaft für Veränderungen in Natur und Landschaft, Frankfurt am Main et al.

Meyerhoff, J., Petschow, U. (1995): Natur und Umwelt in der Kosten-Nutzen-Analyse der Bundesverkehrswegeplanung, in: Zeitschrift für angewandte Umweltforschung 8, 544-556.

Meyerhoff, J., Petschow, U., Behrendt, D. (1994): Ökonomisch-ökologische Bewertung des Saaleausbaus. In: Schriftenreihe des IÖW 71/94, Berlin.

Meyerhoff, J., Petschow, U., Soete, B. (1995): Die Wirtschaftlichkeit des Verkehrsprojektes Deutsche Einheit Nr. 17. Eine Untersuchung unter besonderer Berücksichtigung der Kosten-Nutzen-Analyse der Bundesverkehrswegeplanung und ökologischer Folgekosten, Schriftenreihe des IÖW 91/95, Berlin.Ministerium für Raumordnung und Umwelt des Landes Sachsen-Anhalt (1999): NATURA 2000 – Besondere Schutzgebiete Sachsen-Anhalts nach der Vogelschutz-Richtlinie und der FFH-Richtlinie. Magdeburg.

Meyerhoff, J., Dehnhardt, A., (2004): The European Water Framework Directive and Economic Valuation of Wetlands – The Restoration of Floodplains along the River Elbe. Technical University of Berlin – Working Paper on Management and Environmental Planning 11/2004, Berlin.

Mishan, E. J. (1982): Cost-Benefit-Analysis. An Informal Introduction, 3. Auflage, London.

Mitchell, R.C., Carson, R.T. (1989): Using Surveys to Value Public Goods: The Contingent Valuation Method, Washington, D.C.

Müller, M. (2002): Präferenzen und Zahlungsbereitschaften für ausgewählte Landschaftsfunktionen: Ökonomische Bewertung der Umwelt auf Basis der adaptiven Conjoint-Analyse, Kiel.

Muthke, T. (2002): Benefit Transfer: eine Alternative zur primären Umweltbewertung? – Eine empirische Untersuchung zur Prognosequalität nationaler und internationaler Nutzenwertübertragungen, Bonn.

Mysiak, J. (2004): Consistency of the results of different MCA methods: a critical review. Unpublished manuscript..

Nunes, P.A., van den Bergh, J.C. (2001): Economic valuation of biodiversity: sense or nonsense? In: Ecological Economics 39, 203-222.

Oates, W.E. (Hrsg.) (1992): The Economics of the Environment, Aldershot, Vermont.

Pearce, D.W. (1986): Efficiency and Distribution in Corrective Mechanisms for Evironmental Exernality. In: Schnaiberg A., Watts, N., Zimmermann, K. (Hrsg.), Distributional Conflicts in Environmental-Resource Policy, Berlin, 15-37.

Pearce, D., Barbier E., Markandya, A. (1989): Blueprint for a Green Economy, London.

Pearce, D., Moran, D. (1994): The Economic Value of Biodiversity, London.

Petry, D. (2001): Landschaftsfunktionen und planerische Umweltvorsorge auf regionaler Ebene. Eine landschaftsökologische Verfahrensentwicklung am Beispiel des Regierungsbezirks Dessau. In: UFZ-Berichte 10/2001, Leipzig.

Petschow, U., Weiner, D. (2001): Ökonomisch-ökologische Bewertung der Strombaumaßnahmen an der Elbe. Studie im Auftrag des Bundes für Umwelt und Naturschutz Deutschland (BUND), vorgelegt vom Institut für Ökologische Wirtschaftsforschung, Berlin.

Pirscher, F. (1997): Möglichkeiten und Grenzen der Integration von Artenvielfalt in die ökonomische Bewertung vor dem Hintergrund ethischer Normen, Frankfurt am Main et al.

PLANCO-Consulting GmbH (1985): Aktualisierung der Bewertung relevanter Wasserstraßeninvestitionen im Rahmen des BVWP'85. FE-Vorhaben 90074/83 des Bundesministers für Verkehr, Essen

PLANCO-Consulting GmbH (1992): Bewertung vordringlicher Wasserstraßenprojekte in den neuen Bundesländern. FE-Vorhaben Nr. 90323/91 im Auftrag des Bundesministeriums für Verkehr (Schlussbericht), Essen.

PLANCO-Consulting GmbH (1995a): Berücksichtigung wissenschaftlicher Erkenntnisfortschritte im Umweltschutz für die Bundesverkehrswegeplanung (BVWP). Schlußbericht zum FE-Vorhaben 90387/92 des Bundesministers für Verkehr, Essen.

PLANCO-Consulting GmbH (1995b): Ergänzende Projektbewertung für den Ausbau von Binnenschifffahrtsstraßen am Beispiel von Projekt 17 Deutsche Einheit, Gutachten im Auftrag der Wasserschiffahrtsdirektion Ost, Essen.

PLANCO-Consulting GmbH (1996): Aktualisierung der Bewertungsrechnungen zum Ausbau der Saale sowie zur Fertigstellung des Saale-Leipzig-Kanals. Abschlußbericht zum FE-Vorhaben 40307/94 im Auftrag des Bundesministeriums für Verkehr, Essen.

PLANCO-Consulting GmbH (1998a): Einschiffiger Ausbau der Unteren Saale ohne Staustufen mit reduziertem Mindestabfluß von 41 m^3/s. Gutachten für das Schifffahrtsamt Magdeburg, Essen.

PLANCO-Consulting GmbH (1998b): Verkehrliche und regionalwirtschaftliche Perspektiven des Hafens Halle. Gutachten im Auftrag der Hafen Halle GmbH, Kurzfassung, Essen.

PLANCO-Consulting GmbH (1998c): Prognose des kombinierten Ladungsverkehrs der Binnenschifffahrt bis zum Jahre 2010. FE-Vorhaben 30304/97 im Auftrag des BMV, Essen.

PLANCO-Consulting GmbH (1999a): Modernisierung der Verfahren zur Schätzung der volkswirtschaftlichen Rentabilität von Projekten der Bundesverkehrswegeplanung. FE-Vorhaben im Auftrag des Bundesministeriums für Verkehr, Bau- und Wohnungswesen, Essen.

PLANCO-Consulting GmbH (1999b): Erfassung und Evaluierung der maßgeblichen Kriterien, die den Modal-Split zwischen der Binnenschifffahrt und den konkurrierenden Verkehrsträgern beeinflussen. FE-Vorhaben im Auftrag des Bundesministeriums für Verkehr, Bau- und Wohnungswesen (Schlussbericht), Essen.

PLANCO-Consulting GmbH (1999c): Stellungnahme zum DIW-Gutachten, Essen.

PLANCO-Consulting GmbH (2000): Methodische Vorbereitung und inhaltliche Koordinierung der Fertigstellung des gesamtwirtschaftlichen Bewertungsverfahrens zur Überarbeitung des Bundesverkehrswegeplanes 1992. Entwurf des Schlussberichtes zum FE-Vorhaben 96621/00. Im Auftrag des BMVBW, Essen.

PLANCO-Consulting GmbH (2003): Potenziale und Zukunft der deutschen Binnenschifffahrt. Projekt 30/0324/2002. Schlussfolgerungen und Empfehlungen für das Bundesministerium für Verkehr, Bau- und Wohnungswesen, Essen.

PLANCO-Consulting GmbH (2004): Neubewertung des Ausbaus der Saale unterhalb Calbe bei Verzicht auf Ausbaumaßnahmen an der Elbe. Schlussbericht im Auftrag des Bundesministeriums für Verkehr, Bau- und Wohnungswesen. Essen.

Planungsgruppe Ökologie + Umwelt GmbH (2000): Weiterentwicklung der naturschutzfachlichen Bewertungsgrundlagen und -methoden im Rahmen der Umweltrisikoeinschätzung (URE) – Teil Umweltrisikoeinschätzung. Schlussbericht zum FE-Vorhaben 96598/99. Im Auftrag des BMVBW, Hannover.

Planungsgruppe Ökologie + Umwelt GmbH, Ingenieurgemeinschaft Stolz (1991): Anwendung und Überprüfung des Methodenkonzeptes „Berücksichtigung außerörtlicher Umwelteffekte von Bundesfernstraßen in der Bundesverkehrswegeplanung (BVWP)" anhand von Fallbeispielen. Schlussbericht zu den FE-Vorhaben 98103/89 und 98104/89. Im Auftrag des BMV, Hannover, Kaarst.

Popper, K.R. (1960): On the Sources of Knowledge and Ignorance. In: Proceedings of the British Academy 46, 39-71.

Popper, K.R. (1966): Die Logik der Forschung. 2. Auflage, Tübingen.

PROGNOS AG (2001): Erarbeitung von Entwürfen alternativer verkehrspolitischer Szenarien zur Verkehrsprognose 2015. FE-Vorhaben 96.579/1999 im Auftrag des Bundesministeriums für Verkehr, Bau- und Wohnungswesen.

Pratt, J.W., Raiffa, H., Schlaifer, R. (1995): Introduction to Statistical Decision Theory, Cambridge, MA

Rauschmayer, F. (2000): Entscheidungsverfahren im Naturschutz: Die Multikriterienanalyse. Planung, Ökologie, Ökonomik und Ethik im Kontext nachhaltiger Entwicklung, Frankfurt.

Ravetz J.R. (1986): Usable knowledge, usable ignorance; incomplete science with policy implications. In Clark, W., Munn, R. (Hrsg.): Sustainable Development of the Biosphere, Cambridge.

Reimann, G., Seiert, J. (2001): Das Einzugsgebiet der Saale vor dem Hintergrund der geplanten Wasserrahmenrichtlinie der EU. In: Rode, M., Henle, K., Schellenberger, A. (Hrsg.): Erhalt und Regenerierung der Flußlandschaft Saale. Nova Acta Leopoldina, Neue Folge, Nummer 319, Band 84: 11-20.

Roy, B. (1996): Multicriteria Methodology for Decision Aiding. Kluwer, Dortrecht et al.

Rürup, B., Körner, H. (1985): Finanzwissenschaft – Grundlagen der öffentlichen Finanzwirtschaft, 2. Auflage, Düsseldorf.

Scharpf, F. (1997): Games Real Actors Play. Actor-Centred Institutionalism in Policy Research. Westview Press, Boulder.

Scheringer, M., Mathes, K., Weidemann, G., Winter G. (1998): Für einen Paradigmenwechsel bei der Bewertung ökologischer Risiken durch Chemikalien im Rahmen der staatlichen Chemikalienregulierung. In: Zeitschrift für angewandte Umweltforschung 11, 227-233.

Scholles, F. (1997): Abschätzen, Einschätzen und Bewerten in der UVP. Weiterentwicklung der Ökologischen Risikoanalyse vor dem Hintergrund der neueren Rechtslage und des Einsatzes rechnergestützter Werkzeuge. Dortmund.

Scholz, M. (1995): Beiträge zum Forschungsthema Simulation der Saalestaustufe von Klein-Rosenburg. Beschreibung und Bewertung der Biotoptypen im Elbe-Saale-Winkel. Erste Einschätzungen der ökologischen Auswirkungen der Staustufenplanungen. Abschlussbericht im Auftrag des Ministeriums für Umwelt, Naturschutz und Raumordnung des Landes Sachsen-Anhalt, Dessau, Hannover.

Schulz, W., Schulz, E. (1991): Zur umweltpolitischen Relevanz von Nutzen-Kosten-Analysen in der Bundesrepublik Deutschland, in: Zeitschrift für Umweltpolitik und Umweltrecht 14, 299-337.

SPD, Bündnis 90/Die Grünen (2002): Koalitionsvertrag 2002 – 2006: Erneuerung – Gerechtigkeit – Nachhaltigkeit Für ein wirtschaftlich starkes, soziales und ökologisches Deutschland. Für eine lebendige Demokratie. http://archiv.gruene-partei.de/K-Vertrag/Koalitionsvertrag.zip

UBA – Umweltbundesamt (1997): Maßnahmenplan Umwelt und Verkehr. Ein Konzept für eine nachhaltige umweltverträgliche Verkehrsentwicklung in der Bundesrepublik Deutschland, Berlin.

UBA – Umweltbundesamt (2001): Kosten und Nutzen des Umweltschutzes: Methodenkonvention zur Schätzung externer Umweltkosten, Umweltbundesamt, Fachgebiet: I 2.2 „Wirtschafts- und Sozialwissenschaftliche Umweltfragen (Internes Arbeitspapier, Entwurf vom 26.09.2001), Berlin.

Varian, H.R. (1994): Mikroökonomie. 3. Auflage, München

Vincke, P. (1992): Multicriteria decision aid, Chichester.

von Hayek, F.A. (1972): Die Theorie komplexer Phänomene, Tübingen.

von Neumann, J., Morgenstern, O. (1944): Theory of Games and Economic Behavior, Princeton, NJ

WBGU – Wissenschaftlicher Beirat der Bundesregierung Globale Umweltfragen (1996): Welt im Wandel – Herausforderung für die deutsche Wissenschaft, Berlin et al.

WBGU – Wissenschaftlicher Beirat der Bundesregierung Globale Umweltfragen (1999): Welt im Wandel – Strategien zur Bewältigung globaler Umweltrisiken, Berlin et al.

Weinberger, M., Thomassen, HG, Willeke, R. (1991): Kosten des Lärms in der Bundesrepublik Deutschland, Berichte des Umweltbundesamtes 9/1991, Berlin.

Weikart, H.-P. (1999): Wahlfreiheit für zukünftige Generationen – Neue Grundlagen für eine Ressourcenökonomik, Marburg.

Weingart, P. (2001): Die Stunde der Wahrheit? Zum Verhältnis der Wissenschaft zu Politik, Wirtschaft und Medien in der Wissensgesellschaft, Weilerswist.

Weise, P., Brandes, W., Eger, T., Kraft, M. (2002): Neue Mikroökonomie, 4. Auflage, Heidelberg.

Weyl, H. (1982): Philosophie der Mathematik und Naturwissenschaft, München.

Wicke, L. (1993): Umweltökonomie, 4. Auflage, München.

Wiegleb, G., Schulze, F., Bröring, U. (Hrsg.) (1998): Naturschutzfachliche Bewertung nach der Leitbildmethode, Heidelberg, Berlin.

WSV/WSA Magdeburg – Wasser- und Schiffahrtsverwaltung des Bundes/ Wasser- und Schiffahrtsamt Magdeburg (1998): Ausbau der „Unteren Saale" von der Mündung in die Elbe (km 0,0) bis zur Schleuse Calbe (km 20,0). Ausbau der Bundeswasserstraße Saale im Land Sachsen-Anhalt. Unterlage zur Einleitung des Raumordnungsverfahrens. Zusammenfassender Erläuterungsbericht, Magdeburg.

Zumbroich, T., Müller, A., Friedrich, G. (Hrsg.) (1999): Strukturgüte von Fließgewässern: Grundlagen und Kartierung, Berlin, Heidelberg.

Bundestagsdrucksachen

Deutscher Bundestag, Drs. 15/116, 2002 – Deutscher Bundestag, 15. Wahlperiode, Drucksache 15/116 vom 29.11.2002, S. 34

Landtagsdrucksachen

Landtag von Sachsen-Anhalt, Drs. 1/247, 1991 – Landtag von Sachsen-Anhalt, Erste Wahlperiode, Drucksache 1/247 vom 6.3.1991, Kleine Anfragen für die Fragestunde im März 1991.

Landtag von Sachsen-Anhalt, PlPr 1/12 vom 21.3.1991 – Landtag von Sachsen-Anhalt, Erste Wahlperiode, Plenarprotokoll 1/12, Stenographischer Bericht 12. Sitzung, 21. März 1991, S. 43.

Landtag von Sachsen-Anhalt, Drs. 1/27/1061 B vom 16.1.1992 – Landtag von Sachsen-Anhalt, Erste Wahlperiode, Drucksache 1/27/1061 B vom 16.1.1992, Beschluss des Landtages von Sachsen-Anhalt.

Landtag von Sachsen-Anhalt, Drs. 1/1456 vom 7.5.1992 – Landtag von Sachsen-Anhalt, Erste Wahlperiode, Drucksache 1/1456 vom 16.1.1992, Antworten der Landesregierung auf Beschlüsse des Landtages, S. 10.

Landtag von Sachsen-Anhalt, Drs. 1/2089 vom 30.11.1992 – Landtag von Sachsen-Anhalt, Erste Wahlperiode, Drucksache 1/2089, Antworten der Landesregierung auf Kleine Anfragen von Mitgliedern des Landtages zu den Drucksachen 1/1930 und 1/1960, S. 4f.

Landtag von Sachsen-Anhalt, Drs. 1/2333 vom 17.2.1993 – Landtag von Sachsen-Anhalt, Erste Wahlperiode, Drucksache 1/2333 vom 17.2.1993, Antrag Fraktion Bündnis 90 / Grüne.

Landtag von Sachsen-Anhalt, Drs. 1/49/2731 B vom 24.6.1993 – Landtag von Sachsen-Anhalt, Erste Wahlperiode, Drucksache 1/49/2732 B vom 24.6.1993, Beschluss des Landtages von Sachsen-Anhalt.

Landtag von Sachsen-Anhalt (1995): Niederschrift über die gemeinsame Sitzung der Ausschüsse für Wohnungswesen, Städtebau und Verkehr 13.Sitzung), für Wirtschaft und Technologie (21. Sitzung) sowie für

Umwelt, Energie und Raumordnung (16. Sitzung) am 17. August 1995 in Groß-Rosenburg, Gaststätte „Rosenburger Hof".

Landtag von Sachsen-Anhalt, Drs. 2/1491 vom 19.10.1995 – Landtag von Sachsen-Anhalt, Zweite Wahlperiode, Drucksache 2/1491 vom 19.10.1992, Beschlussempfehlung Ausschuss für Wohnungswesen, Städtebau und Verkehr.

Landtag von Sachsen-Anhalt, PlPr. 3/62 vom 14.9.2001 – Landtag von Sachsen-Anhalt, Dritte Wahlperiode, Plenarprotokoll 3/62, Stenografischer Bericht 62. Sitzung, 14.9.2001, S. 3f.

Landtag von Sachsen-Anhalt, PlPr. 4/10, 2002 – Landtag von Sachsen-Anhalt, Vierte Wahlperiode, Plenarprotokoll 4/10, Stenografischer Bericht 10. Sitzung, 15.11.2002, S. 3.

Autoren

Thomas Döring, PD Dr. rer. pol., geb. 1963, studierte Volkswirtschaftslehre und Soziologie mit den Nebenfächern Betriebswirtschaftslehre und Politikwissenschaft an der Philipps-Universität Marburg. Von 1993 bis 1994 war er wissenschaftlicher Mitarbeiter am DIW-Deutsches Institut für Wirtschaftsforschung, Berlin. Von 1994 bis 2003 war er wissenschaftlicher Mitarbeiter in der Abteilung für Finanzwissenschaft der Philipps-Universität Marburg. Er promovierte in dieser Zeit über das Thema „Subsidiarität und Umweltpolitik in der Europäischen Union" und habilitierte sich 2001 mit einer Arbeit zum Thema „Institutionenökonomsiche Fundierung finanzwissenschaftlicher Politikberatung". Seine Forschungsschwerpunkte liegen in den Bereichen der Finanzwissenschaft (insbesondere ökonomische Föderalismustheorie und Finanzausgleich), der Analyse globaler und europäischer Umweltprobleme, der Regionalökonomie sowie methodisch in der Neuen Institutionenökonomik und der Ordnungsökonomik. Seit 2003 ist er als Wissenschaftlicher Referent an der Universität Kassel tätig. Zugleich nimmt er eine Privatdozentur an der Philipps-Universität Marburg war.[1]

Bernd Klauer, Dr. rer. pol., geb. 1965, studierte Mathematik mit Nebenfächern Physik und Volkswirtschaftslehre an der Ruprecht-Karls-Universität Heidelberg und der University of Kentucky, Lexington, KY/USA. Von 1993 bis 1997 war er wissenschaftlicher Mitarbeiter am Alfred Weber-Institut für Sozial- und Staatswissenschaften der Universität Heidelberg und promovierte dort über das Thema „Nachhaltigkeit und Naturbewertung". Seit 1997 ist er am UFZ-Umweltforschungszentrum Leipzig-Halle als wissenschaftlicher Mitarbeiter im Department Ökonomie angestellt. Er leitete 2002-2004 die Arbeitsgruppe Flussgebietsmanagement und seit 2004 die Arbeitsgruppe Integrierte Bewertung und Entscheidungsunterstützung. Seine Forschungsschwerpunkte sind Bewertungsverfahren insbesondere die Nutzen-Kosten-Analyse und die multikriterielle Analyse. Die bearbeiteten Problemfelder liegen hauptsächlich im Bereich des Flussgebietsmanagements und der EU-Wasserrahmenrichtlinie. Weiterhin beschäftigt er sich wissenschaftlich mit dem Biodiversitätsschutz und der Evaluierung von Forschungsleistungen.[2]

Daniel Petry, Dr. rer nat., geb. 1968, studierte Geographie mit den Nebenfächern Bodenkunde und Limnologie an den Universitäten Bonn und Newcastle upon Tyne, UK. 1997 kam er an die Sektion Angewandte Landschaftsökologie des UFZ und promovierte 2001 an der Martin-Luther-Universität Universität Halle-Wittenberg über die Bewertung von Landschaftsfunktionen in der planerischen Umweltvorsorge. Seit 2002 ist er wissenschaftlicher Mitarbeiter im Department Ökonomie. Aktuelle Arbeits- und Forschungsschwerpunkte sind die Umsetzung der EU-Wasserrahmenrichtlinie, institutionelle Regime im Flussgebietsmanagement, Methoden landschaftsökologischer Bewertung sowie Konzepte integrativer Umweltplanung.[2]

Felix Rauschmayer, Dr. rer. pol., geb. 1967, studierte Volkswirtschaftslehre an den Universitäten Augsburg, Tübingen, Bonn und Heidelberg. Von 1994 bis 1999 war er wissenschaftlicher Mitarbeiter im Arbeitsbereich Umwelt- und Ressourcenökonomik am Institut für Agrarökonomie der Universität Göttingen und promovierte an der Universität Heidelberg zu multikriteriellen Entscheidungsverfahren in der Naturschutzökonomik. Von 1999 bis 2001 war er wissenschaftlicher Assistent am Institut für Philosophie der Universität Leipzig. Seit 2001 ist er als wissenschaftlicher Mitarbeiter im Department Ökonomie tätig. Seine Arbeitsfelder in der Arbeitsgruppe Naturschutz und Biodiversität sind multikriterielle Entscheidungsverfahren, ihre theoretische Fundierung und ihre Verbindung mit partizipativen Methoden.[2]

---

[1] *Philipps-Universität Marburg, Fachbereich Wirtschaftswissenschaften,
Abteilung für Finanzwissenschaft,
Am Plan 2, 35037 Marburg,
Tel.: ++49(6421)282-1703
und
Universität Kassel, Strukturplanung von Forschung und Lehre,
Mönchebergstraße 19, 34125 Kassel,
Tel.: ++49(561)8042207.*

[2] *UFZ-Umweltforschungszentrum Leipzig-Halle GmbH,
Department Ökonomie
Permoserstr. 15, D-04318 Leipzig,
Tel.: ++49(341)235-2771*